中共贵阳市委党史研究室
中共清镇市委
清镇市人民政府　编

红流

鸭池河畔春来早

中国文史出版社

图书在版编目（CIP）数据

红流：鸭池河畔春来早 / 中共贵阳市委党史研究室，
中共清镇市委，清镇市人民政府编. —— 北京：中国文史
出版社，2022.4
　ISBN 978-7-5205-3494-9

　Ⅰ.①红…　Ⅱ.①中…　②中…　③清…　Ⅲ.①革命
史—史料—清镇　Ⅳ.①K297.34

　中国版本图书馆 CIP 数据核字（2022）第 042073 号

责任编辑：方云虎

封面设计：汪晓灵

编　　　者：中共贵阳市委党史研究室　中共清镇市委　清镇市人民政府
出版发行：中国文史出版社
社　　　址：北京市海淀区西八里庄路 69 号　　邮编：100811
装帧设计：成都卓尔文化传媒有限公司
印　　　装：贵阳日报传媒集团有限公司
开　　　本：787mm×1092mm　1/16
印　　　张：22
字　　　数：342 千
版　　　次：2023 年 9 月第 1 版
印　　　次：2023 年 9 月第 1 次印刷
定　　　价：79.00 元

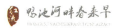

"鸭池河" 系列画作

《红军过鸭池河》
红二、红六军团经过鸭池河畔的村庄，纪律严明，赢得民心，村民自发欢送。

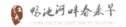

《三岔河》

三岔河的壮美景色，让人恨不能亲入画中体验当地"鸡鸣三县闻"的苗寨风情。

《鸭池河大桥》
雄壮的鸭池河大桥揉进了山水画中，山峦迭起，云蒸雾绕，一桥飞架，"天堑变通途"。

《鸭池河农村新貌》
"旧貌变新颜"。今天的鸭池河生机勃发，景色美丽，又将迎来新的春天。

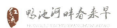

《鸭池河老街》
鸭池河老街曾是商业繁荣之地，历史悠久，有"小荆州"之称。现虽渡口停用，老街萧条，但旧时的景象仍能在画中看到。

《解放军强渡鸭池河》
1949 年 11 月 16—24 日，解放军途经鸭池河，进入黔西，入川作战。

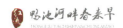

《英雄守护鸭池河》
解放军许纪武排长，在护送三位
女大学生去卫城的途中，与残匪
相遇，在激战中，因寡不敌众，
为保护女大学生而英勇牺牲，时
年 21 岁。

《红军强渡鸭池河》
1936 年 2 月 2 日，红军在当地百姓的帮助下搭建浮桥，火力突破鸭池河。

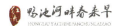

《鸭池河红军渡口》
2021年6月17日，红二、红六军团鸭池河战斗遗迹被列为省级文物保护单位。

《鸭池河红旗渠》
受"红旗渠"精神的感召，化龙人历时6年多修建了一条"化龙渠"，解决了周边百姓的用电问题。如今原化龙公社当年宏伟的"红旗渠"被淹水下，成了水下博物馆。

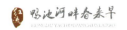

红色情怀

——鸭池河系列画作创作记

鸭池河古渡口位于清镇市与黔西市的界河 —— 鸭池河南岸，是旧时两地要津，也是红二、红六军团长征途中的一个重要关口。1936 年，红二、红六军团在古渡口勇敢机智地用木板搭建浮桥，成功从此强渡，拉开了转战黔西北的序幕⋯⋯

2021 年，清镇市新店镇鸭池河村被列为全国红色美丽村庄试点建设村之一，中共贵阳市委党史研究室根据市委统一部署，全程参与该村红色美丽村庄建设。在深入调研中，中共贵阳市委党史研究室决定帮助该村深入挖掘红色史料、宣传红色经典、传承革命精神、赓续红色基因、助推乡村振兴，编辑整理、出版发行《红流 —— 鸭池河畔春来早》一书。为提高该书品位，中共贵阳市委党史研究室主任汪延皓特邀著名画家陈石为该书作画。陈石欣然接受，答应免费为该书创作插图。

在鸭池河系列画作创作期间，陈石多次前往红军强渡鸭池河的渡口进行实地考察，聆听红色历史；也曾沿鸭池河老街而行，瞻仰烈士墓碑，了解烈士事迹⋯⋯历时数月，"鸭池河"系列画作已全部完成。10 幅画作浓墨重彩地描绘了红军强渡鸭池河、鸭池河百姓欢送红军战士、解放军烈士许纪武等历史故事以及新修建的世界最大跨径的钢桁梁斜拉桥 —— 鸭池河大桥、鸭池河当地乡村新貌等当代风采。他怀着深厚的感情用画笔重现了这些红色记忆，展现鸭池河的发展与新貌。

在陈石看来，"历史已远去，只有真正了解当年的红色故事，才能描绘出真实可信的故事景象"。笔墨率性而不刻意，意境深远而不虚构，正是"鸭池河"系列画作的创作主调。

谈及创作初衷，陈石希望通过"鸭池河"系列画作，将鸭池河过去与现在的故事展现得更加具象。

在陈石心中，虽然硝烟已经散去，但当年留下的军民鱼水情、红色革命故事还在代代流传，并不断激励着后人前行奋进。

陈石，管理学博士。中国美术家协会会员，中国画马艺术研究会副会长，中国画院中国画高级研修班导师，贵州省美术家协会名誉主席，贵州画院名誉院长，政协贵阳市第十届、第十一届委员会主席。画作收录在《中国美术百年经典》中。

《红流——鸭池河畔春来早》
编 辑 委 员 会

编委会：胡忠雄

滕伟华　刘本立　付　涛　吴永康

主　编：汪延皓　路喜宏
副主编：赵明镜
编　委：李亚玲　涂　勇　陈　进　张　勇
编　辑：徐　伟　兰道宇　安昌勇　方晓静
罗洪菊　李祺睿　刘　兴　周　丽
易永德　熊堂滢　管利明　吴道兴

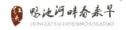
前　言

　　亿万年的沧海桑田，造就了新店镇的奇山秀水。乌江南北两源在清镇市新店镇朱家岩交汇，乌江中游冠以"鸭池河"之名。她一路奔腾向前，成为乌江，融入长江。她是贵州省的母亲河，更是新店镇的母亲河。

　　新店镇山清水秀。汹涌澎湃的鸭池河，展示了雄奇险峻、奔腾不息的高原壮观。在清代诗人赵翼的《鸭池河》诗里，得到展现："鸭池两岸陡如山，千仞悬崖斧劈痕。绝似巨灵高掌力，分开太华放河奔。"历经开发和改造，桀骜不驯的鸭池河，在新店大地上缔造了东风湖和索风湖的湖光山色、百里画廊、山水如画。交通改善说历史，大桥增辉鉴古今。贵州千年交通历史变迁，鸭池河上的桥梁就是最好见证。今天，形态各异的桥梁横跨鸭池河，构成一道道美丽的风景线，为鸭池河添彩，让游客流连忘返。一河两湖，铸就新店镇的美丽山河，使其成为名副其实的高原湖乡。

　　河流孕育文明，见证发展，形成新店镇悠久的历史。早在西汉初年，新店镇境就建立了彝族政权，留下了彝族开发的文明火种。进入明代，风灵峡谷更是贵州大地奢安之变、明朝军队建立卫所的见证。清代的少数民族起义、李国柱起兵反清，都在鸭池河畔留下了传说和故事。"鸭池街，扁担长，街道干净净，住房亮堂堂。男人好侠义，女子尚善良。父母善经商，子女进学堂。果蔬遍山野，地下埋宝藏。

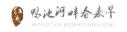

冬暖无雪雨，人间小天堂。"这首顺口溜，真实地反映了新店人侠义、善良、聪明、尚学的优良传统。

新店镇人杰地灵。鸭池河不仅孕育了壮美秀丽的自然风光，也世代哺育着沿河一带的劳动人民。自东汉初年以来，经过 2000 余年岁月的洗礼和积淀，形成了悠久的历史文化，涌现出一批批杰出人物：清代抗葡（葡萄牙）、抗英名将郭超凡，面对列强，毫不畏惧，军民同心，奋勇杀敌，无愧于民族英雄的称号；马登瀛投身辛亥革命，救亡图存，后退隐家乡，教书育人，是鸭池河畔文明的传承者；抗日英雄陈新民，在中条山战役中，深陷包围，英勇反击，倒在日本侵略者的炮火中，捐躯赴国难，是忠勇为国的楷模；解放军革命烈士许纪武，"保卫鸭池河，忠贞又顽强；护送女学生，热血洒战场"；革命烈士俞崇尚，在东风电站的修建中，亲临一线，连夜奋战，不幸坠落，生命定格在东风电站围堰之中，把生命献给了中国的水电事业；老鹰山村党支部书记黄光裕，心中装着集体、装着国家、装着社会主义，把一生献给全村人民；区委书记熊顺昌，爱岗敬业，疾恶如仇，因公殉职；大兴寨任家的节孝牌坊，教化出"父子进士""五子登科"的佳话，堪称地方楷模；有"版画怪才、艺道师范"之称的国际著名版画家王华祥，为新店镇杰出的文化巨匠。同时，从新店走出的一批批能人志士和有志青年，在不同岗位上，服务群众、造福人民，教书育人、传授知识，自主创业、带动村民脱贫致富奔小康……他们的血液中，汇聚着鸭池河水的精髓，他们的事迹，激励着一代又一代的新店人，勇往直前，奋发图强。

鸭池河是一条红色的河流，新店镇是一块红色的土地。1936 年 2 月，红二、红六军团长征经过今天的新店镇境域，留下了红军夜袭保警队、六路分兵新店子、五路齐下鸭池河的传奇故事。新店镇成为红军在清镇境域停留时间最长，经过村寨最多，发生战斗最激烈、最著

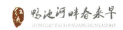

名的地方。在鸭池河村，村民们冒着被国民党军清算的危险，千方百计帮助红军，使红军顺利地渡过了天险鸭池河，突破了敌人的围追堵截，留下了"红军要过鸭池河，两岸清野难得过；忽然遍山来干人，送来木板和棕索，架起浮桥红军过"的美丽诗篇；赖春风营长带领红军战士召开退赔会、返还老百姓捐献木板、为老百姓挑满水缸等军民鱼水情深的故事，永远留在人民心中。面对鸭池河，习近平总书记在考察时感慨："从这里的悬崖峭壁，就可以想象当年红军强渡乌江有多难！"1949 年，在解放战争中，鸭池河村的人民仍然像 13 年前一样，从家中扛来木板、门板，帮助解放军搭建浮桥，使解放军成功突破鸭池河，进军黔西北，入川作战。红军长征留下的红军渡、解放军进军黔西留下的解放军渡、许纪武烈士墓等革命遗址，都是进行爱国主义教育的鲜活教材。

红色土地，故事绵长。2021 年，清镇市新店镇鸭池河村被列为全国红色美丽村庄试点建设村之一，中共贵阳市委党史研究室根据市委统一部署，全程参与该村红色美丽村庄建设。在深入调研中，中共贵阳市委党史研究室决定帮助该村深入挖掘红色史料、宣传红色经典、传承革命精神、赓续红色基因、助推乡村振兴，特编辑整理、出版发行《红流——鸭池河畔春来早》一书。该书既是宣传红色文化，又是推广宣介民族风情、农特产品、自然风光，助力红色美丽村庄试点建设，助推乡村振兴的一部红色读物。

中共贵阳市委、贵阳市人民政府不负中央和省委重托、不负人民期盼、不负时代使命，认真贯彻落实习近平总书记指示精神，圆满完成了新时代全面建成小康社会的重任。如今，我们把红色美丽村庄建设与乡村振兴紧密结合起来，精心部署，扎实推进，开启了乡村振兴的新篇章。

我们相信，在中共贵阳市委、贵阳市人民政府的坚强领导下，全

市人民，特别是新店镇人民一定能够牢记习近平总书记的嘱托，"把红色资源运用好、红色传统发扬好、红色基因传承好"；一定能够赓续红色基因，把鸭池河的故事宣讲好，优良传统传承好；一定能够心存感恩，把红色美丽村庄建设好；一定能够发挥示范作用，加快农业农村现代化步伐，加速农业高质高效发展，推动乡村宜居宜业建设，实现农民富裕富足，实现乡村振兴，向着中国共产党新的百年目标阔步前进！

目 录
CONTENTS

红色足迹

光辉岁月

历史传闻

风土人情

特产美食

资料选录

红色足迹

　　红军不怕远征难，万水千山只等闲。红军在各地留下的"红色足迹"，随着时间的沉淀而越发厚重，其蕴含的红色基因更随时代的发展而被不断丰富和升华。在贵州清镇新店镇，红二、红六军团留下的"红色足迹"极大鼓舞了基层党组织开拓进取、奋发上进，带领地方群众更加紧密地团结在以习近平同志为核心的党中央周围，为探寻乡村振兴发展之路和红色基因的赓续传承找到了巧妙的契合点。

　　本篇收录《红军长征过新店》《解放军强渡鸭池河探寻》《不褪的红色记忆》等26篇文章，以红二、红六军团佯攻贵阳、取道清镇、开辟黔大毕根据地为主线脉络，通过文字生动还原当时的真实场景，充分弘扬革命英雄主义精神，宣传革命为人民的道理，深刻体现红军与群众血肉相连的军民关系。以此铭记红色历史、赓续红色基因，为全面推进乡村振兴发展，实现中华民族伟大复兴凝聚饱满的精神力量！

红军长征过新店

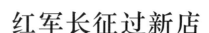

兰道宇　唐有武

一、历史背景

由任弼时、贺龙、关向应、萧克、王震率领的红二、红六军团胜利完成策应中央红军长征任务后，作为最后一支出发的红军队伍，于1935年11月19日，从湖南桑植刘家坪出发开始长征，共计18000余人。经过历时一年的长征，转战湘、黔、滇、康、川、青、甘、陕八省，在与红一方面军会师时，全军尚有11000多人。

周恩来曾称赞贺龙率领的红二、红六军团，"三次巧妙摆脱敌人，堪称'神来之笔'"。特别是在1936年2月2日，贺龙挥兵黔西。他指挥红二、红六军团巧渡鸭池河，占领黔西、大定（今毕节市大方县，下同）、毕节3个县城及其周围地区。在这里开展了建立根据地的工作，建立95个乡、镇、村苏维埃政权，并吸收新兵5000多人。

在红军长征史上，红二、红六军团强渡鸭池河战斗，是红军长征期间师以上部队主要战斗之一，是红军挺进黔西的关键一战，堪称贺龙"神来之笔"中的经典战斗。

1935年11月19日，红二、红六军团向贵州进发。1936年1月8日，进入玉屏县；9日占领江口；12日攻占石阡；21日突破余庆；22日，接到中央军委"二、六军团可在黔、滇、川活动"的电报。23日，又接到朱德电报："（壹）据情报你们已过余庆县，应以佯攻贵阳之势，速转黔大毕地区，群众、地势均可作根据地。"

此时敌人把绝大部分兵力密密麻麻地摆满了乌江两岸，日日夜夜赶做工事，企图将红军歼灭在乌江南岸。敌人的报纸公然叫嚣"贺龙孤军势必就歼""贺龙走投无路"等。

1月26日，红二、红六军团占领平越（今福泉市，下同），离贵阳还有百里，省城即宣布戒严，强迫城中居民出城修筑碉堡。还星夜派人跑到广西向李宗仁求救。

贺龙趁敌人混乱之时，下令各部队折向西南，日夜兼程，取瓮安，下牛场，直捣龙里，进逼贵阳。

1月28—29日，红军在洗马河、龙里一带集结，敌人误认为我军准备进攻贵阳，便向贵阳收缩。遵义方向敌人担心红军北渡乌江，不敢贸然离境。敌人由乐观变为恐慌，红军由被动变为主动。

1月30—31日晨，红军从北面绕过贵阳，进占新场、百宜。当贺龙率领二军团总指挥部抵达贵阳郊区新堡时，电台队从敌人发出的电报中得知郝梦龄纵队的3个师已经奉命由遵义南下，准备迎头拦截红二、红六军团。这时，敌二十三师和贵阳城的两个保安团从后面尾追过来。

1月31日，为了迷惑敌人，掩护西进，贺龙一面派出部队从扎佐向息烽方向运动，造成北渡乌江佯攻遵义，吸引敌人；一面又命令另一部分部队折向西北，攻扎佐，占修文。红二、红六军团行动方向一变，敌人马上产生了误判，以为贺龙真的要走红一方面军长征时的老路，立即通知郝梦龄纵队停止南下，就地构筑工事，准备阻击，务必阻止红军进到乌江以北。正当郝梦龄带领部队在乌江以北辛辛苦苦挖壕筑堡之时，贺龙发出号令"后卫变前卫，目标镇西卫（今清镇市卫城镇，下同)！"队伍原地掉头，朝乌江中游鸭池河渡口而去，把郝梦龄纵队远远甩在了后头。

2月1日凌晨，贺龙率二军团主力在修文集结，抽调120多人组成一支侦察队，在队长王绍南带领下，从修文出发，经三潮水、乌栗荒田，准备从猫跳河北岸过索桥进入清镇境内，任务是：务必于2月2日晨控制鸭池河渡口。

红军为迷惑敌军，红二、红六军团兵分三路：主力袭击修文县城；一路在贵阳与修文交界，经三重堰抵达王官，从西面作佯攻贵阳之势；一路取道息烽，作北渡乌江之势。敌军既担心红军北渡乌江，在乌江北岸严加布防，并将在川南的六十六师向遵义靠拢，又害怕红军围攻贵阳。2月1日凌晨，敌二十三师与红军四师十团于王官附近接触后，紧缩贵阳附近不敢出战。

为防止敌军堵死索桥渡口，避免贵阳方向之敌来犯，方便后续部队过河，侦察队出发不久，红二军团四师十团、六师相继从修文出发。在距离索桥上游约150米处，在当地群众的帮助下，从两岸伐木，只用数小时，搭起一座两米宽的便桥，六师大部随即到达，与四师在索桥会合后合力架好桥，过河直奔镇西卫。为防止被两路夹击，贺龙率领主力停留未动。为迷惑敌军，一路先折返修文小菁，再转乌栗后过猫跳河，六军团主力经乌栗过猫跳河抵达镇西卫。

2月1日下午4点，恰逢镇西卫举行新年舞龙仪式，侦察大队到达镇西卫，鸣三枪，直奔团防局（今卫城医院），区长、区丁和保安巡警四处逃逸。当时团防局无士兵看守，仅有一名士兵正在为耍龙打锣鼓，忽见红军来到，抢先跑进团防局，拖了一支长枪，护送区长韩授伯等人从后门逃走。团防局枪支弹药被红军全部缴获。

红军占领镇西卫后，调四师十团前往距镇西卫8千米的孙家坳、凤凰山一带作战斗部署，负责警戒贵阳方向之敌，并摧毁沿清毕公路一段山头上的敌军碉堡。

二、 战斗经过

按照中央军委指示，红二、红六军团主力部队在镇西卫集结，如在三五天内不能渡过鸭池河，则会产生补给困难，如修文之敌堵死索桥渡口，贵阳之敌沿清毕公路来犯，则会造成进退两难、被动危险的处境。

鸭池河的地势险要：北岸滥泥沟（今大关镇，下同）一带，山势高陡，俯瞰对岸，一马平川，只需摆上一点兵力阻止追击的百万大军，不成问题。鸭池河渡口分为南北两岸（南岸位于现清镇市新店镇鸭池河村，北岸位于现黔西市大关镇丘林村），水流湍急，是清毕公路的咽喉。当时渡口无桥，两岸都有敌人把守，往来人马车辆全靠船渡，两岸公路蜿蜒曲折。红军要想挺进黔大毕，必须渡过鸭池河天险。

2月1日，侦察队的红军战士扮成农民，秘密从修文出发，饿肚子、走黑路、踩泥巴，趁夜色冒雨前进。开始走小路时，因道路泥泞，速度迟缓，后改上公路。午夜赶至距河岸约8千米的新店子（现新店镇新店村，下同），有一保警队驻守，队部设在王家祠堂，队员分驻公路两侧九头坡、犀牛坡、卢家坡的碉堡内。

王绍南同参谋胡克忠商量后，决定带尖兵组去接近敌军。胡克忠挑了一个贵州籍的战士，走在队伍前面。王绍南带一个班远远跟随，以便呼应。

突然，敌军发现后呵斥道："什么人？"

"是区公所送信来的。"贵州籍战士连忙回答。王绍南暗中通知部队作好突袭准备。

敌人听到回答，要求我军先去一个人。黑暗中，参谋胡克忠几步走到哨兵跟前，猛然抽出手枪对准其胸口喝道："不准喊，喊就打死你。"侦察队员趁机迅速冲了过去，俘虏哨兵。之后，侦察队趁着夜色将敌队部的80多名[1]敌人缴械。解决了新店子的敌人后，侦察队兵分两路：一路由王绍南率领沿清毕公路直下鸭池河；一路经

---

① 此数据有三种说法：一说10多人；二说40多人；三说80多人。

韩家坝，过铁索屯，取陇上渡口过鸭池河，迂回敌后，夹攻鸭池河北岸防守之敌。为了防止漏网的敌人前去报信，侦察队加快脚步往鸭池河边赶去。

2月2日拂晓，侦察队赶到河岸的村子，没有任何阻挡，便占领了鸭池河南岸渡口。侦察队在斜坡上隐蔽，待机强渡。北岸渡口并无正规敌军驻守，仅有担任河防的滥泥沟盐防军一个班10多个人。红军将火力布置好后，叫俘虏向北岸喊话要船，不料小船刚靠近岸边，一人纵身跳上船撑船离岸。怕惊动对岸敌军，红军只好放过。那人一上岸就大喊"红军来了"，敌军顿时慌乱，顾不得破坏船只，四处从山沟小径逃命。红军在被敌人发现后，一时双方相持，一面射击对岸的敌人，战士一面对船工喊话："老乡们，把船撑过来，红军发工钱。"

撑船的老乡见河边的敌人已经跑向山上，同时山上的敌人受到红军火力的控制下不来，且与我军战士仅相隔百余米，老乡随即把船撑到南岸。

此时红军主力部队六师赶到，为掩护侦察队和一营渡河，机枪、小炮朝对面山上一阵猛打。10时左右占领鸭池河渡口南岸，迅速组织部队强渡。在六师火力掩护、侦察队前后夹击下，鸭池河对岸守敌盐防军、团防军逃走。

红军过河后，迅速朝山上扑去，并占领制高点，派一部分继续追击敌人，一部分带领当地百姓搭建浮桥，保证红军主力部队安全渡河。

当百姓们得知红军是干人的队伍后，积极踊跃地出力、出物帮助搭建浮桥。老百姓将国民党的区长逃跑前准备用来安装电话的铁丝、老街上杨地主家门口堆着的原木运来，有的还拆下自家房屋门板、床板，先将铁丝扭成一条绳索，凿石穿孔，固定在两岸的岩石上，再将大小船只按一定距离紧紧系在铁丝扭成的绳索上，搭上原木，铺上门板、床板，不到3个小时，一道长近100米、宽约2米的浮桥便架成。红六师、红五师过河。

2月3日中午，任弼时、贺龙、关向应、萧克、王震率军到达鸭池河渡口，按先红二军团，后红六军团的顺序渡河。《长征日记》中记载有：2月3日下午，红二军团直、四师、十七师、红六军团直过鸭池河到滥泥沟；红六军团十六师、十八师到达鸭池河。

2月4日，红军十六师、十八师五十三团过鸭池河后，十八师五十三团拆掉浮桥，毁船封河，驻守滥泥沟、鸭池河，阻击南岸追敌。战斗中，我军张铚秀、廖明等负伤。

根据原红六军团组织科科长廖明回忆，红军十八师五十三团在鸭池河进行阻击，一边烧毁船只，一边阻击敌军，掩护大部队过河。红六军团保卫团团长吴德峰在日记中记述："2月2日经过长冲，在镇西卫宿营，行程45里。2月3日经过茶店，在鸭池河宿营，行程 50 里。2 月 4 日经过滥泥沟、空桐树，在黔西城宿营，行程 70 里，是日，渡过乌江。"

根据国民党电报《驻黔绥署代电军情通报 1936 年 2 月 7 日》显示，红军于 2 月 5 日完全渡过鸭池河，渡船均毁，并在对岸掘壕，在大小关架炮扼守。

综上，红军从 2 月 2 日凌晨起相继渡过鸭池河，并由红十八师五十三团担任后卫阻击敌军。红二、红六军团于 2 月 4 日全部离开清镇境内。

红军过河之后，轻取黔西、大定、毕节等重要城镇，并在大定附近的将军岭给向我军追来的郝梦龄师当头一棒，歼灭敌人两个整团，赢得了将近 20 天的修整时间，开展了黔、大、毕地区的工作，在黔西北地区点燃了革命的熊熊烈火。

三、 六路分兵新店子、 五路齐下鸭池河

红军长征过新店，留下了"六路分兵新店子、五路齐下鸭池河"的传奇故事。当年，红二、红六军团经过新店时，六路分兵新店子，一共走过了 19 个村①88 个寨，使新店成为红二、红六军团在清镇境域停留时间最长、经过村寨最多、发生战斗最激烈、最著名的地方。

据统计，红军经过如下村寨：代书田村代书田、冒沙井 2 个寨，桃子坝村熬家湾、清水塘 2 个寨，新店村新店、下大坝 2 个寨，王家坝村龙滩、凉水井、韩家屋基、马驮子 4 个寨，白果村白果树、月亮坡 2 个寨，老鹰山村大转湾 1 个寨，上归宗村上归宗、长坡、平寨 3 个寨，下归宗村下归宗、大新田、大渡口、田坝、周家、水打坑、大烂田、羊雀河、岩脚、上院、下院、大岩口 12 个寨，茶店村茶店、水浒田、马落岩、大园 4 个寨，大麻窝村大麻窝、蛇场坝、王家垭口、水井湾、校场坝、石朝门 6 个寨，鸭池村鸭池、戴家沟、田上、垮岩、烂坝 5 个寨，马鞍村马鞍山、保田、新田、老寨田、操坝 5 个寨，二岩村坪上、大二岩、石灰窑 3 个寨，岩湾村上岩湾、下岩湾、良田、大鱼田、小鱼田 5 个寨，方家寨村周家田坝、方家、窝凼、上青山、下青山、半坡 6 个寨，徐家沟村徐家沟、李家、曾家、蔡家、桥头 5 个寨，田坎村荒田坝、田坎寨、红岩沟、回龙、双山、杉木寨、烂田冲、新大田 8 个寨，天生村天生桥、马尾、岩头、武家田、老寨田 5 个寨，大坝村大坝、沙坡、大水井、汪家老房子、水井背后、大山脚、汪家湾、石门坎 8 个寨。

───────────────

① 为 2013 年前村名。

红军五路齐下鸭池河，经过线路是：一路经大麻窝，进天生桥、大坝、石门槛等地，这支队伍负责西面警戒，完成任务后，经过桥头、戴家沟，至鸭池河；一路经清毕公路大麻窝、马鞍山，沿上青山、下青山、蔡家寨、徐家沟、曾家寨、李家湾等地，至鸭池河；一路经大转湾顺清毕公路，经大麻窝、马鞍山、周家田坝、垮岩等地，直入鸭池老街，以大部队为主；一路从新店经茶店、半坡、田上等地，至鸭池老街；一路从大坝往右走二岩、上归宗、下归宗，负责东面戒严，完成任务后，经过岩湾等地，至鸭池老街。

加上侦察分队从新店街口右路出发的线路，在新店镇留下了红军"六路分兵新店子、五路齐下鸭池河"的红色传奇。

四、 红色遗迹遗址保护现状

红军强渡鸭池河战斗遗迹保存尚好，现有红军渡码头。2018 年 12 月 18 日，鸭池河红军渡码头被清镇市人民政府列为清镇市文物保护单位。2019 年 10 月 14 日，被贵阳市人民政府列为贵阳市文物保护单位。2021 年 6 月 17 日，红二、红六军团鸭池河战斗遗址被列为第六批省级文物保护单位（增补）。

作者简介

兰道宇，男，清镇新店人。先后任清镇市史志办主任、市档案局（馆、地方志办）党组书记，市委党史研究室主任。现为清镇市档案馆（地方志办）四级调研员，贵州省作家协会会员，贵州省地方史专家库第一批入库专家。曾任《清镇市志》副主编，《清镇年鉴》《中共清镇市委执政纪要》《清镇党史》《周幺娘》主编，公开出版《平凡的圣人》等作品。

唐有武，男，中共党员，1987 年 3 月生于清镇市红枫湖镇扁山村。2011 年 9 月参加工作，现任中共清镇市委党史研究室综合科科长。

放弃石、镇、黄，挥师黔、大、毕

摘自 《红军在黔西北》

1935 年 8 月下旬，中央红军胜利跳出敌人包围圈，进入四川西北部懋功，与川陕根据地的红四方面军会师，准备继续北上。这一地区是雪山草地，国民党大部队因此无法进入与红军作战，于是部署部分兵力于草地东边和北边堵防，蒋介石企图利用红一、红四方面军过雪山草地期间，调集更多的兵力，围攻湘鄂川黔边革命根据地，以巩固其中心区域的统治和战略后方。

1935 年 10 月，蒋介石部署的新围剿开始。敌北起宜昌，南至黔阳，东自南昌，西到毕节，"由东向西交互逐段筑碉推进"。敌部直接用来进攻红二、红六军团的兵力达 22 个师又 5 个旅 130 个团，20 余万人，加上地方保安团队，总共约 30 万人。是时，红二、红六军团只有 4 个师 12 个团，2.1 万余人。红二、红六军团面对敌我力量对比相当悬殊的情况，审时度势，决定撤离湘鄂川黔根据地。

11 月 19 日，红二、红六军团从湖南桑植出发，开始新的战略转移，争取在贵州的石阡、镇远、黄平地区创建根据地。

1936 年 1 月，红二、红六军团进入贵州，12 日攻占石阡县城。19 日，红二、红六军团领导人在石阡召开会议，会议分析讨论面临的局势，根据敌情的变化，决定放弃在石、镇、黄建立新苏区的计划，部队西进，到乌江以西，长江以南的川、滇、黔地区活动，争取在贵州西北部建立根据地。20 日，红二、红六军团从石阡出发，突破余庆、龙溪封锁线，向西转移。途中，接到军委两次电报，指示"二、六军团可在黔、滇、川活动""应以佯攻贵阳之势，速转黔、大、毕地区，群众、地形均可暂作根据地"。据此，军团领导进一步分析了黔西北地区的条件。认为：中央红军长征的足迹曾到过黔西北，播下了革命火种，扩大了我党我军的政治影响，从而使这里的人民深受启迪，有革命的欲望；贵州地下党和川、滇、黔边区游击队在黔西北的活动频繁，而国民党川、滇、黔三省军阀之间矛盾重重，各自为政，形成了黔西北是反动统治力量相对薄弱的地带。这些都是我建立根据地的有利条件，军委的指示完全符合实际。因而，红二、红六军团作出了进军黔西北、创建根据地的决定。

遵照军委的指示，为争取时间，速转黔西北，红二、红六军团以佯攻贵阳之势，采取声东击西的战术，成功地迷惑和调动了敌人。蒋介石部署在贵阳以西、乌江上游鸭池河渡口之敌九十九师和二十三师在贵阳告急的情况下，慌忙向贵阳收缩，鸭池河渡口防务空虚。红二、红六军团抓住这一战机，虚晃一枪，绕道黔北，奔袭扎佐，直捣修文，转取清镇县属镇西卫，袭占鸭池河，拉开了创建黔西北根据地的战幕。

（摘自《红军在黔西北》第21~22页）

红色足迹

飞兵奇袭鸭池河

摘自 《红军在黔西北》

鸭池河位于贵州西部清镇和黔西两县的交界处，系乌江上（中）游。沿河两岸山高林密，山岩峥嵘陡峭，高处达数十丈，低处亦有数丈之多，势有猿猴欲上愁攀缘之难。河床时宽时窄，河深水险，水底暗流湍急，令人产生"望河兴叹"之感。

鸭池河渡口是黔西北数县通往贵阳的唯一渡口，地处要津。从贵阳来过河上坡15里，便是黔西县属的川盐集散地——滥泥沟重镇。1936年2月1日，红二、红六军团抓住敌人向贵阳收缩，西部乌江口岸防务空虚的有利战机，即派六师为先导，从修文奔袭镇西卫，抢占鸭池河渡口，并从各师抽调120名侦察员，组成精锐的侦察队，担任先锋。侦察队到达镇西卫后，没有休息，冒着毛毛细雨，连夜兼程向鸭池河挺进。

侦察队由队长王绍南率领，一人一支手枪，一把电筒，一式便衣装束。战士们为了扫清沿途的反动民团势力，连晚饭都顾不上吃，一路急行军，到茶店时刚刚清晨。此时，驻关帝庙内的敌保安团一个队（六七十人）还在睡大觉，四师侦察参谋胡克忠带尖刀班走在前面，迅速抹掉敌人哨兵后，王绍南率领侦察队随即冲进庙内，保安队六七十人在睡梦中便做了红军的俘虏。茶店至鸭池河渡口仅十多里，侦察队俘敌后，迅速向鸭池河老街渡口奔去。

侦察队路经坎卦时，敌人碉堡内已无一兵守护，便放火将敌碉烧毁。碉堡着火，浓烟顿起。待在老街家中的新店区国民党区长董醒吾及联保主任杨冰儒等，知大事不好，纷纷朝归宗等地逃跑。河北岸的盐防军守兵，虽系几天前奉命到鸭池河渡口封船堵河的，得知红军要来，早就惶惶不可终日，一见坎卦碉堡起火，就失魂落魄地顾不得上司的命令，丢盔弃甲，朝小关垭口桶井方向逃命。

侦察队毫无阻挡地到达河边渡口，时值10时许，河北岸的守敌早已逃得无影无踪，只剩几只船舶停在岸边。于是红军向对岸喊话："贫家人，把船划过来，我们红军是干人的队伍，是打土豪救济穷人的。我们要过河，请把船划过来……"不一会儿，河北岸慢悠悠地划来一条小船。当时的鸭池河渡口仅有大小木船4只，大船系车船和盐船，一次能渡二三十人。侦察队员渡河后又向滥泥沟开进。这时紧随侦察队的六师到达鸭池河边，4条船便轮番摆渡。午后，五师十七团相继赶到，仅靠4条船部队不能及时渡河。于是，部队在当地群众的支持下搭建浮桥。部队首先将董醒吾家的备用电话线缴来，拧成缆绳，拴在河北岸的昌茂石和南岸羊舔石上，用现有的4条船一字摆开，在水深处彼此扣稳，并连接到缆绳上。然后拆来董醒吾、杨冰儒两家楼房的木料和向群众借的门板、方木等，连夜点起灯笼火把突击搭浮桥。

各师团按以下顺序过河，即2日，六师、五师过河；3日，四师、二军团直、十七师、六军团直；4日，十六师、十八师（五十三团）最后过。全军过河后，立即拆掉浮桥，封锁河面，阻击敌人。

随后，我军在董醒吾家召开群众会，对借木料给部队搭浮桥的人户进行适当赔偿，并对帮助红军渡河、架桥的船工做了酬谢。

全军胜利渡过鸭池河，实现挺进黔、大、毕建立新根据地的第一步。此时，敌九十九师和二十三师追至河南岸一带。为了阻击敌人，十八师留守滥泥沟及鸭池河一线，阻敌九十九师和二十三师于对岸，牢固地扼守了黔、大、毕的东大门。

（摘自《红军在黔西北》第22～24页）

强渡鸭池河

摘自 《黔西县志》

　　鸭池河乃乌江中游，是黔西与清镇、修文两县的分界水，是黔西县东南面的第一道天然屏障。谷峡水急，易守难攻。当红军还在数百里之外时，黔西县县长林雁峰、黔军首领王家烈就令大关区区长兼团防营营长郭昆甫布防大小关隘和渡口。郭昆甫将船只全部收到左岸，派出两个连的兵力防守渡口和大小关隘。

　　1936 年 2 月 1 日午，红二、红六军团各师抽集 120 余人，组成侦察先遣队，化装成农民，在队长王绍南的带领下，直奔鸭池河渡口，迅即将驻守右岸祠堂内的贵州保安部队一个连包围缴械。在利用俘虏喊左岸划过来一只小船时，被守敌发现，开枪射击。主力部队赶到，用炮火向左岸轰击，河边守敌闻声而逃。红军控制两岸后，得到干人万正洪及船工帮助，不到两小时就架起浮桥，使大部队顺利过河。2 日，六师、五师；3 日，四师、十七师、二军团和六军团直；4 日，十六师、十八师（第五十三团），共 17000 多人完成过河。等尾追之敌二十三师、九十九师赶到右岸时，红军留下断后的十八师五十三团已拆除浮桥，锁船封渡，敌军只好向贵阳龟缩。

（摘自《黔西县志》）

红旗卷过黔、大、毕

谭友林

中央红军北上之后，在湘鄂川黔根据地坚持斗争的红二、红六军团处境更加凶险，国民党蒋介石重兵"围剿"。我们两个军团会师虽然只有一年时间，但在贺龙、任弼时、关向应、萧克、王震的领导下，发展很快。原来人枪不足 8000，现已猛增到近 2 万，根据地建设也有了相当规模。真是红旗猎猎，铁马金戈，气贯长虹。

蒋介石为推行其"攘外必先安内"的祸国殃民政策，对湘鄂川黔根据地下了更大的赌注，调来汤恩伯的八十七师、七十八师，孙连仲二十六路军的 3 个师和樊嵩甫纵队，共计 130 个团，派陈诚在宜昌坐镇指挥，在我根据地周围构筑工事碉堡，形成铁桶状的包围圈。

面对十数倍的敌人，当时的红军总部曾来电指示："在现小地区固守固失策，决战防御亦不宜，轻于尝试远征，减员必大。可否在敌包围线外原有苏区附近，诱敌出堡垒，用进攻路线集中全力击破之。"

中共湘鄂川黔省委和军分会于 1935 年 11 月 4 日召开会议，经过慎重研究，认为在苏区附近与强敌周旋似非良策，决定向湘黔边突围转移，争取在黔东地区开辟新的根据地。部队立即进行政治动员，精简机关，组编新的部队五师、十六师，安置伤病员，筹集粮食……

我在塔卧战斗中负伤，右小臂被子弹贯通，伤口未愈。部队要行动，军分会调我到红五师任政委。这是由地方几个独立团扩编而成的新师，师长是贺炳炎同志。

一

11 月 19 日，部队分别从桑植刘家坪和桥子垭地区出发，浩浩荡荡，南下湘中。我们声东击西，且战且走，自大庸和溪口之间渡澧水，自洞庭溪跨沅江。随后在雪峰山区和湘黔边境与敌周旋前进。这年湘中是个丰收年，年关在即，我们在湘中得到了资材和人员的大量补充。

1936年1月13日，我们进入黔东，占领了江口、石阡。按照原定计划，本应在这一带创建新的根据地。可是，这里山大谷深，人烟稀寥，经济条件很差，粮食尤为匮乏，我们要站住脚是相当困难的。同时，由于进入黔东之前具有决定意义的便水战斗打得不理想，各路敌人像一重重乌云，很快就在乌江两岸排好阵势，企图扑灭我军于乌江以南。面对这种形势，军分会在石阡开会，贺龙、任弼时、关向应等同志审时度势，果断地决定放弃建立黔东根据地的打算，西渡乌江，挺进黔西北，在黔西、大定和毕节创建苏区。

黔、大、毕属高寒山区，交通不便，地处川滇黔三省交界，三省军阀矛盾重重，敌人统治力量薄弱；另外中央红军长征时，罗炳辉同志率领的红九军团曾经路过这里，播下了革命火种；中共贵州省工委邓止戈等同志的兵运活动也搞得很好，已经掌握了席大明、周质夫、阮俊臣等人的地方武装。从地理形势看，此地北依长江，东临乌江，西有乌蒙大山为屏障，山势险峻，既便于防守作战，又有广阔的回旋余地。这些条件适于建立新根据地。

部队稍事休息，1月20日突然挥戈西进，突破龙溪敌封锁线，转而南下。

红二、红六军团进入贵州后，蒋介石即派其行营主任顾祝同坐镇贵阳，指挥敌各路"追剿"军对付我军。敌以李觉①纵队对我军进行尾随跟踪，樊嵩甫、郭汝栋两纵队等在思南方向截击，陶广纵队等在沿河、秀山、永绥、保靖地区阻截我军北上，郝梦龄部沿乌江布防，滇军孙渡部在威宁布防，企图包围我军于乌江东南。如不得逞，则迫我军进入广西。桂系亦派兵向黔桂边境集中，极力阻截我军。

情势相当紧迫。军分会运筹帷幄，指挥我军向南疾进，占领瓮安，26日占平越，锋芒指向贵阳。国民党专员兼平越县县长聂洸纠集平越县土豪劣绅，慌忙指挥保警队和乡丁负隅防守。但在身经百战的红军健儿面前，像秋风里的落叶，聂洸被打死。曾任中将师长的刘民杰上城督战，也被我军炮火射落，摔下城头跌死。敌九十九师一个营驰援平越，半路上被我四师击溃，80余人被俘。这个战术，我们叫它"龙摆尾"，就这么轻轻一摆，把敌人主力抛在了我军东北面，而我军面前的贵阳地区仅有一些团防军之类的杂牌部队，非常空虚。

约在一年前，中央红军长征时即曾造成过这种兵临城下、威逼贵阳的态势，当时蒋介石正在贵阳，处境十分狼狈。这一次，蒋介石于18日抵达贵阳，红军又出现

---

①李觉，国民党军将领。

在贵阳附近，不出意外，他不禁又冒出一身冷汗！蒋介石急令驻防贵阳以西的傅仲芳九十九师和李必藩二十三师向贵阳龟缩，加强守备。敌人捉襟见肘，不能不使乌江口岸的防务出现空虚。我军抓住战机，突然改变方向，绕道贵阳城北，向西北奔袭扎佐，拿下修文，以红六师为前导，急趋鸭池河。

鸭池河为乌江上游河段，曲折于陡壁之下，回旋于峻岭之间，激流滚滚，处处天险。2月2日凌晨，从各师抽调的120多名侦察员疾速抵达鸭池河渡口，这是贵阳通往黔西北的唯一渡口。侦察员们请船工帮助，从伪区长董醒吾家中抄来大批电线，拧成铁绳，拴在河北岸的羊舔石和河南岸的大树上，把河上的小船固定在铁绳上，用木板连接船只搭成一座浮桥。六师先遣队率先过河，占领了北岸15里外的滥泥沟。午后，我们五师和十七团也赶到渡口。当时，大军云集于狭隘的陡岸，渡河速度很慢。敌九十九师和二十三师从后面的镇西卫正全速追赶而来，敌人一旦突破防线，居高临下，对我军将十分不利。

贺炳炎师长在瓦屋塘战斗中右臂负伤，师里的担子落在我的肩上。部队渡河太慢，我心里十分着急。有些性急的、会水的同志下河泅渡，水急浪猛，寒冷刺骨，看着有的同志被浪头打倒后，再也没有钻出水面！河面只有百余米宽，我们拿出在湘中打土豪时弄来的布匹，把各种面料的土布、洋布，连接起来，拧成一条绳索，往河面上一绷，大家抓着绳索扑通跳下水过河。

得到红军进逼的消息，国民党黔西县县长林雁峰带着30多个兵丁弃城而逃，区长、保长之流也纷纷逃窜，城防空虚，县衙里文件和用具什物狼藉满地。2月3日晨，六师占领黔西城。红军战士打开国民党县政府的监狱，放出被关押的"囚犯"。主力部队进城时，黔西县工商界人士及群众千余人，拥出县城，燃放鞭炮，夹道欢迎红军。

……

作者简介

谭友林（1916.11—2006.05），湖北江陵人，1929年春参加革命，1930年参加红军，1934年加入中国共产党。1935年2月任红六师十七团政委。1935年秋任红二军团五师政委，参加了长征。中国人民解放军少将。曾荣获一级八一勋章、一级独立自由勋章、一级解放勋章、一级红星荣誉勋章，朝鲜民主主义人民共和国授予的一级自由独立勋章。

鸭池河上

王绍南

红二、红六军团长征以来，一路上攻下了芷江、晃县、玉屏、石阡、余庆、瓮安等县，直抵贵州腹地，并占领了公路干线上的息峰（息烽）、修文。敌人对于一年前我中央红军两下遵义城，至今心有余悸；他们愚蠢地估计我红二、红六军团必然会步中央红军后尘，北渡乌江，夺取遵义。因而将贵阳、黔西的部队倾巢调出，共约15个师，集结于乌江、遵义一带，企图配合湖南尾追我军的敌人，两面夹击，妄图歼灭红军于乌江两岸。

敌人这个阴谋怎么逃得过红军指挥员的眼睛？总指挥部判明情况后，立即命令先头部队——红二军团四师北渡1个团，虚晃一枪；在敌人兴高采烈庆幸我们中计之际，我主力却突然挥戈南下，直指贵阳空城，虚作攻势，吸引敌人，并乘机西渡鸭池河，向黔西挺进。

这一天，我们走了80里路。近晚，刚休息下来，总指挥部参谋处就命令我们侦察队当夜再急行军120里，在天明以前赶到鸭池河渡口，控制渡船。据悉，渡口两岸都有敌人把守，但兵力只1个营。敌人的重兵已集中在遵义、贵阳一线，对于我们偷袭这个渡口是极其有利的。

战士们围着我说："队长，再走一百里二百里没意见，只要求吃顿饭。"

我摇摇头，抱歉地说："不行呀，等你吃饱饭再走，明天连鸭池河的水也喝不上！"

结果部队连饭也没有顾上吃，就立刻出发了。真不巧，就在这时候"哗哗"地下起雨来，山路泥泞不堪。大家一步一滑，跌跌爬爬，行进速度非常迟缓，急得战士们不停地骂天。

我一边走一边想，像这样走法，这一夜莫说120里，就是一半路也走不上呀。赶到尖兵组，找到胡克忠同志。我说："胡矮子，这样不行呀。宁可多走点路，把队伍领上公路吧！"

他点点头，一转身，精悍的身影便消失在黑暗里了。胡克忠是六师的侦察参谋，平时虽然很少说话，但打起仗来却有着一身胆量和一肚子的计谋。他常带二三十个人，伪装成敌人的侦察或通信人员，混进据点里去捉匪首。有一次，他们混进敌人的据点把一个保安中队消灭了，接着又换上敌人的衣服，把一个区公所也消灭了。胡克忠同志的故事像神话一样，在侦察员中间流传着。因为偷袭敌人正是他的拿手好戏，所以这次我便让他领着尖兵组走在最前面。

我们这支侦察队是由各师的侦察员凑起来的，120多人，个个都是生龙活虎的小伙子。穿的是一式农民服装，各带一支短枪和一个手电筒，十分利索。大家一边走，一边说俏皮话："今天是饿肚子，走黑路，踩泥巴，三喜临门！"看到他们那种轻捷、机灵的动作，听到他们充满自信的话语，使我更加感到，只要天亮前能赶到鸭池河，我们肯定能完成任务。走了30多里泥泞路，就上了光坦、坚实的公路。这一来，我们顿时就像添了翅膀一样，只听到嚓嚓嚓的脚步声，谁也不讲一句话，专心地赶路。

天亮以前，我们赶到了离鸭池河5里地的一个小村子。惊醒的一些老百姓听说我们是红军，纷纷围上来，你一句我一句地抢着说："我们都是干人哪！""红军，好名声，我们都晓得。"从老乡们的倾诉中，我们了解了不少敌人的情况，发现离河岸不远有一个敌人的前哨阵地，就连哨兵的位置也摸得清清楚楚了。

我和胡参谋商量："对敌人这个阵地我们绕过去呢，还是袭击呢？"

胡参谋果断地说："绕过去来不及了，我带尖兵组去骗一骗他！"说着，他挑了一个贵州籍的战士，走到队伍前面去。我带一个班，悄悄地跟着他，以便呼应；其余的人随后跟进。四更多天，雨也住了，凄厉的山风阵阵袭来。这时正是寒冬腊月，数九寒天，可是我们还穿着夹衣。走路的时候，还不觉得，一停下，湿衣服往身上一贴，风吹来就像刀刮一样。战士们禁不住打起哆嗦来。

这时候，听到对面一个人喝问："什么人？口令！"

"是区公所送信来的。"我们那个贵州籍战士回答他。我暗下通知，让部队做好准备。敌哨兵听到答话，要我们先过去一个人。黑暗中，隐约看见胡参谋几步就跨到这个哨兵跟前，猛然抽出手枪对住他的胸口，低声喝道："不准喊，喊就打死你！"

侦察员们趁机迅速冲了过去。我悄悄问当了俘虏的敌哨兵："放哨的有几个？"

"我……就是……我一个。"

"连部在哪里？"

17

"祠堂里。"

我一挥枪，命令他："带路，喊就打死你！"

那个俘虏猛缩一下头，腿直打战，连说："不……不……不……"

到了祠堂前，分拨一部分战士在外面把守，其余的人一起冲进去。几十只手电筒对着睡在两间廊房里的敌人晃动，眼快的同志，忙把靠在墙边的枪支收下。那些敌人睡得迷迷糊糊，有的还在糊里糊涂地说梦话。睡在一旁床铺上的敌人连长，跳起来喝道："他妈的，半夜三更吵得老子睡不成觉！有任务，天亮再说！"

胡克忠同志笑道："任务紧迫，等不得天亮了。"一噘嘴，叫一个战士把他捆起来。到这时候，那个连长还没有弄清楚，一个劲儿地追问捆他的战士："你们是什么人？你们是什么人？"

"老子是红军！"战士这一喊，像一声雷把他们震醒了，80多个敌人同时举起手来。我们把缴获的枪统统卸下枪机，叫俘虏们背着枪身跟我们一路走。为了防备有敌人漏网跑去报信，大家都加快脚步，旋风似的向鸭池河边卷去。

赶到河边的村庄时，天已蒙蒙亮了。我们在一个斜坡下隐蔽起来，待机抢渡。我仔细地观察了渡口的情势：鸭池河浊流滚滚，有100多米宽。对岸排列着好几十只船，河边有一间小屋，岸上是一条蜿蜒曲折的公路，通向二里路外的一个山头。据俘虏说，河边那间屋里，有敌人一个班，是看船的；山头上驻着营部和两个连，居高临下，控制着渡口。

我把火力布置好，就叫俘虏向对岸喊话。那俘虏拉开嗓子喊着："喂，过来一条船，张处长叫我送紧急情报来了！"喊了一阵，只见对岸一个敌人急急忙忙朝山上奔去，一边跑一边喊叫，不一会又跑回来了。接着，一条小船很快从对面撑来。我们静静地等着小船靠岸。谁知就在小船快近岸边时，不知从哪里钻出一个人来。他戴着一顶瓜皮帽，穿着青色棉袄裤，朝小船喊："来，给我上！"船还没靠岸，他一纵身跳上船，脚一蹬，船就离岸好几尺。我们没有防备这一手，眼看着小船向河心划去。

胡参谋说："一定是给敌人报信去的！"拉起枪来就想打。我恐怕惊动对岸的敌人，连忙拦住他。

岂知那家伙一上岸就大喊起来："红军来了！红军来了……"河边小房里一下子冲出了十几个人，连衣服也顾不得穿好，更顾不得破坏船只，就跌跌滚滚地向山上逃去。我正后悔当时没有开枪把那家伙打死，又想到，等山上的敌人下来把船弄走就麻烦了。于是，便捅捅机枪手说："开火，打死这些家伙！"

机枪子弹把对面山腹上打起一溜白烟，在公路上奔逃的敌人顿时倒下五六个，其余的还是不顾命地跑。这时，山上也响起了枪声。机枪一面向山上射击，战士们一面朝对岸的船工喊话："老乡们，把船撑过来，红军发工钱！"

撑船的老乡见河边的敌人已跑到山上去了，而山上的敌人又受到火力的压制，下不来，加上和我们只隔百把米，喊了一阵，果然就有几条船撑过来了。这时我们的主力已赶到，机枪、小炮朝对面山上一阵猛打，掩护我们侦察队和一营渡过河去。

队伍一过河，就直朝山上扑去。敌人吃了我们一阵炮击，又见我们来势很猛，撒腿就逃。我们占领了制高点，派一部分部队继续追击敌人，另一部分带领老百姓搭浮桥。

浮桥很快就搭好了，二军团先过河，然后是六军团。这时，跟踪追来的敌人也已赶到。六军团还有两个团没有来得及渡河，就和敌人打响了。我们借着北岸的有利地形，居高临下，用火力压制住了敌人，掩护这两个团全部渡过河来，然后便将浮桥毁掉。敌人只好眼巴巴地在对岸放枪"欢送"。

过了鸭池河，我军连续占领了黔西、大定、毕节。部队就在这一带休整、补充，并以大定为中心，开展地方工作。

（摘自《星火燎原》选编之三第 275～280 页）

作者简介

王绍南（1906—1979），原名王伯南，湖北省天门人。1931 年加入中国共产党，1932 年参加中国工农红军。参加长征。1936 年 2 月，任红二、红六军团侦察大队大队长。中国人民解放军少将军衔。

智取鸭池河

左 齐

敌人估计我军要步中央红军后尘，北渡乌江。他们赶到贵州以后，不和我们纠缠，拼命抢到我们的前面，把绝大部分兵力密密麻麻地摆满了乌江两岸，日日夜夜赶做工事，企图将我军歼灭在乌江南岸。这时，敌人的报纸也一起叫唤开了，什么"贺龙孤军势必就歼"啦，"贺龙走投无路"啦，"江南赤患削平有日"啦，真是猖狂极了。

我们倘若冒冒失失地往前闯，那后果确实不堪设想；可我们的头脑不像敌人想的那么天真，明摆在眼前的火坑，为什么要去跳呢？此处无路可走，他处自有路。处处无路走，开向贵阳府。他想我们北渡，我们偏不北渡，他不防我们西下，我们偏要西下。部队抵向西南，日夜兼程，取瓮安、下牛场，直捣龙里，威逼贵阳。这一来，形势可就大变了：敌人由乐观一方变为慌乱，我们由被动一方变为主动。要知道，这时的贵阳乃是一座空城，我军倘有兴趣，闯进去逛逛，不是不可能的。对于敌人说来，贵阳是贵州的政治、经济中心，又是大官僚们养身立命之所，此城万万不可有失；可是，从湘北到湘中、从湘中到贵州，追来追去，就是为了凭借乌江天险来消灭我们，一旦放过，十分可惜。江防不可不守，贵阳也要保卫。一身岂能二用焉？一时间，调兵遣将，手忙脚乱，紧张万分。但是我们没去打贵阳，却从从容容地经扎佐，过修文，进抵乌江上游的鸭池河边，毫不费劲地渡到了乌江的北岸。

鸭池河这里的地形很险：北岸滥泥沟一带，山势高陡，俯瞰对岸，一马平川，只需摆上一点兵力，要挡住追击的百万大军，不成问题。因此，我们过河之后，在2月9日轻取黔西、大定、毕节等重要城镇，并在大定附近的将军岭给向我军追来的郝梦龄师当头一棒，歼灭敌人两个整团，赢得了近20天的时间，开展了黔、大、毕地区的工作，在黔西北地区点燃了革命的熊熊烈火。

（摘自《星火燎原》选编之三）

作者简介

左齐（1911.02—1998.08），江西永新人。1929年加入中国共产主义青年团，1932年转入中国共产党，同年参加中国工农红军；1934年8月，任红六军团十七师四一九团政治部宣传队队长，跟随红六军团一起长征。中国人民解放军少将军衔，曾获二级八一勋章、二级独立自由勋章、一级解放勋章。

红二、红六军团在黔、大、毕活动口述

廖　明

中国工农红军红二、红六军团于 1936 年初从湘鄂川黔革命根据地转移到贵州黔、大、毕地区建立新的革命根据地。那时，我在（红）六军团十八师政治部任组织科科长，十八师当时只有五十三团。在湘鄂川黔革命根据地时，十八师有两个团的编制，即五十二团和五十三团。那时我在五十团当营长，五十二团是很能打仗的队伍。在江口县闵家场与数倍于我之敌作战中，五十二团浴血奋战，在歼敌近 1 个师后，团长龙云壮烈牺牲，队伍被打散。我带了 1 个营冲了出来，后来编到五十三团，五十二团就不复存在了，我就被调任十八师政治部组织科科长。当时十八师师长是张正坤，政委是余立金。

红二、红六军团渡过鸭池河，占领黔西县城后，军团部命令十八师驻防滥泥沟，守鸭池河渡口。为了阻击敌人，我们把鸭池河的渡船烧了。在渡口的山头上，设立了几道防线，把敌阻滞在鸭池河东岸（南岸）。滥泥沟离鸭池河边只有 10 多里路，是一个很繁荣的小镇，那里有几家盐号，盐很多，我们在那里打开官商盐仓，分盐给那里的千人群众。那一带的干人很苦，大多数人冬天都只穿草鞋，老百姓把红军看作是干人自己的队伍，他们都很拥护红军。我在滥泥沟只住了几天，就被调到六军团政治部。

（本文系大方县委党史办采访资料节录，摘自《红军在黔西北》第 166～167 页）

作者简介

廖明（1911—1988），江西安福人。1930 年由团转入中国共产党。任湘赣省政治保卫队侦察员、中队长，红六军团第十八师政治部组织科科长，湘鄂川黔军区龙桑独立团政治委员，红六军团第十六师政治部组织科科长，第十八师政治部组织科科长，参加了长征。少将军衔。荣获二级八一勋章、二级独立自由勋章、二级解放勋章。

长征日记

吴德峰

1936 年

月	日	经过的地方	宿营地	本日行程（里）	记事
2	1	修文	新寨	45	是日来飞机多次，并投弹数枚
2	2	长冲	镇西卫	45	
2	3	茶店	鸭池河	50	
2	4	滥泥沟、空洞树	黔西城	70	是日渡过乌江（鸭池河）

作者简介

　　吴德峰（1896.06—1976.12），湖北保康人。1934 年 10 月至 1936 年，任红二军团政治保卫分局局长兼湘鄂川黔省革命委员会主席团委员、肃反委员会主席，参加红军长征。任红六军团保卫局局长、武汉市人民政府第一任市长。是一位中国共产党的优秀党员、忠实的马克思主义者、老一辈无产阶级革命家和隐蔽战线的重要领导人。

贵州两位著名老红军的新店缘

兰道宇

红军长征经过清镇县（现清镇市，下同），产生了许多著名人物和将领。其中，贵州两位著名的红军，就与新店结下了不解之缘。

一、 杨顺清： 新时代 "挑夫" 精神的创立者，　　"勇挑重担， 一往无前"

1984 年 1 月 7 日，中共中央总书记胡耀邦同志在贵州省干部大会上的讲话时指出：我昨天见到贵州一位老红军（杨顺清），清镇县人，七十几岁了。他是 1935（1936 年）年参加红军的，1945（1946 年）年用个筐筐背陶铸同志的小孩，从延安背到了哈尔滨。确实没有功劳有苦劳，没有苦劳有疲劳，你说把小孩从延安背到哈尔滨去，还不疲劳？那是大大的疲劳呀！

杨顺清是贵州清镇人。清宣统元年（1909 年）出生于今王庄布依族苗族乡小坡村茅草坝，苗族。由于历史原因，小坡村茅草坝曾经是新店区的管辖范围。因此，在一定历史时期，杨顺清是名副其实的新店人。杨顺清在长征途中，就经过鸭池河。现摘录《平凡的圣人》相关内容，以飨读者。

……农历正月十一早晨，我随部队从镇西卫城出发，步行 5 个多小时后，来到鸭池河街。

只见约两里长的街上，十分整洁。旅店、饭馆、马店经营正常，秩序井然，看不出人们的慌乱和担忧，看到的却是居民的热情。家家户户门前都有正在休息的红军，居民端茶送水，进进出出。有的房屋大门紧闭，不见人影。有的房屋门板却不知去向，只见人进人出。这一现象，引起了我的好奇，我决定打听清楚。

一会儿，我来到住在中街的表弟家门前。我把发报机放在他家的石台阶上，借喝水休息的时间，向他询问缘由。他便将红军强渡鸭池河的情况详细地告诉我，解开我心中的谜团。

原来，在很早之前，当红军进入贵州，远在数百里之外时，国民党军就得到红军的消息。为防止红军渡过鸭池河，进入黔西县（今黔西市，下同），国民党军在鸭池河北岸的滥泥沟沿河布防。没多久，国民党军从鸭池河北岸撤走，防守鸭池河的队伍就剩下盐防军和团防军了。盐防军和团防军依靠天堑鸭池河，凭借北岸"一夫当关，万夫莫开"的大关、小关垭口，进行布防；又将两岸船只全部收到北岸，派兵驻守渡口，控制渡船，这是十分有效的防守。面对天堑鸭池河和敌军的据险而守，红军一无桥，二无船，过河十分困难。

看到北岸部队布防鸭池河并来回调遣，听到红军可能到来的消息，街上的穷苦百姓，仍然像平常一样，正常生活着。有钱的人家，因为担心红军打土豪，自己的财产被打浮财，有的提前进行财产转移，有的来不及转移，就关上房门，逃命去了。

正月初十凌晨，当我们还在观游住宿时，红军侦察大队队长王绍南带领的侦察大队已经在新店完成了夜袭保警队的任务。随后兵分两路，一路为侦察分队经上归宗、下归宗，往陇上渡口，渡过鸭池河；一路由王绍南带队，押着保警队的俘虏，赶到南岸的鸭池河街，控制鸭池河南岸渡口。

鸭池河北岸控制渡船的守敌军心涣散，对红军十分惧怕。开始，侦察大队以送信的名义，让北岸船工划一条船到南岸，未能实现。战斗打响后，守敌知道红军来了，一个个惊慌失措地从河边看守渡船的小屋中冲出来，拖着枪往大关、小关垭口逃跑。红军与敌军隔河射击，战斗进入僵持阶段。

不久，红军前卫部队赶到河南岸，小炮、机枪一起开火，用火力压住守敌，使其不能下山。

战斗在进行着。

在枪炮声中，南岸侦察大队的红军对北岸的船工开始了喊话动员："船工们，红军是干人的队伍，是为干人翻身打天下的队伍，不杀干人。把船划过来，红军给工钱。"一遍又一遍地喊话，使躲在隐蔽处的船工走了出来，主动将4条渡船全部划到南岸，渡侦察大队的红军过河。

过河的红军向大关、小关垭口发起冲锋。此时，另一路由鸭池河街渡口下游陇上渡口提前过河的侦察分队，已赶到大关、小关垭口守敌背后，从后面实施包抄，前后夹击。

守敌腹背受击，见大势已去，作鸟兽散。红军完全控制了鸭池河，鸭池河抢渡成功。

在枪炮声中，鸭池街上的许多人走出家门。有的人站在房屋后面看，有的人跑到河边看。红军用船渡河十分缓慢，决定搭浮桥。街上的 6 个青年，主动找到红军，帮助红军准备搭浮桥的材料。需要拉船用的绳索，有人提议用董区长家存放的电话线替代；需要原木，有人提议用杨土豪家准备建房的原木；需要木板，有人提议发动群众，借门板、木板；需要抓钉，有人立即去找铁匠，生火开炉，快速加工。

人们投入到红军搭浮桥的行动中。有的跟随红军到河边选择搭浮桥的地点；有的铁匠为红军打铁钉；有的从家中找来棕索、木板和原木；有的把家中的门板卸下，床板拆下，扛到河边。街上的居民为了支援红军搭浮桥，把能够用于搭桥的东西，如木板、门板、棕索等全部找出来，献给红军搭浮桥。

在人们的帮助下，红军采用木船作为"桥墩"，在鸭池河上搭起了一座很特别的浮桥。

一首《架起浮桥红军过》[1] 的山歌，记录了鸭池河的人民群众帮助红军搭浮桥的情景：

> 长征要过鸭池河，
> 两岸清野难得过，
> 忽然遍山来千人，
> 运到木板和棕索，
> 架起浮桥红军过。

鸭池河，这条奔腾不息的河流，哺育了两岸勤劳善良、热情似火、疾恶如仇的人民。他们用实际行动真诚地欢迎红二、红六军团的到来，用实际行动真心实意地帮助红军。

告别乡亲，我背起发报机，来到河南岸渡口的上码头。数十米宽的河面上，湍急的河水滚滚向东流去。在上码头下游不到百米的地方，还建有下码头。而河的北岸，也相应建有上、下两个码头。在平时渡河，不管在南岸还是北岸，都需要在上码头上船，待船划到对岸的下码头后，再从下码头上岸，一年四季都是如此。枯水期的鸭池河，水急但不太深。只见在两岸上码头上游不到十米的地方，各有一块凸

---

①陈靖：《山歌唱长征》，见《长征大事典》（下卷），贵州人民出版社 1996 年版，第 2315 页。

出的岩石，屹立在河的两岸，岿然不动，是拴绳索固定船只的好地方。从岩石上伸出的几条用电线和棕索扭成的拉索，紧紧连接着4条规格不同的渡船，防止渡船被激流冲走。

用于渡车的被称为车船的是最大的船，几乎是停在河中央浅滩的急流上，稳稳当当。而稍小的盐船和最小的木船，紧紧与车船连在一起，分排两边，都是浮桥的"桥墩"。"桥墩"两端，用原木连接河岸。看着鸭池河上的浮桥，我背着发报机，跟随大部队，井然有序地走上浮桥。

走在浮桥上，只见船与船之间是用原木连接。在原木上，铺着木板、床板和门板。崭新的抓钉，清晰可见。走在上面，稳当安全。我们平安地渡过了鸭池河。

而在浮桥下游不远处，却是一处"索桥"。河水清澈透明，依稀可见水中的鹅卵石，好似一条条奋勇向上的鱼，在激流中一动不动。只见一条五颜六色的棉布结成的绳索，横跨鸭池河上。轻装行军的一部分战士，在齐胸深的寒冷刺骨的河水中，手拉着"索桥"，脚踩着鹅卵石，一个接着一个依次过河。

过完河，我们面前是一条直接通往小关垭口的石梯路。站在河边往垭口上看，浓雾弥漫，笔直的悬崖上，根本看不到路的踪影。我无法想象，怎样才能登上垭口。石梯路很陡，往上攀登，实实在在地让我领悟了行路难。早晨从镇西卫出发以来，一直都是急行军。我背着电台，感到很疲倦，抬腿都十分困难。石梯非常光滑，前行的人在石梯上留下许多稀泥巴，更滑。稍不注意，就会摔倒。抬腿往上走，就像在冰块上走路，需要脚踩稳之后才能迈步，每上行一步，都非常困难。沿着一级一级的石梯往上登，就像攀登一架摇来晃去的长楼梯。许多时候，我是手脚并用，脚登手爬，拾级而上。看到我十分疲惫、艰苦爬行的样子，班长谢汉书走到我的旁边，关心地说：

"杨顺清，我找个人换你一下吧！"

"班长，不用了，我能行。"其实，大家都十分累，没有谁轻松，特别是我们通信班的战士，每个人身上都背着通信器材，我谢绝了谢汉书的好意。看见我能够吃苦，谢汉书很高兴，转过身对我身后的通信班的战友们大声喊：

"战友们，加把劲，翻完垭口就宿营了。"

这时，我听到一阵快板声，宣传队队员带领大家念起了鼓动诗《过乌江》①：

---

① 陈靖：《过乌江》，见《长征大事典》（下卷），贵州人民出版社1996年版，第2306页。该诗有多个版本，此为其中之一。

远看像根索，

近看鸭池河。

敌人拼命堵，

老子硬要过。

要过要过这就过，

李觉送行蛮不错。

你在对岸站岗哨，

我在这里洗个脚。

鼓动诗抑扬顿挫的节奏，仿佛给疲惫不堪的指战员注入了兴奋剂，增加了力量。大家干劲上来了，加快了速度。沿着陡峭的石梯路，一步一阶，拾级而上，不到一个小时，就登上了小关垭口。

在垭口上，一阵凉风吹来，我精神一爽，长长地出了一口气。凭着顽强的意志，凭着不怕苦的精神，我终于跨越了天堑鸭池河。

再往前走，我就看不见家乡了。我停下脚步，依恋地回望家乡的山和水。远眺群山，朝着清镇王庄的方向，在心中默默向亲人告别。一个个连绵起伏的山头，仿佛是一个个为我送行的亲人。俯瞰鸭池河，就像一条摆放在深谷中的白色绳索，看不到一点动的迹象。

我的心情久久不能平静。家乡虽然没有我生存的空间，但生长在大山中的人，是舍不得走出大山的，故土难离啊。更何况，在家乡这片土地上，还生活着我的父母，我的兄弟姐妹和父老乡亲。今日一旦离开，不知何年何月才能回到家乡，才能见到亲人。在我心里，有太多的留恋与不舍。但我明白，我的出路、我的理想在前方。我在心里默默地念叨着：

"别了，鸭池河！"

"别了，我的家乡！"

"别了，我的亲人们！"

我转过身，快跑几步，跟随大部队，走向新的宿营地——黔西县滥泥沟街。

……

在解放战争中，杨顺清冒着战火硝烟，驴驮人挑，在一年时间里，徒步前行一万多里，将五岁小女孩陶斯亮从陕西延安送到现今的吉林白城。杨顺清的两次长征，更是红军长征精神的弘扬。

二、 陈靖： 一路长征一路诗

　　陈靖，贵州瓮安人，苗族，也是红二、红六军团的一员，宣传队的才子。在我研究杨顺清事迹时，在杨顺清的口述中，就有大家吟唱鼓动诗《过乌江》的叙述。作为我的家乡，看到此诗感到十分的亲切。"远看像根索，近看鸭池河。敌人拼命堵，老子硬要过。要过要过就要过，李觉送行蛮不错。你在对岸站岗哨，我在这里洗个脚。"此诗明显是过河后位于北岸而作。红军在李觉率部追近之时，除负重的大部队从鸭池河浮桥上过河外，还把布匹当作绳索，横跨河两岸，让轻装的红军拉着布匹，走进冰冷刺骨的河水中，涉险过河。过河后，大家非常疲惫，但又必须快速登上陡如天梯的大、小关垭口。这首诗，为鼓舞士气，增加力量，加快行军速度发挥了重要作用。这是我的家乡鸭池河激发了老红军陈靖的创作激情，产生了他的处女作。这首诗受到指战员们高度的称赞，在红军中广为传播，以至于一些红军将士在新中国成立后都还记忆犹新。

　　红二、红六军团离开鸭池河后，进入黔西。随后，又开始长征。从此以后，陈靖开始长征诗的创作。诗伴随着他，一路长征一路诗。我曾经沿着他创作的诗的时序，研究红二、红六军团的长征。长征的艰辛让人难以想象。从陈靖的诗中，我则看到了规律。当面对高山、面对深谷、面对危机，需要提振士气时，他的作品就产生了。如《过金沙江》：

　　　　一九三六年四月，

　　　　金沙江，不可怕。

　　　　北来东去波涛大，

　　　　——算个啥！

　　　　同志们，比赛吧。

　　　　看谁最先渡过它，

　　　　——顶呱呱！

　　　　看白军，正抓瞎，

　　　　金沙江南学狗爬，

　　　　——没办法！

　　　　蒋介石，回去吧，

送来的"礼物"全收下，

——多谢啦！

当红军到达玉龙雪山之下，《登玉龙山》又产生了：

玉龙山，高又大，

蓝天夹在它腋窝下，

在此横站千万年，

谁敢前来碰碰它。

玉龙山，不可怕。

红旗直往顶峰插。

俯瞰"玉龙"在何处？

乖乖地卧在红军脚板下。

玉龙山，再见吧，

恕不在此久留了！

工农革命胜利后，

再来陪你谈"家常话"。

我眼前呈现的似乎不仅是作者的诗，更是万人齐诵诗的壮观场面，气壮山河，响彻云霄。这声音，似乎让山巅坠石，崖间雪崩。留下的是一幅万人行军的巨大画卷！反复读他的诗，就像读红二、红六军团长征的史诗。于是，在我心中，出现了"一路长征一路诗"这个标题。

更让我惊奇的是，老红军陈靖又开始重走长征路的壮举。1986年9月，即红军长征过新店40年后，还是这个红军宣传员，他已接近古稀之年，携妻带子，沿着3个方面军的5条长征路线开始了重征。他又一次来到我的家乡鸭池河老街码头，旧地重游，往事情深，坐在河边石头上，实实在在地"洗个脚"。又写了一首《渡乌江》的旧体诗：

四十年前冬雪纷，鸭池河上春雷鸣。

狂涛滚滚记胜负，壁垒重重忘死生。

勇士面前烈火涌，英雄头顶弹雨淋。

夜半浮起桥一座，红旗首扬大定城。

他成功了，成为"七万里重征第一人"，是中国人民解放军历史上完成重走长征路的老红军。

我知道，老红军陈靖重走长征路，不是想去回味那爬雪山、过草地的生死考验的情景，而是想去看一看他们宣传队队员写的宣传标语还在不在；不是想去欣赏那原始的美景，而是想去看一看他的那些在雪山顶坐下休息就牺牲、在草地上转眼就消失的战友。

一路长征一路诗。老红军陈靖的诗，诗中有史，诗中有血，更有那1万多将士参与铸就的长征精神，永远载入史册。

不管是杨顺清两次长征，还是陈靖重走长征路，他们都是长征精神的参与者、弘扬者、传承者。他们从新店这片土地走过，为新店人留下了宝贵的精神财富。他们是贵州人民的代表和骄傲，永远值得我们铭记！

红色足迹

母亲故乡过红军

吴道兴

　　母亲刘启珍的故乡，是地处原清（镇）毕（节）公路线上的清镇市新店镇大麻窝村联合自然村寨，是红二、红六军团长征经过的地方。我出生之地茶店街，在明城遗址——赫声所北侧，距母亲故乡大麻窝2000余米，位于乌江中游鸭池河南岸宛如天然屏障的一道长岭的山垭口处，为明清乃至民国时期水西地区通往省会贵阳的交通要道。

　　童年时懂事后的一天晚上，母亲刘启珍，给我和两个姐姐讲述她13岁时目睹红军经过家乡的往事："新中国成立前，我家住在马路边的大麻窝，不时有部队经过。记不清是哪一年过年后的正月初几清早，一支头戴红色五角星帽，身穿灰色布制服，脚穿细耳草鞋，身挎长枪的队伍，在家右边马路上停了下来。我与你们外公吃惊地看着休歇的队伍时，两个当兵的来到了家门口，其中一个和颜悦色地说：'老乡好！我们是中国工农红军，是专为穷人打天下的队伍，路过这里稍做休歇，要做顿饭吃，首长派我俩向您家借刀砍柴烧火，借桶挑水煮饭。'你们外公看到两个当兵的面善，很高兴地把弯刀和水桶借给他们。中午时分，他们把弯刀和水桶还了回来，一个挑着一担水，一个扛着一捆柴，说是对我家的感谢。离开时连声说'谢谢您家！谢谢您家！'部队离开时，一拨从寨子右边的水井湾方向走，一拨朝寨子左面的茶店方向去，都下鸭池河。往茶店方向的队伍经过家门口时，借东西的两人还向我们挥手打招呼。这支队伍真好！"母亲又说："红军队伍离开后的第二天下午，家里遇到了倒霉事，国民党的军队来啦。几个国民党兵凶神恶煞地冲进家里，不知从哪里得知前情，质问你们外公为啥借东西给红军用，恶狠狠地要打人。我上前阻挡，被一个家伙用枪托猛打我的右肘，留下残疾，到现在手都伸不直。这支队伍真坏！"讲完往事，母亲教我们姐弟仨唱起表达翻身喜悦之情的歌儿："嘿啦啦啦啦，嘿啦啦啦，嘿啦啦啦啦，嘿啦啦啦，天空出彩霞呀，地上开红花呀……"

红军队伍经过母亲故乡留下关心体贴百姓的言行，种下了外祖父一家拥护人民军队的种子，以至1950年10月抗美援朝时，外祖父刘世成把大舅父刘启顺送去当志愿军，但未能入朝便染伤寒，病逝在沈阳开往朝鲜的列车上。母亲在往事中提到的两支部队，后来查阅有关史料，才知前一支是任弼时、贺龙、关向应、萧克、王震率领的红二、红六军团，后一支是国军将领薛岳统领、李云杰具体指挥的国民党中央军第二十三师。

作者简介

吴道兴，男，中共党员，生于1955年5月，清镇市新店镇茶店村人。曾参与编纂《中国共产党清镇县历史（1949—1978）》和《清镇市志（1978—2010）》，并在《贵州日报》《当代贵州》《史志林》等发表过文章。曾任清镇市史志办副主任兼党支部书记，早年曾任教于新店镇归宗小学、新店中学。

不褪的红色记忆

兰道宇

鸭池河乃乌江中游，清镇与黔西县的分界河，是进入黔西县的一道天然屏障，曲折于陡壁之下，回旋于峻岭之间，急流滚滚，处处惊险。河面宽七八十米，谷狭水急，易守难攻。鸭池老街位于鸭池河南岸，属清镇市，距离清镇市城区约60公里，因商业繁荣，历史悠久，故名老街，有"小荆州"之美誉。自古以来，为兵家必争之地。

1936年2月2日至4日，红二、红六军团在任弼时、贺龙、关向应、萧克、王震的率领下，从这里强渡成功，顺利进入黔、大、毕，为鸭池河烙下了红色的记忆。

一、 鸭池河战斗

在红军长征史上，强渡鸭池河战斗，史称鸭池河袭击战斗，是红军长征期间师以上部队主要战斗之一，是红二、红六军团与黔军一部的战斗。

1936年2月2日，红二、红六军团侦察大队消灭新店守敌后，兵分两路。一路从清毕公路右侧经韩家坝，过铁索屯，取陇上渡口过鸭池河，迂回至鸭池河北岸黔西县大、小关垭口后面；一路沿清毕公路直下鸭池河老街，控制鸭池河渡口，两路夹攻防守鸭池河渡口的守敌。

按照队长王绍南的部署，拟利用押俘虏至北岸送情报为由，骗取北岸渡船过河接侦察队员，继而夺取北岸渡船。一小船从北岸撑来，靠近南岸岸边时，从南岸钻出一人，纵身登上小船。小船还未靠岸，滑向河中心。六师侦察参谋胡克忠准备开枪射击，被王绍南拦住。看到那人登上北岸后，河边小屋中冲出十几个人，往渡口后山上逃去。王绍南便命令机枪手："开火，打死这些家伙！"战斗正式打响。这时，红军的小炮、机枪一起开火，射向大、小关垭口，压住守敌，使其不能下山。

隔河射击，不能彻底消灭敌人。北岸的船工听到红军喊话，主动把船撑到南岸，渡侦察队队员过河。过河的侦察队队员迅速向大、小关垭口守敌发起进攻。这时，从陇上渡口过鸭池河的侦察队队员已赶到守敌背后，前后夹击。敌人见势不妙，逃离大、小关垭口。鸭池河战斗结束。此次战斗，红军击溃敌守军一个营，渡过鸭池河，占领黔西城区。

原来，在北岸渡口后方的大、小关垭口，是"一夫当关，万夫莫开"之天险。当红军还在数百里之外时，得知敌军在黔西县大、小关垭口和渡口布防了约一个营300人的兵力，其中以一个小队10多人驻守渡口，控制渡船。敌军据险而守，并将两岸船只全部收到北岸。面对天险鸭池河，红军一无桥，二无船，过河十分困难。

二、 人民的队伍人民帮， 鱼水情深源流长

鸭池河，这条奔腾不息的河流，哺育了两岸勤劳善良、热情似火、疾恶如仇的人民。人们欢欣鼓舞，用实际行动真诚欢迎红二、红六军团的到来，用实际行动真心实意帮助红军渡河。

船工渡侦察队员过河。战斗打响后，面对红军的夹击，残敌迅速溃逃。在激烈的枪炮声中，南岸的红军侦察队队员对北岸的船工喊话动员。船工们看到守敌逃跑，将几只渡船全部撑到南岸，渡侦察队队员过河。红军完全控制了鸭池河，鸭池河强渡成功。

群众帮助红军搭浮桥。侦察队进攻的枪炮声惊醒了鸭池老街沉睡的人们。当看到红军要搭浮桥的时候，有指点选择搭浮桥地点的，有提供搭桥材料的，有点燃火炉为红军打铁钉的，有从家中找来棕索、床板、木板和原木的，还有把家中的门板卸下后扛到河边的。在人们的帮助下，红军采用木船作为"桥墩"，用从地主家收缴来的电线和百姓送来的棕索扭成拉索，连接和固定木船，用木板、门板作为桥板，迅速在鸭池河上搭起了浮桥。

一首《架起浮桥红军过》的山歌，生动地记录了鸭池河的人民群众帮助红军搭浮桥的情景：

长征要过鸭池河，

两岸清野难得过，

忽然遍山来干人，

运到木板和棕索，

架起浮桥红军过。

三、 红军渡过鸭池河的主要方式

第一种方式，是渡船过河。队长王绍南带领侦察队人员向驻鸭池河北岸守敌夹击后，残敌溃逃。在侦察队队员与守敌隔河射击之际，同时向船工喊话："老乡们，把船撑过来，红军发工钱。"看到守敌溃逃，船工便把几只船撑到南岸，用渡船把侦察队队员渡过鸭池河。

第二种方式，是搭浮桥过河。侦察队队员过河追击敌人后，就以船作为船墩搭建浮桥，大部队从浮桥上经过。

因是冬春的枯水季节，水急但不太深。在两岸码头上游不到十米的地方，各有一块凸出的岩石，北岸是昌茂石，南岸为羊舔石，屹立在河的两岸，岿然不动，是拴绳索固定船只的好地方。从岩石上伸出的几条绳索，紧紧连接着 6 条大小规格不同的渡船，防止渡船被激流冲走。船与船之间，用木板、床板和门板相连。而用于渡车的被称为车船的是最大的船，几乎是停在河中央浅滩的急流上，稳稳当当。而稍小的两只盐船和最小的木船，紧紧与车船连在一起，分排两边，都是浮桥的"桥墩"。船上连接的木板，就是鸭池河老街的人民群众主动捐献出来的木板、床板和门板，稳当安全。大部队井然有序地走上浮桥，平安渡过了鸭池河。

第三种方式，是蹚水过河。在浮桥下游不远处，又搭建了一处"索桥"。因为浮桥过河速度慢，有的战士拿出布匹，连接起来，拧成一条绳索，于鸭池老街渡口下码头处往河面一绷，拴住两头，横跨鸭池河上。轻装行军的一部分战士，在齐胸深的寒冷刺骨的河水中，手拉着"索桥"，沿着齐胸深的浅滩处激流中蹚水过河，一个接着一个依次过河。

第四种方式，是泅渡过河。看着部队过河太慢，会游泳的战士下河尝试泅渡。由于水急浪猛、寒冷刺骨，下河泅渡的红军战士牺牲了，泅渡鸭池河没有成功。

过完河，有两条路，一条直接通往小关垭口，一条通往大关垭口。为鼓舞士气，红军队伍里响起了鼓动诗《过乌江》：

远看像根索，

近看鸭池河。

敌人拼命堵，

老子硬要过。

要过要过这就过，
李觉送行蛮不错。
你在对岸站岗哨，
我在这里洗个脚。

鼓动诗抑扬顿挫的节奏，仿佛给疲惫不堪的红军指战员注入了兴奋剂，鼓舞了力量。大家干劲上来了，加快了行军速度，终于跨越了天险鸭池河。

魂归乌江映长空

吴道兴

磅礴乌蒙走泥丸，迤逦乌江绕黔山。

大渡口岸翻恶浪，鸭池河畔滚狂澜。

红军西进过清境，英烈献身留遗篇。

风雨兼程两万里，长征胜利凯歌还。

　　2007 年 9 月 9 日，我到新店镇下归宗村大渡口村民组，走访当年见证了红军长征过清镇的杨春明、朱安华、舒建军等村民，以其口述材料为素材纂成此文。

　　1936 年 2 月 1 日，跨过猫跳河索桥先期进入清镇境内的红二军团抽调 120 余人组成的侦察队，一路西进，经过麦西的长冲、坛罐窑、王家寨、卫城镇、新店子之后，分一小分队进入今新店镇归宗村境内。得到当地贫苦农民的介绍与指引，选择了鸭池河渡口下游约 3 公里的大渡口，作为渡河侦察的通道。打算渡河成功后，向左迂回至黔西县大关镇丘林村一带，以便 17000 多人的红军大部队强渡鸭池河时，形成对渡口守敌的两面夹击之势。

　　从上游鸭池河河尾处至大渡口的这段河面，沿河两岸绝壁耸峙，河北岸绝壁之上的一座大山，呈犀牛之状，河南岸绝壁之上的一段崖壁，呈圆月之状，古称"犀牛望月"。自南而北在幽深峡谷中奔流的鸭池河，礁石林立，水流湍急，流到大渡口处才稍显开阔。一湾深潭水势平缓可供渡船，千百年来，成为清镇与黔西两岸人民往来通行的渡口。大渡口下游至筲箕湾处，又呈河谷幽深、水流湍急之势。舒建军说，他的祖父舒文清及祖母在世时，曾多次谈起红军长征在大渡口的故事。

　　那是一个月黑风高、天寒地冻的夜晚，一支几十人的队伍悄无声息地来到大渡口，走进老鹰岩下的十多户人家，向老乡们说明红军是穷人的队伍，并用所带干粮做饭请老乡们同吃。真诚的言行得到了老乡们的理解和支持。当红军侦察到河北岸有国民党守敌把守的情况，便请老乡们设法不让狗叫出声音。吃过晚饭，舒文清给红军带路，摸到渡口处侦察地形，下归宗村的周正明也加入给红军带路的行列。一位红军营长的手枪不慎掉入河边的水丝林中，周正明帮助他在夜色昏暗的水丝林下的石缝中找回了手枪。红军营长为了感谢周正明，赠送一个洋瓷盆以作纪念（新中国成立后，周正明之子周开俊都曾用过，令人遗憾的是没保留下来）。一番仔细侦察后，决定出其不意地渡河击敌，迂回大关。老乡们用自己家现存的原木扎成大木筏，10多名红军战士划着木筏从水势平缓的湾潭处渡河。在即将到达北岸渡口处时，被国民党守军发现。顷刻间河畔深谷枪炮齐鸣，向河中央及南岸一阵狂射。木筏上的10多名红军战士一边还击对岸守敌，一边避开敌军扫射，将木筏向下游斜划而去，木筏进入水深流急的漩涡处便无法掌控，很快就消失在茫茫夜色之中。河南岸的红军眼看渡河未获成功，10多名红军战士乘坐的木筏又被湍急的河水冲走，悲从中来，怒火冲天，用机枪向对岸守敌扫射，打得敌人哭爹叫娘。首长急令战士们到下游搜救，后来在河岸边找到了游上岸来的10名幸存者，4名红军战士随着急速漂流的木筏顺河而去，不知所踪。侦察队队员继续沿着河岸下游搜寻，不料与老鹰岩相连的一堵岩壁直抵河面，挡住了前行的道路。又听老乡们说，下游河中礁石林立，急流险滩较多，搜寻者只好原路返回队伍。面对北岸守敌的枪炮，南岸的红军用机枪、步枪等猛烈还击。河对岸射过来的一颗子弹打穿了舒家用木条做成的大门，打破了家中的一个土坛子。北岸国民党守军打过来的一发炮弹，把朱安华家门前的院坝炸成了一个大坑，朱安华父亲的左脸颊被炮弹片划伤，留下一道长长的疤痕。寨子里彭氏祖母——单姓老太太在红军走后第二天，还在红军打仗的地方拾得一枚手榴弹。

红军侦察队面临渡河失败，又不知北岸有多少守敌，便问老乡鸭池河下游还有没有较近的渡口，准备另选渡口过河实行迂回战术。经老乡们介绍，夜深人静时分，红军侦察队撤出大渡口，越过老鹰岩左侧的羊肠小道，一路经过上归宗、昌目曹、土目曹、王家坝、马驮子、月亮坡、白果树、花地、马家寨、铁锁屯、煤洞坡、二亩田，以强行军速度赶到鸭池河下游的陇上渡口，又挨家挨户宣传红军是穷人的队伍及打富济贫的主张，此地10多名穷人子弟还参加了红军队伍。在贫困农民吴维刚的帮助下找到一只木船，侦察队未遇守敌，分批渡到对岸。渡河完毕，红军侦察队沿着磨老坝（今黔西市铁石乡）右侧铁盔山麓下临近鸭池河岸的许多村寨，马不停蹄地往黔西县大关镇一带赶去。2月2日上午，终于抵达鸭池河北岸守敌身后，居高临下一阵猛扫，与河南岸潜伏在鸭池河老街树林里的侦察队分队形成两面夹击之势。在红二军团六师先遣部队的炮火下，惊魂未定的残敌见势不妙，胡乱放了一阵枪后即向滥泥沟方向逃窜，红军侦察队控制鸭池河渡口。2 月 2 日中午，他们发动群众献出门板、床板，找到铁丝架搭浮桥。2 月 3 日晚，红二、红六军团主力部队通过鸭池河，进占黔西城。2 月 4 日，红二、红六军团全部渡河，继续向西挺进乌蒙山深处，开辟新的革命根据地。

2005 年 6 月，建成"西电东送"工程——索风营电站之后，大渡口一带已成为索风营湖区的组成部分。下游不远处的筲箕湾已开发为自然风景区；已通车硬化道路，从上归宗村修通到大渡口下游的筲箕湾湖边。湖水虽然淹没了当年的幽深河谷与红军战士的遗骸，却掩盖不住当地百姓对当年为渡河而牺牲的 4 名红军战士的怀念。

老红军陈靖与鸭池河

周 丽

一、 老红军陈靖简介

陈靖是贵州瓮安籍苗族老红军、作家，曾为贺龙的警卫员。1918 年生于瓮安县草塘镇陈家湾村，卒于 2002 年，享年 84 岁，享受军级待遇。1934 年 10 月，红六军团长征经过猴场，年仅 16 岁的草塘中学 3 年级学生陈靖投笔从戎，参加红军。他亦文亦武，戎马一生，离休后在李先念、徐向前的支持下重走长征路，是全国唯一亲身经历长征、亲身重走长征、亲身书写长征的"三亲红军"。陈靖曾经在三个方面军工作过，20 世纪 50 年代，曾与陈毅一起加入中国作协，后写出《长征路上》、长篇小说《重雾长天》、中篇小说《金沙江畔》（后改成同名电影）、话剧《贺龙前传》等数百万字的作品。1986 年至 1992 年，陈靖三次重走长征路，经过 17 个省区 400 多个市、县、乡，行程 7 万余里，翻越 15 座海拔 4000 米以上的雪山，拜谒邓恩铭、向警予等革命先驱、先烈、战友的故里故居 290 多处，祭扫王尔琢等红军烈士墓 3850 多座，访问流散红军 300 多人，为不少老红军平反正名，沿途作红军报告数百场。《解放军报》曾经发表 70 篇《重走长征路书简》并汇集出版，徐向前题写书名。后又出版《重走长征路集叶》《诗言史》《吼声集》等书籍。老红军王定国也是陈靖长征时的战友，曾为陈靖题字"诗好史更好，情深意义重"，老红军李赤然则写下了"空前绝后的壮举，独一无二的史诗"。

二、 小诗 《过鸭池河》^①的由来

小诗《过鸭池河》是陈靖随红二方面军长征强渡鸭池河时，有感而发写就的，这也是他参加红军后写的第一首小诗。诗曰："远看一条索，近看鸭池河，敌人拼命堵，老子硬要过，要过要过就要过，李觉送行蛮不错，你在对岸站岗哨，我在这里洗个脚。"这首小诗具有强烈的革命浪漫主义色彩和革命的乐观主义精神，在当年红军长征中起到了鼓舞士气的作用，并给红军指战员留下了深刻的印象。

三、 在鸭池河畔

1936 年 2 月初，陈靖跟随红二、红六军团长征第一次途经鸭池河。

1986 年，陈靖做了一个出人意料的决定：重走长征路！虽然受到一些同事甚至老战友的劝阻，他却得到组织上及徐向前、余秋里、成均、李赤然等老同志及家人们的支持。同年 9 月，陈靖已接近古稀之年，携妻带子，沿着三个方面军的五条长征路线开始了这次长征。当第二次途经新店镇鸭池河村老街渡口时，陈靖回想起鸭池河强渡战斗和当年所作的《过鸭池河》，不由感慨万千，并在鸭池河合影留念。

四、 弘扬长征精神

1998 年，陈靖完成了重走长征路的壮举。面对海拔 4700 米的扎浪大雪山时，一句"上得去算我胜利，上不去的话，死了就算。同过去牺牲在这大雪山上的战友们一样，你们就地从简，将我埋葬在大雪山上！"淋漓尽致地体现出苗家优秀儿女坚韧不拔的民族精神以及红军革命到底的战士本色。他成了"七万里重走长征第一人"，也是中国人民解放军历史上唯一重走长征路的老红军。这一壮举堪称"空前绝后"。长征精神，在陈靖身上又一次得到弘扬。

---

①该诗有多个版本，此为其中之一，后文不再注释。

"万里跋涉寻常事，一生都在征途中。" 2002 年 11 月，陈靖因病去世，可他那终身为了党的事业而不畏艰难险阻、永往直前的动人形象，永远留在人们的记忆里。陈靖生命不息、跋涉不止的精神，正鼓舞着无数后来者，踏着他的足迹，在新的征途上继续前进。

作者简介

周丽，女，1994 年 1 月出生于贵州省纳雍县，现就职于清镇市新店镇政府。

解放军强渡鸭池河探寻

兰道宇

一条鸭池河，半部军事志。鸭池河在清镇军事上，有着举足轻重的地位。走近鸭池河，总会听到许许多多关于鸭池河战斗的故事，尤其是父亲的介绍。其中，解放军强渡鸭池河就是众多故事里精彩的一个。

一、 战前国军露败迹

1949 年 10 月到 11 月期间，在清镇县鸭池河老街，老百姓经常看到大量国民党军经鸭池河渡口过河至黔西县。尤其是进入 11 月份，在鸭池河码头处，国民党军运送军用物资的车辆，因忙于逃命，乘船过河后随即逃逸。原待装运的军服等军用物资，遗弃在码头上、沙坝里，无人守护。附近有胆大的贫困老百姓，见无人看管，每人取三五件回家，公开穿着，直到解放军进驻鸭池河之后，因担心被误判为国民党士兵才放弃不穿。

解放军大兵压境，国民党军队和地方武装纷纷溃逃。老百姓传言，国民党军露出了溃败的迹象。当时，老百姓不了解解放军，也像过去躲避兵灾一样，每家都在安排躲避兵灾的大事。鸭池河老街兵荒马乱、人心惶惶。据父亲说，解放军解放贵州时，我家早就做好了应对准备，由爷爷看家，照看小店。奶奶带着父亲、幺叔到椒园躲避。不几天，爷爷来到椒园，告知解放军是人民子弟兵、真诚对待老百姓的真实情况后，全家才跟随爷爷返回鸭池河老街居住。

二、 解放军强渡鸭池河的日日夜夜

1949年11月15日，中国人民解放军第二野战军第五兵团十七军五十师进驻贵阳，贵阳宣告解放，五星红旗飘扬在贵阳上空。14日夜，先期经过贵阳的十六军四十六师一三八团，在地下党组织的配合下，连夜乘车，于11月15日凌晨4时攻占清镇。清镇解放，巩固了贵阳外围，保证了贵阳的安全。随后又以一部北击今清镇市卫城镇，以抢夺鸭池河渡口。十六军全军相继进入清镇县。

同日，国民党陆军第十九兵团四十九军二七五师到达鸭池河北岸黔西县，倚关凭险布阵，妄图阻止人民解放军渡过鸭池河。

11月16日，即清镇解放的第二天凌晨，爷爷打开房门一看，房前屋后都是解放军。马路上匍匐着许多解放军，为射击状态，枪口指向黔西县境，与敌人隔河对峙。爷爷立即上前与解放军交谈，让他们到家中居住。从此，我家成为解放军的一个驻地，房前屋后则为解放军的军事阵地以及岗哨。当天，解放军接到兵团电令：在清镇至鸭池河一带集结待命。

驻扎鸭池河的部队，在沙井坎下的麻原地上，用干打垒的方式，修建了射击阵地。由于泥土含沙重，一经雨水浸泡，出现垮塌，之后弃用。

解放军驻守在鸭池河老街，在我家房屋处设有一岗哨，并安排有解放军士兵站岗，有时在大路口站岗，有时在小路口站岗。为预防敌人偷袭，解放军还教老百姓回答口令，解放军问"口令"，回答"老百姓"。回答不对，朝天一枪，引起驻军警醒。

十六军接到二野司令部敌情通报：国民党在四川的宋希濂、罗广文等部及由西北窜到四川的胡宗南残部，正纷纷往川滇、川黔边境集结，企图夺路云南逃往国外。兵团随即命令十六军渡鸭池河迅速占领毕节，而后北渡赤水，由叙永入川，参加成都会战。当时，部队迂回至毕节入川的路程是相当艰苦的。仅从鸭池河至大方，就要过八九道河流，这些河流都属于乌江水系，谷深流急。经军里几个领导反复研究确定，由四十七师担负迂回毕节的任务，11月20日开始行动。为方便、快捷渡过鸭池河，解放军某部连长准备游泳到鸭池河黔西岸拉船，被敌军发现，开枪射击，该连长英勇牺牲，长眠于鸭池河。

11月20日，十六军各师分三路，从上游的白猫河、中游的鸭池河、下游的青杠坝渡口抢渡。从上游的白猫河进军的四十七师一部行动顺利，通过白猫河，直逼大定。在中游的鸭池河，军直工兵分队天亮前就做成83副木筏，当天在鸭池河上冒着敌人的炮火射击架设浮桥。天黑前，完成全桥的1/3。

11月21日拂晓，已经架好一半的浮桥被激流冲斜，几十个战士怎么也拉不直。十六军军长尹先炳和参谋长杨俊生一早来到现场，看到这种情况，当机立断："多用些木筏顺势斜着修下去。"杨参谋长指挥舟、筏斜着拼靠连接，再用钢索将浮桥向两岸固定，中午时分，终于战胜激流，一座特殊的"斜式浮桥"在鸭池河上落成。遗址在羊子岩解放军渡口。

解放军搭建浮桥，需要搭浮桥的物资，发动老街老百姓捐献。老街老百姓仍像13年前帮助红军搭浮桥一样，家家户户行动起来，倾力相助，他们扛来了木板、门板、木方。我家献出的就有门板、楼板和一些做隔断用的芦苇秆。解放军为感谢老百姓的帮助，之后还给予了补偿。

同日，解放军第十六军四十六师主力抵达鸭池河南岸。双方交火，解放军炮火猛烈，炸死国民党军十九兵团士兵6人。国民党军心动摇，决定毁船，用密集炮火封锁渡口，派地方武装大关警备营执行任务，营长郭家驹带人冲至河边，先烧毁停放于公路上的军车2辆，正放火烧船时，解放军又展开猛烈炮击。战斗持续了3天。国民党军十九兵团、大关警备营全部溃逃。

11月24日，解放军十六军四十七师一四一团渡过鸭池河，解放大关等乡镇。

同日，从下游的青杠坝渡口抢渡的十六军一三七团，用8口铁锅捆绑成筏，也渡过鸭池河。过鸭池河后，解放军部队紧追逃敌，在滥泥沟击溃妄图增援大关的国民党四十九军八二三团、八二五团残部；国民党黔西地方军政人员纷纷逃匿。

11月16日至24日，从解放军到达鸭池河到解放军强渡鸭池河，整整9天。与老街老百姓说的"解放鸭池河打了一个星期的仗"基本吻合。

11月25日，解放黔西县城。

老街保卫战传闻

兰道宇

虽然解放 70 多年了，每次到鸭池河老街，只要提到红色文化，就有人提起剿匪斗争中的鸭池河老街保卫战。虽然战斗打了七天七夜，遗憾的是，在清镇地方史志中，未见只言片语。时隔多年，老街人仍然念念不忘。这些口耳相传的故事，把我带入了那一段充满烽火硝烟，又令人无法忘却的岁月。

一

清镇解放初期，境内匪特活动十分猖獗，形势严峻。他们趁中国人民解放军主力入川作战，人民政府忙于接管城市工作，广大群众尚未充分发动之际，到处散布谣言，刺探情报，破坏交通，抢劫物资，暗杀干部和群众，策划反革命武装暴乱，妄图推翻新生的人民政权。

1950 年 1 月初，匪首曹绍华纠集各地反动地主武装、惯匪 500 余人（枪），攻打清镇县城，发动武装暴乱。接着，土匪在三屯围攻解放军，同时围攻甘沟、新店、条子场。1950 年 2 月初，县境内土匪发展到 15 股 900 多人（枪）。主要的股匪有：活动于清镇、平坝两县及平远哨飞机坝一带的曹绍华部 500 余人（枪）；活动于贵阳至清镇公路两侧及贵阳市郊的惯匪麻幺弟、韩授伯部 130 余人（枪）；盘踞在各乡的汪汉、蒙刚、谢中福、左智乾、蒋永清、郭英贵等反动地主武装。他们多次大规模围攻县城和区政府，手段恶劣、残暴。1950 年 3 月上旬，县境内的土匪公开勾结，自称"国民党反共救国军""解放人民军"，叫嚣"配合台湾反攻大陆"，提出"抗粮自卫""反对禁烟""反对禁用银圆""打开县城有盐巴、粮食"等反动口号，蒙蔽、欺骗、裹胁群众，拦截过往车辆，切断交通，袭击人民解放军和政府工作人员，围攻卫城区、甘沟等地基层人民政府，两次围攻县城（现清镇市城区）。匪众增至 7000 余人，枪支 1490 余支，气焰十分嚣张。

二

五区（现新店镇，下同）匪患严重。1950 年 1 月初，土匪围攻新店。2 月 21 日，匪首蒋永清率数百名匪徒在流长马陇冲集结，持各种长、短武器，包围苗族聚居的盖陇寨，把整个寨子围得水泄不通。匪徒劫走财物和牲畜后，放火烧毁民房，联防队员突破土匪包围，到蒙家寨向五区区委报告，刘存忠立即率鸭池河驻军等 50 余人赶赴解围，内外夹攻，取得胜利。为确保区委正常运转，书记刘存忠曾带领区干部，撤离蒙家寨到蚂蝗村青龙山驻扎。清镇著名的剿匪战斗——暗流大捷，也称暗流合围战，是惯匪麻幺弟纠集韩授伯、郭英贵、吴仲渊、万国宪股匪 900 余人，聚集于卫城西北暗流河一带，企图攻打五区人民政府，然后攻打县城。3 月 31 日，县剿匪指挥部闻讯，立即派县大队，配合十六军侦察营二、三连以及从贵阳赶来的一五一团一个连，连夜赶到暗流乡，将土匪包围。经过 3 个小时的激战，一举歼灭匪众 322 人。这次战斗，是在贵阳地区匪风猖獗时期，在清镇最严重的地区进行的，以最小的代价取得较大的战果，扭转了剿匪形势。

三

鸭池河老街位于鸭池河南岸，因历史悠久而得名，简称老街。老街依山而建，地势狭长，不足一公里，分为三段，上街、中街和下街。居民集中居住成街，无城墙，无关隘，不易防守。老街自古繁华，是有名的水码头，商人南来北往，三教九流会聚，有"小荆州"之称。独特的地理位置和历史原因，使鸭池河南北两岸聚集了非常有名的土匪队伍。北岸有郭家驹，南岸有汪汉、谢中福、蒙刚等本地土匪，人数众多。

1950 年 1 月，四川、云南战役胜利后，五兵团主力部队回师贵州，对全省剿匪斗争进行部署。十六军四十七师一四〇团二营六连驻防鸭池河，连部设在原国民党区长董醒吾家旧屋。

由于各地土匪猖獗和暴乱，黔西县到清镇县和贵阳市交通沿线的治安秩序比较混乱，商旅行人沿途往返，不时会遭到土匪的拦路洗劫，生命财产极不安全。为维护清毕线上过往行人的交通安全，驻守在清镇县境内各区的人民解放军和各级政府的武装力量，便担负起保护之责。当时人们称由中国人民解放军护送商旅行人过境叫"送帮"。

父亲说，提起土匪，是心中的痛处，几十年挥之不去：民国时期，父亲与祖父、祖母在椒园居住，租吴家的田土耕种。由于风调雨顺，缴纳地租后，有一些存款。祖父与祖母商量，准备在大山等地购买土地自种，减少地租支出。消息传出后，被土匪得知。在一个漆黑的夜晚，土匪破门而入，从家中将祖父、祖母、父亲等人全部抓住，捆在树上，拷打祖父、祖母，然后将家中财物洗劫一空。又经过几年耕耘，有点积蓄后，全家迁居鸭池河老街，于下街街口处购一上楼下圈的住房，以开猪店为生。楼上住人，楼下圈猪。还在门前放一张条桌，几条小板凳，卖"帽儿头"（饭）。虽是小本生意，一家人却生活无忧。因家中这段历史，全家人都非常痛恨土匪。

看到土匪队伍的发展壮大，人民群众越来越担心遭到抢劫，人们的生活充满焦虑。解放军一四〇团二营六连进驻后，加强巡逻，日夜值守，修碉堡，建阵地，尽力保卫老街。1950 年 2 月，黔西县土匪集结于大关附近，烧杀抢掠，十分猖狂。他们勾结被解放军击溃流散的十九兵团军官欧万新部，抢走停放在公路上的一汽车盐巴。3 月中旬，黔西县原乡镇头目郭家驹（大关人）等在刘信之（民国时黔、大、织边区剿匪大队长，投诚后任县剿匪指挥部副指挥长）的指使下，相继叛变，分别在大关等地组建"二八纵队"。有一天傍晚，河对面的晒盘土出现了土匪抢劫，老百姓呼喊"土匪抢人了"，住我家的战士扛着机枪，冲到河边，向对岸射击，吓跑顽匪。3 月 8 日，清镇县反动地主韩授伯以及郭英贵、麻幺弟纠集土匪 1200 多人，围攻四区（卫城）政府。

不断有消息传到老街，人心惶惶。祖父、祖母越发紧张，因为经历被土匪抢劫的遭遇，无处可躲，只好把希望寄托于六连，希望他们能够守住阵地，保卫老街人民的生命财产。六连先在沙井坎下的麻园地里，用干打垒的方式，修建了射击阵地。由于泥土含沙重，一经雨水浸泡，出现垮塌，之后弃用。后改在坡梁子坎卦包包修建碉堡，并沿坡梁子修建一条战壕，从上而下，三个主阵地：坎卦包包碉堡，为一据点；从西面到南面，能够锁住戴家沟、垮岩、半坡等方向来敌；下面是机枪、步枪阵地，成一线沿坡而下，构成一条保卫防线。坡梁子的机枪阵地、步枪阵地，分别控制南面、东面。

在鸭池河老街下街口，也有两个阵地！在我家的机枪阵地，由一个班负责，锁住鸭池河渡口下的羊子岩以及鱼田方向。杨家有一个卡宾枪射击点，由一个排长负责，锁住鸭池河渡口。两个射击点，形成一个火力网，火力非常凶猛，防止鸭池河北岸的土匪渡河。

1950年3月下旬（具体的时间有待进一步考证），土匪开始进攻鸭池河老街。在鸭池河南岸清镇县的土匪有1000余人，由两部分组成，前面是土匪的作战部队，后面是背着背篓的"运输部队"，密密麻麻，漫山遍野。解放军规定，居民无事不准出门。人们发现，瘦高的辛连长在坡梁子值守；田指导员挽着袖子，背着驳壳枪，一会儿到我家机枪阵地，一会儿到杨家卡宾枪阵地，天天如此。阵地里的解放军都是24小时轮流值守，没有一刻松懈。驻在我家的解放军，自己生火做饭；驻在碉堡里的解放军，由老百姓送饭。街上的人发现，看到河北岸出现土匪，解放军的机枪就响个不停。强大的火力，压住了土匪进攻。3月22日夜晚，鸭池河北岸黔西县的叛匪400余人偷渡鸭池河，袭击驻守鸭池河老街的解放军，遭到英勇还击，匪首刘仁俊被解放军击中，负重伤溃逃。三四天的连续作战，全体指战员已经非常疲惫，在后来研究如何进一步保卫老街、防守土匪时，有人提出了"守不住就撤退"的建议，田指导员听后，把枪往桌上一拍，"人在阵地在，我们大江大河都过来了，防止在阴沟里翻船，以后谁再提撤退我就枪毙谁；大家立即振作起来，战斗到底！"

一个星期之后，解放军清镇县大队得到消息，赴鸭池河救援。县大队的唐排长带队来到茶店，对着老街方向一阵扫射。听到枪响，土匪认为解放军救援大部队到了，一哄而散。至此，六连坚持了七天七夜的鸭池河老街保卫战胜利结束。据父亲说，鸭池河老街的老百姓为什么这样尊重一排排长许纪武，除了他是革命烈士之外，最关键的是，他参与了老街保卫战，保护了老街百姓们的生命财产；人们永远牢记着，他是六连的代表，是人民解放军的代表。据我推测，这次保卫战，应当是解放军没有人员伤亡，导致清镇史志少有文字记载。

四

父亲说，解放军住我家，军民一家亲。当时，解放军的连长姓郭，人们叫他郭连长，是一个儒雅的人，经常到我们家查岗。与祖父、祖母熟悉了，经常在一起拉家常。郭连长看见我们一家人对解放军的态度，他还动员我父亲去当兵。由于家中经济条件好，祖父、祖母拒绝了这一要求。街坊邻居看见我们家与解放军相处和谐，认为我们家与解放军的关系好，有需要解放军帮助的事，先找我祖父协调，解放军也尽力相助，结果街坊邻居都很满意。

长期住我家的解放军战士中，有一个叫孙志平的，冬天来临时，他身上的旧伤复发，呕血不止。祖父找来伤药，炖鸡给他补身体，居然把他的伤病治好了。后来，他回到家乡河北，还写信回来感谢祖父、祖母。

随着解放军一茬接一茬的换防，我家一直住着解放军的一个班，一直到剿匪斗争结束。

至 2022 年 1 月，五兵团主力部队回师贵州已经 72 周年了，虽然清镇史志少有文字记载，但是，六连坚持了七天七夜的鸭池河老街保卫战仍在老街人民口中传说，永远镌刻在老街人民的心中，成为人民心中永远的丰碑！

捐躯赴国许排长

易永德

许纪武，热河省（今河北省）蘭（滦）平县三区西安纯人，中国人民解放军四十七师一四〇团二营六连一排排长，1949 年随军入黔，同年 11 月，参加鸭池河战斗。1950 年 3 月，千余土匪围攻鸭池河老街，他偕全连百余人拼死还击，坚守阵地，保护群众生命财产；4 月，率 5 名战士护送毕节的 3 名女大学生前往卫城，在跳蹬河畔（清镇市王庄乡境内）遭匪袭击，壮烈牺牲，时年 21 岁。他英勇顽强、不怕牺牲的精神，教育和激励青少年健康成长。

热河许纪武，随军进黔疆。

保卫鸭池河，忠贞又顽强。

护送女学生，热血洒战场。

英名传千古，人民永不忘！

通过缅怀革命先烈，让广大党员干部、群众铭记历史，学习革命烈士舍生取义、忠于党的事业的崇高品质，弘扬爱国主义精神，赓续传承红色基因，坚定理想信念，立足当下、珍惜当下、把握当下！

青春换得江山状，碧血染将天地红。鸭池河，古代称鸭齿，又称甲池。鸭池河段北岸崖悬山高，地势险峻，常见数里之内如刀切之势，既是黔中西行的天然障碍，也是通往滇、川的必经要塞。历代鸭池河有关的军事史实记载颇多，史称"清镇为省会之藩蔽，鸭池河为滇路之咽喉"（摘选自《清镇市交通志》）。1949 年 11 月 15日清镇解放，11 月 16 日，解放军十六军各师开始陆续抵达鸭池河畔，国民党四十九军二七五师在鸭池河对岸设防阻击。解放军于 11 月 24 日击溃国民党军，由"解放军渡口"（今鸭池河红军渡口下游约 150 米处）渡河并拉开了全面解放黔西的序幕。为保障解放黔西战线通畅，许纪武烈士所属的四十七师一四〇团二营六连驻守鸭池河老街。1950 年 3 月，鸭池河周围的几股土匪裹胁不明真相的群众千余人，围攻驻守在鸭池老街上许纪武所在的六连，他偕全连 100 余人拼死还击，面对强于自己 10 倍匪众的围攻，坚守阵地七天七夜，六连的弹药快要用尽时，解放军县大队从卫城镇赶来增援，从茶店中街口的夹沟处猛冲下来，与六连合力一举歼灭了鸭池河北岸土匪，保障了鸭池河老街百姓的生命财产安全。

捐躯赴国难，视死忽如归。1950 年 4 月，六连一排排长许纪武，奉命护送 3 位女大学生，在途经王庄乡跳蹬河处遭遇匪众伏击，不幸牺牲。世上没有从天而降的英雄，只有挺身而出的凡人。排长的不幸牺牲，当地群众为感念烈士的英雄行为，将其遗体安葬在鸭池河边。下葬时，鸭池河畔的村民们悲痛不已，前来悼念的人接踵而至。为了纪念许纪武烈士，立了一块石碑，铭刻着烈士的乡籍和番号。

长空日月辉两岸，古渡百姓思英雄。村民每年清明都会去许纪武烈士墓缅怀，祭奠烈士。鸭池河村村民吴维明数十年如一日，打扫烈士墓及周边卫生，守护烈士墓。2010 年，在许纪武烈士牺牲 60 周年之际，清镇市档案局、新店镇牵头筹措资金，部分政协委员捐款，鸭池河村支"两委"参与协调土地，清镇市公安局退休干部张泽华具体组织实施，成功完成烈士墓的修缮工作。张泽华为许纪武烈士题挽联"长空日月辉两岸，古渡百姓思英雄"，以寄托鸭池河人民对英雄的哀思。

作者简介

易永德，男，1995 年 4 月出生于贵州省黔西市，现为清镇市新店镇人民政府党建办工作人员。

那时岁月那些人①

安昌勇

连续几天，多次面对电脑，想要表达感想，却因感动太甚，竟然无从落笔。加之事多人忙，下笔无神，行动迟迟，干打雷不下雨，深感亏欠这有着深厚历史文化底蕴、有着浓郁红色基因的乡土。

一日下班，忽被电视里正在演唱的一首歌曲引得情感奔流。"那天你一转身，从此来去匆匆。深情的回望，留下多少惆怅。心里有灯不怕黑，心中无鬼敢打鬼，男儿有志，闯荡四方，走的是人，留下是魂……"电视连续剧《打狗棍》片尾曲动人的旋律，切题的歌词，走心的演唱，让我不禁想起那时岁月的那些人。

那些曾经发生在有"滨湖之城"美誉——清镇的红色往事，那些"心里有灯不怕黑，心中无鬼敢打鬼"的不曾谋面的血性英雄，有名的，无名的，在脑海中幻化为一个个鲜活的形象，未曾谋面，似曾相识，忽如故人心上过，能感受到呼吸，看得见笑容，听得见声音。

鸭池河是贵州省清镇市与黔西县的分界河，是清镇红色文化的重要发源地之一。红军曾在这里强渡鸭池河，挺进黔西北；解放军曾在这里英勇剿匪，为巩固新生的人民政权血染鸭池河畔。

3月的鸭池河河谷春意盎然，桃花、李花、樱桃花、油菜花漫山遍野。河底，谷狭水急，激流不息。两岸，峭壁如刀削斧劈，雄奇险峻。站在当年红军强渡鸭池河的岸边，仰望两岸嵯峨绝壁，群峰对峙，欲倒欲倾；注目滚滚鸭池激流，水急涡旋，追心夺魂。对岸的大关、小关垭口，高悬于峰肩，为通关要冲。别说有持有精良武器的300余名国民党重兵把守，就是几个山野村夫，若在垭口险隘处垒起礌石原木，居高临下，就能一夫当关，万夫莫开。况且，下方河岸渡口还设有20余名守

---

①散文。

军。此外，鸭池河畔的新店子还有80余名保警兵①设防。这样居高据险而守，两岸协防，水深流急，船只封禁，无船无桥，宽100多米的渡口，红军插翅也难飞过。

红二、红六军团17000多人要通过鸭池河，就必须拿下渡口。红军抽调120多名精干战士组成侦察队，由红军侦察参谋王绍南带领，于1936年2月1日深夜，神兵天降般突袭新店子王家祠堂，保警兵在睡梦中就成了俘虏。审讯获悉对岸防御部署情况，红军随即兵分两路，一路由清毕公路直下鸭池河，抢时间控制渡口；一路绕道韩家坝、过铁锁屯，到达距渡口约10公里的陇上，由一名水性好的战士冒险泅过冰冷湍急的河水，划来对岸的小船，将侦察小分队分批渡过对岸，迂回于敌后，协同正面进攻部队夹击大关、小关垭口防堵之敌。

2月2日，天刚蒙蒙亮，直取鸭池河渡口的侦察小分队在渡口后街的一片树林里隐蔽下来。王绍南命令抓来的俘虏向对岸喊话，说有紧急情报要送到对岸。小船从北岸撑来，一人蹿出，登船离岸向北岸而去，上北岸后就大喊："红军来了，红军来了！"北岸防守屋中冲出十几个敌人。王绍南担心守敌下来放火烧船，果断下令："开火，打！"机枪响起，冲出屋子的敌人顿时倒下五六个。战斗打响，红军的小炮、机枪一起开火，射向大、小关垭口，压住守敌，使其不能下山。

侦察队战士向对岸的船工喊话："老乡们，我们是红军，快把船划过来！"北岸的船工听到红军喊话，把船撑到南岸，渡侦察队队员过河。过河的侦察队员迅速向大、小关垭口守敌发起进攻。这时，从陇上渡口过鸭池河的侦察队员已赶到守敌背后，前后夹击。敌人溃败，红军击溃敌人守军一个营，渡过鸭池河，占领黔西城。随后，红军在当地群众的帮助之下，在昌茂石、羊舔石之间搭建浮桥，使后来的大部队快速、有序地通过了鸭池河。

红军强渡鸭池河，其行程之艰难，环境之险恶，战斗之惨烈，战斗中的斗智斗勇、红军的勇猛顽强、群众的参与支持等，言语难以详尽，唯用敬仰方略表心。

面对红军当年的战场，我想，如若时光倒流，我是一名红军战士，将用怎样的心境面对险恶、面对困难、面对生死？不得而知，唯有感慨：红军强渡鸭池河，需要的不仅仅是勇气，更需要的是坚如磐石的革命理想。红军战士就是凭着坚定的革命理想，以不怕任何艰难险阻，不惜付出一切的牺牲精神，在如此险恶的环境中，超然生死存亡。他们冲锋陷阵的英雄壮举呼之而出。

在强渡激战中，有4名红军战士落入水中，被急流冲走，不知所踪。他们，没有留下名和姓。把信仰和理想付诸滚滚鸭池河水，与之共生共存。

①此数据有三种说法：一说10多人，二说40多人，三说80多人。

红军强渡鸭池河，最令人感动的是，为让红军大部队顺利过河，当地群众主动卸下自家的门板，捐献自家的床板，拿出家里的棕绳、抓钉，帮助红军搭建浮桥。最令人钦佩的是，红军战士只身泅水过河划船，面对激流漩涡，奋不顾身；在冰冷刺骨的河水里，咬牙奋泳，犹如蛟龙。最令人感到温暖的是，当任弼时、贺龙、关向应、萧克、王震率军渡过鸭池河后，留下十六师五十三团二营殿后，红军战士挨家挨户还清群众物资，赔偿损失，付给参加搭桥的民工报酬。还给老百姓打扫庭院，挑水装满水缸，播撒下"人民就是江山，江山就是人民"的军民鱼水情。最耐人寻味的是，数倍于我的国民党追兵追来时，慑于红军威武，不敢贸然下坡，只在坡上开枪，目送二营营长赖春风带领殿后的最后一批红军战士从容渡过鸭池河。最大快人心的是，红军战士陈靖即兴作了首《鸭池河畔》："远看一条索，近看鸭池河，敌人拼命堵，老子硬要过。要过要过这就过，李觉送行蛮不错，你在对岸站岗哨，我在这里洗个脚！"① 展示了红军勇往直前、英勇无畏的革命乐观主义精神。革命理想大于天，万水千山只等闲！

14 年之后，一位烈士就安葬于当年红军战斗过的鸭池河畔的半坡间。烈士名叫许纪武，今河北省承德市滦平县三区西安纯人。1949 年 10 月，许纪武随所在部队——中国人民解放军第二野战军五兵团第十六军和十七军，到贵州执行解放贵州的任务，驻防于清镇鸭池河畔老街。1950 年 3 月，千余土匪围攻老街，许纪武偕全连百余战士英勇战斗，打退土匪，保护了人民群众的生命财产安生。4 月，许纪武奉命率领 5 名战士，护送从黔西县转送到鸭池河的 3 名女大学生到卫城。明知沿途有土匪作乱，险恶重重，许纪武毅然执行命令。一路穿新店、过王庄，来到王庄与卫城交界处的跳蹬河畔，遭到埋伏于此的土匪袭击。他一边指挥战士们英勇还击，一边全力保护 3 名女大学生安全撤退。战斗中，许纪武不幸中弹，壮烈牺牲，年仅 21 岁。为了解放贵州、解放清镇，为了巩固和捍卫新生的人民政权，像许纪武一样，许许多多投身革命的年轻人，他们离开家乡，不远千里来到这里，"投身革命即为家"，把青春和生命献给了黔中大地。

许纪武烈士就长眠在他生前驻防的鸭池河畔老街。墓碑对着鸭池河谷，对着巍巍群峰，俯视滚滚急流。在此，能眺望到当年红军强渡鸭池河时激战的大关、小关垭口。两段红色基因，一脉相承，迸发出摄人心魄的力量，令人敬仰，发人深省。

另一位牺牲在鸭池河畔的烈士，名叫俞崇尚。生前系水电部工程九局局长。这位就读于清华大学土木系的研究生，1965 年毕业，毅然放弃了留在北京，或是回到宁波老家的机会，来到偏远落后的贵州。原因只有一个，国家开发乌江，急缺专业

---

① 该诗有多个版本，此为其中之一。

人才。从此，他就把自己的一生献给了乌江。俞崇尚与妻子相识于工作条件艰苦的猫跳河四级电站，长期驻扎在一个叫猫冲的工棚，两个孩子也在这片荒山野岭间出生。为了建设好乌江水系的电力工程，俞崇尚一心扑在工作上，兢兢业业，殚精竭虑。凭着踏实肯干、敬业奉献，一步一个脚印走上了水电九局领导岗位。由水电九局建设即将5个年头的东风电站到了大江截流的关键时期，1989年1月23日，已经连续工作几天几夜，没有好好休息的俞崇尚，在一线指挥工程施工时，精力不济，被施工的挖掘机打中跌入正在施工的坝内，当场牺牲，年仅49岁。他的遗体要送去火化时，上千名职工、家属自发赶来，为他送别，恳请灵车绕工地一周，说是要让俞局长最后看一眼他日夜牵挂的电站工地。灵车缓缓地在工地绕行，当班的工人全都脱帽肃立致哀，呜咽抽泣。7天之后，国家重点工程——贵州东风电站截流成功。大坝，就从俞崇尚倒下的地方开始浇筑。

俞崇尚结婚21年，他和家人相聚的时间不到5年。生前，他对妻子说："我真的对不住你，这个家都是你在管，孩子们都是你在管。等我退休后好好地弥补你，陪你出去旅游，看看祖国的大好河山。"这样的承诺，是深深的遗憾和永远的心痛。

1989年9月，贵州省政府追认俞崇尚为革命烈士。

我想，是什么样的力量让有着更高、更好、更广阔发展前途、发展机遇的俞崇尚选择贵州、选择偏僻、选择艰苦？想得不深不透，只有用"为有牺牲多壮志，敢教日月换新天"来权当作诠释吧。如今，由乌江水系开发建设的东风电站、洪家渡电站、引子渡电站和索风营电站等，成为国家西电东送的骨干项目之一，为美丽中国的建设发挥着贵州贡献。

宝贵的精神财富跨越时空，历久弥新，滋养着一代又一代的清镇人，人民有信仰，民族有希望，国家有力量！

"那天你一转身，从此风中雨中，宽厚的肩膀，扛起闪电的光芒，日落月出，几度春秋，多少回你在我梦里游走……"

歌声中，那时岁月的那些人又浮现在脑海……

作者简介

安昌勇，现任清镇市人民检察院党组成员、政治部主任。有多篇文艺作品、通讯及理论文章在国家级、省级和地级报刊发表、刊发。

血染鸭池河[1]

曹 伟

  1936 年 1 月底，任弼时、贺龙、关向应、萧克、王震率领的红二、红六军团在攻下修文后，作出逼近贵阳的姿态。2 月 1 日，派遣王绍南带领 120 余名侦察队队员换上便装进入清镇，2 月 2 日凌晨，抵达鸭池河。

  由于路线不熟悉，王绍南有些着急，按照上级的指示，他们必须要在 2 月 2 日晨控制鸭池河渡口。这时，前面的战士前来报告，抓到两名疑似奸细的人。一个是给地主赵湘家放牛的张二狗，自幼和哥哥相依为命，父母是苦命人，早年相继去世了。一个是杨波，父母双亡，也是穷苦人家的孩子，话不多，为人正义，和二狗一样是吃百家饭长大的，平常也在赵湘家做长工。两人是因为赵地主家要强抢老王家姑娘，给傻儿子做四房姨太的事情来修文找红军帮忙的。谁知正好遇到侦察队，他俩没见过世面，被侦察队当奸细抓了。

  "你们是什么人？"王绍南打量着两人。

  "我们是附近的村民。"张二狗眼珠子溜溜打转，反问："你们又是什么人？"

  "老乡，我们是红军。"

  "你们真的是红军？"

  在得到王绍南肯定的答复后，张二狗激动地问。

  随后两人将来修文找红军的缘由跟侦察队队员说了一遍，把王绍南和侦察队战士们气得咬牙切齿。张二狗和杨波当即要求加入红军，并给大家说了被地主压迫的往事，考虑到两人是本地人，熟悉路，又是穷苦人家，王绍南和指导员李志国同意了他们的申请。

  张二狗和杨波告诉侦察队，再往前面走就到了修文县谷堡镇绿水村（今属索桥

---

  ①短篇小说。

村，下同），中间隔着猫跳河，对面就是清镇县麦西乡（现清镇市麦格乡）观游村。

队伍来到猫跳河，河水湍急，从高到低而下，河底淤泥凹凸不平，河水冲入低洼处，在水面形成一些螺旋状的小漩涡。再看两岸怪石嶙峋，离水面大概十五六米处有一条索桥。这桥是用一根大绵竹和稻草芯扭成的粗索子，绑在两岸悬崖凿成的石孔中。竹索粗大如拳，横卧于两山之间的河心上空，犹如一条腾空长龙。两岸悬崖峭壁，河谷幽深，雄奇险峻。

张二狗对王绍南说道："连长，这里的索桥归王老四管理，就住在绿水村，我们和他熟悉，你们在岸边等我，我把他叫来。"

王绍南喜道："我们正愁这事，你们这消息来得太及时了。"

管桥的王老四听张二狗说是红军要过桥，他拍拍大腿，说："你们怎么不早说。我这辈子让天王老子过索桥都得收费，唯独红军不敢收。"

王老四叫张二狗他们先到猫跳河边等待，他准备一下工具就来。

不一会儿，王老四叼着旱烟斗，肩上斜挎两卷麻绳，背着一个牛枷担来了。侦察队成员大多不认识牛枷担，有人问道："老哥，你拿这玩意来干吗？"

王老四把牛枷担放在地上，狠吸了几口烟，然后把烟熄灭，把烟斗斜插在裤腰带上，说："别大惊小怪的，你们要过索桥，还得靠这玩意儿。"众人和他一起朝桥头方向走去。

王绍南问道："绿水村的地主家在哪里？"

王老四说："我们村有个吴姓人家有点田地佃给大家种，前两天听说红军快来了，就携家带口地跑卫城去了。"

来到崖边绳索头，这头地势比对面高。王老四把牛枷担套在桥索上，然后拿一卷麻绳将自己缚于牛枷担上，另一卷麻绳留下，对侦察队说道："我先过去，你们在这里等着，一会儿我放牛枷担过来，你们就像我这样绑住身体，我在对面拉你们过来。"说罢，他双手握索，缓缓向前。于是，侦察队的战士们一个接一个被王老四拉到对岸。

王绍南带领的侦察队离开观游村时，红二军团四师十团、六师相继从修文出发，在距离索桥上游约 150 米处，在当地群众的帮助下，只用数小时，搭起一座两米宽的便桥，六师大部随后到达，与四师在索桥合力架好桥后，过河直奔镇西卫。

侦察队一路急行军，2 月 1 日下午来到卫城，恰逢举行新年舞龙仪式，侦察队到达，仅鸣三枪，直奔团防局（今卫城医院），区长、区丁和保安巡警四处逃逸。

团防局拿下后，一声哨子声，队员迅速整队。王绍南说："同志们，连日赶路，大家不怕苦不怕累，辛苦了。但是为了保证主力部队顺利通过鸭池河，我们要克服一切困难，完成首长交给我们的任务。"

补给弹药后，侦察队出发了。

此时，天空中下起了细雨。侦察队从卫城出发，沿着贵毕公路急行军，到达新店子附近。

长时间行军，王绍南见大家有些疲倦，下令在公路旁的树林里歇脚，吃点干粮。

王绍南嘴里叼着电筒，双手摊开在卫城缴获的地图，对李志国说，"前方就是新店子，据卫城团防局的俘虏交代，国民党军在新店子修筑了碉堡，部署了一个保警队一百多人的兵力。"

"具体部署情况清楚吗？"李志国问道。

王绍南摇摇头："我们要找老百姓问一下，他们应该多少了解点情况。"李志国说："先派两个人到前面去探路，顺便去找老百姓了解一下情况。我们人多了，又穿着便装，反而不容易说清楚。"

王绍南眼睛都没有移开地图，他说："就叫张二狗和杨波去。"

接到这个任务后，张二狗和杨波立即出发，沿着贵毕公路前进，公路两边零零散散有10多户人家，都关门闭户，屋里有的亮着桐油灯，有的黑漆漆的。杨波说："这个时间，村民们吃过晚饭准备休息了。"

张二狗走到一间纸糊窗户里透出灯光的茅顶木房子，轻敲了几下，里面有人警惕地问道："谁啊？"

张二狗说："大哥，我们是从观游来要过鸭池河，从这路过，天色晚了又无落脚地，想向你家讨口水喝。"

门里的人半开窗户，仔细打量张二狗和杨波，这人高兴地喊道："张二狗、杨波！怎么是你们两个？"

里面的人赶紧把门打开，将他们迎进门，说："吃过饭没有？"

张二狗和杨波自然也认出了这人就是同村的徐大，曾在观游村给赵地主家当过多年的长工，两年前被保警队强征去为区里修路，之后就再也没有消息了，大家都说他或许死在修路工地上了。

徐大将二人迎进了屋，招呼他们坐下，又拿碗盛了温水端来。张二狗和杨波端着水迫不及待地喝了。经过一番交谈，张杨二人大致了解了徐大的近况，两人对视一眼，问道："徐哥，你知道碉堡里面的具体情况吗？"

徐大怨恨地说："当初修碉堡时，凡是精壮的汉子都被他们强拉上山去背石头。"

张二狗拉着徐大说："大哥，你信任我不？"

徐大说："你小子是我亲眼看着长大的，怎么不相信你！"

张二狗拍拍徐大长满老茧的手说："哥，其实我们都参加红军了。"徐大瞪着眼睛，仿佛有些不相信。张二狗掀开衣服下摆露出插在裤腰带上的手枪。

徐大急忙反身到门边，看到门闩紧紧地插着，这才放心地说："你这个臭小子，参加红军是要被杀头的。你们胆子也太大了，可别随便给人说这事。"

杨波笑道："徐哥，你不要怕。其实我们是从卫城来的侦察队，大部队也将随后就到。新店子的这小股保警兵算不得什么。"

徐大将信将疑地问："红军占领了卫城？"

张二狗补充道："仅打了三枪，团防局的那些个团长、士兵全都跑了。"说到碉堡，徐大说："我只晓得碉堡上的射击口里架着机关枪。可以问问其他人。走，我带你们去问问。"

在徐大的带领下，又问了几个老百姓，打听到，要绕过碉堡，需绕行十来里路。

不久，侦察队来到了村里，张二狗、杨波把情况跟王绍南和李志国汇报了。王绍南和李志国商量说："老李，你看是强攻还是绕过去？"

李志国想了想，跟王绍南说："绕路太远了，时间上肯定来不及。这样吧，我带上张二狗从前面过去骗一骗哨兵，你带尖兵班在后跟进。"

王绍南说："也只有这个办法了，凡事多小心，遇事多叫张二狗搭话，这小子聪明，脑子灵活，不会坏事。"

李志国笑道："放心。"

"程强！"王绍南扭头喊道。

"到！"程强快步跑过来，立正站好。

"带上一班，跟我走前面。"

"是！"

"其他人跟在一班后面。"

安排完后，李志国叫上张二狗把计划跟他说了。

沿着公路走到碉堡时，四周一片漆黑，只有碉堡里亮着灯火。眼看碉堡前有一名士兵在站岗，趁其不备，两名侦察员在王绍南的指挥下出其不意扑倒了哨兵，并捂住他的嘴巴。张二狗快步上前，快速掏枪顶在哨兵的后背，厉声警告说："不准喊，喊就打死你。"

李志国带着战士们迅速冲进去，碉堡呈圆形，梯子环着向上至二楼。张二狗走在最前面，上面摆放了两张床，床上空荡荡的，放着像鸡窝一样乱糟糟的被子，发出一股酸臭味。

"里面没有人。"

张二狗遗憾地从射击孔往下喊道。进入另外两个碉堡的人又喊道："碉堡里没人！"

侦察队的战士们都下了楼，站在碉堡前。王绍南说："松开他的嘴巴。"

哨兵吓得不轻，忙说："红军爷爷，别开枪，千万不要开枪。你们有什么事就问吧，只要我知道的我一定说。"

王绍南问道："你们有几个人放哨？"

哨兵哆哆嗦嗦地答道："只、只有我一个人。"

"你们队长在哪里？"

哨兵说："队长他们都住在王家祠堂里。"

李志国笑道："只有一个哨兵站岗，真是一群乌合之众。"

王绍南对哨兵说："我们红军优待俘虏，你带我们去王家祠堂，保证不会害你性命。"

哨兵听到自己性命无忧，自然欣喜若狂，领着侦察队向山背后走去。

侦察队员从斜坡而下，悄悄来到祠堂的围墙外。整个祠堂黑漆漆一片，没有一丝光亮，大门口甚至连站岗的哨兵都没有。

王绍南觉得反常，这里根本不像是军营。他有些疑惑地问带路的俘虏："这里真的是保警队的驻地？"

哨兵连说："是啊！这会儿应该都在休息。"

李志国问道："你们平时睡觉都不安排哨兵吗？"

俘虏说："平常都有的，今晚可能是长官们都不在，所以站岗的兄弟们偷懒了。"

于是王绍南下令翻墙，张二狗翻过墙，把门打开了，侦察队战士蜂拥而入，直接包围了保警队住宿的营房。

王绍南一声令下，程强上前一脚踢开门，张二狗第一个冲入屋里，他就像头初生牛犊，什么都不惧怕。屋里几十名保警队员还在睡梦中，被四周的剧烈响动惊醒了。

"用电筒射他们眼睛。"王绍南的话音未落。闯入的侦察队战士将手电筒的灯光射向躺在床上的保警队员，张二狗和几名战友持枪站在墙角排列着敌人摆放的枪支前，严防敌人爬起来拿枪反击。这样一来，坐在床上的保警队员们傻愣愣的，乖乖当了俘虏。

几名战士正在将缴获的枪支搬出来堆在院子里。大家都围着这些枪指指点点，张二狗惊叹道："乖乖！刚才屋里黑，没有仔细看，没想到连机关枪都有！"

站在他身旁的士兵转过头对张二狗说："机关枪的后坐力太大，你的身子太瘦了，拿起来费劲。"

张二狗争辩道："你们别看我个子小，俗话说有肉不在脸上，我身上结实得很，别说拿机关枪，就算是扛小钢炮也没有什么问题。"

他的话引起周围的战士们一阵大笑，连杨波也忍不住跟着大家笑起来。张二狗走到一挺机关枪前，伸手把枪拿在手上，确实挺沉。他俯身把机关枪放在地上，又拿起一把汉阳造步枪，笑着说："我是新兵，还是从基础练起。"他的这话一出，又引来一阵笑声。

此时在保警队的指挥室里，王绍南点燃了屋里的煤油灯，地图摊开放在桌子上。李志国站在王绍南身旁，两人想在地图上找到能够有利于夺取鸭池河渡口的方法。沉默片刻，李志国指着地图上新店子的位置，拇指朝贵毕公路右侧方向移经韩家坝、铁索屯、陇上渡口，最后落到鸭池河北岸的位置。

"老王，鸭池河渡口是入大定、黔西、毕节的必经之路，敌人必然会有重兵把守，我建议兵分两路，你从贵毕公路直下鸭池河，抢占渡口。我往陇上渡口方向，绕行至滥泥沟迂回到鸭池河北岸，到敌人防守圈的后面，等你那边枪响，我就从守军后面开始进攻，前后夹击北岸的敌人。"

对于李志国的建议，王绍南没有提出异议。他说："选几个熟悉路的俘虏给你带路，还有把缴获的枪分发给战士们。"

李志国点点头，王绍南抬手向他敬了一个军礼，说："明天下午我们在鸭池河北岸会合。"

"放心，保证完成任务。"李志国也抬手回礼，转身准备出门时，王绍南在他背后说道："一路小心。"

李志国走出指挥室，喊道："三排、四排列队。"

他喊到的两个排迅速面向李志国集合，随后李志国将缴获的武器分出一半发给战士们，又选了两个俘虏带路，往韩家坝方向走了。

王绍南带领小分队顺着公路绕过上街来到渡口。防守渡口的盐防军驻扎在渡口左边，从营地外岗哨横拉着铁丝网，关闭了整个渡口的入口。从外往里看，冷冷清清，看不到一艘渡船。

程强带着张二狗等一班战士从河边游泳绕到岗哨后面，里面的两名哨兵正在拿着破土碗摇骰子。

"不许动，动就打死你们。"张二狗说道。

盐防军哨兵你看我，我看你，不知所措。

制服了哨兵，侦察队员们轻步走到营门，几名擅长攀爬的队员从围墙爬入，打开了门。此刻百余名盐防军还在睡觉，住在单人房的连长崔健在床上听到窸窸窣窣的脚步声，他疑惑地爬起身掀开窗帘往外看。这一看可不得了，屋外有一群百姓打扮的人手里拿着步枪、机关枪往士兵休息的地方去了。他心里第一个想法就是：来了土匪。

崔健心一急，外衣都顾不得穿。从枕头下抽出一把手枪，趁侦察队经过后的空隙，把窗户推开制造翻窗逃跑的假象，然后又爬到床下躲藏起来。

屋里休息的盐防军的一个连没有任何抵抗就被侦察队缴械了。程强带人踢开崔健的房门，里面空无一人，窗户大开，一名队员摸了摸凌乱的被窝说道："被窝还是热的，没有跑多远。"

"追！不能让他跑到对岸报信。"

床下的崔健一动不动，他屏住呼吸，生怕站在床前的程强发现了他。直到屋里的人都以为他跳窗逃跑了，这才放下心。

张二狗押着盐防军哨兵走进门，迎面遇到程强带着几人急匆匆地往岸边走，连张二狗和他打招呼都没时间回应。走进门，可以看到百多号俘虏被集中在营房前的泥土坪上，大多在脸上露出彷徨和惊恐之状。

把两个哨兵交给战友统一看押后，程强又匆匆忙忙从门外进来，找到王绍南汇报说："队长，盐防军的连长崔健跑了，我到附近找了一圈也没有发现他的踪影。"

王绍南说："看来我们得赶在崔健到对岸报信前行动。还有一件事，我们去找船的同志回来说码头上没有一艘渡船。他们刚才在街上问渔民，被告知昨夜所有的船都被拉到对岸去了。"

程强说："这个容易，我们让俘虏到岸边骗对岸的团防军划船过来，先渡我们一个班过去抢占北岸。"

王绍南说："你这个办法好。我们的小分队正在绕行到对岸敌人的侧面，只要他们能准时到达，两边夹击，定能占领北岸，完成首长交给我们的任务。"

张二狗抱着步枪靠在围墙休息，连日赶路让他感到非常疲惫，两只眼睛上下打架不止，他索性闭上眼睛休息。蒙眬间他似乎感到有人从他面前轻步经过，他微睁眼，大致看到这人的一双脚从他面前走过，然后又闭上眼睛睡觉。突然，他似乎发现了什么，猛睁开眼，抬起枪指着这人的背心喊道："站住，转过身来。"

被他叫住的人正是崔健。

张二狗的喊声惊醒了周围休息的士兵，他们一起把崔健围在中间。张二狗把崔健押到王绍南面前说道："队长，这家伙嘴硬，就是不说自己的职务。"

王绍南叫人把垂头丧气的崔健押下去关起来，然后问道："他穿成这样，你是怎么认出他的？"

张二狗道："这个很简单，队长，你看看他脚上穿的鞋子，我们侦察队哪有穿得起皮鞋的！"

王绍南对张二狗笑着说："你小子，就是个福人。"

抓住了崔健，王绍南决定立即开始渡江作战。程强向王绍南请令说："队长，我们一班愿意打头阵，冒充敌人先到北岸抢夺渡口。"

王绍南点点头说："注意安全。"

得到了命令，程强带领一班战士换上盐防军的衣服。杨波和张二狗不在一个班，他走过来和张二狗说："这次任务很危险。二狗，你一定要小心。"

张二狗安慰他说："杨哥，放心吧！阎王爷不喜欢我。"

杨波脸上露出一丝苦笑，他知道先行到达对面的这十几个人将面对多于他们10倍的敌人。

天空中又稀稀落落地下起了细雨。河面上缥缥缈缈，铺着一层雾气。程强带着一班押着两名盐防军俘虏走到岸边，程强说："你们朝对面喊，叫他们划船来接我们。"

两名俘虏唯唯诺诺，朝对岸喊道："弟兄们，我们是盐防军，要到对岸来办事。"

北岸边巡逻的团防军中有人喊道："是上街的王小娃吗？"

其中一名俘虏大声答道："大过年，上街的李家杀年猪，拿松枝熏了腊肉、香肠。连长叫我们给对岸兄弟们送来尝尝味道。"

"你等等，我马上安排人划船来接你们。"

对面的团防军听到有熏好的腊肉、香肠，嘴巴馋得不得了，赶紧安排一名士兵划着小船在水面摇摇晃晃地过来了。

程强小声警告大家说："都小心一些，露了馅就过不去了。"

大家都点点头，张二狗望着北岸河水边的石头，心里盘算着一会儿上岸先躲在哪块石头后面，可不能还没有占领渡口就被敌人干掉了。

"你们崔连长待人真不错，还能想到给我们送腊肉、香肠。"划船的士兵一边摇着桨一边喊道。

这边叫作王小娃的俘虏想往前走，张二狗低声喝道："不准动。"

王小娃扭头看着程强说："长官，我往前走几步他们才不会产生疑心。"程强对张二狗点点头，张二狗会意地不再阻拦。王小娃往前走了两步，鞋被水淹没一半，他突然转身指着鸭池河下街方向说："崔连长，你怎么跑出来了？"

听到他的话，程强等人条件反射地转身去看，没有看到崔健，却听到身后"扑通"一声水响。

张二狗回过头，咬牙说道："王八蛋跳水跑了！"

王小娃趁人不备，跳到水里，用力朝对面游去，他在水里大声喊道："红军来了！红军来了！"

正在划船的团防军士兵大吃一惊，连忙把船往回划。北岸的团防军炸开了锅，他们迅速依托河岸的乱石展开抵抗。

另一名俘虏也想挣脱着跳下水，程强抬起枪瞄准水中离岸约 20 米的王小娃，只听一声惨叫，王小娃在水面扑腾了两下，再也不动了，水流瞬间就卷走了他。程强再次上膛射击，正在河中心划船的团防军士兵翻身落水。

一直躲藏在岸边的王绍南对部队喊道："机枪手，火力掩护！绝对不能让对面山腰的敌人下到岸边来。"

对岸的团防军也开火了，两边的子弹就像下雨般在河面上呼啸。躲在石头后面的程强说："我们要去河里把船拉过来，会游泳的都跟我下水。"战士们大多是北方人，不会游水。

张二狗说："我会。"

程强说："走！"

两人把枪交给战友，"扑通"跳进水里。刺骨的河水激得张二狗打了一个冷战，衣服被水浸泡后很重，他屏住气，潜在水里把衣服脱了，只剩一条贴身短裤和一把匕首。他冒出水面透一口气，把匕首用裤带绑在身后。以前在石龙洞前的水潭里洗澡练出来的本事派上了用场，他朝着河心的小船游去。子弹不时落在他的身旁，溅起的水珠有时候落到他的头顶。

两人终于游到船边，程强紧紧拉住绑住船首的纤绳，吐出灌在嘴里的水喊道："我稳住船，你先爬上去后再拉我上去。"

"好！"张二狗双手抓住小船边缘，双手用力下撑，身体向上用力的同时右脚搭在船沿，爬上船，然后他趴在船上伸手去拉程强。

北岸的敌人发现了张二狗，他们掉过枪口，子弹铺天盖地地朝小船射去，张二狗和程强趴在小船中，飞过的子弹几乎是贴着他们的鼻子飞过去的。他们两人根本没有起身划船的机会。

王绍南很焦急，眼看着时间一分一秒过去。这时有三艘渡船从下游贴着南岸划了过来。是当地渡口的船工，王绍南连忙朝他们喊道："老乡，能不能把我们的战士渡到对岸去？"

船工们说道："快上船！"战士们纷纷以班为单位，跳上船。

王绍南留在南岸指挥战士们朝对岸射击，火力压制敌人。近百米宽的鸭池河上一条小船载着红军战士一边向北岸射击一边横跨河面。对面的团防军急了眼，他们疯狂地朝着河面上的小船射击，此时的河面就像烧开的水，一下子沸腾起来。

程强和张二狗见敌人的注意力被吸引走了，两人迅速起身，拿起船桨，弯着腰一起划水。侦察队已经有了船，他俩改变了计划，直接朝北岸划去。

"二狗，上次我送你的匕首还在吗？"程强脸色平静。

张二狗说："在的，你看。"他从身后抽出一把明晃晃的匕首。

程强说："再往前划段距离我们就下船潜水过去，把岸边石头后面的敌人收拾了。"

张二狗说："好，我跟在班长后面。"

团防军密集的子弹射向小船，不断有强渡的侦察队战士负伤或阵亡，双方都杀红了眼睛。王绍南亲自端着一挺机关枪，"嗒嗒嗒"往对岸扫射。

程强和张二狗在距离北岸20米的位置跳下水，岸上的团防军以为他们死了，就集中朝其他小船射击。

张二狗一口气游了5米，他选择往侧面环游，避开敌人的视线，中途换了几口气，绕到团防军在北岸的防线，在一凹入的悬崖处爬上岸，他感到自己就快要虚脱了，但是河面上的枪声依然激烈。张二狗爬起身，拔出匕首往团防军的后面跑去。山上的团防军被赶到的六师火力压制着不能下到岸边，在岸边的守军只有两个班的兵力，张二狗握着匕首，偷偷绕到正在射击的敌人身后，猛地朝最边上的一名敌人扑去，匕首尖锐的刀口透入这名士兵的背心，他连哼一声的机会都没有就被干掉了。旁边离得最近的一名敌人察觉到了异状，他看到了张二狗，掉转枪口准备向张二狗射击。张二狗心想："完蛋了！"

这时一个黑影扑向这个敌人，原来程强也从另一处上了岸，见到张二狗遇险，连忙扑上来帮忙，要是在平时程强可以轻易撂倒这个敌人，可是他刚从水里爬出，体能已经严重消耗。两人扭打着在地上翻滚，张二狗急忙从尸体手中抢过步枪，往前起步，用枪托使劲砸在团防军士兵的额头上，砸得鲜血迸溅，士兵仰头晕倒。

张二狗伸手拉起程强，程强把敌人的步枪拿在手上。两人躲在大石头后面，朝团防军守军开枪，击毙了两名士兵后。团防军发现了他们，于是岸边的敌人，一个班继续阻止红军渡河，另一个班攻击程强和张二狗。

子弹横飞，张二狗低着头，子弹打在石头上溅起的碎屑落在他的头发和脸上，他对同样低着头的程强说："班长，我们被发现了，怎么办？"

程强说："坚持住，我们的战友们已经到河中心了！吸引了一个班的火力，已经给大家渡河减轻了很大的压力。"

张二狗说："班长，敌人会不会绕到我们后面去。"

程强说："换作是我们，同样会这样做，注意后方。"

张二狗点点头。程强又问道："二狗，你后不后悔跟着我们到处走，一天休闲的日子都没有过到。"

张二狗笑道："虽然跟着班长没多少时间，但是我很高兴。特别是看到那些平常总欺负我们老百姓的地主土豪一个个灰头土脸的样子，我就觉得这辈子没白活了。要是有下辈子，我一定还跟着红军干革命。"

程强也笑了，他说："真没有看错你，有骨气。一直以来我还没有发现你的枪法挺准，以前练过吗？"

张二狗说："我从小爱打弹弓，这和打枪其实也就一个道理，挺顺手。"程强哈哈大笑。果不出他们的预料，敌军绕到程强和张二狗后方，准备消灭他俩。正是这危急时刻，山腰西侧响起一阵枪声。李志国带领的另一部分侦察队出现在敌人防线的西面。

侦察队开始夹击，李志国率领西路侦察队进攻团防军设在山腰的指挥部。团防军指挥官不知虚实，以为红军的主力已经从西侧登岸，吓得他赶紧命令岸上的守军向山腰指挥部收缩，准备放弃鸭池河渡口向大方、黔西方向撤退。

张二狗说："班长，指导员来了。"

程强喜道："我们就要胜利了。"

北岸的抵抗越来越弱，小船终于成功靠岸，侦察队员们快步跳下船，程强和张二狗飞快跑到队伍中，一起冲向山坡朝敌人射击。

侦察队很快冲上了半山腰，团防军的指挥所里空无一人，敌人已经逃跑了，桌子上还堆着文件。

侦察队战士们又沿着山道向坡上追去。程强停住了脚步，他对一股劲往前冲的张二狗喊道："二狗，你先找件衣服穿上，这样子不雅观。"随后他扒下一名死去的团防军士兵的衣服套在身上。不久西边进攻的李志国带领侦察队来到敌人指挥所，王绍南也从北岸上山，两面夹击，鸭池河渡口终于被侦察队占领了。王绍南从山腰往下看，碧绿的河水恢复了往日的平静。

王绍南问道："二班长呢？"

"报告队长，二班长在渡河时被子弹射中胸口，牺牲了……"

"请船工们帮我们打捞战士们的遗体，一定要找到。"王绍南丝毫没有因为取得胜利而兴高采烈，他低声地说。

程强说："这事交给我。"他带着几个人下到岸边去了。

李志国站在王绍南的身边说："这就是战争，我们必须跨过去的那道坎。"王绍南说："我也不知道有多少人从我身边离开，我记不得他们的样子，也不能喊出他们的名字。等到革命胜利了，我会找个作家来写本书，就写我们的长征故事，要把大家的事迹记录下来，流传下去。"

鸭池河老街渡口赶到的六师部队将多艘渡船用绳子首尾相连，鸭池河街上到处都是扛着木料送到河边帮助红军搭桥的百姓。午后，红二、红六军团主力部队也陆续到达鸭池河渡口，按先二军团，后六军团的顺序渡河。

长长的队伍就像一条长龙，从漂浮在水面上的桥面迈步前行。南岸的桥头站满了鸭池河的百姓，目送着队伍。

直至 2 月 4 日，红二、红六军团的部队全部渡河，向黔西方向行军，继续完成他们的长征之路。

作者简介

曹伟，中国作协会员、贵州省青联第十一届委员会常务委员、贵州省作协会员、贵州省网络作家协会副会长、贵阳市文艺理论家协会理事、贵阳市作协会员、乌当区作协副主席、清镇市作协副主席。现就职于清镇市城投公司。

鸭池河上红军渡①

杨天华

1935 年 11 月 19 日，由任弼时、贺龙、关向应、萧克、王震率领的红二、红六军团 18000 多人，从湖南省桑植县出发，转入贵州石阡、镇远、黄平等地开创根据地。途中又接到中央军委"二、六军团可在黔、滇、川活动"的电报，速转黔、大、毕地区建立根据地。

红二、红六军团顺利袭取龙里，威逼贵阳。军团司令部里紧急召开军事会议。军团长贺龙宣布道："按中央军委指示，部队以佯攻贵阳之势，调出驻守黔北国民党守军，使之向贵阳收缩。然后我红二、红六军团主力，突然掉转方向，神不知鬼不觉地向镇西卫挺进，迅速突破鸭池河天险。现在我命令：参谋王绍南。"

话音刚落，一个高大英俊、威风凛凛的红军干部站起来，一个军礼，声如洪钟般答道："到。"

"令你迅速在红二军团内，抽调 120 名精悍人员，组成侦察队，由你担任队长，任务是日夜兼程，出敌不意，务于 2 月 2 日晨控制鸭池河渡口。"

贺老总说完，信任地拍了拍王绍南的肩。

"报告首长，保证完成任务。"王绍南信心十足，斩钉截铁地答道。

贺老总接着命令："四师师长卢冬生，政委冼恒汉，你们师从正面向贵阳方向逼近，一路大造声势，宣传鼓动打进贵阳城，给敌人造成恐慌。五师政委谭友林，你们师从息烽方向前进，作出进攻息烽势态，声势越大越好。六军团十六师师长周仁杰，政委晏福生，你们师直捣修文，一路大张旗鼓，虚张声势，四处放枪迷惑敌人。"

各路将领接到任务后兵分几路，马不停蹄、日夜兼程，各分东西，作出大战在即的态势。

---

①纪实小说。

鸭池河渡口，国民党团防军营长郭昆甫，带领 300 多名团防军士兵在鸭池河两岸封船禁渡，郭昆甫提着枪，杀气腾腾地向下属命令道："鸭池河上所有大小船只，一律实行军事管制，所有船只全部收归团防军，任何部门和个人不许动用，违者军法处置。"

郭昆甫站在岸边礁石上，他看了看收缴来的十几只大小船舶，用手枪枪口顶了顶头上的国民党大盖帽，尖着嗓子叫道："罗连长，给老子听好了，这批船只加强管制，增兵把守。"

郭昆甫看着一个个哈欠连天、懒洋洋的士兵又骂道："一个个瘟神倒气，挨枪子的家伙。"郭昆甫四处搜索，突然大叫道："何连副，烟瘾过足了，给老子打起精神，带上两个排的兵，沿河两岸，四处村庄，见老百姓就宣传，红军要来了，烧杀抢掠共产共妻，什么话最可怕就说什么，别让那些泥腿子跟着红军跑。"

侦察队全部换上便装，在王绍南率领下，神不知鬼不觉地从修文出发，经三潮水、荒田，神速到达猫跳河北岸索桥村（由原来的大塘村与绿水村合并而来），过索桥进入清镇境内观游村。

2 月初的贵州，北风呼啸，寒气袭人，崇山峻岭之间，悬崖峭壁之上，光秃秃一片。山腰脚下杂树丛林，崎岖艰险的小道荆棘丛生。王绍南和侦察队员忍饥挨饿，攀悬崖爬峭壁抄近道，日夜兼程，于 2 月 1 日深夜到达新店子。

"报告队长，要找的老乡来了。"两个战士带着一个中年男人站在王绍南面前。

"老乡辛苦了！"王绍南上前亲热地握住老乡的手。

中年男人兴奋地说："早就听说你们红军要来，国民党保警兵说你们红军青面獠牙，见人杀人，见物抢物，老乡们很怕呀。今天我见到红军了，可亲可敬，红军是我们穷人的队伍，那些国民党兵欺压百姓，祸害乡民，咱老百姓恨死他们了。红军要打国民党，我第一个冲在前面。"

根据老乡提供的情报，王绍南立即部署战斗任务："第一分队长郑克雄，你的小分队从保警队驻地王家祠堂正面摸索前进，拿掉哨兵后，抢占制高点，封锁前方路口，战斗打响后，以迅雷不及掩耳之势发起猛攻。第二分队长徐刚，你的小分队绕到敌人后面，集中火力堵住敌人退路，两面夹攻。我带领第三分队两面策应，造成巨大声势，不放脱一个敌人。"

侦察队出发前，王绍南命令："行军途中，不准明火，不准打手电，不准咳嗽讲话，悄无声息摸黑前进。"

侦察队在黑蒙蒙的夜色中快速摸到王家祠堂大院前，大院分前院和后院，前院驻一个小队，后院驻一个小队，两面围墙内几间套房，分别驻着保警队几名队长。

东西两侧角落两个碉楼高高凸起，分别配备一挺轻机枪，碉楼上有哨兵值岗。下半夜五更时分，大院正门口，两盏马灯灰蒙蒙地亮着在夜风中摇晃，两名站岗放哨的保警兵，一个蜷团鼾睡，一个无精打采地来回走动。

王绍南侦察队按事先作战方案，将王家祠堂大院团团围住。两名擒拿格斗高手悄悄摸爬靠近大门，正当来回走动的敌哨兵向后走时，两名侦察员突然跃起，一个箭步飞似的扑上去，游动的哨兵还没听到响声就倒在地上不动了，另一个鼾睡的哨兵感觉有动静惊醒过来，慌忙中还没拿稳枪，嘴就被封住，一把锋利的尖刀刺进了胸膛。侦察队员夺取了大门，迅速摸进院内控制住各个房间，两名侦察员顺着楼道摸上碉楼，两个哨兵抱着机枪还在呼呼大睡。解决了楼上的岗哨，王绍南一个指令，侦察队队员一起冲进前院的各个房间，战士们揣着枪，举着手榴弹大喊着举手投降。还在睡梦中的保警兵不知不觉地成了俘虏。后院的保警兵听到响声，有人大叫着："红军打进来了，前面已被堵死，赶快从后门跑呀！"保警兵们衣服还没穿好，就慌忙抓起枪往后门逃窜，徐刚小分队一阵冲锋枪扫射封住后门，战士们大声喊着："我们是红军，缴枪不杀，举手投降。"

后院的保警兵见前院的已成了俘虏，后门又出不去，碉楼又被红军控制，只好放下武器缴枪投降。80多名保警兵①，一夜之间就被王绍南侦察队彻底解决。

拿下王家祠堂保警队，王绍南命令道："郑克雄，你的小分队从新店子走小路，经韩家坝，过铁锁屯，直取陇上渡口。我带领剩下的队员押着俘虏，由清毕公路直下鸭池河，任务是抢时间控制渡口。"

红军几路队伍一步步逼近贵阳，王家烈在司令部里，告急电文不断传来，急得像热锅上的蚂蚁在屋里来回窜动，他拿起电话，气急败坏地说："给我接薛岳总指挥部。"

电话又响起来，王家烈抓起电话，里面传来一个不温不火的声音："我是孙渡，薛岳总指挥让我转告你，共军意图南渡乌江，继而攻打遵义，现正在前线指挥乌江两岸的布防，增援你的部队需伺机而动，以观战局，王司令坚守两天吧。"

王家烈像泄了气的皮球瘫倒在沙发上，连连说："老蒋，老蒋靠不住啊！"

鸭池河渡口上，国民党团防军营长郭昆甫提着手枪看着对岸，说："对岸没了船，这滔滔河水，两岸百多米宽，水深浪急，老子几挺机关枪在半山腰一架，居高临下，就是一只老鹰也别想飞过。"

王绍南带领的侦察队来到老街，当地村民听说红军来了，一家家关门闭户躲藏

---

①此数据有三种说法：一说10多人，二说40多人，三说80多人。

起来。

侦察队队员在村子的树林里、草丛中找到几个老乡，王绍南说："乡亲们别怕，我们是红军，是专打国民党反动派的，和咱们穷苦人是一家。"老乡们看到红军礼貌待人，平易可亲，不侵犯百姓利益，不像国民党宣传的那样杀人放火四处抢夺，知道红军是来帮助穷人的。一个中年男人说："我叫吴维刚，家就在村前面，这条河什么地方最浅，什么地方最适合作渡口都知道，我在对岸藏了一条小木船，可以划来渡红军过河。"

2月2日，天还没亮，侦察队在渡口后街树林里隐蔽起来，观察对岸的敌情。

河对岸灰蒙蒙一片，鸦雀无声，河面上热气蒸腾，王绍南命令抓来的俘虏向对岸喊话："喂，我是丁子安，过来一只船，张处长有紧急情报。"

对岸无任何动静，喊了几遍，见一名哨兵急急忙忙往下跑，到岸边把小船划过来。

船快靠岸时，一人突然纵身一跳进了小船，用脚一蹬，小船离岸已经几米远，嘴里大喊着："赶快往回划，红军来了，红军来了……"

叫喊声惊动了对岸的敌人，来不及穿好衣服，光着身子就拖着枪往山上跑。

王绍南下令："开火，狠狠地打。"侦察队员一起开火，一阵枪声，丁子安和敌哨兵被打死在河水里，往山上跑的敌人立即被消灭了一片，一部分敌军拼命往后山逃窜。

红二、红六军团在贵阳四周打得热闹，一步步逼近贵阳。王家烈在司令部里坐立不安，他抓起电话暴跳如雷地叫道："二十三师、九十九师，立即将部队向贵阳城收缩，坚决堵住共军前进步伐。"王家烈放下电话又骂道："你老蒋嘴上说给我援兵，现如今三个师还停留在乌江边，这明摆着是要我和'共匪'两败俱伤，你老蒋来收拾残局，险恶用心啊！"

贵阳的新堡，红二、红六军团司令部，贺老总拿起电话说："现在，我军转战黔、大、毕的战略目的已基本达到，蒋介石调来的三个师把守在乌江两岸不敢乱动，防备我军进攻遵义城，黔军二十三师、九十九师已回防贵阳。另外，王绍南侦察队已在清镇鸭池河一带基本站稳脚跟，控制了大部分要塞。我命令：红二、红六军团全军将士，后卫变前卫，迅速向清镇鸭池河挺进。"

担任前卫的红二军团六师到达新店子，师长郭鹏命令："一团为左路，经大麻窝抵曾家寨，控制渡口上游。二团为中路，沿清毕公路直抵渡口。三团为右路，走茶店，经上、下归宗到岩湾，警戒渡口下游，部队立即行动。兵分三路，互为掎角，联动作战。"

鸭池河渡口，黔西北方向数县通往贵阳的唯一渡口，沿河两岸山高林密，山崖峥嵘陡峭，两岸似刀削斧剁般的悬崖峭壁。河床时宽时窄，河深水险，暗流湍急涌动，河面常年烟波浩渺，堪称天堑，插翅难飞，可谓一夫当关，万夫莫开。

国民党团防军营长郭昆甫，带领几百名团防军守在鸭池河渡口上，半山腰构筑了碉堡、战壕工事，四面设置了机枪阵地，居高临下，形成易守难攻、铁壁合围之势。

郭昆甫提着枪，身边跟着连长罗得福和几名小官，在阵地上来回巡视。

郭昆甫训示道："兄弟们，为党国效劳的时候到了，养兵千日用兵一时，这鸭池河渡口地势开阔，视线清晰，老子们想打哪里就打哪里，共军来了在明处，老子们却是在山背后石缝里，随他共军怎么打也不怕，打退了共军，上峰给每人嘉奖十两烟土。"

团防军士兵听说有烟土，一个个打着哈欠犯起烟瘾来。罗得福说："营长，开战前给弟兄们一人先发二两，烟瘾过足了，打起仗来才有劲。"

"放屁，那烟土一发下来，一个个吃饱喝足烟气冲天，谁去阻挡红军，这是上峰的命令，谁敢违抗！"

2月2日，天刚蒙蒙亮，侦察队中路军摸到老街渡口准备强攻。此时，红二军团六师师长郭鹏带领的中路军从南岸山腰迂回过来。师长郭鹏用望远镜仔细观察了敌军阵地，然后命令道："小炮连准备，瞄准北岸敌人的机枪阵地，先打掉他的主要火力，然后用机枪压住敌军，掩护王绍南侦察队渡河。"团防军营长郭昆甫见红军到来，慌忙指挥道："兄弟们，红军来了，开火，开火……"

敌军阵地上，机关枪、步枪一起响起来。红军炮连连长吴常军将敌人的火力点观察得清清楚楚，他命令神炮手道："二班长，看清楚对岸的机枪位置了吧，一个个将他们干掉。"

"是。"二班长操起小炮，瞄准对岸，只听轰的一声，对岸一个机枪阵地几个人被抛上了天。接着，又是轰的一声，又一个机枪阵地哑了。

紧接着，红军的机枪、步枪一起响起来。团防军阵地上慌乱起来，又一个机枪阵地被炮火打掉。团防军士兵纷纷丢掉枪往山上跑，营长郭昆甫举着枪大叫道："谁逃跑老子毙掉谁。"

团防军们被震住了，不知如何是好，一个胆大的不信邪说："兄弟们，别听他的，逃命要紧。"

只听"啪啪"两声，那士兵捂着胸口倒在地上。"谁再后退，就地枪毙。"郭昆甫凶神恶煞地狂叫道。

团防军们退回到原地，一个个把头缩在战壕里往天上放枪。红军的炮弹不停地在战壕里爆炸，团防军们三三两两地被抛上天。连长罗得福看这样下去只能等死，便喊道："兄弟们，各自逃命呀，大家往山上跑呀！"

团防军们像倾巢的兔子，一窝蜂地朝山上跑，郭昆甫举着枪直朝天上"啪啪"地放着却无人理会。

王绍南带领的侦察队战士扑向河边。侦察队队员向河对岸事先约好的老乡们喊话。很快，老乡吴维刚领着几个乡民各自划着小船过来，红军战士们分批过了河。

王绍南带领战士们，同六师战士们一起向大关、小关垭口的国民党守军发起攻击，敌人企图据险顽抗。此时，从陇上渡口过河后的郑克雄小分队迂回到大关、小关垭口国民党军背后，配合正面部队夹击敌人。国民党守军溃不成军，死的死降的降，部分顽敌仓皇向滥泥沟方向逃窜。

王绍南带领侦察队继续向黔西方向追击敌人。六师战士则在老百姓的帮助下抢搭浮桥，确保主力部队顺利渡河。

鸭池河渡口两岸，军民架浮桥热火朝天，拉缆绳、打木桩、扣木船、铺木板、钉抓钉、绞铁丝。大家七手八脚同心协力，2 米宽、100 多米长的木制浮桥，3 个小时就顺利完工了。

黔军王家烈司令部里坐满了黔军高级将领，王家烈兴奋地说："这'赤匪'声东击西，意不在我贵阳城，来到我这家门口，突然一个西转，消失得干干净净，我这七上八下、怦怦直跳的心这才平静下来！老蒋要我和'赤匪'拼命，他是想坐享其成、渔翁得利，好在我们没上他这个当。现在我命令：二十三师、九十九师，各派部分军队向红军西去方向追击，行动减缓，不得靠近，一路朝天放枪，红军过鸭池河渡口后停止追击，我黔军好向他老蒋交代。"

2 月 2 日中午，贺龙率红二军团到达卫城，下午，萧克率六军团到达。2 月 3 日中午，任弼时、贺龙、关向应、萧克、王震率军到达鸭池河渡口，按先二军团，后六军团顺序渡河。当红军最后两个师渡河时，黔军先头部队靠近，过河的红军借助北岸有利地形组织火力，掩护两个师渡河。最后过河部队接到贺老总命令："红军全部顺利渡河后拆除浮桥，留下十六师五十三团二营负责还清老百姓所有物资，赔偿损失，付给参加搭桥的百姓报酬，感谢乡亲们的帮助。"

国民党追兵见红军渡过鸭池河渡口，远远地站在半山腰，向着红军远去的方向，轻机枪、重机枪、步枪、冲锋枪一阵猛烈开火。

红军战士们笑着说："国民党军队又在欢送我们红军了！"

作者简介

杨天华，男，贵州水晶集团退休职工。贵州省作协会员、清镇市作协会员、中国民主同盟会会员。

韫玉之歌①

程家强

一

这是什么地方？

崇山峻岭中，突然横出一条河，不，不是一条河，那是一条江。进入深深谷底，似一条绿带，蜿蜒在一重重的山峦之中……

河边的几片芦苇，菖蒲夹着的黑色石笋，人们习惯地称此地为昌茂石。昌茂石下的河水绿绿的，河底深深的，河水兜圈成漩，冒出水面时变成白浪汩汩地翻卷，阴森怪异，不可揣摩。似乎和上面的悬崖遥相呼应，要在这里挤对一番，让人不寒而栗。北岸的大岩之下的高陡山坡上虽然转绕着鸡肠子般的"一线"希望，一看眼下的旋涡便突然消失，这里如漫漫长夜，让人感到压抑、落魄、无望。

这就是1936年初乌江上游的鸭池河，过河的货物需要背夫们背到相应地点。背夫们一步步跨上台阶，大汗淋漓，歪歪扭扭。劳作了一上午，中午却只啃了个生红薯。一不小心，付清云便一个跟跄摔倒在石梯转弯处！那监工两步跨来，不问青红皂白抢起了皮鞭！付清云痛得翻来翻去，皮鞭抽打的声音不断！前面的郑少舟，后面的万正洪、钱少春怒火中烧，甩下盐袋大喊：

"不许打人，不许打人！"此时，付清云早已周身道道血痕……

深夜，万正洪他们来到付清云家，他们用从山上采来的草捣成药汁，给付清云涂抹着。淡红的药水涂在鞭痕上，万正洪突然火冒三丈地说："这是什么世道？还不如去投红军！"郑少舟连忙捂住他的嘴说："兄弟，可不能这样说，小心隔墙有耳！"万正洪抬头看着他，下意识地笑笑。付清云、钱少春、吴正群他们利用春节

---

①短篇小说。

与当地船工交往，分别与他们结成了拜把兄弟，并承诺："有难同当，有福同享。"

二

红军还真的来了。听说要打贵阳，连河岸碉堡内的中央军都被调走了。这不是，滥泥沟盐防军的营长郭昆甫带着兵已经开始布防。有的进入碉堡，有的走进中央军挖好的战壕，还装模作样地把枪放在掩体上斜眼比试。那挺歪把子机枪放在了头道坎。布置停当后，郭昆甫来到船工的住处，一进门就喊："万正洪，你过来。"

万正洪走到他的面前叫了一声"老总"，"你们全部给我听着，红军攻打贵阳，鸭池河作为黔西方向进入贵阳的大门，我接到上级命令，要烧掉所有船只！万正洪，你带几个人到营部背几桶煤油来，把船烧掉。"

万正洪急忙跑到郭昆甫跟前说："郭营长，你行行好、行行好，你要把船烧了，这不是砸了我们船工的饭碗吗？"

"我们两个，"他指指郑少舟接着又说，"都不要紧，他们本地的付清云、吴正群、钱少春和众多的船工怎么过呀，老老小小一大家子，这不是要他们的命吗？再说喽，我们这些人运来的盐对你们的盐防军可是有纳税贡献的呀！船没了，我们大家饿死了，你们也绝了……"

郭昆甫一拍桌子："万正洪，你骂谁绝了？"

"老总，老总，我是说绝了你们的财路，没有骂你的意思。"

郭昆甫伸手抠着脑袋，声音软了下来，他抠着脑袋在案子前转了转低声说："也是啊。"

郭昆甫想了想。他走到万正洪的面前，低头在他耳边嘀咕一阵，然后甩脚甩手地扬长而去。

万正洪叫上付清云、钱少春、吴正群、郑少舟、万家林5个人，一个个背上背篓沿着郭昆甫走的那条小路来到营部，每人领到了一桶煤油……

那天晚上，他们分头到对河两岸的船户家，让他们把船藏到下游的响水滩后的荆树林里。然后大家又把早烂在河滩的那只船，用柴火架起来泼上煤油，大火熊熊地燃烧起来……

三

正月初十的凌晨，夜幕笼罩着三里河滩，团防军正沉浸在梦乡。河北岸昌茂石的码头边响起了喊声。

"团防军的弟兄们，我们是自己人，二十三军的，上峰命令我们来支援你们的，快摇船过来，有重要文件要面交郭昆甫营长。"

这时的万正洪已穿好衣服站到外面，他听到一个哨兵在敲营长的门说："郭营长，郭营长，二十三军来人说有重要文件要当面交给你。"

没多大一会儿营部的窗户便亮了起来，然后嘎吱一声门响，从里屋走出一个挎盒子炮的长官及一个背着枪的勤务兵。他们举着手电筒顺小路来到河边。路过船工屋时正遇上万正洪和万家林。

"正说要进屋喊你们，怎么，你们没睡呀？"勤务兵说。

"营长有交代，我们一直在轮流值班。"万正洪答应着跟在了后边……来到河北岸，用电筒一照，只见南岸确实来了八九个穿中央军服的人。背盒子炮的长官向东岸喊话："哪个部分的？"

"国二十三军教导队。"

"口令！"

"鲸落响水。"

背长枪的勤务兵对背盒子炮的长官说："自己人，是自己人。"

背盒子炮的长官仍怀疑地说："再重复一遍。"

"鲸落响水！"

背盒子炮的长官自言自语："雁飞关隘。"便回头命令万正洪："船出！"这时，一只小船从北岸昌茂石的夹缝中驶出，撑船人正是付清云，他刚要撑杆加速，那位长官却命令"等一等"。长官手推一下背枪士兵："你也上船，做好警卫。"

付清云待背枪士兵前头站稳后，撑杆一抵，船只驶出了5米。到了河心持枪士兵一见七八个国军押着一个俘虏，那人正要喊话，却被旁边的人往口中塞进了毛巾，他心中掠过一丝警惕，口中喊道："不对！"

说时迟，那时快！背枪者已从船内跳入河心。他刚抬头换气就被先头六师的那位指挥员一枪命中，随即南岸山坡上的机枪"嗒嗒嗒，嗒嗒嗒"地响了起来。

万家林一脚把长官踢翻在地，两人扭打起来。

万正洪大声猛喊："弟兄们，大船小船一起开动，迎接红军过河！"

北岸碉堡及战壕里也同时射出了密集的火炮。南岸藏在河沿密林中的小炮"咚咚咚"地连爆数响，把敌人的战壕炸得稀烂。

付清云听到万正洪的喊声，机智地把小船划到岸边，五六个红军早已跳进船内，箭一般的速度把第一批红军渡了过去。

一直到响水滩的三里河滩，5 只小船、1 只大船迅速往返，已有上百红军端枪登上北岸。

团防军营部乱作一团，连续发射过来的炮弹让他们遮头盖脸，郭昆甫跑出屋外歇斯底里喊叫："给我顶住，给我顶住！"

从陇上渡口渡河，已在半坡之中隐蔽多时的部分侦察队队员，在关键时刻从团防军营部后冲了下来，郭昆甫的团防营腹背受敌，乱作一团。战壕里的团防军只能往南逃命。东面、北面、小关半坡上，对盐防军发起了全面进攻，团防军的战线彻底崩溃，团防营的大部分士兵做了俘虏。

5 只小船、1 只大船仍在渡着端枪的红军战士，他们一批批地跳上岸，占领了整个丘林村，红旗已在小关的垭口上飘扬，鸭池河渡口掌握在了红军手中。

四

红军夺取渡口以后，主力五师及六师十七团陆续来到鸭池河边。船少人多，时间不允许，师长郭鹏及政委廖汉生，还有十七团团长，在河边急得团团转，他们蹲下来商量一阵又走进老街，找到张海清、郭忠华、王成栋等老街百姓，决定在北岸昌茂石和南岸羊舔石之间搭座浮桥，没有绳索，决定每家出两根钓鱼竹划下篾条扭成竹索。正在准备砍竹之时，那位在乡公所打更的更夫来到人群中说："昨天，乡公所刚好运来几捆铁丝准备做电话线，如果用它还能节省一些时间。"郭鹏道谢说："老人家，你提供的情报太重要、太及时了。"于是一连一排全体出动，扛来电线，将其打开，牵开扭索，再用船送到对面，捆在两石之间，一只只木船被均匀地稳固在两根铁绳之中。

老街群众纷纷将自己砍伐卖的、修房的原木搭在船只中间做横担，没有抓钉，老街的铁匠就生起了炉火及时打造。轮到用木板铺面了，老街百姓家中有木板的引着红军战士到家中扛来。吴大伯眼看木板不够，率先拆下了门板，其余百姓都效仿他的做法拆下了自家的木门，一时间老街蜿蜒的小路上排成了送木板的长队。在百姓的支持下，3 个小时便在老街至丘林的河中搭建了一座浮桥。

六师的师长、政委站在桥头指挥部队伍迅速而有序地通过浮桥，大部队迎着漫漫长坡之上的弯曲小道登上了小关的最高峰。

随着六师袭占黔西城的消息传到河边，战士们欢呼雀跃，群情激奋，爬山的士兵情绪高涨。这时，到达箐上的贺龙总指挥接到了一个又一个电报："二军团已过滥泥沟!""四师已到达沙窝镇!""十六师到达谷里!""五十三团已将浮桥拆除,后事处理完毕。"

贺龙:"回电,快速赶上!"

贵阳再次返回的敌军到达大麻窝时鸭池河早已恢复了原有的平静。

强渡鸭池河的伟大胜利,是红二、红六军团的胜利,也是人民的胜利,人民群众中蕴含着强大的力量。韫,即藏,在多年前深受三座大山压迫的新店、鸭池人民,把拥护共产党、拥护红军的心志深深地埋在心底。红军来了,他们立即响应,全力支持,人民群众就是"中国革命"这座大山的一块块基石,石韫而山辉!等待着红二、红六军团的是一个又一个胜利!

作者简介

程家强,贵州作家协会会员。已公开发表小说、散文近300万字,主要作品有长篇小说《人生舞台》《牂牁场》,中篇小说《爱恨四十年》,短篇小说集《山野人的梦》,电视剧本《三线三战》以及报告文学等。现为清镇市作协副主席、卫城镇文联主席。

啼血杜鹃[①]

管利明

这是发生在 1950 年的故事。

春夏之交的 4 月，太阳像是要展示它积蓄了一个冬季的能量，把它的光和热毫不吝惜地洒向大地，使山坡上、小路间、草丛中，依稀可见一股股袅袅升腾的热气，溽热和潮湿像一张漫无边际的网，笼罩着山野，包裹着万物，让人有一种难以喘息的感觉。

许纪武背着一个农家背篓，汗水早已把那件白色的棉布衬衫湿透，并像纸片一样紧紧地贴在他瘦削而结实的身上。要是在平时，许纪武一定会脱掉衬衫。可许纪武现在不能，因为在他的身后，还跟着 3 个女大学生。这些大学生都是文化人，也是文明人。许纪武虽然没有读过书，但他参军后，在部队文化教员的帮助下，也多少识得一些字，更主要的是，入伍以来，在部队首长和战友的影响下，他懂得了要做一个合格的革命者，就首先要做一个文明战士的道理。许纪武记得他参加部队的第一天，他们的团政委给新兵连讲的那段话。团政委说，我们中国人民解放军，不仅是一支威武之师，还是一支文明之师，一支受党信任、受人民拥护的革命队伍，处处要注意在老百姓心中的形象。这段话，许纪武记得牢牢的，也成了他行军打仗的行为准则。此时他在想，天热算什么？流汗算什么？为了剿灭土匪，为了整个贵州和全中国的稳定和平，就是付出鲜血和生命，自己也在所不惜。

许纪武用手甩掉脑门的汗珠，又撑了撑胸前的衬衫，几个来回，这样才觉得凉快一点。天高云淡，群山连绵。4 月的初夏，催开了漫山不知名的野花，也催开了漫山的红杜鹃。在阳光的照射下，那红色的、粉色的花儿点缀在山野中，显得特别耀眼。尤其让人耀眼的，还有女学生们头上戴着的杜鹃花环。那是在出发时，路经

---

①短篇纪实小说。

一个杜鹃花丛，女学生们自己编织的花环。杜鹃花环不但可以给她们带来一个好的心情，也能遮挡头上炎热的太阳。这是大自然的恩赐，也是贵州山区常见的物种，若是在他的家乡热河省，还没有这样漂亮的杜鹃花儿呢。

时近中午，山中间或传来几声杜鹃的啼叫，给他们寂静的旅途增添了诗一般的意境。走上一个小山坡，许纪武见前面有几棵杜鹃灌木，灌木下有些许的阴凉，心中打定了主意。他回过头向女学生们喊道："小荷、秋妹，前面有个阴凉处，我们休息一下，吃点东西再赶路。"

被许纪武叫作小荷的名叫夏小荷，秋妹叫王秋妹，还有一个叫张冬雪。为了确保她们安全到达目的地，毕节地委党组织与解放军部队采取保卫措施，一路上分段护送她们。前天，驻扎在黔西的部队战士把她们送到清镇新店后，就交由驻守鸭池河的解放军部队把她们安全送到卫城镇，到了卫城，就交由卫城的驻军护送，这样，就完成了她们的分段护送任务。

昨晚，许纪武在月色朦胧的鸭池河边为一个受伤的战友清洗伤口时，一个战士就火急火燎地来到河边，说辛连长找他，有重要任务安排。许纪武一路小跑地来到连部，一问才知道要他明天沿小路护送3名女大学生去卫城。许纪武顿时显得有些不悦，对辛连长说："护送学生的事你还是安排其他战士吧，叫我去剿匪还行，护送女学生，算怎么回事？"辛连长瞪了他一眼，说："许排长，你莫小瞧了护送学生的事，这可不是小事情，而是一项政治任务，是关系到为新中国培养人才的大事。知识分子是国家建设的基石，不筑牢这个基石，我们拼了命才成立的国家靠什么建设？不把国家建设好，人民群众的幸福生活又从哪里来？"辛连长的一席话，说得许纪武无言以对，他这才如梦方醒，明白了护送大学生的重要意义。他正了正身子，"啪"地一下向辛连长行了个军礼，声音洪亮地回答道："是，坚决完成任务！"看到许纪武果断的回答，辛连长放低了音调，对许纪武说："安排你护送这些学生还有一个直接原因，这一带土匪狡猾、出没频繁，你是年轻人，脑子灵活反应快，和学生们容易沟通，一路上说话做事也好商量。"

的确，许纪武那时才21岁，比那3个大学生大两三岁，是真正的同龄人。许纪武接受任务后，当晚在排里挑选了5名年轻战士组成护送队，第二天一早便从鸭池河老街出发，执行这次护送任务。

夏小荷、王秋妹、张冬雪她们很快赶了上来，看到3个人都气喘吁吁的样子，许纪武让她们赶快坐下休息。王秋妹看到许纪武站在太阳下，就和夏小荷、张冬雪挤了挤，让出一块阴凉地，对许纪武说："许排长，你也过来避避阴凉吧。"手提竹篮的夏小荷说："秋妹，你刚才叫什么？忘记我们的纪律啦？"王秋妹看看夏小荷，不好意思地吐了下舌头，红着脸说："对不起，表哥，快过来避避阴凉吧！"

　　为了安全起见，这次护送行动中，辛连长要求许纪武和他的战士们只能穿便装，化装成过路的老百姓，3个女学生也扮成农家女，同时只能称解放军战士为表哥堂哥之类，以方便行动。看到杜鹃树下阴凉空间小，许纪武不好意思和她们挤在一起，显得有些迟疑。夏小荷便对许纪武说："表哥，过来坐嘛，你是走南闯北的人，还有什么男女授受不亲的吗？"张冬雪也说："是啊，战场上枪林弹雨都不怕，你还怕我们几个女学生吗？表哥，过来吧！"许纪武看了看日头，正是正午时分。他说："也好，我们在这里休息一下，吃点东西，等小李他们探路回来，再继续走。"

　　小李是排里的一个班长，也是护送队员之一。为了安全，许纪武安排他们先在前面探路，在确保没有敌情之后，他们才继续跟上。

　　许纪武来到阴凉处，从背篓里拿出苞谷、洋芋和鸡蛋，递给3个女大学生，让她们抓紧时间吃，补充点体力。

　　从毕节一路到现在，3个女学生也习惯了这样的长途跋涉，她们拿起洋芋就吃，接过水罐就喝，一点没有读书人的矜持。此情此景，又让许纪武想起了家中的妹妹。妹妹许纪文才16岁，在老家。妹妹从小就喜欢拿个木棍在地上画来画去，长大后她好想读书，一有空，就去屯上的私塾旁听里面传出的琅琅读书声，可家里一直很穷，加上战乱不断，妹妹想进学堂的愿望终究没能实现。许纪武参军那一年，就暗暗在心里想，他一定要跟着部队勇敢战斗，尽快解放全中国，让所有穷苦人过上和平的日子，让妹妹能够走进学堂，成为有知识的人。

　　吃完后，扬着一副娃娃脸的张冬雪对许纪武说："许表哥，你这么年轻就当了排长，给我们讲讲你的战斗故事吧。"

　　王秋妹也附和着说："对，给我们讲讲你们打仗的事吧，听说你还立过战功呢！"

　　"给我们讲讲吧，表哥。"夏小荷也好奇地追问道。

　　想到自己参加过的历次战斗，许纪武顿时来了精神，眼睛一亮，心里充满自信地说："别看我大不了你们几岁，我已经是有几年军龄的老兵了，从热河一直南下打到贵州，不说身经百战，十几次战斗还是经历过的。"

　　"就给我们讲讲鸭池河老街保卫战吧，听说你们一个连，以少胜多打退了一千多土匪呢。"夏小荷说。

　　许纪武就把他们怎样构筑阵地守卫老街、怎样打退一千多土匪的多次围攻、怎样追剿土匪的战斗经历绘声绘色地讲给她们听，还说在老街保卫战中，自己亲手打死了多少个土匪。说到这里，许纪武眉飞色舞的神色立马有些黯然，他说："在追击中我有意放跑了一个土匪，因为那个土匪只有十五六岁，还是个孩子。我不忍心对那个孩子扣动扳机，只是朝天上放了一枪，就让他从自己的枪口下跑掉了。"

王秋妹说："可他也是拿枪的土匪呀！"

许纪武说："战争虽然是你死我活，但我们一个大首长曾经说过，我们军人，从来不以消灭敌人为最终目的，而是为了改造这个世界，改造这些敌人，可能这就是解放军正义之师、文明之师的意义吧。"许纪武又说："我把这个事向辛连长做了汇报，辛连长也肯定了我的做法。"

张冬雪叹息着说："战争太残酷，如果没有战争，这个娃娃兵都应该在学堂里念书啊！"

夏小荷说："可不是嘛，如果没有战争，我们也不会像今天这样翻山越岭、绕道而行去上学。"

王秋妹说："是啊，表哥也不会离开家庭、离开父母来到贵州，冒着生命危险来护送我们。"

张冬雪又问："表哥，在枪林弹雨中，你就不怕死吗？"

"谁都怕死呀，谁都不愿意打仗。"许纪武说，"本来抗战胜利后，中国已经结束了战争，可蒋介石那个老东西挑起了内战。如果不把这些反动派彻底消灭，我们就不会过上和平的日子。没办法，只有打呗，打仗就会死人，如果怕死，我就不会参加解放军了。"

夏小荷说："表哥，战争结束后，你想干什么？"

许纪武说："军人当然以服从命令为天职，如果战争结束了，我退伍了，我还是想回老家帮父母种田，和妹妹一起孝敬父母。"沉吟少许，许纪武说："离开热河这些年，我心里放不下的，还是家里的人。"

夏小荷说："表哥，战争结束了，你就留在我们贵州吧，我们贵州山清水秀、民风淳朴，是一个好地方。"

许纪武说："是啊，贵州真是个好地方，山好水好空气好，春天里，还有漫山的杜鹃花。这里的老百姓也纯朴厚道，只要你用心和他们相处，他们就会把你当成亲人一样。现在你们吃的鸡蛋，就是老街上潘老伯节省下来准备拿去换盐巴的，听说你们要走远路，非要让我带给你们在路上补充营养。还有我脚下的这双鞋，是张奶奶给他儿子做的，却非要让我穿上，说是走山路怕滑，又不磨脚。这些纯朴的老百姓对我们解放军，比亲人还要亲。如果不打仗了，我真想继续留在这里，帮老街群众建设好他们的家园，报答老百姓对我们的恩情。"

这时李班长在远处小声喊道："许哥，快到跳蹬河了，你们快些过来吧。"

许纪武回了一句："好，我们马上跟来。"

3个女学生走在前面，许纪武在后面，3个醒目的杜鹃花环在山路上一起一伏地向前走去，像三团移动的火苗。山色空蒙，不时传来杜鹃声声。夏小荷触景生情，不禁轻声吟诵出一首《乡村四月》的宋诗：绿遍山原白满川，子规声里雨如烟。乡村四月闲人少，才了蚕桑又插田。

张冬雪说："小荷姐好有兴致，我也来一首白居易的《大林寺桃花》：人间四月芳菲尽，山寺桃花始盛开。长恨春归无觅处，不知转入此中来。"

王秋妹说："那么，我来首唐代成彦雄的《杜鹃花》：杜鹃花与鸟，怨艳两何赊。疑是口中血，滴成枝上花。一声寒食夜，数朵野僧家。谢豹出不出，日迟迟又斜。"

听着朗朗上口的诗句，许纪武感慨地说："做个文化人真好啊！你们一路吟诗，都成山中赛诗会了。"

王秋妹说："表哥，等战争结束了，你留在贵州，我们三姐妹帮你学习文化，你也会成为文化人的。"

张冬雪说："我们先学好文化，再来帮助表哥，让表哥成为能文能武的军人。"
夏小荷说："到那时，表哥不仅有军人的帅气，也有文人的潇洒，怕是好多姑娘想追，也追不上表哥的。"

许纪武说："你们别逗我了，如果我真的留在贵州，到你们毕业时，早把我这个表哥忘记了。"

夏小荷说："我们不会忘了表哥的。"

王秋妹说："是啊，这一路护送我们，就是忘了谁，也不能忘记帅气的表哥啊！"

一路说说笑笑，一路心情舒畅，不知不觉中，跳蹬河已出现在眼前。其实，这跳蹬河并算不上一条河，两岸之间也只有五六米宽，充其量只是条比较宽的河沟。只有在夏天山洪暴发时，河床才会显得宽阔而湍急。眼下四月天，山间一片嫩绿、芳草萋萋，跳蹬河舒缓地流淌着春天的溪水，远远听去，犹如大自然弹出的一曲轻音乐，让四周呈现出一片安详、静谧。

许纪武他们来到跳蹬河边时，李班长和其他战士已通过石磴过了河，并继续往前探路。3个女学生见到清凉的河水分外惊喜，欢呼雀跃地来到河边，挽起衣袖，捧起河水浇洗着身上的炎热。

清清的河水，倒映着姑娘们清秀的脸庞，淙淙的水流，漂浮着姑娘们轻细的笑声。这跳蹬河畔，犹如一幅少女浣纱图，显得那么充满诗情画意，充满青春活力。

一行人过了河后，为了赶近路，往山上小路走去。许纪武则站在河岸，眼睛朝两岸的山林巡视，警惕地打量着四周的环境。

这时，一只雀鸟从岸边一棵树上扑扑飞出，让许纪武顿时警觉起来，他马上拔出手枪，向女学生们喊道："有情况！你们赶快上来，在大石头后面隐蔽！"女学生们听了，急忙往那块大石头后面跑去。

夏小荷走在后面，慌忙中被草丛中一棵横斜的枝藤绊倒。就在她起身的时候，几颗叭叭作响的子弹向她射来，打在草地上，溅起一片泥草横飞。接着，便有十几个端着步枪的人从大树后面走了出来，其中一个疯狂地叫道："兄弟们，打死共军有奖赏，抓住女人当媳妇！"另一个也淫笑地叫嚣："抓个花姑娘，给弟兄们当压寨夫人！"

许纪武顿时意识到他们遭遇了土匪的袭击，便迅速甩掉背篓，蹲下身子，向土匪们连续扣动扳机，同时，飞快地跑向夏小荷。他一边指挥战士们还击，一边掩护3个女大学生撤退，还派一位解放军战士顺着公路绕道去卫城镇请求增援。土匪的子弹从他们头顶、身边呼啸而过，打破了旷野的安详，撕裂了山间的宁静。当许纪武把夏小荷护送到石头后面的时候，一颗子弹击中了他的后背，他跟跄了几下，倒在了山坡的草地上，鲜血顿时从他的胸腔涌出，染红了身上的衣服。躲在石头后面的女学生看到许纪武中了弹，心急如焚，都想过去扶他。许纪武却一边向土匪还击，一边用低沉的声音严厉地对她们说："注意隐蔽，不要管我！"

这时，前面探路的李班长听到后面传来了枪声，立刻带领战士火速赶回跳蹬河。短兵相接中，战士们形成密集的火力攻势，向土匪们猛烈射击。

待战士们来到许纪武身边，李班长扶起许纪武，战士们一边用手按住他流血的伤口，一边捧起水罐递到许纪武的嘴边。而此时的许纪武，鲜血浸透了整个衣服，由于失血过多，蜡黄的脸上显得异常苍白，整个身子也瘫软无力。在战士们的呼唤中，许纪武微微睁开眼睛，用微弱的声音对李班长说："土匪……太狡猾了，你们要保护好……学生，把她们安全送到卫城……"话没说完，许纪武的头慢慢偏向李班长的手腕，一耷拉，眼睛再也没有睁开。

李班长抱着许纪武，泪水一下涌了出来，其他战士也忍不住泪水溢面，默默地低下了头，3个女学生更是撕心裂肺地喊着许排长的名字，失声痛哭起来。这悲痛的氛围，感天动地，让空气沉闷、凝固，让河水呜咽、哭泣，让杜鹃花瓣滴血，让苗岭山川默哀……

夏小荷泪流不止地蹲在许纪武身边，取下自己头上的杜鹃花环，轻轻地戴在许纪武的头上，哭泣着说："许排长都是为了保护我才牺牲的，大学毕业后，我一定要找到他的父母，替许排长尽孝。"

张冬雪说："许排长保护了我们的生命，他是我们的恩人，永远活在我们心中。"

王秋妹说："我们三姐妹要把许排长当成我们的亲人，一辈子不能忘记。"

……

许纪武牺牲的消息很快传到了鸭池河的老街上，老街上的解放军战士和老百姓们都悲痛不已。尤其是张奶奶，哭得像泪人一样。张奶奶说："这么好的一个娃娃，这么一个活蹦乱跳的人，却遭到了土匪的黑手，我想念他呀！"

根据许纪武烈士生前的遗愿和老街百姓对他的情感，在辛连长的主持下，解放军部队将许纪武的遗体安葬在了老街的大青山下。下葬那天，德高望重的潘老伯说："许纪武是为保卫咱们老街、保卫贵州儿女牺牲的，咱们老街的百姓要永远陪伴他。"

这一年暑假的时候，夏小荷、张冬雪、王秋妹从贵阳赶到鸭池河，来到许纪武墓地前，向保护她们的解放军战士，向她们生命中的恩人默默地烧了三炷清香，然后在许纪武的墓地上，插满了如血似火的杜鹃花。

这时，在大青山的天上，盘旋着一只啼血的杜鹃鸟，并发出阵阵悲哀的低鸣声，久久不肯离去……

作者简介

管利明，中国自然资源作协会员、贵州省作协会员、贵阳市作协理事、清镇市作协主席。在国内报刊发表小说、散文、报告文学百余万字，出版作品集《都市无泪》《五彩文集》《我从山中来》。

春风吹遍　鸭池河畔花渐开

——鸭池河村红色美丽村庄试点建设侧记

周　丽

　　"伴着滚烫的热浪，沿着黔西县大关镇一路向下，山路弯弯九连环，首先映入眼帘的便是一湾碧水望不到尽头的鸭池河。"2017 年 9 月，是我第一次到鸭池河，初秋的时节，阳光热烈，水波温柔。村庄处在一个冬天不会下雪的山坳里，远远地隔着鸭池河的翅膀，像是飞越山川河流的世外桃源，带给我的是一整个的惊艳。

　　鸭池河村为新店镇政府驻地，是贵阳市的"西大门"，总面积约 4.5 平方公里，S211 贯通全村，水陆交通便利，年平均气温在 20℃，因得天独厚的地理条件和气候条件，素有"小温室"之美称，是贵阳市次早熟果蔬生产基地，尤其是鸭池河酥李享誉四方。

　　"远看一条索，近看鸭池河，敌人拼命堵，老子硬要过……"刚到鸭池河，受当地村民的熏陶，我便耳濡目染红军强渡鸭池河、许纪武烈士等红色文化故事，毫不夸张地说，每一个鸭池人甚至是鸭池河村的"外地人"，都对红军强渡鸭池河的故事耳熟能详。苦于没有有效的举措，守着大好的自然资源、红色资源，村子仍然没有发展，一直是鸭池人的一块心病。在 2020 年，鸭池河村集体经济收入仅为 4 万元，村里年轻人多数外出打工，是典型的"空壳村"。2021 年，鸭池河村被列为全国 1000 个、贵州省 23 个、贵阳市 3 个红色美丽村庄试点村之一，由此迎来了发展的春天。

　　"火车跑得快，全靠车头带"，党建是发展经济的第一驱动力。在红色美丽村庄创建之初，鸭池河村就把抓党建作为首要任务，按照"厚植政治优势、培育党建品牌"的工作理念，通过落实"两定四循环"工作法规范基层组织生活，利用第十一届村（社区）"两委"换届的契机选优配强新一届班子，党支部书记、村委会主任实行"一肩挑"，6 名班子成员平均年龄 35.8 岁，较上一届降低 7 岁；本科学历 2 名，大专学历 1 名，高中或中专学历 3 名，高中以上学历占比较上一届提升 50%。在选好头雁、配强班子的同时，鸭池河村又将目标瞄向了党员的先锋模范作用，探索开展"党员积分"管理机制，在鸭池河村试点实施"一元钱计划"，由村党支部提议、党员带动、群众参与，筹集资金储存到鸭池河老街红军渡超市，用于村环境卫生评比，由村级"理事会"对农户房屋周边卫生打分，积分达标示范户可用积分到"红军渡超市"兑换粮油等用品。

"捐得最多的要数党员赵江了，捐了1万块呢。"村文书李艳红一边统计数据一边告诉我。据李艳红介绍，赵江是村里的党员，目前在外经商，算是村里的"成功人士"，每逢村里大小事，他总是第一个响应，2020年，还被村里评为了鸭池河村"金候鸟"（新乡贤）。"到2022年春节，'一元钱计划'筹集到资金26800元，就连村里田上组的建档立卡户董正全都捐了20块呢！"鸭池河村支书郭修国补充道。

村民是村庄建设的主体，村庄怎么建，建成什么样，只有群众参与了、认可了，村庄的建设才更有意义。"2021年5月，我到鸭池河驻村开展的第一件工作就是陪着村干部挨家挨户宣传红色美丽村庄试点建设，想不到的是群众都很支持工作，与预想中'老百姓事不关己，高高挂起的'态度截然不同，甚至对我这个操着普通话的外地人都异常的热情，老街80多岁的老伯代选华告诉我，他从小在鸭池河边长大，20世纪80年代，水电九局驻地鸭池河有着'小香港'的美称，随着水电九局的搬迁，村子逐渐没落，村民们一直渴望有一个机会让村庄再度繁华。如今，终于迎来这个契机，大家都很支持，也很珍惜。"鸭池河村驻村干部程海亮介绍道。通过村"两委"和驻村干部累计走访农户320户，召开坝坝会5次，发出《鸭池河村红色美丽村庄建设倡议书》360份，与村民签订《鸭池河村红色美丽村庄建设承诺书》306份，村民们参与村庄建设的积极性都很高。在村里的带动下，群众一直在自发参与"清岸、清路、清源、清污、清寨"的"五清"行动，"河畅、水清、堤固、岸绿、景美"正一步步成为现实。

"红色鸭池河有村规，家家户户要遵循……"

"村庄建起来了，要如何来守护？需要全村村民共同参与，村规民约就是很好的戒尺。但鸭池河村村规民约以前有5000多字，内容烦琐复杂，村民都记不住，谈何遵守和执行。"鸭池河村第一书记徐伟说道，"红色美丽村庄试点建设启动以来，村里就将红村建设等纳入了村规民约，但是效果一直不好。"

2021年11月，贵阳贵安农村"五治"（治厕、治房、治垃圾、治水、治风）行动全面铺开，村支书郭修国到北京仙人洞村学习回来以后，便与驻村工作组商议对鸭池河村村规民约进行"瘦身"，大家一拍即合。通过广泛征求党员群众意见，共征集意见20余条，修改10余次，将原5000余字的村规民约精简为253字的"鸭池五治八小段"，经"四议两公开"后在全村广泛推广。

"我们还将'鸭池五治八小段'编成儿歌在村里传诵，基本做到了妇孺皆知，家家户户遵守。"说起村规民约的执行落实，村支书郭修国倍感自豪。

然而，"党员积分管理""一元钱计划""鸭池五治八小段"等只是鸭池河村开展红村试点建设的冰山一角，在红色美丽村庄试点建设初期，由于没有创建经验，加之没有可复制粘贴的前车之鉴，如何用好400万元中央红色专项资金这块"敲门砖"，实现红色资源现实转化，带动新店镇全域农文旅融合发展，也曾让镇村两级甚至是上级组织部门一筹莫展。

在不断与规划公司——省建院磨合，走访群众250余户1000余人，征求群众意见20余条，修改规划10余次后，终于拟定以一产为基础，二产为核心，三产为引擎，擘画"一带一心三区"的规划蓝图，以"红军渡口＋鸭池河老街"为中心，通过深挖红色文化内涵，盘活文化资源，打造"鸭池河沿河大道红色文化产业振兴集中展示带"，建设"红色教育基地示范区、现代科技农业展示区、乡村休闲旅游拓展区"。共计投入资金1201万元，建设红色美丽村庄试点建设1期项目11个。其中，由设计单位进行项目管理，村级劳务合作社实施的项目4个，分别为投资100万元的2021年度扶持壮大村集体经济项目、投资10万元的环境卫生设施提升项目、投资40万元的农业产业发展壮大村集体经济项目及投资500万元的鸭池河村产业发展提升项目；由设计单位牵头的工程总承包类项目4个，分别为投资43万元的村级阵地改造提升项目、投资140万元的上街组环境整治项目、投资260万元的红军渡码头及周边设施提升项目及投资53万元的红色美丽村庄入口环境改造提升项目；其他类项目3个，分别为投资10万元的新时代文明实践所改造提升项目、投资40万元的村庄红色文化书编写项目及投资5万元的鸭池河村劳动力培训项目。通过抓红色传承、抓产业主导、抓农旅融合、抓村集体经济壮大、抓资源整合、抓共创共建，打造出了鸭池河畔的"红色景村·城郊游栈"。2021年12月，鸭池河村红色美丽村庄试点建设1期项目全面完工。

村支书郭修国告诉我，通过4个工程性项目建设，带动村里298名群众就业，发放劳务报酬68.3万元，带动村集体增收4.2万元。我想，红村建设一期项目的落成，也许让一直"摸着石头过河"的镇村两级悬在心里的石头稍许落定了吧。

"腊月二十七，我回到了老家鸭池河。每次回家，都能切身感受到家乡面貌以及人们生活发生的巨大变化，尤其是今年的变化特别大，我们鸭池河村被列为红色美丽村庄试点建设，家乡的面貌日益改观。在回家的路上，我一路走，一路看，改造后的村办公室让人耳目一新，鸭池河村红色美丽村庄入口标识赫然在目，尤其是我儿时玩耍的红军渡码头，修建了广场，种了绿植，老街口的水泥路经过白改黑后越来越宽敞了，村容村貌越发整洁，过去一年，村里的发展成果、亮点特色宛如一幅绚丽长卷在我面前徐徐展开，美不胜收。"这是在外务工的彭琼回家最直观的感受。鸭池河村红村项目建设切实给村里带来了翻天覆地的变化，也让每一个"赵江"的家乡情怀有了更丰富的载体。这些都得益于镇村两级始终把产业兴旺作为红村建设的出发点，把村集体经济发展壮大作为红村建设的落脚点。

"万树河边李，新开一夜风。醒来满山雪，映在绿波中。"这是当地老百姓对村里二三月间景色最贴切的形容。可是，鸭池河村处于鸭池河盆地的山坳里，由于海拔较低，仅850米左右，气候炎热，盛产早熟果蔬，几乎家家户户都种李子。全村种植2000多亩，由于技术不到位，加之果树老化，果实品质一年不如一年，卖不上价，果农对管护果树的热情锐减，只能靠天吃饭。

2021年，乘着红村建设的东风，鸭池河村在邀请省级专家现场"把脉问诊"后，选定"一改二换三品牌"的发展思路，发展高质高效农业。立足资源选好短平快产业，打造鸭池河精品早熟蔬菜基地，种植冬豌豆700亩、云南大胡豆500亩，带动159户群众户均增收1.3万元；由村级劳务合作社与苗木公司签订合作协议，打造30亩新品种"国丰7号"精品酥李示范基地，酥李投产后由公司按15元每斤进行兜底回购，丰产后亩产量1.5吨，除去管理成本，亩纯收益可达1.5万元；此外，深化"党支部＋公司＋集体＋农户"四方联结，由村集体试点完成500亩酥李改良，示范带动全村449户1400余亩酥李提质改造，同步对酥李品质进行严格分级上市，通过打造品牌、形成产业链条，全面提升酥李效益。

为了让产业多点开花，实现邻近村寨抱团发展，镇里还注册了"红色鸭池"商标，应用于鸭池河酥李、马鞍山面条、归宗村金银花等本土系列农特产品，建设小型面条加工厂，分块布局分拣中心和直销店，布局建设电商服务点对农特产品进行线上销售，借助互联网发展优势，通过直播带货、电商平台、订单销售等渠道，拓宽马鞍山面条、鸭池河酥李等本土农特产品销售面。2016年以来，鸭池河村通过线上渠道共销售酥李500余单，价值20余万元，线上线下联动销售酥李共计20余万公斤，创造经济效益40余万元。2021年，鸭池河村集体经营收入达到33.7万元，预计到2022年底可达64万元。

走得再远，走到再光辉的未来，也不能忘记走过的过去，不能忘记为什么出发。在村民心中，赓续好红色基因，依托红色资源发展旅游，家家户户吃上"旅游饭"，大致是最美好的愿望。据村支书郭修国介绍，目前鸭池河村正在精心打造露营基地、民宿体验等项目，并与乡村振兴集成示范项目有机衔接，拟建设"三色五品"科技农业体验示范基地，以此发展农业旅游。同时，以红色基因为载体，打造鸭甸河—化屋村—鸭池河村的环河旅游线，通过在化屋村接受一次党性现场教育，在鸭池河畔重走一段长征路、参加一次长征情景模拟战斗，形成以鸭池河村红色文化为中心的旅游线。围绕党史教育、乡土教材、干部培训等开发教培项目，通过村集体名下"一司四队"运营管理，打造"可视、可听、可体验"红色教培基地，做好红旅文章，争取让更多走出鸭池河的人回家共建村庄。目前，鸭池河村"红色景村·城郊游栈"已初步具备一日游条件，日接待量达1000余人，可带动沿河两岸群众户均年增收2万元以上，村民们的愿望正逐步实现。

2022年，是我到新店镇工作的第5年，有幸见证了鸭池河村的蝶变。犹记得当年鸭池河畔流水哗啦啦，进村的路坑坑洼洼，沿河大道尚在建，还没有红军渡广场。如今，村内道路宽敞平坦，房前屋后干净整洁。下班后约上三两同事，漫步鸭池河边，红军渡广场热闹非凡，穿梭在清新的空气里，李花落满头，春天的气息扑面而来。同事开玩笑地说，"鸭池河村也迎来了发展的春天呢！"

"我们赶上了新时代，不仅可以在家门口务工，看病还可以报销。这一季的冬豌豆、冬胡豆收完，再种上黄豆，村里组织大家学种植技术，管好自家李子树，大家的日子越来越有盼头。"在和村民们聊天时，他们谈起了红村建设给家乡带来的巨大变化。我直观而深切地感受到，鸭池河村红色美丽村庄建设，假以时日，一定会"芙蓉出水、艳惊四座"，每一个鸭池人的心病终将被治愈，就让奔腾不息的鸭池河，见证这方热土的发展与变迁。

光辉岁月

　　"一个人的一生应该是这样度过的：当他回首往事的时候，他不会因为虚度年华而悔恨，也不会因为碌碌无为而羞耻；这样，在临死的时候，他就能够说：'我的整个生命和全部精力，都已经献给世界上最壮丽的事业——为人类的解放而斗争。'"这便是对"光辉岁月"最好的诠释。

　　本篇共收录12篇文章，主要反映为清镇市新店镇发展做出贡献和从新店走出的杰出人物事迹，通过朴实的文字展现不平凡的人物形象，在每个不平凡的背后是不为人知的付出和努力。如今在中国共产党的领导下，全国正逐步迈向社会主义现代化强国。但行百里者半九十，在最关键的时刻，更需要全国人民尤其是青年一代树立远大理想、坚定理想信念，并敢于"踏平坎坷成大道，越是艰难越向前"。若人人如此，岁月必铭刻每段"光辉"，光辉必闪耀每段"岁月"，"中国"二字必令世界为之颤动！

版画怪才　艺道师范
——中央美术学院王华祥先生印象

兰道宇

　　中央美术学院的王华祥，是我同乡，生于 1962 年，比我稍长。20 世纪 60 年代，属于人民公社时期，大家都属于鸭池人民公社鸭池大队的人，他家属于戴家沟生产队。在很小时，我就认识他，依地方习俗，他就是我们的连春哥。及至上学，不管是在大队民办小学，还是公社小学戴帽初中班读书，他都高两级，彼此间接触不多，但很熟悉。他绘画的天赋，在学校广为人知。大家都知道，他除了写作业都在画画。还有，他是属于榜样一类的孩子，听老师的话，认真完成作业，经常得到老师表扬，很乖！读高中后，每逢放学回家，他经常在自己家的房前，架起画板，面向滚滚向东流去的鸭池河，画奔腾的河流、充满水花的浅滩，画鸭池河红军渡，还有对面雄壮的方家大岩，一夫当关，万夫莫开的大、小关垭口天险。看见这一幕，在我的脑海中固化成像。以至于我每次过戴家沟，总想起高中生王华祥写生的那一幕，几十年挥之不去。于他对美术追求的第一印象，浓缩成一个字——爱。

　　一方水土养一方人。奔流不息的鸭池河，不仅养育了一方人，还让这些人形成了独具地方特色的人物特征。"甲池一池甲乌江"，这是鸭池河的原称，有乌江第一池之意。虽名为池，实为一段像水池一样的河，还有一处叫河尾巴。看似封闭状态之地，实则是一处低洼河谷地带，冬无严寒，物产丰富，四季花果飘香。奔流不息的鸭池河，奔流到海不复回。鸭池河的人明白，视角尽头，不是河的尽头；封闭的环境，不一定能够封闭人们的思想，人们都想去外面看、去外面闯；走出鸭池，成为一代又一代人的梦想。怎样走出去？东风电站大坝处的笔架山就告诉大家，要"八仙过海，各显神通"。经过鸭池河这块红色土地哺育的人，自小聆听了红二、红六军团途经此地、红军强渡鸭池河的故事，长征精神感染着一代一代的人；大家明白，人生不仅有路途的长征，还有事业上个人的长征。人们受其影响，在潜意识里形成了奋勇争先的品质。这些地域文化，深深地影响着王华祥，使他能够走出鸭池河，走向省城贵阳，扎根首都北京，走向世界，成为贵州山区走出来的世界版画王者。

王华祥的艺术生涯不是一帆风顺的。不管是艺术之路，还是美术创作、理论创新、教法探索等方面，似乎他都是一帆风顺的。知道内情的人，才了解他的挫折与坎坷。他先考到贵阳读书，再考到中央美术学院读书，然后留校任教。第一次向中央美术学院辞职，给院长书记写公开信，然后到昌平农村创办了自己的学校——飞地艺术坊。当时大家为他担心，担心他这个清镇才子会因此沉寂；更担心他像清代贵州书画奇才、清镇人何威凤一样，归隐贵州，留下遗憾。没有想到，这是一次挫折，也是一次成功的开始。王华祥不负众望，排除一切困难，脚踏实地干事。在飞地艺术坊招生，他打出广告，招收"学院不要的人，不要学院的人，已上过学院的人，正想上学院的人，吃了过期奶中毒的人，单纯、浪漫而不谙世事的人，已为人师还想做学生的人，曾经被灵魂工程师弄残了翅膀还想飞翔的人，有绘画野心的人，有脾气棱角的人，用画画疗伤的人，以艺术济世的人"。从广告词中，明显看出他辞职背后的深层原因。这是他以自我为原型，特指当时受学院制教育影响发展的一些人，也看得出他辞职的无奈。几十年的实践证明，他的成功，既为学院制教育的不足破题，也为职业教育探出新路。他利用飞地艺术坊，帮助艺术青年实现艺术梦想，帮助成熟画家实现突破，获得"重生"。

挫折没有让他放弃艺术追求，困难没有阻挡他前进的脚步。在飞地艺术坊，他开始"反向教学系统"研究，提出"触摸式教学法"之说。"色彩五步法""素描五步法""肖像的三十二种木刻法"应运而生。通过研究、教学实践，专著《再识大师》《素描》成为高等美术学院教材，《王华祥的素描之国》广为流传。有专家说，王华祥的素描教学解决了几代人想达到的高度，完全可以与西方素描教学媲美。他的版画教学、素描教学树立了重要的坐标，具有无可替代的作用。

隋丞认为，王华祥是中国艺术界的特立独行者，也是一位传奇人物。他26岁创作的木版画《贵州人系列》获全国美展金奖；28岁创作的《近距离系列》导致了艺术潮流的转向，是"新生代"代表人物；31岁出版《将错就错》，34岁创立"一幅肖像的32种刻法"；41岁出版了系列教学著作，构建了反向教学体系，补充了中国高等艺术教育中缺失的现代主义教学环节，突破了常规和单一的学院教学体系。

王华祥有着鲜明的个性特征，对人有时横眉冷对，有时温暖如春。他有浓厚的故乡情结。对待大队民办小学教师刘少武，每次回家乡，必登门看望。对中学教师田世信，几十年如一日，一起在北京昌平农村发展。还有艺术教师蒲国昌等。他感念师恩，情深义重，堪为典范。他尽力帮助贫困学生，对家乡学子更是关爱有加。

在家乡参训的学生中，很多都享受了培训优惠价。经过他的培训，学生艺术水平得到提高。返回家乡办培训班的人都自称是王华祥的学生，是王华祥的学生授课的培训班，参加的人数特别多。我们于2006年去北京飞地艺术坊拜访他，参观他的办学基地。他热情接待，还像儿时的连春哥一般，热情不减。一个名人，这种热情的保持，难能可贵，也是他有情有义的体现。我们探讨过有关他回家乡鸭池河村打造一个画家村的话题，并进行尝试，遗憾的是没有成功。

与学术较真，与权力较劲。从他第一次向中央美术学院递交辞职信，辞去版画系副主任一职；到2015年执掌中央美术学院版画系，于2021年9月18日第二封辞职信公开发出，见证他身上具有鸭池河奔流到海不复回的河流本性，具有不撞南墙不回头，撞了南墙穿条路的"鼓"的性格。这个"鼓"，是古代文人清高的特征，是现代文人的自信，更是不愿忍气吞声的表现。

让人欣慰的是，兼具教育家与艺术家身份的王华祥，在两次公开辞职的背后，还有四次请辞系主任的故事。

"在我做版画系掌门人的六年中，创造了几个第一：第一个被逼着当系主任的人；第一个四次请辞系主任的人；第一个召开全球系主任论坛的人；第一个发起组织全球最大、国家最多、历史最先、级别最高的'国际学院版画联盟'平台的人；第一个被国际版画同行推举为联盟主席并连任的人；第一个把中国版画带到欧洲顶级博物馆展览的人；第一个组织、策划和领导国际学院版画双年展的人；第一个把国际和国内最好的美术院校变成兄弟院校的人；第一个说服博物馆和企业整体收藏和赞助版画大展的人；第一个把版画系变成中央美院学生首选专业的人；第一个提议和组织讨论数码版画等成为版画家族成员的人；第一个策划组织国际版画网络大展和同步国际研讨会的人；第一个策划组织国际数码版画大展及研讨会的人。"

看到王华祥中国中央美术学院造型学院副院长、教授、博士生导师，国际学院版画联盟（IAPA）主席，国际版画研究院（IPI）院长，中国美术家协会版画艺委会副主任，意大利罗马美术学院客座教授，比利时欧洲版画大师展评委，阿根廷ACE当代艺术基金会国际名誉顾问委员会委员等头衔，我想起家乡清镇市新店镇的方言读音，王华祥就读作王华强。无愧于版画强者，王者归来。

南京金陵美术馆馆长刘春杰评价王华祥，"他有三条命，即版画家、素描家、油画家。其实那是他谦虚而且低调的说法，以他的心性与能力，他至少还隐藏了至少两条命，即艺术的传道者、艺术王国中的王者"。于我而言，他就是一个理论与实践齐头并进的、货真价实的艺术家、教育家、实干家，就是一个"怪才"。他的奇思妙想、奇思怪想、异想天开频频产生，硕果累累。你看，友人为他好，说他乱讲错了。他一争辩，居然产生了艺术理论《将错就错》。别人研究传统的、西方的等"正向"的，他却研究"反向教学系统"。他的奇谈怪论，更是让人担忧。他能针对画坛温柔绚丽之风，大声暴喝：艺术是有血性的人干的，是动刀动枪，不是绣花。缺了脊梁骨和丢了理想的人怎么能搞艺术呢？他于2006年出版文集《乱讲集》。

江山易改，禀性难移。按理说，王华祥是接近退休、名气满满、站在中国艺术金字塔顶的人了，不为追名，不求逐利，为一个可有可无的虚衔，本是一杯清茶、一盅淡酒就能"摆平"的事，偏偏花这么多时间去写这么多辞职信。大家明白，是他"鼓"的性格改变不了。或许，就是他在职生涯的最后一封辞职信，又会给新时代学院制教育选拔任用人才带来新的破题的曙光。

历经坎坷不虚度，事业有成待返乡。我真诚期盼，王华祥先生在家乡留下传世作品，促进家乡艺术发展，多出人才、多出精品，勇担重担、一往无前，在新时代谱写清镇艺术的辉煌篇章。

（本文参阅刘春杰《王者归来——我所认识的王华祥先生》一文）

光辉岁月

化龙 "红旗渠"

周光俊

1971 年，纪实电影《红旗渠》在全国播出，红遍了神州大地。那时，农村看电影，是沾了工厂的光。每到星期六，累了一天的人们，听到 160 厂晚上要放露天电影，两碗饭下肚后，就急忙赶到 160 厂生活区的放映点。

当然，《红旗渠》不止看过一次，每看一次，都被河南省林县（今林州市）人民的精神所激励、所鼓舞。

然而 20 世纪 70 年代，新店镇原化龙公社①为了解决群众的用电问题，依靠集体力量也建造了一条水渠，这条"化龙渠"可与"红旗渠"媲美。

渴 望

化龙公社人民修建的"化龙渠"和当年河南林县人民修建的"红旗渠"有相同之处，都是在党的领导下，群众团结奋战，与天斗，与地斗，自力更生搞建设，实现自己的理想，达到改变生活的目的。

"红旗渠"解决的是用水，"化龙渠"解决的是用电。

当村民组长熊堂贵带我们到达当年"化龙渠"修建的参与者、见证者兰发林家时，屋子里已经坐了四五个老年人。见到我们的到来，他们的心情非常激动，已经沉睡了多年的故事，如同快要熄灭的炭火，一经拨弄，又燃烧起来。

兰发林老人精神矍铄，记忆力好，且很健谈。他面前摆了一张方桌，上面堆了很多原始资料。那些发黄的资料发出一股霉味，显示出它曾经的资历和现实的价值。

---

① 公社为区（现乡镇级）和大队（现村级）之间的一个管理层。

化龙是山区，鸭池河就在他们脚下。但峡谷中的河水似乎与他们无缘，人们站在高高的山顶，望着滔滔河水奔流向前，只能"望水兴叹"。

那是一个春天的早晨，一个炸雷在乌云中炸响，接着就是倾盆大雨，化龙人抓紧时间在田地中犁田打耙。

望天吃饭，这种日子成了常态。他们渴望鸭池河的水，有一天能流到山上来。化龙人梦想，有一天能吃上大白米饭。

墙壁上从燃着的松明子，演变成桐油灯亮壶。老奶奶戴着老花眼镜，在昏暗的桐油灯下挑着衣服的袖口。

厢房中，待嫁的姑娘在煤油灯下绣着围腰。等天亮了，还要参加集体劳动，待她到镜子边一照，整个鼻孔都是黑色的油烟。

小学生做作业，要用灯，妈妈做晚饭，也要用灯，有时母女俩为争那一线光明而闹得不愉快——化龙人多么渴望有电！

这些生活的困境，坚定了化龙人修渠引水的意志。

挫 折

20世纪六七十年代，中国大地正在掀起学习《为人民服务》《纪念白求恩》《愚公移山》老三篇活动。愚公移开大山的精神，鼓励着人民战天斗地的勇气和斗志。

1971年末，化龙公社召开第四季度生产会。会后，公社组织大家看电影《红旗渠》。

《红旗渠》电影的放映，让化龙人受到了启发，同样在艰苦的环境，林县人民削平1250座山头，修建了151座渡槽，开凿了211个隧洞，修建各种建筑物12408座，挖、砌土石达到2225万方，修建了长达70.6公里的总干渠，还有若干条支渠分布到整个林县。这项于1960年2月动工，至1969年7月全面完工的"人工天河"，无疑让化龙人民受到极大的鼓舞。

在回家的路上，中坝、学田、河关、大营4个大队的干部边走边谈感想，最后竟自发问："老百姓需要照明啊，我们为什么不学人家林县改天换地？"

正是那场电影，点燃了化龙人的激情，他们像林县人民一样，在艰难的条件下开始奋起，开始了一场与大自然的战斗。

于是，4个大队联合写的第一份修渠引水的申请送到了化龙当地政府，当地政府为此精神所感动，很快批准了这份申请。

经过反复论证、慎重选址，他们在鸭甸河的红岩脚下举行了简单的动工仪式后，修渠引水工程就开始了。

那时，是各生产队以记工分的形式投入劳动，人人发挥集体主义精神，争相到劳动工地干活。他们在悬崖上打了几百个炮眼，装了两吨多炸药，可惜都成了瞎炮。人工、材料不但白白浪费，几个大队的家底也受到了很大的损失。有些人打退堂鼓，说一帮农民一无技术、二无资金修电站，是癞蛤蟆想吃天鹅肉！

正当大家垂头丧气的时候，上级领导来到现场，对大家说："大家不要灰心，为了全公社的人民能用上电，要搞，我们齐心协力搞一个大的！"

再　战

"搞一个大的！"在当时一穷二白的化龙公社，要多大的底气啊！方向确定之后，干部就是决定因素。当年，毛泽东主席的号召，给了人们无穷的智慧和力量。

公社成立化龙乡罗圈岩电站（后称化龙水电站、鸭甸河电站）指挥部，沈林兴任指挥长，赵清臣任副指挥长，成员由各大队支部书记组成。当时，化龙公社有12个大队，每个大队为一个民兵连，支部书记为指导员，大队长兼任连长。

公社领导请来水电局的工程师反复测量、计算，重新选址，不但要考虑节约原材料，少淹良田沃土，还要考虑受益群众的多少、受益田土的宽窄。几经权衡，最终选择在田坝大队的罗圈岩生产队。

在生产队召开的动员会上，社员们纷纷表态说："为了用上电，哪怕淹了自家房屋也值得，几间权权房，重新修建，充其量几个坛坛罐罐不要。"据兰发林回忆，当时生产队队长还带领全体社员在毛主席像前宣过誓，也正是大家齐心协力，在后来的修渠过程中，罗圈岩生产队从始至终没有人找过公社的麻烦。

虽然过去了多年，可一些老人回忆起当年的情景，都由衷地说，当年的公社书记、管委会主任带头为民干了这件好事、实事，大家都能把他们铭记心里。熊堂贵说："想忘都忘不掉！"

是呀，在那个战天斗地、争做贡献的火红年代，有多少人舍小家顾大家吃住在工地，家里的妻子主动扛起生活的重担，挑起敬老育幼的责任。在工地的丈夫，十天半个月才回家看一眼父母、妻子儿女，走时也要把水缸挑满。妻子说："工地的活辛苦，这水用不着你挑，只要你能拿一张奖状回来就行。"副指挥长赵清臣家离化龙乡较远，吃住都在工地。一次，他的孩子生了病，妻子请人打电话到化龙公社，信三天才带到。赵清臣说："都三天了，我家离公社卫生所近，没事。"硬是没有回去。

工程浩大，异常艰苦。要在如刀削的悬崖上打炮眼，难度相当大，得用大绳拴住腰，下到半岩中打炮眼，一人掌钢钎，一人抡动大锤击打，晃动大，瞄不准，经常误打在掌钢钎人的手背上。脚下是碧绿的河水，稍有不慎，就有坠河的危险。为了防备失手丢落工具，还要用一根细绳拴住大锤把，另一头拴在腰间。来回晃动，操作人员真是太吃力了。当年参加过工程的人都深有体会，但脸上却露出一种自豪感："那时人年轻，我们有干劲！"

当第一排炮眼点燃，传来山崩地裂一声巨响，上千方石块掉入河中时，人们禁不住热泪盈眶、欢呼雀跃。

牺　牲

"说起粑粑，得要面揉！"这句话，道出了当年修渠的艰辛。

平时上工人数四五百人，大坝合龙前夕，要搞大会战、大突击，最少需要700多人，最多的时候突破了1000人。

这些数据，让我们能想象当年大坝上热火朝天的场景。红旗猎猎，喇叭声声；人来人往，肩挑背扛；你追我赶抢时间、抢进度，大家挥汗如雨。大坝即将合龙时，人们的目光中满含着必胜的信心。那时，社员都是无私无畏的向阳花。

解决吃饭问题是第一件大事，成百上千人在工地劳动，可忙坏了食堂的人。

炊事员只有五人，蒙起芬当司务长，碾米、磨玉米面、买菜样样在行。路途不通，需人背马驮，大事小事面面俱到。一到开饭时，人潮涌来，排山倒海。吃了饭，人潮退去后，炊事员们才吃饭，有多余就吃，没多余的就吃点剩菜残汤，接着又忙下一顿伙食。

许多上工地的人，一干就是五六年，有些上工人来时是个年轻小伙子，完工时已是壮汉子了。他们把青春奉献在电站大坝，无怨无悔。有的人在工地上牺牲了，父母说，要建设，哪能不死人。蜂子岩村的何少林为救落水上工人张幺妹，不幸牺牲。他所在的生产队将其遗体运回村里后，准备为他开个追悼会，同时水库指挥部要给他家里一些安葬费用，他的父母无论如何都不要。

为了巩固集体经济，几个大队都有煤井在鸭甸河边。为了支持修电站，有煤厂的几个大队把集体煤厂的收入支持给电站。他们说："锅里没有，碗里也不会有。

支持修电站，是我们义不容辞的责任。"

杨正益是化龙公社任命的总厂长。杨厂长去清镇物资公司采购雷管、炸药、钢钎、水泥等物资时，到鸭甸河运煤的师傅听说后，都不要运费，帮忙给运了回来。那时，运煤的车辆多，这样一来，义务运材料的车辆就多了。

在修建罗圈岩电站前后，牺牲的有何兴武、黄堂贵等8人。黄堂贵牺牲时是最年轻的，才20来岁。

奉　献

化龙电站从1973年动工修建，历时6年多，到1981年完工正式投产，可谓历尽了艰辛。

俗话说，好事多磨。据兰发林介绍，当初设计800米隧道，可到红岩脚发电。谁知打了500来米的穿洞后，还差300米无资金接续，才另外选址，在狗吊岩建成发电站。建成的大坝高4.4米，坝基宽9米，上面宽4米，总长430米，总计工时856515.5个，装机容量1250个千瓦/小时。

从当时4个村联合修建，解决5000人照明，到整个化龙公社12个大队全部动员，自力更生建成。受益面积大大超出当时的设想。

据在电厂工作的谢太军介绍，电厂建成后，于1981年正式投产，首先解决化龙、鸭池、王庄、新店、韩家坝5个公社的供电问题，一年后，覆盖整个新店区。接着织金的猫场、中寨，黔西大关区（除化屋村外），全部都使用化龙电厂的电源。多年来，电价一直保持在每度0.22元，解决就业人员48人。

长期以来，化龙人喜欢称他们用自力更生、艰苦奋斗精神建成的化龙水渠为"红旗渠"，因为他们崇尚林县人民在党的领导下，锻造出来的"红旗渠精神"。1994年，东风电站大坝蓄水，新店镇原化龙公社当年的宏伟工程"红旗渠"被淹水下，成了水下博物馆。虽然化龙渠常年深藏水底，但它曾经照亮的村寨，不会忘记它，修建电站的精神旗帜，也永不褪色，并让人们永远铭记。

作者简介

　　周光俊，清镇市卫城镇人，1950年4月出生，中共党员。曾在暗流乡、卫城镇工作，已退休。现为贵州省纪实文学学会会员、清镇市作协会员、清镇市红色文化研究会副会长兼秘书长。

记贵州省劳模马安荣

王安平

马安荣一生最引以为傲的事，不是工作顺利、儿孙满堂，而是去了一趟北京，还同毛主席握了一次手。当时全国到北京的人很多，和马安荣一同进京的4个贵州人中，进了怀仁堂并被毛泽东主席亲自接见且握手的，他是唯一一个。一时间，关于马安荣的新闻成了街头巷尾人们议论的话题，马安荣也成为清镇人民的骄傲。

这次北京之行，在他一生中充满了荣耀，那份喜悦、那份幸福从来不曾在他脑海里减退，但当"生命之旅"即将结束的时候，他的脸上竟露出一丝遗憾，皆因一句未曾当面向毛主席说出的话。

是句什么话，让马安荣至死遗憾？

1953年秋，马安荣作为贵州省劳模代表，幸运地到了北京，与全国受邀的劳模代表一起接受毛主席接见。当毛主席迈着稳健的脚步，来到了他的面前时，他的心激动得"扑通、扑通"直跳。他傻傻地看着毛主席，激动的心情令他手足无措。他突然想起要跟毛主席说句话，因为这句话是他想了几个晚上的话。可是嘴角刚要动，毛主席的大手就伸了过来，紧紧握住他满是老茧的手。刹那间，激动的泪水模糊了他的双眼，他浑身的血液好像不是在血管里流动，而是漂浮在大海里。他静静地注视着毛主席，望着那伟岸的身影，那句一直藏在心中的话没能说出来，直到1976年9月9日，毛主席逝世那天，马安荣终于说出了藏在心中的那句话：毛主席，您真伟大！

从北京回到故乡，马安荣一心扑在生产上，浑身有使不完的劲。在他的心里，只有拼命作出成绩，才对得起毛主席、对得起党和人民。责任、使命、担当已然成了他鞠躬尽瘁一生的目标。

马安荣祖籍四川叙永。那时的叙永，兵荒马乱、盗匪成灾，加上人多地少，生活艰难，马安荣祖上听说贵州的苞谷秆都能挑水吃，几经思量，在一个月明星稀的夜晚，背上空空的行囊，拖家带口来到贵州省清镇市新店镇的老鹰山村。那时，马安荣的爷爷还是一个垂髫少年。

当时的老鹰山是一块荒凉之地，灌木森森，野兽遍地，杂草丛生，令人惊悚，但有一条绿色的鸭池河蜿蜒流过，河水撞击岩石的声响，叩动了祖上那颗疲惫的心，使他们看到了生活的希望。祖上瞬间豁然开窍，认定老鹰山就是他们马家的栖身之所，于是在老鹰山开疆拓土、"安营扎寨"。多年以后，马安荣当上了新店区副区长（相当于现新店镇副镇长）。他爬上老鹰山顶，举目鸟瞰当年祖上曾经创业的地方，但见重峦叠嶂、草木森森；几条老牛穿梭于草中，若隐若现；放牧的孩童，光着脊背，仰卧青绿中。鸭池河像一条绿色的丝带逶迤而去，茵茵绿水，养育着两岸的子民。

他收回眼光，又见眼前麦浪翻腾，菜花灿灿，馨香沁人心脾。劳作的人们，躬耕土垄，满脸都是笑容。不远处有人亮着嗓子唱道："鸭池河水清又清，穷苦百姓翻了身；社员本是向阳花，党是我们大救星。"

老鹰山没有田，主要农作物是苞谷、油菜和麦子，要想吃饱饭，需要付出更多的辛苦。但老鹰山是一个很好的生存环境，地广人稀，到处可以开荒种地；老鹰山人热情、厚道、善良，团结互助、携手共进。马家几代人坚持下来，果然吃穿不愁，人丁兴旺。

马老爹拉得一手好二胡，每有空闲，就操起二胡来一曲《汉宫秋月》，或是《二泉映月》，如泣如诉的旋律散落在老鹰山的夜色里，就像远处飘来的天籁之音。劳作一天的山村人，也会凑过来享受一番二胡带来的愉悦，排遣单调生活带来的烦恼和苦闷。马老爹的二胡，几乎成了老鹰山人释放郁闷的催化剂，所以，马老爹在乡亲们的眼中，是个可爱的人。

马老爹大字不识，记性却天生的好，他能一字不落地背诵《三字经》。马安荣小时调皮，对读书尤其不感兴趣，马老爹就教他背《三字经》，也算是他的启蒙"老师"。在父亲的严格管教下，马安荣能识文断字，这对他后来走上重要工作岗位起着极其重要的作用。也正因为他有了文化，眼界比别人开阔、观念比别人新，解放初实行互助组时，马安荣当上了老鹰山团坡第一个互助组组长，成为建设社会主义的骨干。

刚解放那会儿，吃饱饭是个大问题，为了解决温饱，提高粮食产量，1952年春天，马安荣互助组带头采用大窝苞谷栽种法，搞起了丰产实验。这种大窝实验，一窝栽十多棵苞谷，肥料充裕，管护良好，单产量大幅度提高。秋收时，农技人员进行验收，果然翻倍增产。马安荣约2亩的试验地收苞谷2500多公斤，按每百斤折合干粮 70 斤计算，应收干粮 3500 斤，平均亩产 1750 斤，这样的收成在当时成了奇迹。马安荣也因此成了鸭池河的名人，他的事迹被广为宣传，被称为马安荣试验地，其种植经验也在新店区乃至于清镇县得到推广。之后，马安荣作为贵州省农业劳模进京参加了全国劳模大会，受到了毛主席的接见。

马安荣珍爱这个荣誉，回到家乡后，更为严格地要求自己，即便当了公社书记、区长，他也从没把自己视为领导干部。

古有大禹治水三过家门而不入，如今马安荣乐于助人，舍小家、为大家的事迹也被人们广为传颂。有一年春耕，土地已经承包到户，家里大片土地需要栽种，可他一出门，半个月不见人影，家人还以为他出差开会去了，原来，他是帮助缺乏劳动力的几家"五保户"抢收抢种去了，直让一家人哭笑不得。

马安荣在新店威信高，村民们视他为兄弟，那是他用心换来的。新店人形容好喜欢说"爽"，马安荣在新店工作一辈子，村民们对他的评价就是一个字——爽。

马安荣受党教育多年，思想认识逐渐提高，封建社会那一套他弃之如敝屣。他教育孩子的理念是要自强不息，靠父母庇护的孩子没多大出息，这就是他的理念。他常对子女说，你们不要认为我当区长有权有势，我就是个跑腿的，所以你们也不要指望我能给你们带来什么好处。要想强大就得自己努力，要想过好日子就得自己争取。

马安荣一生有 8 个儿女，各个身体强健，除老大马康按照国家政策顶替自己安排工作外，其他的全凭自己拼闯。如今这些子女生活得都很好，日子过得有滋有味。老五马立新当起了个体老板，他对工人关怀备至，同样有着父亲一样的情怀。他说："我们姊妹虽然没有享到父亲什么福，但我们因为父亲而自豪。他没有给我们财富，但给我们追求财富的动力；他没有给我们留下多少遗产，却给我们指明了生活的方向。"

马立新说起父亲更多的是一种骄傲，他喜形于色地说："我家姊妹多，可父亲就是一家人的顶梁柱。他宽厚的肩膀挑起的是生活的重担，他虽然因为工作很少管家，可我们都知道，他的心里时时牵挂着这个家。这辈子，他没有穿过一件光鲜的衣服，但他背上的草帽，脚上的草鞋，永远都是我们做人的榜样。"

马立新说，父亲为了工作经常不能回家，有时一个月也难见到他的影子。

马安荣参加工作以来，先后担任鸭池河公社党委书记，新店公社党委书记、副书记，后来担任新店区委副书记、副区长。说起来也是个老资格的干部，完全可以改变子女的生活方式，但他一直保持无私奉献的"老土改"精神，从不做半点以权谋私的事。这，就是一个被毛主席接见过的人所有的革命本色。

光辉岁月

鸭池河是一条古老的河，当年红军强渡鸭池河，留下了可歌可泣的感人故事，也为马安荣的成长注入了动力。如今，马安荣已去世多年，但他的故事不会因此而中断。

鸭池河长年奔流不息，宛如一曲催人奋进的歌谣，马安荣便是这首歌谣中的一个响亮音符。

作者简介

王安平，贵州省作家协会会员、贵州省纪实文学学会理事。先后在《解放军文艺》《神剑》《萌芽》《朔方》《北方文学》《星星》《散文诗》《贵州日报》《重庆政协报》《劳动时报》《夜郎文学》等军地报刊发表小说、散文、报告文学、散文诗等文学作品约 50 万字。公开出版发行长篇小说《风流贵子街》《何必当初》《宋思一将军的跌宕人生》《凌霄》等。小说《离休之前》获全军文学征文三等奖，《一个道班五条汉》获贵州省职工文学征文报告文学三等奖。散文诗、现代诗多章（首）获全国征文二等奖、三等奖。

清华骄子　魂系乌江

周　丽　（整理）

1965 年夏天，26 岁的俞崇尚从清华大学土木工程系毕业，以优异的成绩考上了该校的研究生，但是他却放弃了留在北京，或者回宁波老家的机会，在这年的 7 月，来到了偏远的贵州省乌江河畔。

做出这个决定，一是因为他曾看过一部《突破乌江》的电影，乌江天险和红军的光辉形象早已镌刻在了他的心中；二是听说国家正在进行乌江开发的前期准备工作，急需专业人才，俞崇尚便做出了奔赴贵州的决定。

全长 1000 多公里的乌江，古称"沿江"或"黔江"，是贵州省境内的第一大河，也是长江上游南岸最大的支流。乌江在贵州省内的干流，长度为 800 公里，蕴藏着巨大的水能资源，同时贵州是典型的喀斯特地形岩溶充分发育地区，乌江两岸甚至乌江河底密布着溶洞、暗河、裂隙。俞崇尚来到贵州的时候，由长江流域规划办公室主持的乌江勘探规划工作已经进行了十多年，开发工作却没有启动。从技术上讲，当时在乌江建设高坝大库还是一个世界级难题，外国水电专家一直否定这项开发技术。他们的结论是，在石灰岩地区不适宜修高坝，即使这个坝修好，它的抗滑、稳定问题也难以解决。

乌江开发暂时放下了，但是贵州各项事业的建设不能停滞，于是贵州省避开乌江，瞄准了乌江上游的支流——猫跳河。全长只有 181 公里的猫跳河不仅落差比较大，蕴藏着巨大的水利资源，而且与乌江干流属于同一个岩溶地区，在这里进行水电开发，可以为将来在乌江修建大中型电站探索道路。

这时，猫跳河梯级开发已经建设完成了一级红枫湖电站，改造完成的三级修文电站、二级百花湖电站即将完成投产。猫冲是猫跳河四级窄巷口电站建设大军的驻扎地，在这里，俞崇尚认识了他后来的爱人——孟繁华。

孟繁华的父母是山东人，抗日战争时期逃难到了重庆，孟繁华从小在重庆念书，重庆大学一毕业就被分配到了贵州，比俞崇尚晚到一个月。

孟繁华来到猫冲的那天，正好赶上四级窄巷口电站宣布开工的时候。那时，猫冲一带荒无人烟，只有几年前地质勘探队留下的几排草棚，几万名建设者和那个年代所有来到三线的人们一样，他们的第一个任务就是搭建住房，解决食宿问题。

猫跳河窄巷口河段两岸群峰对峙、峭壁嵯峨。传说在它的高山深谷中，曾有一座岩溶形成的天生桥，桥拱经水流长期侵蚀而崩塌，岩溶巨石堆积河中形成了天然的跳磴，当地老百姓称为大猫的老虎、豹子可以从跳磴上蹦跳过河，猫跳河的名称由此而来。人们形容窄巷口峡谷"抬头丢掉帽，只见一线天"，这里是理想的水坝坝址，但却无处安放施工队伍。于是，在峡谷上方的猫冲，一排排油毛毡房从山腰蔓延到山顶，贵州水电工程局的总部搬到了这里，一万多人的建设大军涌进这一片荒山野岭。

大坝主体工程还没有动工，在当时知识分子下基层劳动锻炼的背景下，新来的大学生被分成小组进行挖隧道、修公路等辅助工程的施工，每天要步行半个小时下到河谷的工地去参加体力劳动。俞崇尚性格安静，不善言谈，但是在孟繁华的眼里，这个喜欢读书又写得一手好文章的清华大学高才生格外出众，并渐渐撩动了她的芳心。

受地理条件的限制，在最初的猫跳河四级水电站工地上，机械设备基本上没有用武之地，建设者们全靠双手凭借浑身力气进行繁重的体力劳动。经过两年多时间的接触和了解，就像那时流行的许多爱情故事一样，孟繁华和俞崇尚在集体劳动中走到了一起，1967年，他们组成了一个幸福的家庭。

1966年底，猫跳河二级百花湖电站历经6年多的建设，两台机组相继投产发电。之后，毕业于发电厂电力网专业的孟繁华接到调令，去到20多公里外的百花湖电站从事机电安装工作。

猫跳河两岸山势险恶、沟壑纵横。在那个年代，连条像样的公路都没有，二三十公里对于他们来说真可谓山高路远，再加上工作任务繁重，这对新婚夫妻要两三个月才能见上一面。一年多后，四级电站开始机电安装，孟繁华才回到猫冲，两个孩子也接连在猫冲出生。

1968年，乌江渡水电站作为三线建设的战备工程之一重新开工，沉寂了10年的乌江渡，又热闹了起来。

1977年，伴随乌江开发的脚步，俞崇尚夫妇从猫跳河来到了乌江渡。乌江渡水电站位于贵州省遵义县境内，自古号称乌江天险，是连接四川贵州两省的交通要冲。

乌江渡地质状况复杂，两岸陡峭险峻，先期到达的施工单位，把河谷中仅有的平地都占了，俞崇尚他们到来时，连一块完整的营地都找不到，他们只好在当地租借一些民房，很多职工都住在老乡家里。

1958 年，在乌江渡电站前期论证时，从苏联、捷克先后来了许多水电专家，都说在岩溶地区建设电站世界上没有先例，并预言，即使大坝建成也蓄不了水，不过是一座白天装太阳晚上装月亮的空中楼阁。

1983 年，凭着努力为国家作出贡献的决心和科学技术攻关精神，乌江渡水电站 3 台机组终于建成，实现了全部并网发电。它打破了国外专家不能在岩溶地区修建电站的论断，为喀斯特地区建设高坝电站积累了经验，也推动了乌江干流上其他水电站的规划立项。1984 年，乌江上的第二座大型水电站东风水电站正式动工，由俞崇尚所在的水电九局负责施工建设。东风水电站坐落于清镇鸭池河畔，与黔西县交界，距省会贵阳 88 公里。1987 年，俞崇尚担任水电九局局长，其爱人孟繁华则随九局机关一起搬迁到了贵阳。

按计划东风电站应该在 1988 年枯水期截流，可是开工的头三年因为投资不足影响了一年的工期。1988 年下半年，俞崇尚得知国家水利部门正在考虑东风电站是保还是砍，关键就看当年是否截流成功。

作为一个水电工作者，俞崇尚不忍心看到已经花掉巨大投资的工程付诸东流，作为一局之长他不能不考虑，如果东风电站下马，万名职工的饭碗去哪里寻找。此外，贵州电力紧缺的现状制约着经济的发展，省委、省政府对东风电站寄予了极大的希望。种种因素迫使乌江电站作出提前实现截流的决策，按照投资进度计算，截流时间要整整提前一年。

在东风电站建设的紧要关头，时任贵州省委书记的胡锦涛来到工地，视察了解工程进展情况。胡锦涛和俞崇尚在清华大学同学 6 年，水电专业出身的胡锦涛一直关注着乌江水电的开发建设。1988 年底东风水电站即将进入开建的第五个年头，也到了大江截流的关键时期，各项工程都在加班加点地开展着。一天，刚刚从北京参加完水电部工作会议的俞崇尚回了一趟贵阳的家。他的爱人孟繁华回忆说，他下午四五点钟回来，在家里拿了几件衣服就走了。问他多久再回来，他说要截流了，很忙，必须到截流完成后才回来。哪知道，这竟是俞崇尚留给孟繁华的最后一句话。

1989 年 1 月 23 日，正是一年之中最冷的时候，俞崇尚像往常一样在东风电站的工地第一线忙了一整天，第二天就要进行纵向围堰爆破，虽然已经拟定了 9 条措施，但俞崇尚依然不放心。晚上 8 点多钟，他再次来到导流洞进水口施工现场，站在一个围堰上，亲自指挥现场施工。这时，身后的一个挖掘机在挖起泥土旋转的时候，后面一个配重瞬间把他打翻到围堰下，围堰下面全部是钢筋，俞崇尚的头先落地，伤重牺牲。

噩耗传来，他的爱人孟繁华伤心至极。一个知情者说，那几天江水就要截流，他太忙了，太辛苦了，几天几夜都没睡觉。当天下午开生产会，他还嘱咐大家，大江截流要注意安全，可他自己却偏偏……他牺牲的那一天，还差一个月才满50岁。

俞崇尚牺牲7天后，大江截流成功。5年以后，一座抛物线双曲拱坝建成，坝底宽度125米，坝高173米，是亚太地区最薄的高拱坝之一。东风水电站也和乌江渡电站一起成为乌江的母体电站，为乌江后续的全流域开发提供了成功的经验。

20世纪90年代后期，国家启动了西电东送工程，乌江水电进入了全面开发的新阶段，第一批西电东送水电项目包括洪家渡、引子渡和索风营水电站。2000年以后，包括构皮滩、思林和沙陀水电站在内的乌江第二批西电东送水电项目陆续启动，加上重庆市在建的彭水水电站，乌江干流上一共建起十级大坝。2009年7月31日，开工仅5年的构皮滩水电站首台机组投产发电，到2012年，随着这座喀斯特地区世界第一高双曲拱坝的全部建成，乌江的全流域梯级开发宣告结束。俞崇尚和乌江建设者们开发乌江、造福两岸百姓的理想得到实现。但是俞崇尚曾经给妻子许下"退休后，我会好好陪陪你"的诺言却永远也无法实现了。

俞崇尚牺牲的那一年，正是他和孟繁华结婚的第21个年头。结婚21年，他和家人相聚的时间还不到5年。1989年9月2日，贵州省人民政府追认俞崇尚为革命烈士。

在俞崇尚的同学中，不乏学术大师、兴业良才甚至治国精英，但作为烈士，只有他一人！

[根据央视栏目《见证·影像志》（2009年第307期）整理]

清毕公路的开路先锋

苟朝忠 吴道兴

贵州省内连接黔中地区与黔西北地区的交通，从道路建设的等级来看，自古以来应该经历了羊肠小路、古驿道、清（镇）毕（节）公路、贵（阳）毕（节）公路、厦（福建厦门）蓉（四川成都）高速、贵（阳）黔（西）高速等发展历程。道路等级的发展变化，演绎着社会发展的时代变迁。无论是何种等级的道路修筑，都有一批彪炳史册的建设者，或有若干默默无闻的筑路人，他们都为道路的建成付出了滚烫的心血和艰辛的劳动。本文旨在追记从 20 世纪 20 年代末期到 30 年代中期，参与勘测设计并指导修筑清毕公路，老家是清镇县鸭池河畔韦家寨的韦氏族人——韦朝滨。

毕节市政府微信公众号"毕节发布"2017 年 12 月 7 日发布的贵州公路修筑史信息，对清毕公路的建设与发展史作了较为详细的记述："1928 年，破土动工兴建的清（镇）毕（节）公路，是毕节境内的第一条国道。清（镇）毕（节）公路，起于黔滇公路上的清镇县城，经站街、卫城、新店，跨鸭池河进入毕节地区境内；继而起伏前进，过大关、黔西、林泉、鸡场、大方，至此路分为二：一路向右行，为老路，沿老鹰岩、响水方向行进，至石母猪，与新路接，1989 年全省公路调整后降为乡道，称大（方）响（水）石（母猪）公路；一路向左行，为新路，出大方城，跨落脚河，趋双山而至石母猪，与老路复合。老路、新路复合后的清毕公路抵达毕节，交会于川滇东路，全程 209 公里，是当时毕节地区与省会贵阳的主要交通线，具有重要的政治和经济意义。清毕公路属毕节境即鸭池河至毕节段长为 147.4 公里，沿途土地肥沃，物产丰富；路线终点之毕节城，为黔西北重镇，当川滇东路之要冲，向西可出云南，向北可进四川，扼据险要，曾是川盐入黔的重要集散地。

"清毕公路的建造历程极为曲折。1928 年，贵州省路政局着手筹建清毕公路。2 月 10 日，以沈世昌主持勘测，按干道支线标准设计，路基宽 3 丈 6 尺（12 米），碎石路面，厚 9 寸（30 厘米），两侧以片石铺砌。路线基本选用原古驿道走向，其中鸭池河两岸、西溪至乌溪、大定阁鸦至归化三大段，因驿路过于崎岖，或地质不良，难以利用，另选新线。1928 年 7 月勘测完毕，9 月复勘，破土兴建。以行政区划为界，划分清镇、黔西、大定、毕节四段施工。特工（石方、桥涵、挡墙）由省拨款发包办理。其中，拨给黔西 8000 元（银圆），大定 1.5 万元（银圆），毕节 2000 元（银圆）；土方则由各县征工义务修建。清镇县因辖境路段较长，工程偏大，同时承担修筑贵安路、平远哨机场工程，任务繁重，力有不逮，难以统筹兼顾，省府遂命织金、广顺（今属长顺）两县分别助修镇西卫（今清镇市卫城镇）至盐井、清镇至土桥两段。1929 年，周西城与李晓炎的战事爆发，周氏战殁，贵州政局遽变，遂停工。1930 年，毕、大、黔三县政府顺应各界人士之请求，在省筑路经费奇缺的情况下，又向绅商富户募捐筹款，征集民工续建。其中，大方自筹 1.5 万元（银圆），但因财源有限，工程仍然时建时停；清镇县路段更因织金、广顺两县民工远道跋涉，食宿困难，替换频繁，工程进展极为缓慢。直至 1934 年 3 月 25 日，省公路局于清镇召集织金、广顺、清镇三县县长暨民众代表共商，决议工程经费由织金、广顺两县分摊承担。其中，织金承担 1.5 万元（银圆），而工程统归清镇征工办理。省公路局还对黔西、大定两县工程也加紧督导，至是进展稍快，1934 年 12 月全线竣工。"

"毕节发布"平台还记述："解放后，清毕公路毕节地区境内路段进行过多次大量整修。1950 年至 1953 年，先后采取以工代赈的方式，组织群众整修路面边沟涵洞工程，投放大米 64 万多斤，用工 21.3 万工日。1957 年夏，动工兴建鸭池河钢桁吊桥，次年建成，7 月 1 日通车，投资 30 万元（当时价，下同）；1958 年 5 月着手改建线路，长约 28 公里，10 月结束，三县共动员民工 3500 人，投资 31 万元；1966 年至 1979 年间，先后修建响水桥和流仓桥，各投资 20 万元。此前，养护中也不断进行裁湾、拓宽、降坡和局部改线工程。1990 年，清毕公路核定划入国道广州—成都 321 线。"

原设立于贵阳市云岩区喷水池处的周西成铜像（已毁）四周台基座上，刻写分工负责贵州四条主要公路指挥者的姓名及其主要政绩，其中一面就刻有韦朝滨勘测设计与指挥修筑清毕公路的简要政绩。

据《韦氏族谱》记载，韦朝滨 1903 年生于清镇县鸭池河畔镇五甲韦家寨，是韦大恩之四子，幼名小舟，人称四爷。韦朝滨自幼聪明好学，是全家重点培养的对象。1910 年在清镇县化龙乡（现新店镇化龙村，下同）老班寨启蒙读私塾期间，韦家寨到老班寨之间 10 余里，都是崎岖不平的山路，韦朝滨为了完成学业，他每天早出晚归往来于两地之间。1913—1917 年，在清镇县城凤梧书院读书，仍然步行 100 多里小路到清镇县城读书。凤梧书院毕业，1917 年以优秀的学习成绩被推荐选拔到无产阶级革命家王若飞同志舅父黄齐生先生创办的贵阳达德中学读书。也是从鸭池河畔韦家寨徒步 100 多里到省城贵阳读书。1922 年，云南军阀唐继尧保送刘显世再次入黔主政，袁祖铭（曾任贵州省省长）被迫退回四川扩军，韦朝滨时逢中学毕业，回家结婚后，便随袁祖铭去四川。到四川后，得到袁祖铭的支持，考进四川大学河川系读书。当时的生活条件比较艰苦，韦朝滨远离亲人在四川求学，常常没有饭吃，他克服一切困难完成学业。袁祖铭在四川扩军成势以后，北洋政府任命其为川黔北伐军前敌总司令。袁祖铭又赶走滇军，逼迫刘显世退位，任命彭汉章为贵州省省长，1926 年 4 月改任周西成为贵州省省长。

韦朝滨于 1926 年四川大学业后回到贵州，经袁祖铭介绍到贵州路政局担任兴建公路技术员，负责勘测设计工作。贵州省在 1926 年以前没有公路，周西成主政以后，倡导大兴公路建设，制订了贵州全省马路计划，成立省路政局，统筹兴建公路。韦朝滨来到贵阳以后，周西成很赏识，让其参与贵州几条公路干线的勘测设计，才华渐展。1926—1927 年，先后动工修建的公路有黔桂路（贵阳至南丹段）、滇黔路（贵阳至安顺段）、川黔路（贵阳至桐梓段）。

1928 年决定修建清毕公路，周西成委派韦朝滨为清毕公路特派员（简称"委员"），全权负责全线勘察设计和工程技术指导。1928 年初，韦朝滨带领技术人员，沿着清镇至毕节的古驿道，开展勘测设计工作，同年秋天结束。"清毕公路选线多沿古道，只有鸭池河、归化河两岸及西溪至乌溪一段，因地势崎岖，另选新线。"其方案经省审定后，"决定 1929 年动工修筑，土方工程由各县征调民工义务承担，技术工程由省找款开支，发包施工。"

韦朝滨结束清毕公路勘测设计以后，同年下半年又沿线返回检查各县施工筹备工作，在大定意外身亡，年仅 26 岁，后送回鸭池河安葬，韦氏族人为韦朝滨的坟茔刻石立碑。

韦朝滨的一生，勤奋好学、才华出众，年轻有为，是韦氏家族中的佼佼者。可惜英年早逝。

1935 年清毕公路建成通车后，当地百姓为之欣喜不已，编出的民谣"弯弯拐拐大关坡，水深不过鸭池河。清毕公路通四海，朝滨功劳民众乐"传唱至今。

作者简介

苟朝忠，男，中共党员，1952 年 6 月 19 日出生于贵州省清镇县新店区（五区）老班寨村何家坝（今清镇市新店镇桃子坝村）。曾任清镇县委组织部副部长、清镇市（县）委办公室主任、清镇市教育科技局党委书记（局长）、清镇市史志办主任。曾主编《清镇市志》。

百年钟声萦化龙

喻莉娟

咚咚，咚……幽远的钟声，在旷古的山间响起，连绵不断，迎接每日的第一缕阳光。

咚咚，咚……幽远的钟声，在古老的化那条子场老街上传播，东方发白，四面八方房屋的灯亮了，做工的起来了，经商的套了车马，娃娃们背着书包出了门。他们迎着钟声，在古老的石板街上走着，妈妈跑出来，递一个饭团，给一个鸡蛋，送一声叮嘱：在学堂要听先生的话……

这里是化龙古镇，地处古代水东贵阳与水西毕节之间的一条重要古驿道上，水西治下的"水外六目"之化那条子场，古驿道上重镇，文化底蕴深厚。

走在古老苍茫的石板街上，仿佛还能听见那百年的钟声在回响，看到家家父母送子上学的身影，听到户户娃娃读书的声音。这里曾经是一条贵阳通往毕节至云南古驿道上的重镇。

街上两边的房屋，还是那面目苍老的木房，多是一楼一底，还有多重堂的房子。走进一家"四重堂"的房子，这是以前的大户人家，四重堂的结构，从第一层，进到天井房屋两边是厢房，一楼一底一天井，这样走过三个天井，到最里面的一层，这样多重形式房屋，还不多见，一般的都是两重，一个天井。可见得这里早时是比较发达的重镇，这里最多的是那种前店后屋的建筑形式，还有好多做买卖的柜台，现在也保存完好。

沿着石板街走着，准备去探访这里的那所百年小学，这是一个文化人、读书人对学校的崇敬。

街边一房屋，引起我关注，也是前店后院，这里的典型形式，保存得很好，沿街的这面看着很干净，是一个讲究人家。一楼一底的房屋，楼上的窗户是推开的，能看见里面有人在看书。楼下大门开着，屋檐下的柜台，早已经失去建造时的作用，摆着一盆花，这盆花为这老房子增添了新春的气息。

大门上挂着"光荣之家"的牌子，让我更有兴趣，拍了拍大门，准备进去，一个60多岁的老人出来招呼我。我了解到，这家姓张，这里的人家多姓张，读书人家多。这位大哥说，他家祖辈做生意，才有这个房子。我说："你们家的是老房子，街下面的也是老房子，为什么你家的房子修得这么好，下面紧挨着的都不怎么好了，都在街面上，他们也应该是做生意的呀？"

他说："下面一条街的房子，以前也是高房大屋，那年这条街失火，大火从下面街火烧到这里，烧到我家房子的山头上，就不再往上面烧了，最后灭了。"他神秘地带着我走到房子一头，"你看看，这些还能看见被火燎煳的印迹。下面被烧了的人家是重修的，后来修的就没有以前的这么大了。"

我赞叹他家房屋很幸运，大火烧到这里停了。他又神秘地说："有人说，火烧到这里就灭了，那是因为我家这里是书房，对面是书院（小学）。"

我注意观察这个位置，这房子的街面正对着一条巷子，走过这条长长的巷子，是旷野，左边是那所百年小学——化龙小学。应该是小学山间的风，从这巷子横着吹过来，把下面上来的火吹断了，他家房子才幸免于火灾。

我笑着对老人说："大哥，应该说是对面小学的读书风吹来，读书的钟声敲响，大火不敢动了……"

我们一阵笑……

他说："我家都是读书人，街对面就是学校，我爷爷就在这里上小学，因为识字，在国民党的部队当兵，我爸是共产党的兵，我二儿子也是共产党的兵，我们都有文化，现在孙子也在对面的小学读书，我们家几辈人都在对面学校读书，听到预备钟声才出门，课间休息还可以回家喝口水。现在孙子还在学校读书，我要准备去接他下学呢。"

他说的就是化龙小学。学校在清镇市新店镇化龙村的一座小山下。走进校园，操场宽大，山脚下一排正房是教学楼，两侧是办公楼，正前方是围墙。四周绿树成荫，环境幽雅，是一个办学读书的好地方。

化龙小学，在1913年由乡绅陈銮、刘廷芳等人募捐创办起来。建校不到10年，在1922年，军阀混战，学校被迫停办。6年后恢复，开始上课。在1932年转为民国政府官办学校。1947年，当地的名字从以前的"化那条子场"改为"化龙"后，学校也就随之叫"化龙小学"了。

从"化那条子"改为"化龙"，说是因为"条子"在当地有"蛇"之意，对做生意的人来说，"蛇"不吉利，而龙则象征一飞冲天，那是大吉大利。改为化龙，变不吉利为大吉大利。化龙小学，就是希望学校出去的孩子都能够成龙。

学校现任校长对我说，化龙小学建校之初，授学于东岳庙内。东岳庙当年是由上殿、下殿、两侧厢房组成的四合院，整座庙宇气势恢宏，雕梁画栋，飞阁流丹，巍峨壮观。庙宇四周古木参天，绿竹掩映。一开始教室就是设在下殿二楼的戏楼上，到 20 世纪 50 年代中期，庙宇两边厢房被改建扩充为教室。1964 年，下殿戏楼被拆除。1974 年，校园周边古树遭受破坏，东岳庙原貌也就不存了。

在一个贵州乡村，一百多年前就能够有人牵头集资办学，那是不容易的，这个地方一定是有乡绅名士。深入了解才知道这里在清朝出过名人。

首先得说说郭超凡（族谱名郭永焜），他是清朝进士，后任广州知府，一代抗英名将，亦为晚清名臣张之洞的恩师。这位晚清名儒、名将，虽不是化龙人而是风字岩村人，但同属清镇市新店镇的乡人。郭超凡中进士后，曾在兴义任教授，后任广东知府。郭超凡聪明过人，15 岁时已通读经史子集。后求学于清镇中四（今清镇犁倭镇右拾村）徐广文塾师门下。

徐广文门下英才甚盛，有进士四川知县何端、陕西知县任恩培等。据传，每当检试，郭超凡常列第一，17 岁时，徐广文为他取名"超凡"。

据郭氏族谱记载，郭超凡清道光五年（1825 年）中举，道光十五年（1835 年）荣膺进士。入仕后，郭超凡在贵州兴义府任教授 6 年，兴修试院，擢拔人才。之后任礼部侍郎的景其浚、湖广总督张之洞皆出其门下。道光二十三年（1843 年）调广东，后任广州知府。

这期间，郭超凡不畏强暴，矫正考弊，不惧洋人，多次抗击英国侵略者，与英军作战一个多月，英军不得已退兵，使当地社会秩序得以安宁，被誉为"中华抗英第一人"。

郭超凡对整个新店乃至清镇的文化影响那是必然的，而化龙与风字岩同为一地，百年老校，文风传承，也可想象。

化龙古镇，地处古代水东（贵阳）与水西（毕节）之间的古驿道上，化龙当时地处水西治下的"水外六目"之化那条子场，文化底蕴深厚。在民国时期，化龙小学曾走出过贵州辛亥革命新军起义军官、北伐黔军副团长马登瀛，黄埔军校军官、抗战阵亡烈士、国军副团长陈新民等仁人志士。

马登瀛（1886—1960 年），字繁素，晚年自署蕃庶，生于化龙，长大离家到贵阳投军。在新军中，马登瀛因读过书，有秀才之誉，次年就担任了司务长。据其孙介绍，祖父马登瀛，当年为逃婚而投军，在新军中当伙夫。有一次过年，祖父书写了一副对联贴于食堂门前，被一位有文化的长官发现他年轻有才，将他提为司书，并送入随营讲武堂学习军事测绘。

1911 年 9 月 14 日，贵州新军起义进入贵阳城，马登瀛充任支队长，率部驻守官钱局，迫使贵州巡抚宣布"贵州独立"，交出军政大权。新的革命政权——大汉贵州军政府成立后，马登瀛担任都督府军务部上校副官长，为建立新政权、维护新秩序出谋划策，并认真履行其职责，赢得上司的器重和兵士的拥戴。

1912 年 10 月 25 日，黔军八十三团、八十四团在湘西辰州誓师回黔，推举席正铭为"荡寇总司令"，马登瀛为总司令部参谋长，率部在黔东松桃、铜仁与唐继尧部滇军激战，黔军因弹尽粮绝失利而退入四川秀山、酉阳，官兵大部失散。第二年夏秋，孙中山发动"二次革命"，马登瀛率残部改投川军熊克武。民国初年护国、护法运动期间，川、滇、黔军阀反复争夺贵州，连年混战，马登瀛在一次战斗中被炮弹炸伤眼睛，几近失明，因而退出军界，返回贵阳。

约在 1926 年，马登瀛 40 岁左右时，回黔卖掉贵阳公馆，举家迁居于化龙乡下，曾在化龙附近偏坡团馆授童，过着隐逸塾师生活。解放初，马登瀛被划为"城镇贫民"，1960 年 10 月 12 日，在黔西县（现黔西市）大关镇病逝，终年 74 岁。

这是一方热土，一方文化底蕴厚重之地，才能在一百多年前就滋养出这所学校。

一所小学有一百年的历史，在中国不能说绝无仅有，但是相信为数不会很多。特别是能一直保持并追溯它的历史，并且有长足的发展，则更属不易。

化龙小学在 1913 年创办后，走过了百年风雨。不论社会怎样变化，自己始终坚持当年创办的初衷，让娃娃们读书认字，成为对国家有用的人。

新中国成立以后，化龙小学逐步得到发展。到 2013 年建校百年时，有学生 200 多人。2008 年以来，经过逐年的增建、绿化，使学校发展成为当今的这个规模。

一百年来，有数千学子走出化龙，不少人在工农商学兵中出类拔萃，为社会作出了贡献。据不完全统计，新中国成立前后，校友中科级以上的行政干部就有数十人。年轻的校友中更是人才辈出，许多人已成为各条战线上的精英和新秀。

化龙小学虽然是一所乡村小学，由于悠久的历史，认真的办学态度，多年来，一直是新店地区教育活动的中心。1964 年便开始执行教育部颁发的《全日制小学教学计划（草案）》，使用国家统编的教材。20 世纪 90 年代以来，新店的多种教学活动都在这里进行，汉语拼音识字，中、高年级语文、作文、数学等公开课的教研活动，多是由化龙小学的教师承担教学任务，对低、中级语文教师汉语拼音的培训，也在化龙小学举办。通过观摩和培训，青年教师掌握了一定的教学方式，并在实际中得到进一步的提高，从而成为本地区各校的教学骨干，化龙小学的教师也一路成长，提高了教学质量。

学校领导介绍，这所学校从建校以来，代代传承，在教师中形成了敬业爱生、教书育人、精益求精、治学严谨、作风扎实的优良传统，学生中尊师爱校、勤奋好学、艰苦奋斗、力争上游蔚然成风。

说到学校百年校庆的事，更是让人感动。

2013年9月21日，化龙小学迎来了百年华诞，该校走向各地的校友聚首母校，共话校园旧事，畅谈师友之情。2013年9月26日，《贵州省政协报》刊登了化龙小学百年校庆盛况。

参加此次庆祝活动的上有七八十岁的白发师生，下有就读该校的小学生，数代师生同堂欢庆，这是母校的百年华诞。当日，校庆活动还举行了老歌联唱活动，师生同庆，歌声唤起广大师生的童年记忆，唤起了大家当年在这里读书的趣事，唤起了每一个人童年的美好时光。老校友为学校的发展，为后来乡里的娃娃们有更好的读书条件捐资捐物。他们走出乡村回报乡里，以示对母校启蒙教育的回报。

百年校庆，从这里走出去的数千人，走上高一级学校，走上他们的人生路，现在有的作古了，有的已是耄耋老人，有的进入不惑之年、而立之年，当然还有一二十岁的青年，他们是这所老校的骄傲，同受化龙的雨露沐浴、阳光照耀。

走在学校操场上，看着一个女教师一直忙碌地为大家服务。她热情开朗，当我问到她的情况时，她笑着说，"我就是六盘水师院毕业的，考到这里来当老师，已经两年了，我很喜欢这里，这里自然环境好，学校也非常漂亮，这里有一种传承老学校的校风。"

年轻女教师对我说，"我们老师唯一要做的是，小心轻放孩子的心。虽然教育不是万能的，但我们要无限相信教育的力量。如果我们教师都觉得教育是有限的，那我们的信仰就会打折扣，我们的信心就会减掉一半，教育就失去了她的魅力。从这所百年小学毕业出去的学生可以证明，教育的力量是巨大的，从小的培养给人以无限的发展空间……既然选择了做化龙小学的教师，我们就必须带着全心的爱，把对这样一个乡村小学以及对学生的责任化作使命，去教育学生……"

她的话深深地打动了我，没有想到，在一个乡下小学年轻教师的心里，有这样的教育理念、这样的人生态度。

走在校门口，场口"光荣之家"的张大哥和校长等人，在和村干部商议，准备在校门口修一条宽一点的路。校长说，这事要得到上级的支持，得到各方的支持，学校才能发展。路修好了，娃娃上学好走，前途更宽广。

暮春三月，油菜花开时节，一片片菜花连着山谷，空气中弥漫着浓浓的菜花香。

离开百年化龙小学，回望远方的学校小山，回望故乡路，遥听山谷间那百年连绵不绝的钟声，一个曾在这读过书的长者心中充满感慨："小的时候，这里的树木参天，有的要几个人合抱，学校的钟，古老而巨大，钟声响起，四面八方的娃娃们，犹如战士听到了集结的号角，从条条山路上走进学校。我生在这里长在这里，在这里读小学，这所学校让我学得了规矩、懂得了做人的道理，培养了我吃苦耐劳的精神。"

一位老同志望着校园，激动地说："小的时候我们翻山越岭而来，常常是走到了校门口，还能听到钟声，伴着钟声走进教室。这么多年来，这钟声不绝于耳，仿佛就在昨天。感谢我的母校，感谢这摇篮里的历代老师，让这一方土地的娃娃们读书识字，学习做人。"

百年钟声，还在继续响起，娃娃们从四面八方走来，又走向祖国的四面八方……

作者简介

喻莉娟，女，贵州省写作学会副会长，全国公安院校写作研究会常务副理事长，贵州省作家协会会员、贵州省纪实文学学会会员，中国刑警学院语言研究所特邀研究员，原贵州警察学院教授、管理系主任。出版长篇小说、长篇传记文学、中短篇小说集、散文集和专业理论专著共18部。在各级报刊发表小说、散文、报告文学和专业论文300余篇。

平实干部杨祖兴

陈冰华　彭　芳

站在杨祖兴家门口，对面是莽莽苍苍的乌蒙山脉，山下是情意绵绵的乌江水缓缓地向东流去。那里，是被誉为乌江源的百里画廊。得天独厚的奇山异水孕育的这片土地，养育了杨祖兴聪颖的童年，铸就了他青年时期敢想敢做的胆魄，同时也是这片土地深深地根植在他的血脉中，使他这个从小漫山遍野到处跑的野小子一路不断成长，到区里，到县（现清镇市，下同）里，从一个小小的工作员，到副县级岗位。终究，他还是忘不掉这片热土，忘不掉穿草鞋、着汗衫、戴草帽，在田间地头和乡亲们挥汗如雨的那一幕幕。因此，2007 年他在清镇市委副调研员的职位上退下来后，回到了新店镇方家寨二岩组居住。

年逾古稀的杨祖兴，体格健硕，腰板挺直，五官端正，头发和眉毛均已花白，尤其是眉毛粗、浓、长，给人以气度豁达之感。在我们的访谈中，杨祖兴思维活跃，语言清晰。我们在他幽默风趣的语言里，在他时不时发出爽朗的笑声中，记录了他作为优秀老党员为国奉献一生的精神，记录了他一辈子执着于农业的情怀，也记录了他清正廉洁的一生。

1968 年，初中毕业的杨祖兴就被生产队（同现村民组，下同）看中，到了大队（同现村，下同）工作。那时，年轻好学的杨祖兴看到什么学什么，无论是文化知识还是村"两委"的工作。当时学习毛主席著作，他白天干农活，忙村里的工作，晚上就着微弱的灯光学习，成了大家公认的积极分子，还得到了省里颁发的奖状。

1969—1970 年，看到人多地少，很多老百姓吃不饱饭，为了增加土地面积，增加粮食产量，在大队当副主任的杨祖兴，凭他敢想敢干的思想，带领全队的乡亲们，尝试用外面引进的新技术种植大窝苞谷。栽大窝苞谷，30～40 厘米一个窝，为正方形，里面把肥料施足，4 个角各栽一窝，窝距很密。杨祖兴严格按照要求拉皮尺打窝、施肥、种苗。当时有的乡亲只相信老式种法，不愿跟着种。但执着的杨祖兴成功了！当年秋天，平时亩产两三百斤的地，产值达到了八九百斤。这个愣头青小伙激动得流下了眼泪。乡亲们能分到更多的口粮了，邻家的小子不再被饿得哇哇哭了，寨尾的婶子也不再愁眉苦脸了，这是多少代人梦寐以求的情景啊。不仅如此，在口粮足够的情况下，完成了上粮的任务，大队还向湘黔铁路捐赠了 2000 斤粮食。县广播站的记者因此来采访杨祖兴，还在《贵州日报》登了一版。乡里、县里都知道这大窝苞谷增产的消息，县里广播站连续广播了几天。由此，整个清镇地区大面积推广这种大窝苞谷的种植方法。

1971 年，因为杨祖兴勤劳、好学、脑瓜子灵活，接受新事物快，被调到清镇县新店区（现新店镇）鸭池河公社（现鸭池河村）工作。1972 年，杨祖兴光荣地加入了中国共产党。此时的他，工作更来劲了，常常以一名共产党员的标准严格要求自己，学文化、干工作，一样都不落。1972 年 3 月，杨祖兴任鸭池公社党委副书记并兼团委书记。一年后，杨祖兴调任安顺团委副书记。

在团委工作的几年间，杨祖兴认为天天开会、坐办公室，是文人干的，叫他到山里带领群众砌个堡坎、挖个水窖、修个梯田，那才是他的舞台。

1977 年 8 月，经杨祖兴多次申请，组织批准其调到新店区新店公社，任党委副书记，分管农业，后任书记。回到公社的第一天，杨祖兴背着水壶和馒头，戴着草帽，爬到新店村最高的山上，欣喜地看着脚下的乌江水，一站就是半天。这里是他的家乡，是他带着乡亲们打拼的起点，是他魂牵梦萦的地方。

1979 年，杨祖兴任新店公社党委书记，1980 年任新店区委副书记兼鸭池公社党委书记。当时，有半年时间的主要任务是开山炸石、砌堡坎以保土保水。这样的日子，对于杨祖兴是充实的、惬意的，每天戴着草帽从早上到天黑和群众打成一片，是他梦中的场景，也是他努力工作的理想。

杨祖兴在检查督促工作开展的时候，不是背着手在地坎上指挥，而是身先士卒，跟着老百姓一起抬土方、砌石头，样样在行。和群众在一起久了，他还时不时开上一句玩笑，他的亲切随和，使整个大队的工作氛围非常轻松，工作效率和工作质量都有所提高。

为了保证进度和成效，在杨祖兴的建议下成立了民兵营。民兵营白天巡回检查督促进度，晚上开展治安巡逻。这在当时是一大创新，得到了县里的高度肯定。

到家乡，到基层，到田间地头，去参与一切农事，去看着农作物一年年增产增收，应该说是杨祖兴一生中的选择。

在长达 35 年的工作期间，杨祖兴最值得骄傲的是，他一直以一名共产党员的标准严格要求自己，清正廉洁，勤政为民，从没有利用手中的职权谋取过私利。

在八九十年代与老百姓打交道的日子里，杨祖兴下到队里，均严守"不拿群众一针一线"的纪律，严守一个共产党员的底线。

说到这些，杨祖兴非常自豪地说："当时的党建工作，抓得很扎实，除了'三会一课'坚持得非常好，党建、农业农村工作都是相互促进的，党的建设工作切实落实到了实践中去，不存在两张皮的现象。那时，到村里哪家吃饭，都要开伙食钱，没有谁会利用手中权力多吃多占。那时的工作环境、工作氛围风清气正，一点都不乱。"

杨祖兴的妻子没有工作。贤惠的妻子当初在村里和他在土里刨食、患难与共走到现在。那时杨祖兴在区里、镇里工作，妻子就在家务农，作为杨祖兴坚强的后盾，妻子是一个真正的贤妻良母，从没给杨祖兴拖后腿。她任劳任怨，支持丈夫干好工作，照顾公婆，教育孩子，为杨祖兴承担了一大半家庭压力。

其实，杨祖兴是有机会给妻子安排一份工作的。他任区委副书记的时候，按照正规程序可以将妻子招聘到政府或学校当炊事员，但杨祖兴没有那么做。他说，作为一名领导干部，一定要避免瓜田李下之嫌。事事都为自己谋私利，谁还听你的，你又如何去要求别人。这也是杨祖兴的原则。

从山村到镇里，从镇里到县上，再从县上回到镇里，而后又升迁到县里。这样的几度辗转，杨祖兴说，二度到县里工作后，虽然职务升迁了，但心里总是空落落的，心落不了地，没有踏实感，不如在镇里每天去薅两垄苞谷来得踏实。杨祖兴就是一个纯朴亲和的平民干部。

退休之后的杨祖兴，又回到了这片生他养他的土地，重新扛起薅刀、锄头，走进他喜爱的土地里种苞谷、洋芋、荞麦。这里是他的根，是他人生的起点也是终点。

作者简介

陈冰华，女，布依族。贵州省纪实文学学会会员、黔南州作协会员、贵定县作协会员。曾在《中国妇女》《贵州作家》《夜郎文学》《第五季》《麦溪文艺》等报刊发表文学作品多篇。

彭芳，女，贵州省纪实文学学会会员、黔南州作协会员、贵定县作协理事，作品发表于《夜郎文学》《贵州纪实文学》《麦溪文艺》《齐鲁文学》《涌潮文学》《第五季》以及"中国诗歌网"等媒体。

"公粮"征收记

丁作进　杨　新

从 1950 年开始，五区公粮征收工作围绕贯彻国家合理负担、依率计征的政策，以保证军需民食、剿匪安民。

1951 年，公粮（农业税）征收改按 24 级计征，分夏秋两季缴纳，夏季为借征，秋粮征收结算时凭夏季借征收据冲抵全年征收任务。税率最低不少于常年产量的 5%，最高不超过 30%。五区农业人口 21465 人，粮食产量 845 万公斤，农业税征收完成 70.1 万公斤（包括清收 1950 年尾欠，当年减免 9 万公斤）。

1952 年，新店区再次进行查地评产，常年产量定为 895 公斤，征收完成公粮 64.3 公斤，人均负担 30 公斤。当年减免 1 万公斤。

1953 年，国家实行统购统销，农业税征收稳定在 1952 年水平，随征带购（购余粮），三年之内增产不增税。1955 年，农业税由县财政部门计算到纳税单位（互助组、初级社、高级社），粮食部门统一征收，当年新店区征收部门，同时开征农业税附加税 10%，当年新店区完成正税折合人民币 14.8 万元。

1956—1957 年，新店区以生产队为单位统一缴纳农业税（公余粮）。

1958—1960 年，各级高估产、高定产，大放"亩产千斤、亩产万斤""高产卫星"，造成农业税征收大起大落。

1958 年秋，新店区实产粮食 1232 万公斤，"高产卫星"（"大跃进"）粮食要达到 2576 万公斤，分配给新店区基层人民公社征收任务 256.5 万公斤（商品粮），人均承担 120 公斤。

1959 年，新店公社（1959 年 1 月，新店区改为新店公社）继续高估产、高定产，实产粮食 1102 万公斤，上报县粮食产量为 2600 万公斤，清镇县分配给新店区 343 万公斤（商品粮），人均承担 160 公斤。各生产队没有完成征购任务。

1961 年，为恢复农业生产、安排农民生活，允许农民开荒种粮。定产到户，吃颠子粮，国家减少农业税负担，当年新店区实产粮食 1280 万公斤，上缴农业税 75.1 万公斤，没有交附加税，人均负担 35 公斤。

1965 年，粮食征购采取调两头、中间不动的办法，尽量做到负担合理，12月，贯彻执行粮食定购任务"一定三年不变"的政策，新店区总产粮食 1256 万公斤，征购 111.6 万公斤，人均负担 52 公斤。

1971 年，调整粮食征购任务，实行粮食征购"一定五年不变"政策，当年新店区总产粮 1356 万公斤，征购 241 万公斤，人均负担 53 公斤。

1979 年，十一届三中全会后，调减粮食征购任务，减轻农民负担，新店区原征购 241 万公斤，调减 100 万公斤，人均负担 35 公斤。

1980 年至 1984 年，每年农业税 40.1 万元，按每公斤稻谷 0.0615 元计算，1985 年至 1989 年，每年农业税 50.2 万元，每公斤稻谷按 0.23 元折算。1994年起，新店镇农业税直接征收现金，把农业税称为"公粮款"。1994 年至 1998年，每年新店镇农业税 36.5 万元，每公斤稻谷按 0.47 元折算；1999 年至 2000年，每年农业税 48.9 万元，每公斤稻谷按 0.57 元折算。2001 年，农业税 80.6万元，每公斤稻谷 0.6 元折算。之后，清镇市政府下发文件，按每公斤稻谷 0.05 元退还农户（减免）。

2002 年进行农村税改，取消"三提五统"（指村级三项提留和五项乡统筹：村提留是村级集体经济组织按规定从农民生产收入中提取的用于村一级维持或扩大再生产、兴办公益事业和日常管理开支费用总税。包括三项，即公积金、公益金和管理费。乡统筹费，是指乡合作经济组织依法向所属单位，即包括乡镇、村办企业、联户企业和农户收取的，用于乡镇村两级办学的农村教育事业费附加、计划生育、优抚、民兵训练、修建乡村道路等民办公助事业的款项）人均 17 元，按土地面积（产量）征收农业税和附加税。2002 年至 2004 年，每年农业税 93.8 万元。

2005 年，国家对农村取消农业税，并对之前上缴农业税的农户进行补贴。

2005 年至 2017 年，农业补贴由财政部门发放，共发放资金 3835.24 万元。

2018 年以后，由农业部门发放。2018 年至 2020 年，共发放资金 591.9万元。

自发放补贴以来，新店镇共计发放补贴资金 4427.14 万元。

缴纳"皇粮国税"，古已有之。从历朝历代到现在，只有在中国共产党领导下的今天，农民才享受到如此优惠的政策。国家不但对农户取消了农业税，还对农民进行了农业补贴，这对于减轻农民负担、提高农民生活质量、推动农业发展、促进新农村建设，起到了十分重要的作用。

作者简介

丁作进，男，汉族，现年 48 岁，贵州遵义人，新店镇财政分局局长。

杨新，男，汉族，现年 60 岁，新店镇鸭甸河村人，中小学均就读于新店镇，新店镇财政分局工作人员。

光辉岁月

新店镇商业发展侧记

吴道兴

一、 新店地区交通发展概况

位于清镇市西北部的新店镇，地处清镇市与黔西市分界河——誉为要隘和天堑的鸭池河东岸。唐代至元末明初，鸭池河流域保持相对安宁，水西、水东（鸭池河，古时一名为鸭水，以鸭水为界，鸭水之西称水西，鸭水之东称水东）两地各族人民的相互往来，鸭池河一带又为商旅必经之所。商旅必经，兵家必争，随之而来的是人气逐渐旺盛，集市贸易逐渐成型，且逐步发展。特别是明代贵州宣慰司摄政奢香夫人实施水西地区的对外开放，在组织人力物力打通龙场九驿的过程中，修通了水西地区过鸭池河经威清卫至普定卫的古驿道。清道光年间黔西县一梅姓富商，为了扩大川盐的经营规模，畅通黔西北地区到省会贵阳和黔中腹地安顺的销售渠道，投入巨资耗时多年制成巨型桥石若干，拟在今鸭池河老街渡口下游花滩处修建鸭池河石拱桥未果（花滩两岸崖脚至今尚存巨型建桥石）。民国时期，贵州省主席周西成和杨森，先后组织修通了清（镇）毕（节）公路；1958 年 7 月 1 日，正值中国共产党 37 岁生日，以及伟大祖国即将迎来 9 周年国庆之际，人民政府组织力量在原 321 国道的鸭池河上建成了鸭池河吊桥。吊桥从 1957 年 1 月动工，历时 18 个月由贵州省公路局设计，为上乘式加劲桁构单孔钢悬索桥，净跨 120 米，设计荷载为汽车 10 吨，拖车 30 吨，桥宽 4 米单行道，加两边人行道各 0.7 米，桥面距河最低水位 60 米，两岸钢筋混凝土门塔形高 15.5 米。1984 年至 1994 年，在鸭池河桥上游"八仙过海"处，兴建乌江流域梯级电站之一的东风水电站，带来大量职工及家属入住。1996 年在吊桥下游 30 米处，一座钢筋混凝土箱形独拱桥建成，桥长 176 米，宽 7 米×2 米×1.5 米，设计货载汽车 20 吨，挂车 190 吨。新桥架成，来往车辆畅通无阻。位于东风电站大坝上游的鸭池河特大桥，是贵黔高速的控制性工程，特大桥 2014 年始建，2016 年 5 月 20 日顺利合龙，2017 年 7 月 16 日正式通车运行。大桥桥面宽 28 米，长 1450 米，宝塔采用 H 形索塔，贵阳岸塔高 243.2 米，黔西岸塔高 258.2 米。总投资 7.8 亿元，桥面距离水面 434 米，高度排名世界第五，主跨 800 米，为世界上目前建成的钢梁斜拉桥。途经清镇市境内的成贵高铁，起于四川省乐山站，止于贵州省贵阳东站。成贵高铁于 2013 年 12 月 25 日开工建设，2019 年 12 月建成通车。该高铁向东经四川省宜宾市、长宁县、兴文县，云南省威信县、镇雄县，贵州省毕节市七星关区、大方县、黔西县、清镇市，终至贵阳东站，正线长 515 千米，其中四川省境内 259 千米，云南省境内 79 千米，贵州省境内 177 千米，设计时速 250 千米，全线为整体无砟道床，按照国铁一级、双线客运专线标准建设。成贵高铁鸭池河大桥横跨两岸，连接清镇、黔西。成都到贵阳只要 3 小时，时间缩短至少 9 个小时。

在改革开放和现代化建设深入发展形势下，社会主义计划经济向社会主义市场经济的转型，新店镇内几个点的集市贸易，逐渐从无到有、从少到多、从小到大不断向前发展。同时，因清毕公路的修通和新中国成立后行政区划的调整，区域行政中心的变更，境内几处集市贸易点又发生兴衰起伏的变化。其中的鸭池河老街、茶店街、条子场（化龙）街、韩家坝街（1991 年划归今清镇市暗流镇管辖）等地的集市贸易，是随古驿道的开通而兴起。时光流转到 20 世纪 50 年代，在鸭池河古渡上游今徐家沟一带建成鸭池河吊桥，不仅使鸭池河老街处的集市贸易逐渐消失，而且使不沿清毕公路的韩家坝街和茶店街的集市贸易先后于 1957 年和 1958 年消失，使条子场街在 20 世纪 70 年代萎缩，80 年代萧条，90 年代消失。不沿清毕公路的鸭池、茶店、韩家坝等集市，在 20 世纪 50 年代后期停场之后，新店区政府于 1962 年在鸭甸河上游左岸开辟了鸭甸河市场（星期六赶集），沿老清毕公路于 1983 年开辟了马鞍山市场（星期五赶集），于 2007 年开辟了鸭池河桥头市场（星期三赶集）。

二、 新店镇各集市贸易点兴衰

鸭池河老街集市贸易的兴衰。鸭池河的交通自古方便，明代起就有记载，明代所建驿塘路直达鸭池河，设鸭池汛（汛，明清时小股军队驻防地），与威清、镇西两汛齐名。因其历史悠久、区位独特及交通方便，催生了鸭池河旺盛的人气和繁荣的商业，有"小荆州"的美称。清康熙五十年（1711 年）鸭池河课税，年征盐税银 712 两；至乾隆年间，鸭池河年课税 1366 两；道光二十年（1840 年），鸭池河设盐号、布号等，花行增多，商业繁荣；至清道光和咸丰年间，有花行 2 家、盐行 3 家、布行 5 家，成为川盐在清镇的集散地。据鸭池河老街上李姓老人回忆和介绍：鸭池河老街何时开始赶场她不清楚，只知道 20 世纪初至 40 年代末的民国时期，近 1 里长的鸭池河老街上，居住的 100 多户人家全都经商做生意，无一户耕田种地。林万和家开的马店，附设旅社和饭馆，时间最长，规模最大。其余还有董家、张家、冉家都开马店，只是规模稍小一些，可董家和柯家开的饭馆规模最大。清毕公路修通后至新中国成立后鸭池河吊桥建成通车之前，河畔南、北两岸居住着多户划船人家，每遇汽车或马车过河，船工们就用大木船装载车辆，将其渡到河对岸。当时一艘大船可载渡一辆大货车和两辆小汽车。由于速度较慢，河南岸的车辆经常堵到老街后面的方家寨，河北岸的车辆堵到今公路附近的韦家寨，这就给开饭馆的人家带来了商机。到了晚上，汽车还不能渡船过河，开旅社的人家又有了收入。鸭池河老街上、下街老街经商自成体系，上半街的李姓等人家主要经营食盐和布匹，张姓等人家主要开设酒坊做卖酒生意；下半街的兰姓、林姓、董姓、张姓、冉姓、龚姓等人家，主要开设马店、旅店和饭馆，有的人家还经营摆渡的生意。鸭池河老街与镇境内的其他集市一样，亦按甲子（每隔 6 天）赶一次集。赶场（赶集，下同）当天，是鸭池河老街最热闹的时候，四乡八里、沿河两岸的人们聚集街上进行物资交换，鼎沸的人声传到数里之外，不难想象当年的"小荆州"是何等的繁荣和兴旺。鸭池河老街集市贸易在其上游吊桥建成通车的 1958 年停场。

茶店街集市贸易的兴衰。茶店街是明朝在今清镇市卫城镇置镇西卫时，所设置的赫声所古城的遗址。据茶店街陶姓老人和老村支书杨文忠介绍：明朝年间贵州宣慰司出资打通从鸭池河畔经茶店街的古驿道之后，这里便开始出现经商做生意的人家。明崇祯三年（1630 年）设置镇西卫管辖的赫声所后商业便逐步繁荣。

20 世纪三四十年代，长约 1 公里的茶店街，集市贸易仍然保持繁荣兴盛的状态。那时，茶店街是按甲子，每逢属猪属蛇之日赶场。农闲时节的赶场天，人数多达 5000 人有余。新中国成立前，在茶店街经商的人家有：郑世佩和柳青武两亲家各开一间酒坊，又帮人加工菜籽油、桐油和漆籽油，或收购油料作物加工后销售创收，郑世佩家还接过蔡进恩家所开的盐号兼做食盐生意；开马店、饭馆和旅社的有周毕光和黄寅贵家。为了振兴茶店街的集市贸易，新中国成立前在清镇县第七区政府（1952 年新建，驻暗流街上）供职的廖尧书，通过协调，征得鸭池河对岸大关著名盐号老板的支持，同意在茶店街设置贩盐分号，又争取到民国贵州省财政的拨款，在今茶店街中街建成了储盐仓库。盐号还未开张，为茶店街谋划商业发展，能撑得起食盐营销局面的廖尧书先生，便撒手人寰，茶店街盐号生意随之流产。街人每提此事，皆为之叹惋。20世纪50年代初，祖籍为贵州省大方县，从卫城区（现清镇市卫城镇）迁居茶店街的吴学明师傅，在中街上开办了一家铁匠铺，专为街民和附近村民打制生产生活用具。此街取名茶店，是因古时候黔西、大定、毕节等地商旅，从黔西县大关、小关的古驿道一路下到鸭池河边，乘船渡河后再爬4公里左右的斜坡茶店，歇脚吃茶，饮酒吃饭。久而久之，这里便有了茶店之名。新中国成立后，随着新店街上（现清镇市新店镇新店村，下同）成为新店区的行政和经济中心，1958年，茶店街的集市贸易自行退出历史舞台。

条子场（今清镇市新店镇化龙村）集市贸易的兴衰。据新店中学原校长张智渊介绍，化龙街上的集市贸易，可能起源于明朝年间古驿道修通之后，具体时间不详。历史上按甲子赶场时，与周边牛场、马场、茶店、鸭池、韩家坝的场期统一安排，化龙的场期恰逢属蛇的日子。"蛇"与"折"同音，商人们最忌讳讲"折"字、听"折"音，就把"蛇场"改为"条子场"。后来当地人认为以条子场作为地名不雅，想到象征吉祥如意的龙是由蛇幻化而成，便将条子场改称化龙而定名至今。据老辈人口耳相传，化龙起场之时是行商多，坐贾少。全街长约1公里，但有住户的街段只有1里左右。新中国成立前的集市贸易比较兴旺。开酒坊的有上段街的杨绍清家和朱孝奎家，中段街的陈子云家和刘昌琪家，下段街的熊清云家。开油坊的有上段街的周少成家，下段街的康道臣家。开染布坊的有下段街的冉姓人家。开旅社的有3户人家，其中张锡安家开的旅社，最多时宿过40人，平时也有10多人住宿，他家还开过酒坊和百货商店。所开皮货行，还专门请皮匠在行里收购牛、马、猪狗等家畜皮，削过后制成皮革品上市销售。吴建成家开的旅社最大，其旅社一进三间，宿客最多时住过七八十人。下段街的冉家亦开旅社和餐馆。他家的面条加工，是用驴和马拉磨磨面，在一个大木柜里安装一把大罗筛。多数旅客在化龙街上住店，因做小本生意不敢挥霍，都是借房东家的炉具和炊具自己煮饭。各房东真诚对待旅客，服务周到，住店之人越来越多，所讲究的是一条薄利多收的经营之道。做百货生意开铺面的有上段街曾友其的父辈，还兼办旅社经营食宿。此外，街上的周顺臣家、沈林安家和冉姓人家也开设铺面做百货生意。这些人家所卖百货，都是老百姓们的日常生产生活用品，笔墨纸砚、糖食果品、香蜡纸烛、烟花爆竹、针筒麻线、布匹衣服、厨房餐具、农用工具等。经营食品加工的有上段街黄发明家做的黄粑，下段街韩荣的长辈做的发粑，中段街的杨少清家用苞谷和小麦芽做的麻糖，沈林安家还加工点心销售。此外，做糍粑、苞谷粑、黄粑、粽粑和卖凉粉的有六七家，磨豆腐卖的有 4 家。开设铁匠铺的有上段街吴兴舟家、中段街的杨文明家、下段街的吴学富家，主要加工生产生活用具。据说杨铁匠那时还会打造枪支。开设木行的有两家，主要加工棺材、桌椅板凳和建造房屋。此外，街上还有屠户李银臣、李顺臣和李逢南等。每逢场天，赶场之人多达 5000 人。赶场天的夜晚也热闹，有卖担担面的，有卖葵花瓜子的，有卖豆腐脑的，有卖点心的。他们在为晚归商人提供消夜食品的同时，也在为自己赚取些许薄利。新中国成立后至 20 世纪 60 年代末，化龙街上仍然沿袭新中国成立前赶甲子场的传统。"文化大革命"开始后，农村集市贸易被迫中断。进入改革开放的 20 世纪 80 年代初期，化龙街上的集市贸易曾短暂恢复，由于新店街上集市贸易繁盛的冲击和影响停场至今。

新店街集市贸易位于清毕公路，原 321 国道线上的新店镇新店村，是镇境内市场起步较晚的地方。据家住新店街的刘启超老人回忆，新店镇教育辅导站原站长丰明礼（曾任新店居委会党支部书记）的补充介绍：新店街的集市贸易起源于 1935 年清毕公路修通之后。据说是 1943 年在清镇市卫城镇暗流乡任乡长兼仓库主任，老家是今镇境内化龙乡鸭甸河的刘兴舟，选择了地处清毕公路上当时只有十几户人家的新店街上（之前此街无名）扯起场子。扯场初期，这里仅有丰焕章家、王启贤家和王龙方家开旅社和饭馆。所谓饭馆，实则极为简陋。几家人在每天清晨便早早起床做饭做菜，再把长长的木桌搬到临近公路的地方摆好，供应过往的客商随时吃上早、中、晚餐。日子久了，公路两旁的住户越来越多，逐渐形成了街道的样子，人们便把这个场子定名为新店街。新中国成立后至 2007 年，新店街在 58 年的时间里，成为新店经济、政治和文化的中心，集市贸易无论在计划经济时期，还是在社会主义市场经济的历史新时期，较之新中国成立前刚起场子的 1943 年，其市场规模和发展速度，简直就是天壤之别，不可同日而语。商业铺面从改革开放前的 10 余个发展到 200 多个。新店街上的商业发展，前途无量，未有穷期。

韩家坝街集市贸易的兴衰。新中国成立后属新店区管辖乡，1991 年建、并、撤时划给清镇市暗流乡管辖，变成一个行政村的韩家坝街，由于地处偏僻，交通欠发达，距行政中心新店的路途较远，因此，当地百姓和周边群众，都倍加呵护这个位于大山深处，环境条件较差的场子。据熟悉场子兴衰起伏变化，曾居韩家坝附近季腰坡村（现已合并至新店镇银杏村）的马诗兴老人回忆，韩家坝赶场的历史比较悠久，从新中国成立前到 1957 年，韩家坝赶场天都很热闹，买卖生产生活用品和牲畜、粮食、果蔬与食肉的赶场人，有时多达四五千人。1957 年停止了韩家坝的场期。20 世纪 80 年代初期，新店区委、区政府及商业工商管理部门根据当地百姓的需求，曾一度恢复。或许是冷淡 30 多年的缘故，赶了几次场，就停场至今。虽然如此，已有 52 年历史的韩家坝，尽管不再赶场，供销社韩家坝分社提供的各种日用商品和生产生活物资，基本能满足当地百姓的消费需求。

三、 新店镇计划经济时期商业流通体制

新店镇的集市贸易，也经历了从社会主义计划经济向社会主义市场经济转型的两个发展阶段。计划经济时期，在国家统购统销政策的历史背景下，新店镇先后以区管乡、村（生产大队）、生产小队（村民组）建置管理体制，组织当地各族人民开展社会主义革命和建设。原清镇县委、县政府把新店区集市贸易的中心，设在1943 年开始赶场的新店街上并组建供销社：一是从清镇市供销社购进日常生活用品，开办商店营销，并保障当时新店区管辖的新店、化龙、马鞍、鸭池、鸭甸、韩家坝、王庄（1991 年建、并、撤时独立建置为布依族苗族乡）、洛阳（1966 年并入王庄）等乡分销店商品的供应，并对各分销店实行每月盘点货物、清点商品销售与存货制度，还在偏僻边远、比较大型的生产大队所在村寨设置代销店；二是配合新店区委、区政府组织全区人民发展种植粮食作物、蔬菜类作物、水果作物、经济作物（烤烟、漆树、油菜、桐子）等，以及发展农村畜牧业等。县委、县政府在新店区设置粮管所，在所辖各乡设置粮食收购站，负责全区粮食的收购，定量给辖区内的居民人口供应粮食和菜食等，对农村缺粮户发放定量的救济补助粮食，同时负责定量的粮食库存与转运。县委、县政府还在新店区设置食品公司，负责对各生产队农户的生猪收购与饲养，负责对辖区内的居民人口，每月定量供应为数极少的猪肉。"文化大革命"时期，新店区工农业生产受到极大的冲击和影响，除了农副产品出现匮乏实行定量供应外，轻工方面的生活日用品也出现严重匮乏，布匹、煤油、肥皂、洗衣粉、白糖、干电池等商品，都实行凭票供应。

四、 新店镇改革开放后商业发展

市场经济的到来，催生了集市贸易的兴旺与发达。1978 年以后，新店区（镇）的商业发展，伴随着国家改革开放现代化建设步伐，充分利用1991 年撤、并、建后形成的新区新格局，积极抢抓 1992 年撤县设市和 1996 年划归贵阳市代辖后优越发展的时代新机遇，勇于开拓，大胆改革，勇于实践，善谋发展，锐意进取，走出一

条符合国情、民情要求的商业发展新路子。在商业系统实行改革改制，把过去只能由供销社独家经营商品的模式转变为成百上千个体户参与经营的模式。商品流通的路子拓宽了，经营之人的钱袋子鼓起来了，百姓购物的需求满足了。在粮食系统实施改革改制，把过去粮食只能由粮管所统购统销的模式转变为放开粮食市场，百姓多种经营的方式。农户饲养生猪的积极性提高了，粮食产量逐年增加了，城乡居民的吃肉问题解决了。农业产业结构的调整，给新店镇农村带来了发展家庭经济的空间和经商盈利的机会。

新店镇的商贸业形成了以老清毕公路沿线为集市贸易线状分布的格局之后，以其便捷的交通和市场经济背景下宽松的交易政策，经商之人越来越多，大小超市在各场点星罗棋布，经营的商品越来越丰富，老百姓吃、穿、用的日常用品，几乎在镇境内各场点都能购买。截至 2021 年 10 月，全镇的新店子、鸭池河、马鞍山、鸭甸河 4 个场点，有 200 余家常设铺面和不计其数的村寨小商店经营着各种商品，满足了境内人民群众的生产和生活需求。

八仙过海话东风

吴道兴

清镇市新店镇东风湖村与黔西市大关镇坪山村交界的鸭池河两岸，有8座山峰一字排列，清镇市境内7座，黔西市境内1座。千百年来，被人们誉为"八仙过海"。

八仙过海，是一个流传广泛的中国民间传说。八仙最脍炙人口的故事之一，最早见于杂剧《争玉版八仙过海》。相传白云仙长在蓬莱仙岛牡丹盛开时，邀请八仙及五圣赏花，回程时铁拐李建议不搭船各自想办法过海，成为后来"八仙过海，各显神通"或"八仙过海，各凭本事"的起源。后来，人们把这个典故用来比喻那些依靠自己特别能力而创造奇迹的故事。

八仙过海在清镇市新店镇东风湖村椒园村民组寨后的7座，前后相连，如且行且顾状；在黔西市大关镇坪山村清毕公路左侧路旁的1座，如追赶状。这隔河相拥的八座小山，人称"八仙过海"。相传，八仙云游至黔西城，寄居城内李员外家，常过鸭池河到清镇境内茶店村（明代赫声所城遗址）会仙寺与得道高僧会晤，亦曾游憩于黔西市境内鸭池河畔崖壁的八仙洞内修炼。八仙见此河段山河壮丽，说"此是福地，将来富不可言"。八仙驻足于黔西县（现黔西市）境内时，韩湘子月夜在李家花园吹箫。容貌端庄，体态优雅的李小姐，躲在花荫窥视偷听。青年才俊的韩湘子，吹箫中察觉朦胧月光下躲在花丛中的李小姐，一见钟情。两相爱慕，互诉情怀。相爱日久，情深意笃。就在八仙离别黔西云游他乡时，七仙已过鸭池河，韩湘子与李小姐依依不舍，缠绵缱绻，尚未过河。七仙为等韩湘子，延误时刻。此时雄鸡唱鸣，八仙遂幻化为八座小山，永留鸭池河畔。

河谷深切，不利农灌的鸭池河，伴随着改革开放的东风，终于迎来了蓬勃发展的生机。1984年12月，投资6.69亿元，在位丁新店镇鸭池钢绳吊桥上游1.3千米的八仙过海河段兴建水力发电站，经过中国水利电力第九工程局干部职工10年的艰苦奋战，于1994年建成装机容量51万千瓦的东风发电厂，后经改造增容，装机容量增为69.5千瓦，包括3台19万千瓦和1台12.5万千瓦混流式水轮发电机组。人们在生产生活中利用电力资源，享受着光明与温暖的时刻，永远铭记为建东风水电站光荣献身的中国水利水电第九工程局局长俞崇尚。

因建东风电站而形成的湖区，湖区库容10.25亿立方米，为贵州高原新增一座碧波荡漾的人工湖。东风电站的建成，始有东风湖之名。东风湖是贵州西线旅游风景区陆上通往百里杜鹃风景名胜区的必经之地，是通往织金洞、游湖观洞的黄金水道。沿湖两岸无峰不雄、无洞不奇、无壑不幽，是千里乌江富有诗情画意，最为奇秀的河段。电站大坝至黔西市新仁乡化屋基（化屋村，下同），湖面水域宽阔，水深100余米，是快艇冲浪、水上训练、潜水探险的理想胜地。朱家岩、化屋基上游，湖面沿三岔河、六冲河呈"丫"字形展开。顺着两湖汊分别往上游至清镇市与织金县交界的凹河、织金县与黔西市交界的洪家渡电站处，两岸都是岩壑交错，林木苍翠，天然植被完好，峰崖、险滩、飞瀑相互映衬，宜于游客春观花、夏戏水、秋醉叶、冬赏雪。四季美景，犹如一幅幅精美绝伦的山水画卷，被人们誉为"乌江源百里画廊"。东风湖的自然景观，既有秀美绮丽的景色，又有雄奇险峻的神韵。湖区沿景有手扒岩、猪蹄岩、马蹄岩、牛蹄岩、狗吊岩、羊子岩、罗圈岩、金字塔岩、凹河巨岩、笋子岩（一名天竺奇峰）、关刀岩、红岩等；溶洞有八仙洞、鲁纳大洞、高洞、哈冲洞等；奇峰有飞凤渡江（又名大鹏展翅）、八仙过海、船头山等。湖畔两岸悬崖峭壁之间，道道沟壑密布。青山幽谷，翠映湖面。湖山美景韵味无穷。奇峰异岩，岩景壮观。各有典故，各展神韵。马蹄岩留下"仙马登天留蹄印"的神话传说、天竺奇峰留下吴王剿水西的历史故事。船头山留下传说为唐朝大诗人李白描绘大山山势神韵的诗句："远望船头来势汹，碾碎山川气无穷。可惜玉带千年锁，含怨停泊在黔中。"凹河巨岩留下人们对东风湖湖山美景的赞美："凹字千年气势雄，古河万载遇东风。山穷水尽疑无路，柳暗花明景无穷。"

一生水文情

谌洪涛

退休多年，吴武生一直保持着这个习惯——没事就会到鸭池河边上走走，回想着曾在这条河上工作的点点滴滴。

1959 年，吴武生从武汉长江水利学校毕业分到贵州工作。1961 年，恰逢乌江水域资源开发，他被调至位于清镇市新店镇的鸭池河水文站工作，看水位、测水量、报水情，日复一日，年复一年，一干就是 33 年。在他的带领下，鸭池河水文站连续3 年被评上甲等水文资料，为全省的先进水文站之一，他也被水利部评为全国水文系先进工作者。

吴武生把自己的全部奉献给了水文事业，那些年，考虑到他的家庭情况，组织多次动议，准备调他到条件好点的地方工作，但都被他拒绝了。他的理由是：这里有我的事业，我不能离开。

如何观测水位、雨量？如何测验流量、泥沙？什么时候采用水位比降法、浮标法……如今，他尽管已经离开岗位多年，但这些工作在他口中仍如数家珍，甚至已经深深扎进了他的脑海。

33 年的工作中，他工作从未出过纰漏

吴武生是站里文化水平最高的，也是数据整理做得最好的。1996 年之前，雨量数据还没有实现自动传输。每年汛期，鸭池河水文站每天至少需要报汛一次。有时电话接不通，就需要有人在水文站和镇上邮局来回奔走，而吴武生主动挑起了这份担子。

"晚上准备睡觉时，看到外面天气骤变，就干脆不睡了。"吴武生表示，水文站的工作没个准点，一遇下雨，无论多晚都要立刻到河边测量数据。在防汛抗旱的关键时刻，他一边要带头测量，一边要整理测量数据，当天上报。

有一年雨季，一场暴雨袭来，鸭池河水位暴涨，电话也断了线，他拿着最新测

量的水文数据，马不停蹄地赶往镇上邮局。那时，从水文站到新店镇有条捷径：一条经过茶店近 20 里的泥泞小路，他最快走完只花了不到 1 小时。在邮局发报完后，他又立马赶回站里继续观测。

在吴武生看来，水文工作是水资源开发利用的"侦察兵"，其中全面、规范的资料呈现是帮助水资源利用的最好标准。那时的他一个月就要记下满满一本的大小"水账"，他对账目里的数据更是了然于胸。在水文站工作的 33 年里，他没有漏报、缺报过一次。

鸭池河作为乌江上游的重要干流，河流水量变化关系着下游临江而居的群众生命财产安全和企业生产安全。1987 年 5 月，下游乌江渡电站施工如火如荼，但上游的鸭池河水文站却观测到一股洪峰涌来。为了确保电站施工安全，上级要求站里每 5 分钟汇报一次水位。情况紧急下，吴武生等人直接将电话、发报机搬到了河边，实时汇报水位数据，为电站施工提供了有力保障。

退休前，吴武生的办公室里有 5 部电话，直线接通邮局、乌江渡电站和东风电站等单位。每年汛期，他的工作时间每天都在 12 小时以上，一次洪峰涌来就是 10 来天晚上不睡觉。现任鸭池河水文站站长陈兴安评价吴武生："他把家安在了站里，工作尽职尽责，从没出过纰漏。"

年轻人都害怕的测船，他第一个上去

水文人最不喜欢的两个工作节点：一个是下雨，一个是晚上。但水文工作与众不同的是，下雨的时候就是工作的时候，雨越大工作越忙，这也增加了工作危险。

受技术限制，20 世纪 80 年代的水文人测量河中央的河水流速时，只能通过人工划船到河中央进行。为了保障数据的一致性，这艘测量船的船头需要固定在一根钢丝绳上，只能左右移动。有一次，一场大雨如瓢泼般倾覆在鸭池河上，伴随河水倾泻而下的一些碎木、树枝拍打着测量船，许多年轻人都被这一幕吓白了脸。吴武生见状第一个走上了船头，带头拉着船往河中央划去。那时，一场洪峰的测量过程一般都要持续 2 个小时以上。年轻的水文人经验不足，在船上难以正常工作，吴武生就带头测量、记录，等回过神来，全身已经湿透，分不清是雨水还是河水。

在水文站旁边，有一个宽 20 余米的峡口，是通往测量点的必经之路。"每一次峡口跳跃都是一次豪赌。"吴武生回忆，涨水时，峡口会被河水淹没，最深的地方甚至超过 3 米。每当下雨要去测量点时，吴武生会拿着一根长长的竹竿，从峡口的一端撑跳过去。

1994 年，60 岁的吴武生离开了水文一线，但在他心里，仍然牵挂着鸭池河水文站的工作。更希望位于水文站上游的东风水电站能尽快投入使用，这样一来群众生产生活会更加方便，鸭池河水流也会趋于平缓。

时至今日，随着东风水电站的建成使用，鸭池河上再也没有出现过大的洪峰。昔日波涛汹涌的鸭池河畔，如今也变成了当地群众休闲娱乐的重要场所，而这一切离不开扎根在鸭池河边的吴武生，以及一茬又一茬水文工作者的共同努力。

对工作的态度，比对家人更用心

大多数人眼中，水文人是风雨中的逆行者、防汛抗旱的吹哨人，吴武生也用一生践行了水文人的坚守。妻子刘知英不免抱怨："吴武生对工作的态度，比对家里人更用心。"

水文是个危险的工作，当出现洪峰时，人们都会待在家里，或往海拔更高的地方撤离，但越是这时，水文人越要迎着洪峰而走，只为了掌握第一手的数据资料。贵州多雨，每年汛期是吴武生工作最忙的时候，有时候一天仅测量也要进行数十次，夜深时，漆黑的小路上常常会有一个提着马灯的身影快速地走向测量地点，而妻子只能在家里默默祈祷。

那时由于出身问题，吴武生一直感恩能有一份稳定的工作。他有 4 个孩子，由于水文站附近无学校，子女读书难，老大、老二早早从事劳动。1985 年，老大、老二在一座废煤井中不幸出了意外。孩子出事那天，吴武生还在办公室忙碌着，并坚持着整理完测量数据。他默默承受着悲痛，组织上动员他让妻子和儿女"农转非"，他以家人没有文化拒绝了。

后来，上级认为他年龄已大，不适合在水文站里，他对领导说："现在组织信任我，就让我多干点吧。"

退休后的吴武生，一直住在鸭池河畔，一旁就是当年的水文站旧址，只不过现在改为了生活用房，房屋旁是他经营的一块菜园。

吴武生如今闲暇之余，总会到河边走走，眼神中有怀念，也有欣慰。怀念的是那些年工作的艰辛与不易；欣慰的是现在鸭池河水文站有了新的办公场所，雨量、流量等都实现了机械化、自动化操作，可以自动上传，水文人再也不用冒着危险采集数据了。

作者简介

谌洪涛，男，贵州织金人，军队转业干部，现任贵州省水文水资源局三级调研员。

"大山" 的风采

——记都匀军分区副司令员杨文义

朱淑因

    40 年的军旅生涯，把一个从偏僻小山村走出来的农家细伢，锻造成一位与大山齐名的"司令员"。他就是贵州省都匀军分区副司令员杨文义。

    慕名而来的我，很快被这座"大山"的风采吸引。

    时间回到 1944 年的 10 月 31 日，贵州省清镇县新店子镇茶店村一片金黄，丰收的喜悦，像漫山遍野的野菊一样，在人们的脸上、心间怒放。傍晚，一阵响亮的婴儿啼哭声，从杨姓人家的屋顶飞出，穿入红透半边天的霞光里。那天，是都匀军分区副司令员杨文义的生日。

    在新中国的阳光雨露滋养下，1960 年，毕业于清镇茶店小学的杨文义，即将成为一名建设祖国的钢厂工人。可刚进厂时，领导就为工种分配犯难。毕竟只有 16 岁，当车工身高不够，当钳工力气不足。想来想去，最后决定让他担任送信件、报纸的通信员。不承想，这名身体尚处发育期的少年，却有着保家卫国的壮志豪情。次年 8 月，当得知台湾将反攻大陆的消息时，他毅然放弃省会城市工人的优厚待遇，义无反顾，同 100 名工友一道跨入中国人民解放军行列，成为一名光荣的人民解放军战士。

    刚入伍时，杨文义是营部通信员，但很快就当了班长。杨文义所在的部队，位于云南的中老（中国、老挝）边境。当时，逃到境外的国民党杨老中队残匪，经常潜入国内袭扰村寨，抢夺粮食和物资，砍电杆割电线，甚至袭击乡政府，绑架干部，制造纵火、爆炸之类的恐怖事件。

    身为班长的杨文义，看在眼里急在心里。为迅速提高杀敌本领，在他的个人作息表中，除了吃饭和睡觉，就是练！练！练！超出常人的射击练习，将他的手肘磨得皮破血流，痛得即使白天累散了架，晚上也无法安然入睡。可他仍咬紧牙关坚持练习，仅采取训练时将衣袖放下来，避免与地面直接摩擦。睡觉时用棉被垫着血肉模糊的手，减轻与床铺接触时的钻心疼痛。

梅花香自苦寒来。经过一年的磨砺，他不仅在全排射击、投弹、班排战术综合技能比赛中名列前茅，还获得了特等射手的称号。并在部队每天40公里的急行军和野外生存能力的拉练中，充分展现出革命军人无坚不摧的优秀品质，并光荣地加入了中国共产党。

1965年10月，是杨文义入伍的第4年，也是他连续被评为五好战士的第4个年头。解放军这所革命大学校，已将这名农家少年，培养成一名政治合格、军事过硬的指挥员，他挑起了边防一排（下称前哨排）的重担。杨文义身先士卒，带领前哨排迈出了"坚守在前、冲锋在前、奉献在前"的铿锵步伐。

任前哨排排长的第三年，因连队任务变化，前哨排承担了全连站岗巡逻任务。40公里长的边防线，人迹罕至、崎岖难行，且气候十分恶劣。巡逻时，不是被倾盆大雨洗礼，便是被烈日暴晒，还要时刻警惕和扼制敌方的异动。在骤然下达的艰巨任务面前，杨文义一往无前，带领前哨排勇敢战斗，奋力守卫祖国南大门一座座坚强而厚重的界碑！

前哨排的巡逻线上有近20个界碑，每次巡逻，杨文义都要带领战士，先向界碑敬上一个庄严的军礼，而后再细心地用红油漆，把中国国界标识，一笔一画地描写得格外鲜明。最后还要将界碑有无移动、受损的检查结果，详细地写进巡逻日记。

除了常规巡逻外，前哨排还经常承担有敌情背景的突击性巡逻，以及伏击、围歼敌特分子任务。为及时发现敌情，前哨排配合边疆工作队深入边境村寨帮助村民干农活，发动群众监视敌特动态、宣传我方的政策及优势。

1968年，在我方的军事打击、政治攻势和人民战争的天罗地网合围下，损失惨重的国民党杨老中队残匪，惊恐万状地向我方乞降。为防止敌特诈降，保护我方人员生命安全，在敌我双方两次谈判和最终缴械投降的一周内，杨文义带领前哨排前后进入指定地点潜伏3次。

长期潜伏，是常人难以想象的艰巨任务。为了不暴露目标，潜伏在阵地中的前哨排，必须一动不动地匍匐在临时用铁铲铲出的掩体中。任凭潮湿的泥土将衣裤浸得湿漉漉地裹在身上，猖獗的蚊虫在身上恣意叮咬，更为可怕的是，还有一条条约6厘米长的干蚂蟥，蹬鼻子上脸地吸血，甚至于钻进裤裆里吸血。不仅如此，每天还只有一餐饭，由乔装种地的村民做好捎上山。如不巧碰上村民家缺粮，或有要事外出，就只能忍饥挨饿。

在如此艰难困苦的条件下，前哨排共潜伏8次，每次潜伏时间都在7小时以上，有时一次潜伏就三天三夜！

圆满完成 13 名蒋残匪帮的受降任务后，前哨排共收缴入库美式枪支大卡宾、小卡宾 13 支。受降任务的成功，在国内外产生了重大的政治影响。中央军委和云南省思茅军分区党委分别通报表彰前哨排，《云南日报》还对前哨排卫国戍边的英雄事迹，进行了专题报道。

　　1983 年，是杨文义守卫祖国边防的第 22 个春秋。年近四旬的他，被调回贵州省军区，任都匀军分区副参谋长（后任参谋长）。那段时间，贵州铁路沿线管理秩序混乱，不但扒窃列车事故时有发生，甚至在都匀杨柳街和墨冲地段，还连续发生两次列车爆炸的恶性事件。铁路交通"谈黔色变"，只要靠近贵州地段，列车车厢就会紧急响起"请大家关闭车窗，注意人身和财产安全"的通知。随即各车厢列车员就会紧张地一边检查门窗，一边提心吊胆地盯着窗外动态，旅客们更是害怕得连说话都不敢高声。

　　为确保国家和人民的财产安全，贵州省在全国率先组织民兵成建制地，担任铁路护路任务。兼任黔南州铁路护路、领导小组副组长的杨文义，当仁不让地承担起维护黔南州境内约 700 公里铁路线的组织领导任务。他亲率都匀军分区及铁路沿线武装部人员，到各重要桥梁、隧道、关隘勘察，建立执勤点，严厉打击爬车盗货、破坏铁路设施的违法行为。

　　此外，还每周突击检查、处理沿线执勤点民兵的在岗和枪支管理情况，防患于未然。铁路沿线执勤点的检查本上，不仅有他每次检查处理情况的详细记录，还有他的亲笔署名。

　　杨文义对都匀军分区及铁路沿线军分区的坚强有力管理，确保了贵州省铁路无一例事故发生，终结了铁路交通"谈黔色变"的历史，得到了省委、省政府、省军区的表彰奖励。国家铁道部还将贵州树为全国先进典型，召集全国分管铁路的军、政领导近千人，到贵阳市参加全国铁路护路经验交流会。

　　1985 年，杨文义受命组建预备役部队任务，任都匀预备役师参谋长。为满足未来战争快速动员的需求，杨文义陪同省军区首长一行三人，深入独山县调研，总结出专业技术兵代编代管、层次训练法、五步训练法、快速动员机制等经验做法。其中，杨文义提出的"层次训练法"，受到成都军区、省军区的充分肯定，在预备师进行了全面推广。中央军委总参动员部还编入《预备役部队训练大纲》，并拍摄成录像，在全军预备役部队推广。

　　1991 年，成都军区预备役部队军事训练现场会在都匀预备役师召开，大会表彰了都匀预备役师取得的成果。之后，都匀预备役师还在国防部组织的全军预备役部队建设考核验收中，取得总分第二的优异成绩。

1986 年，是杨文义离家当兵的第 25 年。春耕前的一天，他刚下班，清镇县政府领导及新店子供销社主任一行三人，便找到他家中，愁眉苦脸地对他说，"清镇的化肥非常紧缺，农业生产已受到严重影响。都匀剑江化肥厂有化肥，但我们无指标，多次协调都拿不到，只好来请您帮忙，给化肥就是给粮食"。那年，是杨文义调任预备役参谋长的次年，组建预备役师部队的任务十分繁忙。且因化肥对提高农作物产量的作用显著，即便高出计划价 2 倍，市场上也不容易买到。更何况，清镇的需求量在千吨以上，这对杨文义来说，无疑是另一个硝烟弥漫的战场！

"国以民为本，民以食为天。"杨文义深知这是关乎家乡人民温饱的大事，于是，他在政策允许的前提下，先后协调多个主管部门，打通各个环节，并亲自到剑江化肥厂与厂长面对面沟通协调，最终帮助家乡申请到 2100 吨化肥，及时解决了当地群众缺少化肥的老大难问题。

写到这里，我忽然想起一句话："哪有什么岁月静好，只是有人替你负重前行"。杨文义无疑就是那位负重前行的人。

作者简介

朱淑因，笔名兰心涟漪，系贵州省作家协会会员、省写作学会常务副秘书长。

历史传闻

　　党的十八大以来，习近平总书记多次强调学习历史的重要性，明确指出"一个民族的历史是一个民族安身立命的基础"，强调"历史是最好的教科书。学习党史、国史，是坚持和发展中国特色社会主义、把党和国家各项事业继续推向前进的必修课"，"对我们共产党人来说，中国革命历史是最好的营养剂。多重温我们党领导人民进行革命的伟大历史，心中就会增添很多正能量"，要求领导干部"要多读一点历史，从历史中汲取更多精神营养"。

　　本篇共收录《抗英名将郭超凡》《寻迹诸葛孔明》《踏访簸箕陇古城》等12篇文章，主要依据地方传闻、书籍记载等进行挖掘、丰富，把地方历史传闻故事丰富饱满，用文字记载留存。历史总是要前进的，历史从不等待一切犹豫者、观望者、懈怠者、软弱者。只有与历史同步伐、与时代共命运的人，才能赢得光明的未来。

新店变迁

兰道宇　刘　兴

新店镇地处苗岭山脉北坡的黔中腹地，贵阳市西北角，清镇市西北部，乌江南源三岔河鸭甸河段东岸，乌江干流鸭池河南岸。位于北纬 26°44′～26°53′，东经 106°02′～106°17′。东连暗流镇、王庄布依族苗族乡，南接流长苗族乡，西、北分别与织金县、黔西市隔鸭甸河、鸭池河相望。镇人民政府驻今鸭池河村，距清镇市人民政府驻地约 60 千米，距贵阳市人民政府驻地约 66 千米。辖区东西最长距离约 16 千米，南北最长距离约 17 千米，总面积约 142 平方千米。有"湖乡煤海""果蔬之乡"的美誉。

一、 历史沿革

新店镇境很早就有人类居住、活动。殷周时期属鬼方。春秋时期属牂牁古国。战国时属夜郎国。汉代属牂牁郡。据《水西简史》记载，勿阿纳开疆拓土，奠定水西基业。约在春秋至汉朝时期，在彝族"六祖"分支以后，其中的慕克克一支和慕齐齐一支往贵州方向迁徙。至慕齐齐的 20 世孙勿阿纳时，已经是公元 25 年前后。勿阿纳在贵州境内开疆拓土，在赫章、毕节、大方、黔西和贵阳、黔南、黔西南等一大片地区建立起以大方为中心（水西地区）的地方统治政权，史家简称为"方国"，彝文史籍称之为"慕俄格君长"，是后来罗甸国和罗施国（罗氏国）的前身。至 2020 年，约 2000 年历史。据《大定府志·旧事志三》记载，阿纳者，闷畔君勿之少子，不容于其兄嫂，徙居于南广之鹿里，今镇雄是。既而强盛，乃帅其部族沿延江东侵，至鳖之夹水，保焉，今鸭池汛是。已而入晋乐，夷语谓之更糯，即今贵阳也。据《大定府志·夷书 12 则》记载，勿阿纳初在裸里卜宅，后家于鸭池（原

注：今赫声所）。又在姑糯箐，亦家焉。姑糯箐亦名黑羊箐（今贵阳市）。说明镇境六慕则溪化那目建立较早，实行土司制。宋代，为罗施国六慕则溪化那目。元代为亦溪不薛（水西）宣慰司六慕则溪化那目；元代曾经在鸭池河一带短暂设置鸭水县，镇境属之。明崇祯三年（1630 年），削水西水外六目之地，曰阿戈地（原注：安平界）、龙尔地（原注：即龙里。误）、龙夜地（原注：即洛阳小蛇场，属清镇）、底飞地（原注：即修文）、化那地（原注：即大、小蛇场，在清镇）、引枼遮勒（原注：即镇西卫），镇境设置镇西卫赫声守御千户所，在卫北，治今清镇北之鸭池，水西之化那也。清康熙二十六年六月二十二日（1687 年 7 月 30 日），裁卫建县，设清镇县，下辖清、定、安、镇四里，镇境兼属安里、镇里。民国时期设区，多次变更管辖范围和名称，镇境置六区，又更名为四区，再更名为三区，主要辖化龙、鸭池等乡，下设保、甲。后，因为清（镇）毕（节）公路开通，新的集市集中出现一批新开的店子，产生了新店子的地名，简称新店。

1949 年 11 月 15 日，清镇县解放；同月，建立清镇县人民政府，在镇境设五区，驻蒙家寨。1951 年，废除保、甲建制，设置区、乡、村。1952 年，撤销区级政府建制，改设区公所，驻新店，称新店区公所，新店正式作为行政区之名，载入史册。1953 年，镇境新店区陆续设新店、茶店、蚂蝗、归宗、鸭池、大坝、韩家坝、花河、蒋家院、马鞍、化龙、大兴、王寨、鸭甸 14 个乡。1958 年 9 月，撤销区公所建制，镇境设新店人民公社及新店、茶店、鸭池、韩家坝、化龙管理区。1961年，恢复新店区公所，镇境设新店公社、鸭池公社、韩家坝公社、化龙公社。1984年 7 月，新店区辖人民公社更名为乡，生产大队更名为村，生产小队更名为村民组，有新店乡、鸭池乡、韩家坝乡、化龙乡等。1991 年 11 月，开展建镇并乡撤区，建立新店镇，镇人民政府驻新店，辖 40 个村、220 个村民组，9 个居民委员会。有汉、苗、布依、彝、仡佬等民族。总户数 11964 户，总人口 53706 人。其中非农业人口9418 人，占总人口的 17.5%；少数民族人口 9307 人，占总人口的 17.3%。少数民族主要有布依族和苗族。人口密度为每平方千米 378 人。

1992 年，朱家岩村，河头村河头、桥边、花滩、红岩 4 个村民组属东风湖水淹区，移民迁往红枫湖镇境内，设置芦猫塘村，新店镇行政村变为 38 个。1998 年，中国水利水电第九工程局的 7 个居民委员会迁出，新店镇居民委员会变为 2 个。2007 年，镇人民政府从新店迁驻徐家沟村曾家寨。2013 年 9 月，清镇市行政村规模调整，新店镇原有 38 个村调整为 21 个村；同时，因徐家沟村并入鸭池河村，镇人民政府驻地变更为鸭池河村曾家寨。截至 2020 年年末，全镇有桃子坝村、新店村、银杏村、大寨村、归宗村、风字岩村、蜂糖寨村、王寨村、鸭甸河村、中坝村、永和村、方家寨村、鸭池河村、东风湖村、三合村、茶店村、马鞍村、化龙村、老鹰山村、大麻窝村、岩湾村等 21 个村，新店、东风 2 个居委会。全镇总人口有户籍人口 1.74 万户 6.3 万人。其中汉族 5.25 万人，苗、布依、彝、仡佬、回、蒙古、藏、维吾尔、壮、朝鲜、满、侗、瑶、白、土家、哈尼、哈萨克、傣、黎、傈僳、佤、畲、高山、拉祜、水、东乡、纳西、景颇、土、仫佬、羌、毛南、锡伯、阿昌、京等 35 个少数民族和未定族称的穿青人共 1.05 万人。

二、 自然资源

新店镇自然资源丰富。镇境属于岩溶发育强烈地区。地势中部和东南部较高，西部和北部鸭池河河谷地带低。鸭池河峡谷深切，地貌形态以山地为主，最高山峰营盘山，海拔 1488.2 米；最低银杏村铁锁屯，海拔 864.5 米。山地占 57%，丘陵占 30%，谷地、洼地占 13%。新店、化龙一带以岩溶丘陵为主，间有少量山地、洼地、谷地。岩溶发育，地面破碎，海拔为 1200～1300 米，丘峰、残丘、洼地、漏斗星罗棋布，地下暗河溶洞十分发育，地表河流少，仅局部有少量接触泉（如新店冒沙井）和断层泉（如化龙龙洞）。

气候随地势高低不同，差异较大。全镇年平均气温约 14℃，无霜期 275 天，年相对湿度为 77% 左右，平均年日照时数为 1200～1250 小时，年降雨量 1360 毫米。鸭池河谷地带，年均气温 14.7℃，无霜期 287 天，大于或等于 10℃的天数 231 天，新店、化龙一带年均气温 14℃，无霜期 278 天，大于或等于 10℃的天数 223 天。平均年日照时数为 1200～1250 小时，年平均降雨量 1091.8 毫米，比市域东南部地区偏少 15%～20%。

全镇由两河两湖环绕，上游是乌江南源三岔河鸭甸河段，下游是乌江干流鸭池河。鸭池河，境内长 10.5 千米，年均流量 350 立方米/秒。1994 年 4 月，因东风电站落闸蓄水，鸭甸河、鸭池河一段成为东风湖景区；东风湖地处清镇市与织金县、黔西市之间，水路全长 60 千米，水面最宽处 250 多米，最窄处 70～80 米，水域面积 19.7 平方千米，蓄水量 10.23 亿立方米；分北、南、西 3 个湖区，主要景点在北湖区；远观山色，雄奇险峻，神态各异，多姿多彩；沿湖溶洞，千奇百怪；岩壁图案，异常精美，有"小三峡"和"乌江源百里画廊"之美称。东风湖大坝之下的鸭池河，因修建索风营电站而成为索风营湖，简称索风湖，水域面积 5.7 平方千米，在清镇市与黔西市之间的湖区，面积 2 平方千米。主要景点有老街古渡口、犀牛望月、奇谷筲箕湾、姚家洞等。

镇境较大的水利工程有天生桥、八耳洞、慈姑冲3个小水库，库容60万立方米。过去，全镇约有20%的人口和牲畜，每年冬春缺水3~5个月，影响当地农业生产和农村居民生活。1992—2005年，先后在破头山、冒沙井、花滩等处修建5口蓄水池，在龙井、学田、下坝、邵家院等处修建5个山塘，蓄水量50万立方米，有效灌溉面积90公顷。投资240多万元，维修2座小Ⅱ型水库，兴修小水窖和封闭式蓄水池2500余口，建设农村人畜饮水工程42处；为13个村寨安装自来水，受益人口达1.49万人。投入资金7万余元，完成山塘整修5个，渠道整修2.8千米，使100公顷稻田灌溉得到改善。"十一五"期间，投入水利工程建设资金522万元，修建小水池1600口，整治维修山塘水库4个；完成方家寨、大麻窝、田坎、徐家沟、韩家寨等5处饮水安全工程；完成岩湾集雨灌溉工程和方家寨渠道建设工程。截至2010年，境内水库、山塘、大型水池，蓄水量110万立方米；小水窖和封闭式水池4100口，人畜饮水工程46处。有自来水厂1座，生产能力2400吨/日，主要供集镇区企事业单位和居民用水。"十三五"期间，新店镇实施城乡供水一体化项目，共投入资金2693.5万元配套管网改造工程，至2020年，新店镇供水涉及21个村6.3万人，全面实现自来水供水全覆盖，几千年来存在的吃水困难问题彻底解决。

新店境内有大麻窝林场、田坎林场、韩家寨林场、牛坡林场、蜂糖林场、老班寨林场等森林资源。

境内地下矿藏主要有煤。已探明鸭池、鸭甸一带蕴藏有丰富的煤矿资源，储量达4.9亿吨，具有无烟、层厚、热高、易开采等特点，是清镇市主要的产煤区。

三、 基础设施建设

新店镇基础设施完善，交通优势明显。在清镇市，新店镇首屈一指的是城镇建设。在明崇祯三年（1630年），镇境建有两城。一为赫声所城，在今茶店村坡上，周七里三分（3500余米），高一丈八尺（6米），为毛石砌城，有东、南、西、北四门及小南门5个门。一为簸箕陇城，在今王寨村簸箕陇坡上，周三里三分（1500余米），高一丈五尺（5米）。簸箕陇境极偏僻，建此城时，专为防守簸渡河。

新店镇是毕节市与贵阳市交通的必经之地，故称贵阳市的西大门。原有321国道清毕公路（004县道）由南向北穿过镇境。2004—2006年，贵阳、清镇两级市政府投入资金493.39万元，修建新店至下归宗、风字岩至大兴、牛坡至教场、马场至化龙等贫困村公路 34.67 千米；投资 1237 万元，改造代书田至龙洞通村公路 8 千米、新店至鸭甸公路 14 千米。"十一五"期间，投入道路建设资金 635.7 万元，硬化 34 个村通村公路 53.6 千米；投资 385 万元，实施"一事一议"财政奖补项目，硬化进组路 30 千米，硬化串户路 99 千米，全镇交通条件大幅改善。截至 2020 年，全乡有乡村公路 41 条，公路里程 134 千米。以 004 县道为支撑，村村通公路的乡村公路网络已经形成。建有鸭池河客车站 1 个，2020 年客运总量 50.4 万人次。

跟随贵州交通建设步伐，新店镇的交通更加方便快捷。2016—2021 年，新店镇奋力突破交通"瓶颈"，贵黔高速东风湖互通顺利通车，S211 道路（原 004 县道）改扩建工程新店段 16.7 千米道路投入使用；全长 3.7 千米的鸭池河村至岩湾村沿河大道和人行道已投入使用；旅游大道完成施工，投入使用。修建通村路 111.1 千米、通组路 43 千米。从镇政府驻地至成贵高铁清镇西站 20 多千米，林织铁路在镇境内设有站台，经贵黔高速至省会贵阳，车程只需 50 分钟。

新店镇依托两河两湖，发展小运输量的水运交通。在东风湖，修建鸭甸河码头、椒园码头，乘船可到达凹河、织金洞等地；在索风湖，修建鸭池河老街码头，乘船可到修文县境。有多条公路通往两湖湖区，形成了便捷的水陆交通网。截至 2021 年，新店已经形成公路与水路相通，高速公路与村组道路相连，铁路与高铁互补的交通网络，交通不便成为历史。

尤其让人称奇的是，吊桥、公路桥、高速公路特大桥、高铁特大桥等各式桥梁跨越鸭池河，形成一道道独特而美丽的景观，成为人们观赏的风景。回顾历史，鸭池河上存在的竹索桥、铁索桥、浮桥已渐行渐远。今天，鸭池河"桥"见贵州，一部生动的"贵州桥梁史"呈现在鸭池河上，生动再现了贵州省桥梁发展变化的千年历史。

供电变化，造福人民。1973 年建鸭甸河电站，后被东风湖淹没，镇境改由国家电网供电。1991 年末，全镇通电的村 21 个，占总村数的 55.26%；通电的户 4403 户，占总户数的 38.6%。1999—2005 年，全镇 38 个村有 27 个村完成农网改造，占总村数的 71.05%。"十三五"期间，对全镇电网进行升级改造，争取市供电部门支持，投入资金 4800 万余元，完成了 21 个村的农网改造。至此，全镇 21 个村均实现一户一表，城乡同网同价。

电信设施，服务群众。至 2021 年，境内建有移动电话信号接收和发射机站共189 个，其中中国移动 53 个，中国联通 95 个，中国电信 41 个，已实现移动电话信号全覆盖。电信企业 1 家，服务网点 2 个，电话交换机总容量 3360 门，固定电话用户 2000 多户，宽带接入用户 2618 户。截至 2021 年，有广电云宽带用户 3159 户；

邮政网点 2 个，单程平均 8 千米，无投递点，全由投递员投递，乡村通邮率 100%。

投资 12 亿元的鸭池河滨水温泉旅游特色小镇项目（一期）建成并进行试运营，因疫情及投资方原因，现停止运营，拟通过招商引资进行资产盘活。总投资 5.4 亿元的清镇市"天空驿站"鸭池河大桥桥旅融合示范区项目，正在进行规划调整及财务数据测算。

四、 经济发展概况

经济发展，稳步推进。1991 年，新店镇农业总产值 2119.22 万元。其中，种植业 1600.58 万元，占 75.53%；林业产值 10.43 万元，占 0.49%；牧业产值 494.97 万元，占 23.36%；副业产值 10.84 万元，占 0.51%；渔业产值 2.4 万元，占 0.11%。农作物播种面积 4460 公顷，复种指数为 179.10%。主产玉米、豆类、水稻、小麦、烤烟、油菜籽。粮食总产量 8215 吨。其中，水稻总产量 876 吨；玉米总产量 5158 吨；油菜籽总产量 1497 吨；烤烟总产量 578 吨。

鸭池河畔，最适宜种植次早熟蔬菜、水果和名贵中药材。新店镇建镇 30 年来，以"优烟、丰果、扩蔬、增药"为抓手，按照"一村一品"及"多村一品"产业规划，做大做强"烟果蔬药"四大产业。全镇年均蔬菜种植面积保持在 800 公顷；以蜂糖、大兴、龙洞、化龙、王家寨、教场等地为中心，完成烤烟坝区规划工作，累计修建烤烟连片烤房 90 间，修建烟水配套工程 8 个；在马鞍、代书田、大营等地种植凯特杏 333.3 公顷，酥李 400 公顷；投入资金 5 万元，争取贵阳市项目资金 29 万元，修便道 3 千米、金银花烤房 2 间，购置烘干设备 2 套，形成以下归宗为中心，包括上归宗、大寨、小寨、王家坝等地的金银花中药材种植基地 233.3 公顷。鸭池河酥李，已经成为国家地理标志保护产品——清镇酥李的典型代表。

粮食作物以玉米、水稻为主，小麦、豆类次之。主要经济作物有烤烟、油菜籽、蔬菜、水果、中药材。2010 年，播种耕地 2174 公顷，其中水田 322 公顷，旱地 1853.3 公顷。农作物总产量分别为：粮食 1.6 万吨，烤烟 715 吨，油菜籽 375 吨，蔬菜 4.33 万吨，水果 2810 吨，中药材 74 吨。许多经济作物实现从无到有，为农民增收增加了新的增长点。2021 年，全镇粮食播种面积 3625 公顷，粮食总产量 14595 吨。

畜牧业以生猪、大牲畜（役用牛、肉牛）、肉鸡养殖为主。1991 年末，牲畜存栏：牛 5209 头，马 452 匹，生猪 9171 头；肥猪出栏 1.01 万头；肉类总产量 957 吨，全镇人均占有 18 千克。2010 年末，生猪出栏 2.16 万头，生猪存栏 1.94 万头，大牲畜存栏 4984 头，肉鸡出栏 20.7 万羽。截至 2021 年年末，生猪出栏 1.89 万头，生猪存栏 1.64 万头，大牲畜存栏 3825 头，肉鸡出栏 45.44 万羽。

农业项目建设不断推进。截至 2021 年，新店镇总投资 6.8 亿元的清镇市龙井火光互补农业光伏电站项目，总投资 3520 万元的贵阳禹良农业发展有限公司自动化生态循环养殖建设项目正在稳步推进。总投资 2000 万元的韭黄种植基地建设项目已通过市级验收，准备投产。

农业产业结构调整成效显著。2016—2021 年，新店镇利用镇农业科技服务中心的人才优势，扶持正常运行专业合作社 35 个。全镇累计完成农业产业结构调整 1913 公顷，大力发展元宝枫、酥李、桑葚、刺梨、茶叶、金银花、辣椒等特色优势产业，全镇农业总产值从 2016 年的 3.97 亿元上升到 2020 年的 5.51 亿元，一产增加值从 2016 年的 2.25 亿元增加到 2021 年的 3.243 亿元。

工业发展，转型升级。新店镇煤炭开采历史悠久，早在 20 世纪 30 年代，鸭池河等地就有土法开采煤矿。由于煤炭是人民生活的必需品，在 20 世纪 80 年代至 1995 年前，煤炭开采遍地开花，除乡镇办的煤厂外，产煤区的群众为解决取暖问题，一到冬天便组织人员开采，煤厂数量有数百个。1991 年年末，新店镇乡镇集体企业有鸭池水泥厂、鸭池煤厂、化龙电站。全年乡镇企业总产值 1749.4 万元，其中，工业企业总产值 1493.3 万元。

2010 年，根据国家产业政策，经过多次整顿和扩能技改，新店镇建成明锦、茂源、沙子坡、齐兴等原煤开采企业 4 个，其他工业企业有鸭池（大坝）水泥厂、清新矿泉水厂、岩泉矿泉水厂、新店加油站、东电加油站、新王供电所、大坝砂厂、李坝砂厂、宏运砖厂、贵兰包装厂、泰昌面业等 11 个。国家大（二）型企业东风发电厂驻境内。2010 年，完成发电量 17.3 亿千瓦时，创产值 4.56 亿元；规模以上工业企业完成工业总产值 5.33 亿元，比 1991 年增加 5.18 亿元，增长 34.7 倍。2016 年至 2021 年，规上工业增加值累计完成 37.76 亿元。2021 年，规上工业增加值 6.44 亿元。

境内贸商，历来繁荣。鸭池河老街有"小荆州"之号，还有茶店、化龙等集市。1991 年建镇时，先后有新店、鸭甸、化龙、马鞍山 4 个农村集贸市场。2004 年 10 月，根据鸭池河贸易及人流状况，建设了规模较大的鸭池河农贸市场。2005—2009 年，在 1000 人以上的村建成"万村千乡"农家店 28 个。截至 2021 年末，境内共有农贸市场 5 个，村级农家店 37 个，实现社会消费品零售额 1.15 亿元。

2016—2021 年，新店镇经济运行稳中有进，综合实力不断增强。坚持发展为先、发展为要，聚力项目投资、产业发展等重点工作，加强经济运行调度分析，优化营商环境，主要经济指标稳中向好。财政总收入完成 8866 万元，地方财政总收入完成 3857 万元，固定资产投资累计完成 31 亿元。招商引资累计完成到位资金 9.47 亿元。全镇农民人均可支配收入从 2016 年的 13101.85 元上升到 2020 年的 18198.4 元，逐年增长 10% 以上。培育地方特色产品马鞍山面条、鸭池河酥李等。

五、 科教文卫事业

文化建设，健康发展。多措并举，多管齐下，文化事业全面进步。诚信文化、红色文化、民族文化等传承创新，现代公共文化服务体系逐步完善。截至 2021 年，全镇共建有基层文化站点 21 个，服务对象 3 万余人。修建及提升改造文化广场 26 个、篮球场 12 个，完成村文化长廊建设 13 个。名胜古迹赫声所城墙遗址、簸箕陇城池遗址、鸭池古渡、古驿道、郭超凡故居、老班寨石碉等，得到有效保护。

1985 年 5 月，境内电视差转台建成，开始转播贵州电视台节目。1991 年年末，文化设施有电影院 1 个。1999—2000 年，实施"村村通"广播电视工程建设，全镇 38 个村村委会所在地通广播电视。"十一五"期间，逐步实施广播电视"户户通"工程，主要采用直播卫星方式解决农村群众收听广播收看电视问题，广播电视入户率为 90%。截至 2021 年年末，除马安村外，实现了广播电视入户全覆盖。

挖掘红色文化，讲好新店故事。1936 年 2 月，任弼时、贺龙、关向应、萧克、王震率领的中国工农红军红二、红六军团经过镇境，出现了"搭起浮桥送红军"的热烈场景，体现了红军与人民群众深厚的鱼水之情。1950 年，解放军进行老街保卫战，战斗了七天七夜，保卫了人民群众的生命财产，留下了"保卫鸭池河"等故事。近年来，新店镇充分挖掘历史传承和红色故事，梳理出《红军长征过新店》《解放军强渡鸭池河探寻》等一批红色史实资料，利用网络平台进行连载宣传，编纂《红流——鸭池河畔春来早》，讲好新店故事，传递新店声音，传承红色基因，进一步提升乡村文化，丰富百姓业余生活。深入开展新时代文明实践活动，实施"百姓院落种文化工程"，打造了一条"新时代文明实践特色墙体、院落文化宣传之路"，引导群众积极参与到庭院整治、乡村美化和院落文化建设中来。推进移风易俗，乡风更加文明。以鸭池河村红色美丽村庄试点建设为契机，把乡村旅游与美丽乡村建设有机结合起来，大力发展红色旅游，推动红色资源、红色文化与生态资源优势等相结合，助推乡村振兴。

教育事业，提速升级。1991 年年末，镇境有普通中学 1 所，小学 42 所，厂矿办子弟学校 1 所，共有在校高中学生 316 人，初中学生 1843 人，小学生 7508 人。2009 年，顺利通过"两基"迎"国检"。2016—2021 年，累计投入资金 3388 万余元，极大地改善了全镇的教育环境。完成新店小学、鸭池河中学、三合村幼儿园、归宗村幼儿园、化龙村幼儿园、鸭甸河幼儿园等 6 所学校（幼儿园）改扩建并投入使用，新增学位 1800 余个。建立归宗教学点留守儿童之家，完成新店幼儿园和东风幼儿园资源中心建设。成立"尚学之家"助学金，累计募集 150 余万元资金，资助学子 413 名。累计协调各类社会资助资金 320 余万元，累计资助学生 2600 余人。截至 2021 年年末，新店镇有幼儿园 12 所（含 5 所民办园），在园幼儿 1481 人，专任教师 98 人。有小学 8 所，在校生 3639 人，专任教师 149 人。小学适龄儿童入学率 100%，小升初升学率 100%。初中 2 所，在校生 1242 人，专任教师 93 人，初中适龄人口入学率 100%。同时，化龙小学入选全国百年老校。

卫生事业，全面发展。1991 年年末，镇境有公立卫生院 1 个，乡镇集体所有制医疗点 3 个，厂矿职工医院 1 个，共拥有病床 123 张，卫生人员 137 人。2016—2021 年，新店镇完成镇中心卫生院提升改造并投入使用。2021 年，新店镇医疗机构完成诊疗 4.1 万人次，住院手术 226 台次，住院病人 1728 人次；法定报告传染病发病率为 23 人次；农村安全饮用水普及率 100%；农村卫生厕所普及率 92.3%；完成合作医疗收缴 43293 人，完成率 102.8%；累计接种疫苗 43088 剂次。截至 2021 年末，新店镇有各类医疗卫生机构 33 个。其中镇卫生院 1 所（包含计生医疗机构 1 所），村级卫生室 31 个，病床 89 张。专业卫生人员 90 人，其中副主任医师职称 3 人，主治医师职称 4 人，执业医师职称 7 人，执业助理医师职称 21 人，注册护士 26 人。

体育事业，蓬勃发展。新店人民历来爱好体育运动，特别是篮球运动，建镇以来曾多次组织参与清镇市的各类比赛，均取得了不错的成绩。2015—2019 年，春节期间，在镇党委政府的组织下，连续举办了 5 届贵阳市百村农民篮球赛清镇市分赛场比赛。同时还开展了拔河、象棋、滚铁环、乒乓球、羽毛球、陀螺等项目比赛，吸引了大量的群众参与和观看，既丰富了春节过节气氛，又增加了全镇老百姓之间的交流，增进了全镇老百姓之间的感情，让全镇老百姓获得感、幸福感大大增强。目前镇境内有老年体育运动协会 1 个，会员 400 人。

六、 社会建设

创新模式，精细治理，社会治理，走深走实。自 1991 年以来，新店镇坚持和发扬新时代"枫桥经验""四改四破"工作法,助推基层治理工作上台阶。2016年以来,建立"1个微信服务号+21个村民微信群"为主要架构的"蜂巢智慧云"平台,开辟党建引领基层治理新路,深入推进"一中心一张网十联户"工作,建立矛盾纠纷三级排查调处化解机制,针对历史信访积案,形成"一案一策",确保历史信访案件有人管、理得清,进一步强化历史积案的有效化解。调解各类矛盾纠纷1126件,调解成功1103件,成功率达98%。落实安全生产网格化管理,严厉打击偷挖盗采,全镇安全生产态势总体稳定。平安建设扎实推进,强势开展电信反诈工作,全面深入排查涉缅人员,实行每日一汇报、一研判的工作机制,切实保障人民群众生命财产安全。禁毒人民战争、扫黑除恶专项斗争成效明显,2016—2021年,刑事案件发案数年平均同比下降20.27%,破案率年平均同比上升35.62%,社会大局和谐稳定,人民群众安全感处于历史最好时期。新店镇人民调解委员会先后被评为贵州省先进人民调解组织,被贵阳市司法局着力塑造为"三个一批"的样板人民调解组织,新店司法所被司法部授予"全国模范司法所"荣誉称号。

社会保障,惠民利民。1999—2005年,逐步建立和完善城镇、农村居民最低生活保障制度,坚持扶贫与"城农低保"衔接,对特困人口实施重点扶持与救助,城镇、农村低保对象基本实现应保尽保。"十一五"期间,不断加强"农低保"资金的管理,实现了对低保资金实行"一户一折"社会化发放工作。同时,全面实施困难群体医疗及临时救助制度,对残疾人、计划生育女孩户、一人户、二人户、70岁以上老年人等特殊困难户实施分类救助。农村"困有所助"民生行动计划逐渐实现。

从2006年起,在全市推行新型农村合作医疗保险制度,参合率71.06%。经过5年的实践和探索,全镇新农合参合率逐年上升。到2010年,参合人数4.68万人,参合率97%。2021年,新型农村合作医疗参保率100%,农村"病有所医"民生行动计划已经实现。

从2008年10月起,有序推进新型农村社会养老保险制度的实施。截至2010年,辖区农村居民参加新型农村社会养老保险1.52万人,参保率61.06%;待遇领取人员资格认证达100%,凡60岁以上的参保老人均领到了养老保险金。建有敬老院1所,拥有床位18张,对农村11名"五保"人员实行集中供养,年人均供养金3744元。对散居"五保"(孤儿)77人实行分散供养,年发放供养金及慰问金10.07万元。2016—2021年,新店镇坚持以人民为中心,民生福祉日益增进。坚持把财力向民生倾斜,民生支出累计达3264万元,年均增长8%。实现城乡居民基本养老保险、基本医疗保险政策全覆盖,全面落实城乡低保、高龄补助、"五保"孤儿、优抚及临时救助等优惠扶持政策。

1991—1998 年，以解决贫困村组人口温饱为突破口，采取"以工代赈"方式，实施坡改梯工程 400 公顷，恢复耕地 66.7 公顷，覆盖 25 个村 172 个村民组，组织群众治穷脱贫。2001—2004 年，投入资金 992.8 万元，帮助 2482 户农村贫困家庭拆除茅草房建新房；2005—2010 年，投入资金 1460 万元，改造农村危房 3650 户。拆除茅草房建新房工程和农村危房改造工程的实施，使农村 6132 户 2.48 万困难群体的居住环境得到有效改善。

2016—2021 年，新店镇决战决胜脱贫攻坚，全面小康圆满收官。始终把脱贫攻坚作为最大政治任务、最大民生工程，精准施策、尽锐出战，如期高质量完成脱贫攻坚任务。累计投入各类财政扶贫资金 2300 余万元，实施各类扶贫项目 47 个，"两不愁三保障"全面达标。全镇 402 户 1042 人建档立卡贫困人口全部脱贫，2 个国家级贫困村相继出列，完成 71 户 300 人的易地扶贫搬迁任务，后续扶持"五个体系"基本构建完成。贫困群众生活和贫困村面貌发生根本性变化，与清镇市一道率先在全省撕掉了千百年来绝对贫困的标签。在脱贫攻坚工作深入开展过程中，涌现出一批先进集体和"优秀扶贫战士"。新店镇党委、政府不负历史、不负时代、不负人民、不负组织，勇于担当，敢作敢为，圆满完成了新时代脱贫攻坚的历史重任。有"达则兼济天下，穷则独善其身"，用生命奏唱使命担当的蜂糖寨村党支书邹松；有坚持增强群众"造血"功能的驻村"白云三兄弟"熊平、岳汉、朱永斌；有"勇挑重担、一往无前"的"挑夫"匡小虎；有发展金银草，带领村民致富的能人马明举；还有一批批在工作岗位上默默坚守的扶贫工作人员，为新店镇脱贫攻坚奉献自己的青春和力量。

乡村振兴，稳步推进。2018 年以来，新店镇开展"千村整治，百村示范"工程，累计受益 476 户 1963 人。纵深推进"四在农家·美丽乡村"建设，完成鸭池河村、岩湾村、鸭甸河村等村 300 栋房屋立面改造，庭院整治美化 630 户，完成危房改造 66 户，农村旧貌换新颜。农村环境综合整治采取 PPP 项目进行保洁，行政村寨已完成垃圾收集转运体系全覆盖，垃圾压缩中转站建成投入使用，农村生活垃圾无害化处理率达 90% 以上。大力推进农村"厕所革命"，累计投资 130 万元新建、改造农村公厕 26 座；累计投资 835.6 万元改造户厕 4178 个，实现"一村一卫生公厕"总体目标，农村无害化卫生户厕普及率达 92% 以上。2020 年，鸭甸河村入选贵州省乡村旅游重点村名录。2021 年，鸭池河村入选贵州省第一批红色美丽村庄试点村、贵阳市特色田园乡村·乡村振兴集成示范试点。鸭甸河阿曼达半岛露营基地成为美丽乡村新晋网红旅游打卡点。截至 2021 年，新店镇乡村振兴初见成效。

新店镇历来注重诚信建设，"诚信新店"建设持续深化。至 2021 年末，全镇共评定诚信农户 17051 户 65540 人，发放诚信和创业贷款贴息 1488 万元。

七、 生态文明建设

新店镇"两河两湖"，环境优美，景色宜人。

实施林业工程，保护绿水青山。1991—1996 年，实施"长防林工程"，累计造林 866.7 公顷。1998 年，实施农村二轮土地承包之后，镇政府将境内闲置的宜林荒山收回集体管理，以实施"天保工程"、退耕还林、石漠化综合治理工程为契机，大力实施天然林保护管理和植树造林，有林地面积得到恢复和发展。1998—2010 年，累计造林 2160 公顷，其中，防护林 875 公顷、退耕还林 503.6 公顷、封山育林 543.7 公顷、经果林 966.7 公顷。2010 年，全镇有林地面积 1785.21 公顷，森林覆盖率为 26.35%。2016—2021 年，新店镇累计投入 450 余万元，用于全镇 4848 公顷公益林养护，持续抓好退耕还林和天然林保护工程，生态环境不断优化。截至 2021 年，全镇森林覆盖率 52% 以上。

实施能源工程，节约煤炭资源。2001—2010 年，投资 889.65 万元，组织 5391 户农户实施"四改一气"生态能源工程建设，建沼气池 5931 口，配套改厕、改圈、改厨 5931 户。该项目使农村 5931 户 2.3 万人用上沼气，节约了煤炭资源，有效保护生态环境，项目农户每年可增收节支 1300 元。

实施环境治理，改善生态环境。2016—2021 年，新店镇防治污染筑牢屏障，生态环境明显改善。牢固树立和践行"绿水青山就是金山银山"的理念，污染防治攻坚力度持续加大，生态环境质量保持良好态势，生态文明理念日益深入人心。完成入河排污口煤锈水治理 7 个。完成中央、省委环保督察及"回头看"5 件投诉件整改，完成 34 个排污口取水样工作。顺利完成东风湖 2584 口网箱养鱼拆除工作，严格落实河长制，全面落实长江流域全面禁捕工作，常态化开展东风湖流域的禁捕巡查及违法捕捞专项打击行动。新建农村生活污水处理终端 10 个，粪污处理终端 2 个。截至 2021 年，新店镇总投资 5.14 亿元的鸭池河采煤沉陷区重大地质灾害治理与环境整治项目一批工程相继投入使用。

八、 人文历史

　　新店镇山奇水秀，地灵人杰。鸭池河不仅孕育了绿水青山的美景，也养育了沿河一带的劳动人民，他们见证了历史的沧桑巨变，形成了悠久的历史文化，涌现出一批批杰出人物。清代抗葡、抗英名将郭超凡，面对列强，毫无畏惧，军民同心，奋勇杀敌，无愧于民族英雄的称号。马登瀛投身辛亥革命，救亡图存，后退隐家乡，教书育人，是真正的勇士。抗日英雄陈新民，在中条山战役中，深陷包围，英勇反击，倒在日本侵略军的炮火中，捐躯赴国难。解放军革命烈士许纪武，"保卫鸭池河，忠贞又顽强。护送女学生，热血洒战场"。革命烈士俞崇尚，在东风电站的修建中，亲临一线，连夜奋战，不幸坠落，生命定格在东风电站围堰之下，把生命献给了中国的水电事业。老鹰山村党支部书记黄光裕，心中装着集体，装着国家，装着社会主义，把一生献给全村人民。区委书记熊顺昌，爱岗敬业，疾恶如仇，因公殉职。大兴寨任家的节孝牌坊，培养出"父子进士""五子登科"，堪称楷模。流淌的鸭池河，孕育了有"版画怪才、艺道师范"之称的国际著名版画家王华祥。同时，从新店走出一批批能人俊才和有志青年，他们在不同岗位上，服务群众，造福人民；教书育人，传授知识；自主创业，带动村民脱贫致富奔小康。他们的故事，将激励着一代又一代的新店人，奋发图强，勇往直前。

九、 政治建设

　　近年来，新店镇转变职能、改进作风，行政效能持续提升。新店镇坚持以党的政治建设为统领，持续加强政府系统党的建设，自觉用习近平新时代中国特色社会主义思想武装头脑、指导实践、推动工作。培育和践行社会主义核心价值观，不断巩固壮大主流思想舆论阵地，做好意识形态工作。坚持加强理论学习，扎实开展"两学一做"学习教育、"不忘初心，牢记使命"主题教育、党史学习教育和"牢记殷切嘱托、忠诚干净担当、喜迎建党百年"专题教育，增强"四个意识"、坚定"四个自信"、坚决做到"两个维护"。深入践行初心使命，持续加强作风建设，主动为基层松绑减负，会议、文件数量精简20%以上，政府治理能力和工作效能显著提升。自觉接受人大依法监督和政协民主监督，2016年以来，办理人大代表建议59

件，办复率达 100％。切实加强廉政建设，压紧压实全面从严治党主体责任，锲而不舍落实中央八项规定及其实施细则精神，坚决惩处各类腐败行为。

新时代，新店镇党委、政府将弘扬长征精神，在乡村振兴的时代大潮中，不负重托，把新店镇建设得更加美丽富饶！

作者简介

刘兴，男，汉族，1976 年出生于新店镇三合村大园组，历任新店镇人民政府副镇长、武装部部长，现为新店镇三级主任科员。

"落烘李国柱起兵反清事件" 考

兰道宇

  清朝康熙年间，清镇历史上发生了一件震惊朝野的重大事件。由于历史资料记载的出入，致使其错漏百出，并逐渐被人们淡忘——清镇"落烘李国柱起兵反清事件"。为此，本文拟围绕"攻打镇西卫"这一核心焦点，围绕史志、史志分析、家族传说等方面，进行考证，厘清事件本末，还原历史，避免以讹传讹。

一、 史志记载可能涉及"落烘李国柱起兵反清事件"的内容

  鉴于清镇历史沿革，贵州省、贵阳市、安顺市以及清镇市的许多史志，都记载了可能涉及"落烘李国柱起兵反清事件"的内容，详略不一，出入较大，见于下表。

序 号	书 名	内 容	主要要素及备注
1	《贵州省大事记》	康熙元年（1662年）十一月，土官王国柱起兵攻打镇西卫，被官兵镇压，王国柱被杀。	人物为王国柱，身份为土官，时间为康熙元年（1662年）十一月。（152页）

序　号	书　名	内　容	主要要素及备注
2	《贵阳府志·大事记》	康熙元年（1662年）十一月，贵州土司王国柱叛应刘鼎，犯镇西。	人物为王国柱，身份土司，时间为康熙元年（1662年）十一月。（72页）原因为（刘）鼎又诱。（1277页）原因为（刘）鼎使人以札招；卢明臣劝之叛。（1167页）
2	《贵阳府志·守土武功录十一·王可成》	王可成，……康熙元年（1662年）十一月，（刘）鼎又诱土司王国柱等犯镇西，本深使可成击斩之，语具本深录。	（同上）
2	《贵阳府志·录九·杨茂勋》	（杨茂勋）顺治十八年（1661年）闰七月擢贵州总督，犹视事湖广，以下三元兼理之。康熙元年（1662年）九月，茂勋始至任。（刘）鼎走之廉家，又使人以札招土司王国柱及金筑土司王应兆，明将卢明臣匿国柱家，劝之叛，国柱从之，遂犯镇西，李本深使将王可臣（成）等剿之，阵斩国柱。	（同上）
3	咸丰《安顺府志·纪事志》	圣祖仁皇帝康熙元年（1662年）十一月，贵州土司王国柱反，犯镇西。提督李本深遣参将王可臣（成）、游击席登云、董朝禄击斩之。	人物为王国柱，身份为贵州土司，时间为康熙元年（1662年）十一月。（483页）
4	咸丰《安顺府志·职官志·杨茂勋传》	明故将卢明臣匿土官王国柱家，常劝国柱叛，国柱从之，遂犯镇西城。明臣、金筑土司王应兆亦叛从鼎，布散伪札，令苗寨抗不输粮。本深使参将王可臣（成）击斩国柱、明臣于阵。	人物为王国柱，身份为土司，时间为康熙元年（1662年）九月之后。原因为卢明臣常劝国柱叛。（678页）标注出《国史·贵阳府志》
5	咸丰《安顺府志》	康熙元年（1662年），贵州土司李国柱谋犯镇西，王可臣（成）同游击席登云、董朝禄等领兵援剿，阵斩国柱。	人物为李国柱，身份为土司，时间为康熙元年（1662年）。（183页）
6	《续修安顺府志辑稿·纪事志》	（清）国初有李国柱者，安五甲落烘人，乱民也。有邪术，蛊惑乡民犯上作乱。各甲皆响应，势大张。驱众余，来攻卫城，适镇西汛千总某善袖箭，设计诈降，集城中绅民迎国柱于北门城外，袖箭歼彼于马下，遂戮尸示众，解散胁从。	人物为李国柱，身份为乱民，时间为（清）国初。因此时清镇未建县，无"各甲"。（853～854页）
7	《清镇建县三百年大事记》	（清代）咸丰年间，安五甲落烘李国柱以宗教鼓动群众反抗压迫，攻镇西卫。镇西汛千总诱杀戮尸示众，解散胁从。	人物为李国柱，时间为咸丰年间。（18页）

序　号	书　名	内　容	主要要素及备注
8	民国《清镇县志稿（点校本）》	康熙元年（1662年）十一月，贵州土司王国柱犯镇西，提督李本深遣参将王可臣（成）击斩之。	人物为王国柱，身份为贵州土司，时间为康熙元年（1662年）十一月。（183页）
		咸丰初年，安五甲落烘李国柱以邪术蛊从作乱，攻卫城，镇西汛千总（年久失名）善袖箭，诱至歼焉。戮尸示众，解散胁从，乱遂平定，坟即其尸所埋地也。	人物为李国柱，身份为落烘李国柱，时间为咸丰初年。（336页）

从以上资料可以看出，咸丰《安顺府志》记载的三条，人物分别为王国柱、李国柱二人。清镇地方史志中，记载内容出入较大，人物分别为王国柱、李国柱二人；时间有康熙元年、咸丰初年、咸丰年间。甚至同一志书，记录同一件事的不同方面，出现的时间、人物也不同。存在这些问题，具体来说，需要解决四个问题：一是人物姓名，是李国柱还是王国柱？二是人物身份，是土司还是土官甚至其他？三是起兵时间，是康熙还是咸丰元年、咸丰年间？四是起兵原因，是什么原因导致起兵事件？

二、　资料简析

围绕上述四个问题，对以上资料进行分析。

1. 人物姓名两说。记载王国柱6处，李国柱4处，基本对半。而且，贵州省其他的地方，没有发现王国柱有关故事的介绍。

2. 人物身份至少三说。有土司、土官、乱民等。

3. 起兵时间三说。有康熙元年（1662年）十一月、咸丰初年、咸丰年间。

4. 起兵原因两说。

一是刘鼎关联说，也是外因说。史志记载4处；《贵阳府志》记载3处：叛应刘鼎，刘鼎诱惑，刘鼎使人以札招、卢明臣劝之叛；咸丰《安顺府志》记载1处，卢明臣"常劝国柱叛"。

二是叛乱说，也是内因说。史志记载4处，《贵州省大事记》1处，起兵攻打镇西卫；咸丰《安顺府志》2处，"国柱反、犯镇西""谋犯镇西"。《续修安顺府志辑稿》1处，"有邪术，蛊惑乡民犯上作乱"。

经过分析资料，存在的上述四个问题仍然无法解决。

三、 家族传说

在采访李氏家族人员过程中，得知有关李国柱起兵反清失败的传说和经过。

明朝末年，江西省吉安府卢陵县大桥头李家村的李廷宠，汉族，因故到达今清镇市新店镇落烘，看到土地肥沃，水源充足，绿水青山，既有适宜人居住的阳宅，又有适宜人安葬的阴地。还听说当地有风水偈语："九牛困塘在落烘，犀牛望月是归宗。洛阳有块莲花地，好穴还在打磨冲。"他就改变原定的返乡计划，决定把家眷接到落烘，永久定居。李廷宠成为落烘李氏家族的入黔一世祖，他定居之地取名李家湾。

据说，李廷宠识破并居住在落烘这块风水宝地上，李家本来应该产生杰出人物的，且就体现在李国柱身上。因为出现一些问题，导致李国柱起兵反清失败，未能成王。

在落烘，李家先后生下长子李国栋；次子李国柱，化名李国材；三子李国相，化名李国风。三个儿子的姓名，彰显李廷宠希望儿子都成为国家栋梁人才之心。李廷宠夫妇勤劳肯干，生活风调雨顺，逐步富裕，还购置了一些田地。李廷宠还在莲花塘这块风水宝地上，修建了长三间的木架房，全家居住条件得到改善。

李廷宠在劳作之余，教子耕读，三子皆有文化。次子李国柱，相貌堂堂，一表人才，出生时有异象。行动老成持重，异于常人，非常喜欢灵异类书籍。从小故事很多，颇有传奇。素有壮志，胆识超群。他与少儿伙伴游戏，常作为天然领袖，有天生的领导才能。李廷宠观其貌，天庭饱满，地阁方圆，言行适中，不怒而威，具有富贵之相。就是附近的权贵、土目、财主等，都认为此子不凡，愿与之交好。及至成年，李国柱与人交往，更是如鱼得水，尤其是与附近的几个富有的土目，关系融洽，亲如兄弟。空闲时，他经常外出游走，与附近的少数民族名人奇士交往，与人结拜为兄弟。家中的聚会，经常有穿着少数民族服装的人出现。从穿着看，这些人属于有地位或者经济条件比较好的。

李国柱爱好武术，勤学苦练功夫，刀枪剑戟等十八般兵器样样精通。还喜爱寻找各种奇异书籍，每日练习。有两个土目，看到李国柱是一个人才，就全力支持他。李国柱干什么大事，他们是出力、出人、出钱支持。李廷宠逝世，安葬于距离落烘大约十里的叫长房子的秦王点兵穴，也得到他们的大力帮助。家人看到有人对他很好，就打听是什么人，他只回答："织金县和歹书田的两个土目。"

落烘，明属贵州宣慰司六慕则溪化那目。至明崇祯三年（1630年），安位献水外六目给明廷后，于今卫城设镇西卫。清顺治年间，在清政府、明永历政权、大西政权以及水西政权的交织影响下，各地起义、起兵反清风起云涌，层出不穷。素有异志的李国柱，看到清廷暴政对汉人的迫害，在两个土目的支持下，积极准备，加入反清的行列中。

据传说，落烘莲花塘有一支神马竹兵，暗藏于竹林中，威力无穷，是"万人敌"。因为没有鞋穿，不具备神力，需要具有神力的奇士，练功为其"加持"草鞋，才能全体出世，发挥出战无不胜的力量。李国柱学习仙人打草鞋的法术，因为功力不足，缺一只鞋无法完成。再练功为神马竹兵"加持"草鞋，也没有成功。

李国柱又练习道家的"撒豆成兵"等所谓"无人敌"的奇异法术。练习这一法术的关键，是中途无人打扰。他告诉每个家人，不管大事要事都别来打扰他。之后，他紧闭大门，点燃香案施法，然后躺在香案前的榻上仰天大睡。一天过去，他不吃不喝，长睡不起，鼾声响彻屋外。第二天过去，也是如此，只是鼾声平缓。第三天，仍然如此，到后面几天，鼾声则越来越小。至最后一天，母亲却坐不住了，临近黄昏，她避开家人，来到李国柱房前，用手指蘸破窗户纸，往里观察。当她看见李国柱的两个鼻孔中有亮光，就像两条活着的蛆在鼻孔间穿梭，忍不住大声喊叫："天哪，人都生蛆了！"她用力推不开门，就大声呼叫国栋、国相。他们用力撞开大门时，李国柱突然惊醒，从榻上一撑坐起，当他看清进屋来的是母亲与兄弟时，明白受到母亲干扰，"撒豆成兵"的奇异之术没有成功，李国柱一声叹息。

另一方面，两个土目在私下开始招兵买马，做好起兵反清的准备工作。

有一天晚上，外地有人来家中联系李国柱。李国柱就找大哥李国栋商量，并安排李国栋把家中的钱财细软收拾好，带家人外出躲避。如果出现被官兵上门围剿，立即到水西西溪躲避；三弟李国相到水西下裸妥苗寨落脚。并安排在赶场天，让李国栋以赶场为借口，带着全家回避。

第二天，大哥李国栋按照李国柱安排，前往条子场（今新店镇化龙村）赶集而去。李国柱带好弓箭，从马圈中拉出骡子，挂好马鞍，一步跨上骡子。可是，骡子一反温顺听话的常态，在院坝中四处乱窜，仰天嘶鸣，根本不让李国柱骑乘。

暗中借故返回家中的母亲，似乎从骡子的表现看到了不祥之兆，命令丫鬟阻拦李国柱，没有成功。母亲又阻拦，李国柱跳下骡子，安慰母亲，面对母亲跪拜三叩首，感谢母亲的养育之情。然后翻身骑上骡子，奔跑而去。

一会儿，山垭口一条黑蛇跨路而歇。李国柱不语，骡子左行，巨蛇左移。骡子右行，巨蛇右行。不管李国柱怎么移动，都被巨蛇拦住。李国柱无奈，只能返回，改道往蒙家寨方向前行。

李国柱骑着骡子前行，到达歹书田，召集准备好的队伍，会合两个土目的家将家兵，前往镇西卫。他们所到之处，沿途的居民听说是反清的队伍，纷纷有人响应，积极参与。种地的农民，扛起锄头，加入队伍；挑粪的农民，放下粪桶，拿起扁担跟随；还有的路人，更是从自己家中拿出镰刀、弯刀，甚至菜刀等作为武器，跟随李国柱前进。随着加入人员逐渐增多，有1000余人，一路浩浩荡荡，直奔镇西卫。

落烘李国柱起兵反清的消息，惊动了清廷贵州提督李本深，立即派遣贵州提标参将王可成迎战。王可成因为兵力不足，设计诈降。他同游击席登云、董朝禄等带着少量兵士，集城中绅民于镇西卫城北门山王庙迎接李国柱。提前接到投降信的李国柱走在队伍最前面，来到了山王庙。王可成看见李国柱的队伍大部分是农民，甚至有拿着锄头、扁担当武器的，在怀疑手下误传军队围剿镇西卫信息的同时，按计划向李国柱行礼。他的手自然而然放下，顺势放入袖中。李国柱不知有诈，抬手还礼。已经走近李国柱的王可成，右手迅速从袖筒中拿出毒镖，举臂用力一甩，飞刺李国柱。李国柱身中毒镖，摔下骡子。王可成带着手下兵士一路砍杀。李国柱队伍群龙无首，人心惶惶，作鸟兽散，溃败而去。王可成将身中剧毒的李国柱戮尸示众，并丢弃路旁。

在清代，李国柱起兵反清是犯了灭门之罪的。随后，贵州提标参将王可成带领清兵，前往落烘追剿叛军首领李国柱的家族。

几个时辰之后，驻扎山上观察住所动向的李国栋等人，发现李国柱所骑的骡子跑到李家门前，仰天嘶鸣，然后跳入莲花塘中。一会儿，只见满满一塘水，逐渐减少。当塘水消失殆尽后，骡子的身影也消失了。此时，莲花塘四周的苦竹，响起一片啪啪啪的爆破声，只见每一节竹子中，爆出一人一马来。马呈仰天嘶鸣的状态，马上的人一只脚蹬在马镫上，一只脚跨上马背，还没有坐稳，抬起的这只脚上都没有穿鞋。李国栋恍然大悟，终于明白李国柱为其练功"加持"草鞋没有成功，就体现在这个竹人的脚上，寓意神马竹兵无法复活，不能跟随他出师征战，这就是李国柱失败的根源。莲花塘自此干涸。

又过了半个时辰，只见王可成带领军队包围李家房屋，四处搜查。看到人去房空，王可成大怒，命令士兵点火烧毁李家住房。之前，李国栋等看见清军，各自四处逃生。母亲得知李国柱身亡消息，看到家园被烧，悲恸欲绝。考虑自己跟随儿子逃亡，容易被清兵发现，于是留在落烘李家房屋后的坡上。后被清军发现，现场杀死。还用铁钎穿尸，让其"永世不得翻身"。清廷还在此坡修一牛王庙，以破坏落烘风水，镇其"煞气"。清镇解放后，在新店建区公所需要木料，拆除牛王庙，后人便称此坡为庙坡。1958 年，当地人顾某曾在庙坡挖出当年穿尸的铁钎。

到乾隆六十年（1795 年），即时隔 133 年后，居住在水西西溪的李氏后人返回落烘，将原葬于长房子秦王点兵穴的李廷宠墓迁葬于落烘水淹坝九牛困塘穴，并立碑。后人因为担心被清廷清算，避李廷宠次子李国柱的名讳，化名李国材上碑。这就是落烘没有李国柱名字的根源。

四、 结论

家族传说有许多是神话，不可信。李国柱练习的法术，多是民间传说的秘术，也不可信。但是，两个土目的支持与史书记载的"刘鼎关联说"却是一种契合。

结合资料分析、家族传说，得出结果：人物是李国柱，人物身份是土民，起兵时间是康熙元年（1662 年）十一月，起兵原因是"刘鼎关联说"的外因与"素有异志"的内因相结合而导致的。

由此得出以下结论：清康熙元年（1662 年）十一月，落烘土民李国柱以宗教鼓动群众，反抗清廷暴政压迫，起兵反清，刘鼎资助，土司、土民响应，进攻镇西卫。受提督李本深派遣，参将王可成设计诈降，率游击席登云、董朝禄等阵斩国柱，解散胁从。

抗英名将郭超凡

苟朝忠

一

新店镇风字岩村，因地形如"风"字而得名。广州知府、民族英雄郭超凡就出生于风字岩。我的老家老班寨村（今已合并入桃子坝村）与风字岩村相连，从小就听说郭超凡的一些传闻。后来因为从事地方史志工作，查阅了民国《清镇县志稿》《清镇县志》《安顺府志》《兴义府志》，收集了记载郭超凡的资料，拟为其立传彰显。家住贵阳的郭氏后裔郭鑫芝知道后，送我一套《郭氏族谱》，共5卷。因此，我对郭超凡从读书、考取进士，任教授、知县、广州知府，率领广州军民抗击英军入侵的故事有了更多的了解。

清嘉庆四年（1799年）八月二十三日，郭超凡在清镇县风字岩一书香门第之家诞生了。6岁时母亲早逝，由其祖父郭宏声（又名郭震远）抚育。郭宏声天分过人，精堪舆，擅长武术，好施济，赈贫穷，恤孤独。尊师重学，每日以课子孙读书为务，一生好学，孜孜不倦。郭超凡从小聪颖过人，好学用功。在祖父的熏陶和精心抚育培养下，郭超凡15岁以前，就通读了十三经、古今诗文、名家大著。他无书不读，观书一目双行，常人不及。他尤精理学，凡濂洛关闽性理诸书，莫不研就。而于学庸，最为贯穿，著有《学庸章句注脚对偶精义》，集成小帙。每当闲暇和他人出游，夜晚，他假寐默识。每当他读书写字时，不管鼓乐多么喧闹，他都能置若罔闻，专心致志地攻读。

他宿学于清镇县中四（今犁倭镇右拾村）学者徐广文先生门下。徐广文一时及门，英才甚盛，如子杰，增生。涛，孝廉，掣河南令。侄增爵，亦孝廉。甥何端，翰林。云章、景章，一拔贡，一举人，挑分陕西知县任恩培。其余茂才，未易殚数。

在观音寺上课，每次检试，郭超凡都名列第一。当时的塾规很严，不许私自看小说之类的书籍。郭超凡偶然得到一部金批《三国志》，他大喜，藏匿在粮仓中阅读，半日竟能传。写文章，喜暗用隆中事，大为老师器重。17岁那年，徐广文因屡批他的文章，认为不凡，于是为他更名"超凡"，应童子试。其实，他之前的族名叫郭永焜。关于名字事，后来他曾写道："凡少随尊长辈应童子试，尊长为取名超凡，是科即进学。后觉其非，屡欲请更未果。旋领乡焉，犹欲在部请更，又以费不给，亦未果。遂成进士，因其名已通显，不便再更。"清道光四年（1824年），他忽患眼病，几乎失明，幸遇一眼科医生，善调治，他在医师家就医年余，仍然坚持用心默诵诗书，每天还要给其弟讲课。一天晚上，他梦见他母亲引火，突然眼睛能见微光，于是逐渐痊愈。道光五年（1825年）秋，超凡中举。他醵金北上，两赴公车。道光十五年（1835年）秋大挑二等，中式二百零九名进士。道光十六年（1836年）春，选授兴义府教授。

二

　　道光十六年（1836年）春，超凡携眷抵任兴义府教授。清代府、州、县设儒学，分别以教授、学正、教谕为教官，掌管训迪学校生徒，评品行优劣。府学教授为正七品，掌府辖境内的童生学考，录送府院试。他与府里的良更融洽相处，经常聚在一起谈论，相会时大家总是谈笑风生。他善谈名理，声如洪钟，听者莫不叹服。偶有一次，他在府里饮酒醉归，从此禁酒，终生不把杯。

　　兴义府因属黔省遐边，没有设考棚。所以境内生童要赴安顺府合棚应试，路途遥远。雍正九年（1731年）始建试院，后迁于东门外，再迁于城东北3里外。此处居民少，又无旅店，就试的士子，都居住城中，风来雨往，艰苦跋涉。屋舍倾圮，风雨莫蔽，且仅数间，座号不满500，多士难容。墙垣又矮，一片荒凉，尤其是难把关防，要加派人役周巡。道光二十年（1840年），知府张锳建议卜地另建，得到各州、县知州知县响应，劝士民捐资，前后共收捐资白金3.08万余两。在旧东门内经历署右、书院左购地，宽15丈（50米），长20余丈（66.67米），于3月15日动工建新试院。选廉能官绅及教授郭超凡、拔贡生桑滋、岁贡生张万春等督建。郭超凡每日到工地监修，不辞辛苦，办事认真。道光二十二年（1842年）九月十三日新试院完工。试院规模宏阔甲天下，计200余间，号舍能容1200余人。院左为内室、书房、厢房、厨房、走廊共50余间。右为书役住房20余间，辕门鼓亭、旗杆之侧，为告示房 10 余间，为士子蔽风雨。辕门外为提调所 10 余间，外为各学公所、巡捕公所。总督桂良、巡抚贺长龄将此事上奏，得旨：张锁、普安同知张翰中及督工输金官绅士民、教授郭超凡、通州知州景寿春、拔贡生桑滋、岁贡生张万春、生员余腾蛟等，加级予衔。

他的祖父郭宏声临终前把他叫到跟前叮嘱："我抚育你，承蒙祖宗保佑，你有幸成名，得供今职，我的心愿足矣。我知道做州县的官吏不容易，做廉吏多受累，滥用职权则有辱祖先。我愿你做清贫廉吏，不愿你做富贵险宦。"超凡下跪哭泣受命。不久，郭宏声在风字岩与世长辞，超凡十分哀痛，按当时风俗，获在任守制百日。

任兴义府教授 6 年，与士林交游甚广，翰林礼部侍郎、内阁学士景其浚，两广总督张之洞，均为超凡门下士。

道光二十二年（1842 年），超凡任兴义府教授 6 年期满解任，绅者及弟子，饯行的百余人，都洒泪作别。超凡赴朝廷吏部投供，挚签为陕西白河县知县。同班引见，道光皇帝见超凡仪表魁梧，广东需要这样的人才，于是特旨将他与大埔县知县对调。

三

道光二十三年（1843 年），超凡任广东饶平知县兼理大埔县。饶平是濒海之区，民俗剽悍，轻身好斗。村里大多是同姓族居，大的姓有数千人，小姓数百人。有事就鸣钟为号，族人闻到钟声，立即集聚，开始一二人与对方打斗，之后是全族相助，操刀、矛、枪、炮械斗，甚至连盟邻村同姓，与他姓约会角逐胜负。这里的江洋大盗，出没无常，履水若陆，飞掠伙房，弹药迷人，用口袋装着，勒限被绑家人带钱物到荒郊赎取，应则生还，违则尸归户外。过去，虽然陆有巡捕，水有炮船，络绎巡逻，严厉打击，但城乡内外抢劫、械斗、勒赎之案常常发生。曾发生这么一件事，一小姓控告某大姓，知县派人前往勘察，夜宿大姓的祠堂内，半夜被盗贼刺杀。饶平素称难治。因为饶平与大埔相连，藩宪李章煜知道郭超凡有治理的能力，于是调他任饶平知县兼理大埔县。

海盗头目"天公大王"，经常绑架勒索，狙击很久，未抓获。超凡到饶平县后，设计擒杀了"天公大王"，盗贼收敛，全县肃然，民始安居。

饶平多是山地，人们吃的多半是薯类食物。清镇盛产玉米，于是超凡派人从家乡带去玉米种，教当地人们种植，并教做玉米饭的方法，人们的饮食得到改善。

饶平县马冈、漈溪、界山、水磨乡张、钱、谢、巫、林、詹、黄、施等姓是大族，累因争田水，聚众械斗。郭超凡捐廉募勇，亲临实地勘察，每月几次，披星以出，戴月而归。他分清是非曲直后，立石碑以定疆界。不到一年，尘封未结的百余件积案，冰消雾释。结案的那天，吏民相庆，商贾欢呼。从此，坏人敛迹，社会安定，饶平的百姓称超凡为"青天"。有一年，他接继母到饶平为其祝寿，饶平、大埔的绅士长老，登堂祝贺，送堂额、衣物、屏帐和重币。超凡于庭院里设宴招待三日，对大家送的寿礼不受，大家嗟叹不已。

将调离饶平时，适逢两广总督耆英察视路过饶平，饶平绅民闻讯聚集拦耆英的轿子，乞求留任超凡。耆英见大家挽留超凡情真意切，很是感动准暂留任。道光二十六年（1846年）冬，超凡调任东莞知县。临行前，他听说饶平百姓要为他建去思德政碑，他立即禁止，但终未止住。临行时，哭泣相送的人不绝于途，一直把他送出境外，如恋慈父母。

四

广东当时有6个大县，东莞、香山是大县之一。香山属缺粮县，每年要从外县调入。东莞粮岁征银4.5万多两，着9万石，征收粮额之事十分繁重。每年售催、幕、散催粮的有数人，设粮站18处，幕友18人。征收粮役分上忙、中忙、下忙。上忙，幕友征收；中忙，委派下属征收；下忙，官兵亲自征收。由于税特别重，抗粮者多，因抗粮被逮捕的也多。东莞负债累累，所欠公私各款已过亿，可谓民困难苏。

调任大县知县，被视为提拔重用。大县缺额，需要调补时，上官大幕案友，举荐的纸条很多，有时达百数张。超凡知道东莞负债累重，调他任东莞知县，他却尽力推辞，未获批准。道光二十六年（1846年）冬超凡赴任东莞知县。他对东莞的百姓仍然实施安抚、教化的政策。他痛感县试风气败坏，行贿之风盛行，致使英雄无路，豪杰丧气，于是大力整顿试场陋规，打击冒名代考，一律以文取士。不少德才兼备的贫寒人士才得以脱颖而出。后来出任四川、山东学政的耀和内阁学士潘行，都是超凡当时在东莞任职时的秀才。

在东莞即将解任时，有一富人，患精神疾病，经常扰乱社会秩序，人们不得安宁，于是被禁锢在疯病院。其家人欲以重金贿赂，乞求将其释放，超凡决不允许。

他离任后，继任者收取好处，将其释放，超凡闻之深感愧惜。超凡在重金面前不易操守，廉政之德，于此可见。

五

道光二十七年（1847年）考绩时，超凡被列为"卓异"，次年调任香山知县。超凡继母思念家乡心切，盼早日回归故里，其特派遣七弟和长子护送回家乡。并借银数千两，在筑（贵阳）增产筑室，使其家族丰衣足食，繁荣昌盛，以遂其祖父和继母的心愿。香山士风华茂，民俗侈奢。县里有一缙绅名叫曾望颜，是朝廷侍讲学士，丁忧（奔父母丧）回原籍，霸占民田，被百姓控告。超凡传讯曾望颜，曾坐大轿来到衙门，盛气凌人。超凡劝他把霸占的田地归还百姓，曾不仅不听，反而向上告状。超凡也向上禀告，要求派员勘查。勘查结果，曾理亏，于是托人向超凡说情。超凡答复说："多少懂得为官之道的人，哪个愿意得罪有权有势的人家呢？但我不能因此枉法。"

依理把田地判还百姓。香山所辖澳门，是外商进入广东的要冲，管理稍有不当，则往往多事。道光二十二年（1842年），丧权辱国的《南京条约》签订后，葡人在当地的气焰更加嚣张，耀武扬威，不可一世。葡萄牙驻澳门总督亚玛勒，善于骑马射击，在澳门近海一带，挖毁百姓坟基、田土，修赛马场设赌，侵犯中国主权，暴行累累。香山百姓十分愤恨，蓄怨已久。

有一天，举办赛马会，场内人头攒动，棚幕云集，亚玛勒不顾一切，纵马驰骋场中。忽然人群中冲出一勇士，跃起一刀，亚玛勒人头落地，勇士提起人头疾驰入海，乘船而去。葡军迅速追赶不及，搜索无获，于是发兵围攻前山。超凡接到报告后，率兵连夜奔赴前山上城固守，调附近民团援助，请省里派兵增援。黎明时，葡军进攻越来越猛，枪炮如雨，嗖嗖从城顶飞过。香山协副将叶常春等人要逃跑，超凡厉声斥责，斩杀一个不听命令的人，群情始定，士气大振，奋力防守。一旬之内，打了七仗，杀伤许多敌人，前山终于解围。葡军大惊，始知超凡可畏。百姓盛赞超凡为民族扬眉吐气。

六

有年秋天，超凡因公从省城乘船返回香山途中，突遇飓风大作，于是把船开到小港之间避风。夜晚飓风更甚，一连三天三夜不停。海岸沿线树木被折断，有的连根拔掉，随从的船只也被损坏。为了安全，随从侍者想转移到岸上村中的祠堂，超凡不允许，危坐船中，寝食如素。风定后，有人报告，祠堂被摧垮。回到县衙院落，衙前后垣的墙已废，屋瓦皆飞，瓦砾败叶，堆积有数尺厚，幸好粮仓无恙。民间百姓的船、房屋、庄稼，损坏的不计其数。超凡立即派人勘察，禀报灾情，并解囊亲赈，百姓无受饥挨饿。

清咸丰三年（1853 年）八月，超凡任广州知府。咸丰六年（1856 年），英国借口亚罗号事件，蓄意挑起战争，于十二月二十三日向广州突然发起进攻，将兵舰开进省河，炮轰珠海、猎德炮台。两广总督叶名琛不作战守准备，英军在占据炮台后，焚毁省河南岸沿江一带及十三行，炮击广州城，炮弹从空中坠击，折断知府衙门西院的巨大榕树，击毁民房、衙署。面对英军强敌的炮轰，超凡神情镇静，泰然处之，毫无惧色。下令禁与外夷通商，悬赏以计夺获英军轮船者，购买英军官兵首级。此时，俄、法、美等国商人，已移住澳门，因英炮击广州导致中国不与外夷通商，多不与英往来，英人更加亡命，屡屡发兵袭击省城。在英军的炮击下，广州军民怨声沸腾，义愤填膺，纷纷向清廷请战还击，未获批准。超凡率领军民奋勇抵抗，日夜衣不解带，亲临前线指挥，派人从省河两岸围困敌军。与英军作战一个多月，迫使英军不得已于十二月底退出省河。

七

咸丰七年（1857 年）九月，超凡感暑，重病在身，请求派员代理其职。九月十三日解任，在小马站养病。

亚罗号事件传到英国后，内阁作出决定，扩大侵华战争，勾结法国组织联军。1857 年 12 月 11 日，英法两舰插白旗进港，向叶名琛送来照会，提出通商、入城、会晤赔偿等多项苛刻要求，一面进行军事部署，封锁广州。叶名琛误认为洋鬼子白旗求见，表明他们技穷自服，求和通商。他对英法的侵略要求层层批驳，作了强硬答复。这份答复送出的第二天，英法几十艘船驶进内河，占领河南地方，准备发动全面进攻。叶名琛又误认为洋人又以开战姿态恐吓求和，不会真的动武，因而不作任何防备，而是到他私建的长春仙馆求仙。12 月 26 日，英法军送来最后通牒，限叶 24 小时答复，否则开炮袭击广州城。叶自作强硬答复。28 日凌晨，英法军从海珠炮台上开炮，攻击总督衙门。这里硝烟弥漫，火光冲天。其时防城练勇，被叶陆续裁撤，只有城东镇左邦所统精锐千余迎敌，击毙英法军 300 余人和一小酋目。而守城的近万旗兵，素未作战，束手无策。29 日，侵略军进入广州内城，占领制高点观音山，广州城沦陷。叶名琛逃离督署，退住左都统署第五院。由于已投降的广东巡抚柏贵向英军泄露叶住所，英军将叶抓获，用轿子把他送到观音军营，当晚转押英舰天畏号，后解往香港。1858 年 2 月，英军又将叶转送英属印度孟加拉大里恩寺。这时，清政府派人送来上谕，指责他"刚愎自用，办理乖谬，大负委任"，革除钦差大臣、两广总督等一切职务。4 月 9 日，叶名琛在风雨中凄然死去，洋医从他口中灌进水银，装入铁皮棺，准备就地安埋，在当地做生意的一广东潮州人出资把他的尸枢运回广州，有人为他写了副挽联："身依十载春风，不堪回首；目断万重沧海，何处招魂。"

超凡在小马站养病期间，病中得知英法联军炮轰广州，广州沦陷，总督叶名琛被俘，超凡以手击床，厉声叫道："不料我一离职，洋夷强横逞凶，竟到如此地步。可恨，可恨！"说完晕倒，很久才苏醒。超凡对家人说："我深以与洋夷作城下之盟为耻，以与洋夷作周旋为羞。待新总督到任后，就恳求辞职回乡。"

八

自冬至春，超凡寒热病虽有所减轻，但病疾终未消除，自感病重，难以痊愈，于是每日整理文书。一日，整理文书时发现一份资料，记录了这样一件事：超凡舅弟从花地（今暗流镇花地村）至垣（今贵阳市），得知超凡长子郭中义采芹安郡，喜动颜色，发书向超凡报捷音。超凡得书后对马氏说："此子心性，略有祖风，能私塾，自发奋，不染纨绔习气，将来或可继我书香耳……近顷，仕途险恶，国家多故，外官较前，更不易为，惟愿我子孙，他日蒙祖佑，入词林，放学差，充主考，育耀显扬，即锦衣还里，何幸如之，若其不然，第中得一榜两榜，宁可居林下，作教官，但守前人基业，恪遵孝弟勤俭。"

超凡养病期间，夫人马氏精心护理，四处求医，但皇天下吊，医药无灵，咸丰八年（1858 年）五月三十日，超凡抑郁辞世，享年 59 岁。

讣闻，自将军抚宪以下，无不哀叹，寮属文武乡谊，每谈挥泪，吊祭帐联上百计。羊城尘市，绅商士民，为其焚香秉烛。粤督钦差大臣黄公，亲临哀悼。祭毕，与超凡夫人马氏相见，询问身后事宜。黄公将超凡的仕履及因抗英积劳成疾、以死勤事的事迹上奏朝廷。清廷追赠以"太仆卿"衔，照军营病故例赐恤。

超凡逝世后，户部尚书钦命庚子恩科四川副主考、福建大主考，乙未进士、翰林院编修罗幅衍题《超凡赞像》："韬铃树绩，金箭怀英。中含渊穆，外绝浮营。缁帷月霁，丹席风清。飞凫寄迹，训雉扬声。黄堂徐转，白水弥盟。铃辕讲武，刁帐论兵。惠周黎庶，誉动公卿。碑铭越海，社配仙城。载瞻芝宇，慰我生平。风规如在，谈笑觥能。"不久，清廷准其勘合回籍，入城治丧。超凡眷属扶柩回黔，将其葬于今贵阳紫林庵之阳。

如今，风字岩村还保存有一幢清代建筑老宅，它就是郭超凡的出生之地。2006年，我陪同贵州电视台《发现贵州》栏目组记者到风字岩村拍摄《尘封的老宅》，并接受采访，介绍了郭超凡抗英的事迹。

化龙村逸事

熊堂滢

马团长衣锦还乡

马登瀛，字繁素，1886 年生于化龙村西边的桐子树寨子里，后全家移居条子场街上，现存的马家巷即是当年马家的住宅地之一。

马登瀛青少年时受过严格的私塾教育，于光绪三十二年（1906 年）到贵阳投军入伍，送入随营并被派遣到云南讲武学堂学习测绘。学成回黔后，在省城接近进步人士和受新思想的熏陶，1911 年毅然参加辛亥革命，并担任都督府军务部上校副官长，为建立新政权，维护新秩序殚精竭虑，出谋划策。马登瀛身材魁梧，文武皆备，其才华和人品得到上司的器重和士兵的拥戴，不久升任贵州新军第二标第三营管带（营长）。其间，马登瀛曾回乡省亲，并带去了一队士兵和一支军乐队。据化龙村的老人讲，马登瀛回乡之时，前面军乐队开道，马登瀛骑在高头大马上，一身戎装，腰佩长剑，威风凛凛，后面士兵持枪列队正步跟进。队伍从上头街巡游到下头街，又从下头街巡游到上头街，如是三回。当时，街上鼓乐喧天，鞭炮鸣响，围观百姓人山人海，好不热闹。

"富贵不还乡，如锦衣夜行。"马登瀛衣锦还乡，气势非凡，着实风光了一回。化龙村几百年间，前无古人，后无来者，没有之一。不久，马登瀛擢升副团长，在和滇军作战失利后回乡隐居，教书度日。1948 年举家迁徙到黔西大关居住，1960 年因病辞世。

陈新民战死沙场

陈新民生于1908年，其祖上于明末清初由四川迁徙到化龙，晴耕雨读，亦农亦商。经过几代人的努力，到清朝末年，陈家在化龙殷实富裕，诗书传家。新民自幼聪明好学，才智过人，常受到乡人的赞誉。舞勺之年即随经商的父亲到过西南、东南多个省市，见多识广，青年才俊。传说其夜读《后汉书·班超传》曾掩卷长叹："大丈夫当学定远侯沙场立功，报效国家。"是时，中国大地强敌入侵，内忧外患，山河破碎，民不聊生。1930年，新民满腹家国情怀，毅然弃商从戎，考入黄埔军校第八期步兵科。毕业后，历任排长、连长、营长、副团长。

1937年7月，抗日战争全面爆发，陈新民所在部队开赴河北、山西等地对日作战。由于他在战斗中身先士卒，指挥有方，战功卓著，1939年晋升为中校副团长。

1941年5月，中条山战役打响，国军作战不利，陈新民部被日军合围。中国军队英勇顽强，激战多日，给日军以重创。日军集中大量飞机和大炮向中国守军阵地狂轰滥炸，陈新民壮烈殉国，时年33岁。

陈新民战殁后，国民政府表彰其功。1991年，陕西省人民政府批准陈新民为烈士，《清镇市志》为其立传彰显，慰藉九泉之下的英灵。

诗曰：

烽火连天金瓯缺，长城内外角声急。

壮士捐躯赴国难，留得青史染碧血。

作者简介

熊堂滢，男，1952年出生于清镇市新店镇化龙村尖坡，早年曾在新店镇化龙村任教，任中国财贸工会贵州省工作委员会主席、贵州省散文学会秘书长，现为贵州省纪实文学会常务副会长、贵州省写作学会会员、贵州省作家协会会员；有散文集《仰俯天地》面世。

"蛇"之嬗变

熊堂滢

清镇市新店镇化龙村，地处清镇、黔西、织金三地交界，其地形如船状，离乌江的上游三岔河约 3 千米，离赫声古城约 3 千米，离簸箕陇古城约 3 千米，地理位置十分重要。明末清初辟为集镇时，应该有军事和经济上的考量，实际上是簸箕陇古城和赫声古城的后方基地和战术支撑点。化龙村四周群山环抱，村中流水淙淙，原为乡间热闹集市，在经济迅猛发展的今天，反而衰落，无人赶场。化龙这个地名几经嬗变，隐含历史的沧桑。

据史料记载，化龙原名化那（又作化腊），历史上为古水西治地。明末清初改土归流，设为集市，并命名为蛇场，逢巳、亥日赶场。当地现存的咸丰年间古墓碑上还有"蛇场"字样，周围数十里之内有牛场、马场、猫场、兔场、龙场等集市。以十二生肖命名集市，是云贵两省的一大特色，其他各省、市鲜有这种现象。民间认为蛇这种动物丑陋、阴毒、邪恶而令人生厌，且"蛇"字在贵州乡下与"蚀""折""赊"同音，"蚀本""折本""赊账"的生意谁都不愿意做。据说蛇场的名称会对当地贸易带来负面的影响，于是当地人总想更改地名，换一个吉利响亮的名称。但蛇场的冠名又是政府行为，而且与周围的十一生肖轮流赶场，万般无奈之下，经申报改为"条子场"。"条子"又是什么呢？条子还是蛇。贵州土匪黑话中谓蛇为"条子"，因为黑道上看见蛇或者说蛇都忌讳直呼其名，以蛇的形状像树条而称之为"条子"。于是，条子场就替代了蛇场，现在贵州叫条子场的地方，原来应该都叫蛇场。到了民国年间，当地外出读书奉职的人逐渐增多，他们在外面见多识广，并借鉴外地的经验，又申请将条子场改为"化龙"，其意象是"灵蛇修炼化为龙"，谓蛇已修成正果，化为神龙，化龙一名遂沿用至今。

以十二生肖命名集市，照理应该是基本相等的。但遍查贵州以十二生肖命名的小集市（乡镇），保留下来的却以马、龙、羊、鸡居多，而蛇、鼠、狗、兔、猪、猴较少，且因忌讳或形象不雅而纷纷易名改称。除蛇场改为条子场外，还有虎场改为猫场，羊场改为羊昌（因羊场与羊肠同音，羊肠曲折盘绕，纠缠不清），猴场改为草塘，狗场改为久长，猪场改为朱昌，牛场改为流长等，这是古人搞乡镇名称改革时始料未及的。由此看来，古人对十二生肖也有厚薄之分，否则就不会有多寡的差异。实践证明，以十二生肖命名集市，虽是一个创举，但并不太科学，有缺陷。

从化那、蛇场、条子场到化龙这一名称的更替和演变，时间跨度几百年，反映了当地人想改变命运的预期和孜孜不倦的追求。因为不仅仅是古代，就是当今，一个地名的更改也绝非易事。

记得童年时到化龙街赶场，那是一条青石板铺就的街道，街道两旁是清一色的小青瓦板壁房，家家门前有柜台，户户做生意，住户多为川人和湖广人。百货、小吃、饭馆、酒肆井然有序，更有川女当炉，越妇卖唱、杂耍、西洋镜，使人目不暇接。整条街道人声鼎沸，人群摩肩接踵，房屋鳞次栉比，街道后面古木参天。几十米外，古树的浓荫掩映着东岳庙，庙里香烟缭绕，钟声悠扬。

值得化龙人欣慰的是，这块弹丸之地，历史上居然出了20个县团级以上的干部，分别在国共两党的体制内任职，名声都不坏。还有，辛亥革命老人马登瀛就出生在化龙街背后的桐子树小寨子里；陈新民，国民革命军副团长，生于化龙街上，抗日战争期间在中条山战役中为国捐躯。……改革开放后，有十几名农家子弟陆续考上大学。

名与实，是一个古老的哲学命题。名副其实当然好，但名不副实的现象也不胜枚举，酱油不是油，碘酒也不是酒，土龙则是蚯蚓。顾名思义，难免有失偏颇。盛名之下，其实难副的闹剧经常使人大跌眼镜。所以，"蛇场"也不是"蚀场""折场"或"赊场"。再说，蛇也并非邪恶之物，传说华夏民族的祖先，就是蛇的化身，神农氏、伏羲氏、女娲氏都是人面蛇身。蛇还是古越人的图腾，毛泽东就有"山舞银蛇"的豪迈诗句，民族音乐家聂耳所作的《金蛇狂舞》，节奏热烈，昂扬激奋，洋溢出鲜明的民族性格特色和生活气息。《白蛇传》《七妹与蛇郎》则是荡气回肠的爱情故事。近些年，国内改名之风渐长，亦多有待商榷之处。化龙人切勿盲目跟风，只有务实勤奋，赶上现代化的步伐，才会有幸福的明天。

茶店探古

李 峰

"暗淡了刀光剑影，远去了鼓角争鸣。"在历史的长河中，总有一些抹不去的烽火岁月。然而，历经百年沧桑变化，只留下"江山留胜迹"之叹。

笔者应贵州省纪实文学学会和清镇市新店镇之邀，专程赴鸭池河畔新店镇茶店村实地考察明末镇西卫赫声古城池及古隘之下的万人坟摩崖石刻。实地踏勘赫声古城垣遗址，聆听当地老人们述说茶店古城及街巷的过往兴衰，在历史的碎片中寻找那段烽火记忆。

"忠灵侠骨" 万人坟

在茶店西北关口山岗之下古驿道旁的一块麻窝地叫"万人坟"，其后有一凸起的岩石，镌刻有文字，由于数百年的风雨剥蚀，早已难以辨识。数年前，友人曾给我发过该摩崖石刻的视频，因而知道其风化程度严重，所以这次踏勘专门带上彩色粉笔及毛刷等识碑工具，并在街上一住户家中借来梯子以便攀爬。当日天公作美，艳阳高照，我们穿过油菜花地，到达摩崖之下。周玉祥攀梯用粉笔涂抹字面，再用毛刷清刷均净，字迹就清晰地凸显出来了。摩崖顶端从右至左横排楷书"忠灵侠骨"四个大字，其书法厚重圆润，系双钩上石镌刻，额题字幅长 1.6 米，幅宽 0.45 米，距离地面 2.5 米。其下部为弧首碑形状，文字竖排，右书"崇祯二年十一月吉日"；中书大字为"楚偏阳陶弘谟勒"。在"陶弘谟"名字右边刻有"屈朝宣"三字，字体大小与"崇祯二年十一月吉日"书刻相同，其碑文均为双钩镌刻。此摩崖石刻当地人称之为"万人坟碑记"。

欲知此摩崖石刻的来历，还得从明末的"平奢安"之役说起。明天启元年（1621 年），四川永宁宣抚使奢崇明、奢寅父子借援辽发动反抗明廷的军事叛乱。次年（1622 年），与永宁奢氏素为姻亲的贵州宣慰使司同知、彝族首领安邦彦，挟贵州宣慰使安位响应反叛，率兵占云南沾益，掠贵州毕节、安顺，杀戮明廷汉官及卫所将士，兵围省会贵阳十月之久，兵锋横扫川、滇、黔三省，爆发了震撼西南的"奢安叛乱"。明廷派右佥都御史王三善代李枟巡抚贵州，自湖广沅州率兵入黔，解贵阳之围，随即进兵水西腹地。天启四年（1624 年），因缺粮草而退兵东撤，军至内庄（今黔西市铧口山），王三善误信诈降的水西汉将陈其愚（水西慕魁陈恩之子），致"军中虚实贼无不知"。

"至是遇贼，其愚纵辔冲三善坠马，三善知有变……拔刀自刎不殊，群贼拥之去，骂不屈，遂遇害。"明军副总兵秦明屏、中军参将王建中战殁，史称"内庄兵败"。东撤明军在"前有河（鸭池河）阻，后有贼（土司叛军）追"的危境之中，损失惨重。亲历此役的贵州前卫百户王士吉在《王氏家谱·序言》中作如是描述："至天启辛酉科，抚部院李公枟主试，叨中武举。壬戌二月，正束装进京会试，即有安邦彦反叛，兵围贵阳，遂在城茹草守汛，昼夜堵防，至十二月围解，仅存予夫妇及长子德元。蒙两院会题：以耽饥而不出城，守死而能全节，城围时官兵绝粮，寻声捕影，杀人而食。予夫妇子母不遭屠戮，岂非天耶！及随抚院王公讳三善出师大方，官军乏食，师回阵败，逆贼追至鸭池。前有河阻，后有贼追，竟无船渡，束草为舟，半渡草散，命在几微。忽上流木至，若有神助，方得登岸，想亦善人之报欤！"天启六年（1626 年）三月，安邦彦率土司兵渡鸭池河，破明军营垒，总理川、湖、黔提督汉土官兵总兵官鲁钦拔剑自刎，"诸营尽溃，贼势复张"。可想当年战争之惨烈。

咸丰《安顺府志·地理志》记载："鸭池河，《方舆纪要》云：在威清卫西北百里，与水西为界。天启初，王三善解会城之围，乘胜而进，一军屯陆广，向大方，一军屯鸭池，向安邦彦剿穴。贼纠其党攻陷陆广，乘胜赴鸭池。我师退屯威清，既而官军复振，贼堑鸭池以自守是也。"由于土司叛军声势浩大，双方互有胜负，战局处于胶着状态。明廷启用原四川布政使朱燮元总督云、桂、川、湖、广西军务兼贵州巡抚入黔平叛，采取剿抚并用手段，至崇祯三年（1630 年）三月安位献地受降，结束了"平奢安"之役。

"楚偏阳陶弘谟"其人，据乾隆《镇远府志·乡贤》载："陶洪谟，号启明，幼业儒，多智略，十七岁游庠有声。会安邦彦叛，投笔而起，上书巡抚王三善，署为守备，从师解贵阳之围。后战至大方，三善全军败没，公一军独全，监军奇之，委御六广，擒贼有功，林将军兆鼎带征铜江，设奇制胜，攻破黄柏大小山等硬寨，遂题准以游击管制副将事，驻防铜江一十三载，保障无虞。崇祯十四年（1641 年）钦点贵州总兵官，挂平蛮将军印，会世乱以不能事权相免归。大学士王应熊开府遵义，耳熟公名，罗致暮下，委以重任。公见王优柔无远略，卒辞不受，归家筑室江凯山中，自号四可居士。张先璧凶残嗜杀，戊子秋奔至偏城，因与公有旧，偏城赖以全活云。"地方志中的陶洪谟，即石刻中的陶弘谟其人。陶弘谟即今施秉县甘溪乡江凯村人。据清同治六年（1867年）《陶氏宗谱》载："始祖陶清，原籍安徽颍上，随沐英征滇遂留于黔，封赠怀远将军。三世陶源，永乐年间调偏桥卫指挥同知。四世陶贵，宣德元年（1426年）调征安南。十二世陶弘谟，明季安邦彦叛，弘谟率军，屡征诸蛮，升贵阳总兵。后筑室江凯山中，自号四可居士。"

明季，施秉属湖广都司偏桥卫，为古楚地，陶弘谟生长于甘溪江凯山，地处于偏桥卫之阳（南部），故有"楚偏阳"籍地之称。陶弘谟乃儒士投笔从军，亦有"勒石记功"之好。今江口县坝盘镇黄柏山"錾字岩"留有"大明崇祯元年，统通济营都司金书偏桥陶弘谟荡平三山，勒石为记"摩崖石刻。

"万人坟碑记"摩崖中的屈朝宣其人地籍不详，在朱燮元《督黔疏草》等文献中，得知其在"平奢安"之役中为明军四川遵义守备、历官游击、参将，终至副总兵，在朱燮元的奏折中且有"久战积劳"之评。而陶弘谟则是总兵林兆鼎麾下的楚军都司金书、游击，亦有"严律英猷"之誉。且清《崇祯长编》中载有：崇祯三年（1630年）十月"叙征苗功，林兆鼎升都督同知，陶弘谟加游击"。崇祯二年（1629年），屈在军中的职位比陶要高两级。为什么屈朝宣之名书刻得比陶弘谟之名还小很多呢？这不合官军等级森严的规制，也许此"万人坟"中埋葬的还有屈朝宣部川军将士，二位将军又因战事调离此地，不可能重新书刻，随后的"知情人"将屈朝宣之名补刻上去的，唯有此说才能释然。

明崇祯二年（1629年）前后，屈朝宣、陶弘谟随朱燮元在鸭池河一线清剿水西叛军。朱燮元《督黔疏草·汇报各路功次疏》记载：崇祯二年（1629年）八月"本月初三日，据贵州防御麦城参将屈朝宣报称：奉令出师督率陈一龙、王国印、王应孝、郭起明等各督兵马径至大索桥二处，出师至河，天色黎明，贼营见我兵偶至，即吹角集众来敌。职令冲锋，官兵持枪迎诱上坡，铳弩齐发，当阵生擒一名、斩级二十颗；河渡上下，原设有把渡贼寨四处，官兵乘胜尽扫，各贼躲入箐中，夺获贼属牛马等情"。"本月初八日，副将商士杰、燕启周塘报：奉令督押四营官兵陶弘谟、卢吉兆、刘正宗，参将范邦雄、都司陈谦及各营官兵，于初六日到地名白崖，仍距贼穴四十余里，道路崎岖，箐大泥滑，暮夜直逼贼巢；时已天明，贼见官兵，即出迎敌，两相交战，官兵奋勇，彼贼势力不支，随即奔溃，连破数囤等情。又据副将商士杰报称：初六日师至白崖，遵奉本镇分布，职同张云鹏、陈谦、杨明表、任先觉、范邦雄、陶弘谟……各督所部兵马于初七日黎明，三路夹击，攻破白腊、牛场二宅吉囤，乘胜又攻破腊肚、腊勒、腊杵、虫蚁、垛漂、腊租、洛塔、沙纪、那地、腊孟、播武等处，逆寨一时焚剿无遗，各营擒斩贼级，通共二百二十五颗等情。""十一月十六日，据将官张云鹏、陈谦、屈朝宣、金良田、陶弘谟、敖国祯、阎应吉塘报：十四日各选冲锋马步兵前往谷里路哨望，行至地名治革，突遇贼兵登高掌号，我兵只有埋伏，一面设伏以待，一面奋勇直上山顶，将掌号二贼斩首，夺获号头；正下山间，伏贼齐出，我兵敌杀鏖战，至午闯入阵中，各贼奔溃，乘胜追逐，共斩级三十三人，夺获器械，塘报到职，理合具报等情。"还有许多战事记载，恕不一一录出。

谚语云："杀人三千，自损八百。"明军将士在鸭池河畔征剿土司叛军中亦有大量阵亡，只得就近集中掩埋，不可能葬棺茔墓，当年似有"虏塞兵气连云屯，战场白骨缠草根"之惨。为告慰这些战死他乡的孤魂，陶弘谟将军拾殓对河两岸明军阵亡尸骸而集中瘗之，并将陋就简勒石为记。据当地村民介绍，在20世纪60年代大集体深耕万人坟麻窝地时，曾挖出过许多人骨残骸，尸骨堆积起来有一人多高。

在鸭池河至乌江流域两岸，发现有明末战争留下有刻石记录的"万人坟"两处，一是开阳县楠木渡万历二十九年（1601年）六月"明征播战亡士卒合塚坟"（又称万人坟），前几年因修建水电站被湖水淹没。此乃为仅存的一处"万人坟"遗迹，系明王朝对西南少数民族地区推行"改土归流"政策的历史见证，具有较高的文物价值。

赫声古城

赫声古城堡究竟何人何时所建，因为地方史志无确载，众说纷纭。咸丰《安顺府志·沿革》载："赫声所，在（镇西）卫北，治今清镇北之鸭池，水西之化那也。"民国《清镇县志稿》仅有"明赫声所城，在今茶店坡上，考之《督黔善后事宜疏》，周七里三分，高一丈八尺，崇祯三年（1630年）建。此城为毛石砌，城门五，东南西北四门外更有小南门，现有少数住户，城身半倒塌，北门已毁，城内一小山矗立，小山前建有一关帝庙，庙前可见鸭池河对岸之大、小关"之记录。欲知其详，只得从朱燮元《督黔疏草》中找到答案。

朱燮元于明崇祯四年（1631年）五月十三日《列城善后建卫世守疏》云："崇祯二年六月，臣与御史苏琰查此一路，群贼如毛，先于距威清六十里乾沟地方，督副将杨正芳一面驱杀，一面建造石城，以便驻师，及后过河战胜，臣因次抚撤出，各兵扎于河上，总兵林兆鼎率同杨正芳、陈谦、彭应魁、袁可成、谭载勋等各将共于鸭池河岸上分定丈尺建城一座……以上各城如敷勇、铁王镇、乾沟，俱九里三分，

180

高二丈。鸭池、息烽俱七里三分，高一丈八尺。虎场、九庄、簸箕陇、乐平、札佐俱三里三分，高俱一丈五尺，内外用石包砌。以上皆在酉地控制河岸，用以防边者也。""敷勇、鸭池，宜设指挥各二员，千户各四员，百户各六员，择其劳久攻多，且专任版筑之役者，容臣酌议叙题世守。"又崇祯五年（1632 年）二月十二日《定军制卫守疏》云："鸭池一路，今改为镇西卫。为苗贼出犯必由大道，且各苗蜂聚之所。自副将杨正芳筑城乾沟，渐次扫除，连建各城直至河岸。其大索桥、簸箕陇、鸭池、乾沟等处，委守备毛礼、李守文、龙凤麟、张才等各分屯料理。旧额兵七千三百二十三名，今裁存二千五百六十名。"崇祯五年（1632 年）二月二十日《列城设卫久任世守疏》载："更易新名，该臣看得水外一块土，向虽贵阳附庸，实是罗施鬼国。今见归方舆，又经督臣经定，革故鼎新之会，自不可仍讹袭陋。鸭池拟改为镇西卫，铁王旗拟改为定南所，乐平拟改为柔远所，乾沟拟改为威武所，簸箕陇拟改为赫声所，九庄拟改为修文所，虎场拟改诰戒所……如果可采，伏乞皇上赐更，庶乎耳目一新，而固陋可振也。""总兵官林兆鼎，战功俱在叙案。鸭池一城，实其经始，又助筑省会新城，独造凉伞一城，开屯田二千余亩，应荫镇西卫指挥使。……副将杨正芳，战功俱在叙案。本官筑镇西卫一城，又筑乾沟、鸭池二城池，开屯二万五千亩，应荫镇西卫指挥使。"这就是赫声古城池的修建命名依据。

茶店原为明末镇西卫赫声守御千户所驻地，是"奢安之乱"明军扼守鸭池河古驿道的重要军事关隘，乃"为苗贼出犯必由大道"。其赫声古城池，始建于崇祯二年（1629 年），由总兵林兆鼎、副将杨正芳所督建，其城垣规模为"七里三分，高一丈八尺"。随着"奢安之乱"的平息，其军事功能消失，清初撤卫建县后，赫声千户所随之撤销，因之蜕变为古道塘汛守兵驻地或厘金关卡，并有商户在此商旅必经隘口开设茶店，以方便过往行人喝茶歇脚，茶店又因之得名，取代了当年的赫声所之名。或者茶店就是赫声所建城前的老地名，"赫声"只是一个官方名称，随着卫所的撤销而消失，仅存在 50 余年。

当地老支书李国书先生，带着我们沿古城墙踏勘五门遗址，他介绍说，清初"吴王（吴三桂）剿水西"之时，驻守古城的官兵被杀戮殆尽，城内房屋亦遭焚毁，凶魂汇聚，阴气森森，乃有"至今风雨凄其意，仿佛犹闻鬼哭声"之状。尔后，移居此地的人户，没有人选择在老城池中心修房建屋。古城内小山前建有赫声庙（因建在城内故名，当地人又称黑神庙）一座，始建年代不详，毁于新中国成立之后，如今仅存地基遗址。原有的 5 座城门，南门洞相对保存完好，残存门洞宽 3.4 米，顶高 3.4 米，墙厚 3.45 米。西门洞已垮塌，但城门遗迹尚存于树藤丛中，其余 3 个门洞早已寻不到痕迹。城墙周长约 3.65 公里，多已倒塌，如今看不见当年的城池模样。但此城池因废弃较久，当地人忌讳其"阴气"太重，故而在当年朱燮元所督建的30余座城池遗址中，至今为保存相对完好的一座，是一个重要的历史文物古迹。

茶店古街是建在古城池边缘东北门外，古隘口以南的山梁子上，房屋是沿古驿道两旁而建，形成街道。街上建有关帝庙，民国《清镇县志稿》记载："茶店庙，原建在茶店街口，仅一过街楼，光绪十年（1884年）移修于后山顶。后殿供大佛，前殿供关帝，人多称为关帝庙，最初仅建正殿三间及两厢。当时出力者为住持郑杨松，街人郑子云、王子俊、谢觐光等。光绪二十三年（1897年）住持刘诚熙及街人吴云洲、蔡玉礼、陈顺统等续修下殿三间，民国16年（1927年）左厢毁于火，郑杨松募捐修复。"清代于此设市场，民国年间逢戊辰日赶集。民国清镇县政府于此设有茶店区，区公所就设于关帝庙内。现古街两旁的瓦木结构门面已拆建为水泥房屋，过去的石板街道前几年已铺为水泥路面，就连通往万人坟地段险峻的石梯古道已作了改造，路旁偶尔看见一两块当年的古驿道马蹄印石级，难以寻觅其"古老"之味，不能说不是一个遗憾。

建于关帝庙旧址上的茶店小学操场角还留存有四棱"庙产"残碑一块。碑文曰："庙不知建自何时……"碑文中的"县主周大老爷"，查《安顺府志》：清乾隆时清镇周姓知县，仅有周寅其人〔周寅，上元人，监生，乾隆五十六年（1791年）任〕。另一面则刻有"大清光绪十九年岁癸巳仲春月上浣日谷旦，众首士等即住持道郑宗祯立"。通过该碑文中的教厂坝（教场坝）、登高坡（灯高坡）、关口园、万人坟、孤魂塘等小地名，体现出当年军事烽火痕迹。而九厂（酒厂）、凉亭、伍家坝，则透露出当年的老户居民及商业气息。在北街的一人户门前还有一方六面雕花八棱础石，该住户的老奶奶说是关帝庙的古物，留下做个纪念。据当地的老住户说，他们祖上都是由四川等地迁来的，都不是当年的屯兵后裔。与之同行的清镇史志学者吴道兴先生就是出生于此街上，吴氏先祖是手艺匠人，于此安家坐户以手艺为生。民国18年（1929年）修筑清毕公路时多沿古驿道而行，因此段险峻而改道。因失去交通要道的优势，集市渐次萧条，而沦为普通山寨。

踏勘古城池，凭吊忠灵墓。登临雄关古道，走访街邻村老，胸中不禁涌起"大江东去"之感慨。我们希望地方政府保护好古驿道、古城池等文化遗迹，竖立文物保护标志，为将来旅游文化开发提供实物依据。

作者简介

李峰，男，贵州清镇人，贵州省文史研究馆特约研究员、贵州历史文献研究会理事。

寻迹诸葛孔明

熊堂滢

我家在新店镇鸭池河边上，镇里的人多有三国情结。这不仅仅是受《三国演义》的影响，更多的是当地有许多关于三国的英雄故事代代相传，其中就有"诸葛亮南征返川途中经过鸭池河"的传说。诸葛亮南征途中是否经过鸭池河，现存的史籍没有明确记载，传说不等于史实。当然，传说也并不是空穴来风。历史的烟尘湮没了英雄的足迹，但是，地名却使我们从中寻觅到蛛丝马迹。本文试着从以下几个方面进行探讨，以求教于方家。

南征路线觅踪迹

221年，刘备在成都称帝，建立蜀汉政权。223年同吴国作战失败后，蜀军元气大伤，不久刘备病死，国力受到极大的削弱。南中（今云南省、贵州省一带）的豪强大户相继发起叛乱，使蜀汉政权的后方出现了动荡。是时，诸葛亮执掌蜀中大权，为了巩固蜀汉政权，平定叛乱，决定发起"南中战役"，巩固后方，为今后的北伐作准备。

蜀汉建兴三年（225年）春，诸葛亮兵分三路发起"南中战役"。右路军由诸葛亮亲自统率，中路军和左路军实为偏师，分别由李恢、马忠率领，以策应诸葛亮的主力部队。三路大军都采用了"攻心为上，攻城为下；心战为上，兵战为下"的战略战术，浩浩荡荡地进军南中。

诸葛亮率领的主力部队从成都出发后，经过今天的眉山、乐山、宜宾、屏山、雷波、昭觉、西昌，在西昌平定越嶲（"yuè xī"，今为四川省越西县）高定叛乱后，继续南下，经会理之黎溪镇渡金沙江（泸水）进入云南境内。然后从云南的元谋到

楚雄，一直打到滇池旁边的昆明（建宁）。在建宁做短暂的休整后，挥师北上，经澄江、陆良、曲靖进入贵州境内。大军在贞丰做短暂的驻扎（当地有宰相城），然后在今关岭与镇宁交界的地方"七擒孟获"。由于战略意图已经实现，经现在的安顺、平坝、贵阳、清镇、黔西、大方，于毕节（三国时叫平夷）和李恢军会师。在七星关与彝族结盟，祭祀天地后，经叙永、宜宾回到成都。李恢率领中路军，打到今天的毕节。

马忠带领的左路军打到贵州今天的福泉一带，三国时有且兰国在此。

地名之中看端倪

诸葛亮南征事件距今1800多年，由于史籍没有记载行军路线，更没有出土文物佐证，要弄清详细的行军路线十分困难，只有从地名中去寻找蛛丝马迹。地名看似简单，实际上牵涉历史的沿革、环境气候、民族人文、重大事件、地理位置等诸多方面。拂去历史的尘埃，地名在形成的过程中往往具有相应的故事、传说、典故。通过地名，可以了解当地的建制、区位、环境等相关情况。地名还可以反映所在地的风土人情、民族宗教、政治经济以及社会文化等诸多方面的问题。诸葛亮南征这样重大的历史事件，沿途应该留下与此事件相关的地名。云南境内未考察过，现单说贵州几个区域与此相关的地名。

贵州的贞丰县有宰相城，相传三国时期诸葛亮南征追赶孟获经过此地，曾在此建城操练兵马，因此取名"宰相城"，又叫作"孔明城"。后因当地人忌讳"宰"字，于清朝嘉庆年间更名为"者相"，即今天的者相镇。除此之外，还有"孔明坟"（衣冠冢），至今仍有人上坟挂纸。

从贞丰往北，就到了关岭县。这里与诸葛亮南征有关的地名就多了。

武侯县，《续修安顺府志辑稿》载："武侯县，唐贞观四年置，属羁縻琰州，治所在今贵州关岭布依族苗族自治县南，后废。"又，《华阳国志·水经注》："诸葛亮南征战于盘东。"今天的关岭县恰在盘江之东，故多诸葛遗迹。"唐以武侯县名，殆因有诸葛营之故也。"

马刨泉，据说关羽之子关索奉诸葛亮之命领精兵从贞丰出发。追击叛军到"十六盘上""二十七盘下"的一座大山岭时，人困马乏，干渴异常。关索的坐骑竟能以蹄刨地，出水而饮之。关索见状，便道："马能刨水，人不如马乎？"愤而以刀靶触地，泉水顷刻涌出，三军得以痛饮。所以，如今距关岭县城约二里许的地方，仍有"马刨""刀靶"二泉。

关索岭，因关索平叛有功，当地百姓就把这座大山叫作关索岭，今天的关岭县名即由此简化而来。

在关岭县与镇宁县交界的地方还有许多地名和遗迹与诸葛亮南征有关。例如，孔明塘、孟获屯、关索洞、晒甲山、诸葛纪功碑（红涯天书）。

阿歪寨，由镇宁往北就是安顺的幺铺，据说"火烧藤甲兵"就发生在幺铺旁边的阿歪寨，现已辟为旅游景点。安顺附近有诸葛营，平坝有诸葛晒甲屯。

现说说贵阳与诸葛亮南征的有关地名。

贵阳原建有"武侯祠"，在今天的甲秀楼附近，于1926年被毁。

再者"藏甲岩"，在今海关大楼后面，今已不存。《贵州名胜志》记载："在省城前卫治西南隅，俗名鬼王洞。汉有王志者，英武过人，貌寝，军中呼为鬼头，官至校尉，从诸葛亮南征，擒雍闿，过此，藏盔甲以镇百蛮。"藏甲遗踪在清代为贵阳八景之一。

第三处为"观风台"（一名观象台）。《贵州通志》记载："贵阳府城南坡形似台，相传诸葛武侯在些观星。"这个遗址在今观水路东南侧，也就是省委大院后面的观风山公园。2011年贵阳市人民政府决定恢复"风台踏草"故景，其石碑上刻字云："观风台又称观象台，相传诸葛亮南征曾遣将驻兵于此，为贵阳古八景之一。"

第四处为"铜鼓山"，《贵州图经新志》记载："铜鼓山在治城东二里，高百余仞，山半空峒，每阴雨，绳其中有声如铜鼓，相传为诸葛亮所藏者。"这个遗址在今仙人洞道观所在地。

清镇市也有诸葛亮南征遗址，据民国《清镇县志稿》载："铜鼓岩，在城西四十五里（卫城），相传汉武乡侯南征，于此获铜鼓。""羊头坡，在西北六十余里（鸭池边上），相传武侯南征，在此杀羊饷土。"（同上）鸭池河附近有将军岩、铁盔山等地名。民间传说还多，在此不一一赘述。

由以上地名，我们可以勾勒出诸葛亮南征在贵州境内的行军路线图：兴义—贞丰—关岭—镇宁—安顺—平坝—贵阳—清镇—鸭池河—黔西—大方—毕节—七星关。

关键人物助南征

在诸葛亮的"南征战役"中，不得不提及一个重要人物，这就是南中彝族首领"济火"，也称济济火（彝名妥阿哲，或谓济火，是彝族传说人物）。据《三国志》

记载："建兴三年，及相亮南征。济火积粮通道，佐丞相擒孟获，命世为罗甸君长。"《西南彝志》和《安氏本末》，也有妥阿哲率兵随汉朝皇帝征服"南蛮"令世长其的记载。"妥阿哲"就是济济火。《镇雄州志》也记载有济济火在七星关和诸葛武侯结盟的事迹。20 世纪 80 年代初，在大方县城西面出土的石碑，详细地记录了济济火率部协助诸葛亮南征的经过，碑文为彝文，又称济火纪功碑，现保存在大方县奢香夫人纪念馆内。据《贵州名胜古迹概况》载："此碑相传为蜀汉时济火所立，碑上有建兴年号。"此碑的出土，证实诸葛亮南征得到济火的协助是事实，不容置疑。三国时期，彝族的统治中心应该是现在的大方、黔西、毕节一带，同时扩大到云南的东北部，贵州的六盘水、安顺、贵阳、清镇、修文、息烽。"南中战役"进行得很顺利，达到了预期的战略目的，这与济火的支持和协助是分不开的。战争基本上是在他的领地周边或领地内进行的，他对战争发生地的山川河流、交通运输、物产风情应该是比较熟悉的。明确这点很重要，有济济火及其部队参与"南中战役"，使诸葛亮的进军路线及返程归途不至于走弯路，最大限度地利用时间和空间。"南中战役"从春天发起，到秋天结束，实现了战争的短平快，彝族首领济济火功不可没。

小心求证南征路

诸葛亮南征回川途中是否经过鸭池河？近年有学者研究认为，"七擒孟获"的主战场就在现在的关岭、镇宁一带。如果此说成立，那么战事结束之后，诸葛亮选择回到四川的道路，绝对不会走回头路，他必然选择最佳路线返回成都。大方石碑的出土，充分说明了南中的彝族是参战的，他们对于这一带的地理位置、道路交通、山川河流、关隘城堡，应该十分清楚。要回到成都和彝族的统治中心黔西、大方、毕节一带，走鸭池河是最佳的路线选择，因为走鸭池河是最近的路程，是唯一的通道。

鸭池河"北岸石壁若城，东西数里，色皆颊赭，南岸有土山，层进而上，高五六里，古驿道经山口与外界相通"。乌江的两大支流六冲河、三岔河在新店镇朱家岩交汇。《明史·地理志》："又有鸭池河，即乌江异名。"这里河谷深切，水流湍急，时宽时窄，悬崖峭壁，雄奇险峻。江水穿山东流，惊涛拍岸，劈出峡谷天险。鸭池河是贵阳西边的门户，同时又是水西东边的天然屏障，是黔中的重要关隘，自古以来为兵家必争之地。诸葛亮南征回川，鸭池河是必经关隘，当时已有古驿道

（五尺道）。两利相权取其重，两害相较取其轻。作为谋略家、军事家的诸葛亮南征返川途中应该经过鸭池河。当然，这仅仅是从军事的角度推测，但是，也是常识使然，因为"诸葛一生唯谨慎"，他不会冒险另走他途。现代的学者往往忽视地名的作用以及地名在认证历史方面的重要性。地名是各个时代人类活动记录的重要元素，它所代表的意义，即是人类活动的记录，有着深刻的历史内涵。有的古迹在历史的沧桑中消失了，只留下地名代代相传。当然，牵强附会、张冠李戴的情况也有，但毕竟是少数。后人能够凭借地名勾起对历史的记忆而寻其踪迹。在地理的坐标中，大量古老地名的存在让我们看到了历史上不同时空的文化层面，展示中华历史的漫漫长卷。

悠悠岁月，浪花淘尽英雄。兹以一首小令权当本文的结尾：

江上渡，江边路，江风吹倒前朝树。浊酒一杯，漫说兴亡朝复暮。武侯踪迹无处寻，云雾茫茫，山高水长知何处？

诸葛亮印迹

吴道兴

　　鸭池河因其水深谷狭的地形地貌及地理位置，自蜀汉起至新中国成立后的清镇解放初期，发生了诸葛亮南征、水西抗明、咸同之乱、吴王剿水西，红二、红六军团长征途中战略转移挺进黔西北、南下大军解放大西南、解放初期剿匪等诸多战事，几度成为兵家必争之地。逝去的历史，不仅演绎出一幕幕惊心动魄的画卷，而在今清镇市新店镇境内，留下一些古城与古战场遗痕，以及一些与古代历史名人有关的传说，如诸葛亮南征时曾经率军从鸭池河经过，并在今卫城镇迎燕村铜鼓坝获得一面铜鼓。

　　据《三国志》记载：蜀汉建兴三年（225 年）春，诸葛亮率南征西路大军将士从蜀都（今成都）出发，经今四川眉山、乐山、宜宾、屏山、雷波、昭觉至西昌。在西昌平定越嶲高定叛乱后，继续南下，经会理之黎溪镇渡金沙江（泸水）进入云南。然后，从云南元谋到楚雄，再到昆明与中路大军李恢会师。在滇地（建宁）平雍闿（"kǎi"，三国时期地方豪族）后，诸葛亮从晋宁出发，经澄江、陆良至曲靖，延秦初常頞（"è"，秦国官吏）修筑的五尺道北上，经沾益、宣威涉过威宁可渡河进入贵州，从水城西面至毕节（蜀汉平夷都督府），并与马忠的东路大军会师平夷，此时马忠已平定牂牁（"zāng kē"，古地名，在今贵州境内）朱褒之乱，南中基本平定。诸葛亮在平夷都督府以军功封李恢为兴亭侯、安国将军，仍留守建宁，驻平夷；封马忠为牂牁太守，驻且兰；封协助南征的牂牁彝族首领济火为罗甸王，治理慕胯（今大方、黔西一带）。之后，又在毕节七星关要隘筑坛祭七星，并抽调营兵驻汉阳山（今赫章平山）镇守。诸葛亮到毕节时已是深秋，为了赶回成都，诸葛亮率所属将士仍沿五尺道经赫章（汉阳）、威宁进入云南昭通、彝良、盐津出四川高县至宜宾原路返回，年底至成都。

　　《三国志·后主传》曾记载："建兴三年（225 年）十二月，亮还成都。"而

《与孟达书》（诸葛亮撰）中记载："往年南征岁末及还。适与李鸿会于汉阳，承知消息。"《三国志辨疑》记载："岁末及还，当作岁末乃还。"

据上述史料记载，蜀汉建兴三年（225年），诸葛亮率军南征，在平定南中叛乱返回成都的途中进入贵州境内，经过了当时属于牂牁郡故且兰的辖境。民国《清镇县志稿》对清镇古八景之一的"山怀铜鼓"做了如此记述："铜鼓山，相传武侯南征，于此获铜鼓。山距城四十五里。"经考证得知，"铜鼓山"即今清镇市卫城镇迎燕村铜鼓坝。当时的鸭池河一带，属于牂牁郡故且兰辖境，如果诸葛亮在今清镇市卫城镇迎燕村铜鼓坝获得一面铜鼓的传说属实，那么，诸葛亮在平定南中叛乱后返回成都途中进入贵州毕节（蜀汉平夷都督府）后，视察慕胯（今大方、黔西一带）时曾渡过鸭池河到卫城镇迎燕村铜鼓坝，说明诸葛亮的双脚曾一度踏过鸭池河两岸的土地。

踏访簸箕陇古城

兰道宇

不管是从历史的角度，还是社会发展的角度，对清镇人来说，有一个地名大家都不该忘记，它就是今天清镇市新店镇王寨村的簸箕陇。

簸箕陇的历史悠久。从明代以后清镇的志书中，都有关于簸箕陇的记载。在当地人眼中，簸箕陇是一个"大地名"，说起来还有一种自豪感。问到地名来历，回答是有一块簸箕田而得名。的确，说到清镇的开发，是绕不开簸箕陇的，就因为明代的簸箕陇城。2015 年出版的《清镇市行政区划图》以及有关地图，已经找不到簸箕陇这个地名了。似乎，簸箕陇这个"大地名"，仅存在于人们的口耳相传中。

簸箕陇位于新店镇南部，距离清镇市人民政府驻地 50 多公里。为探寻簸箕陇及其簸箕陇城的历史，我多次到新店镇王寨村采访。本来，簸箕陇与王寨村关系不大。历史上的簸箕陇，却与教场村关系紧密。据清镇市史志资料记载："教场"，原名"校场"，是明代簸箕陇驻军练兵的地方，得名于此；因为听到"校场"容易写成教场等原因，多年来"校场"与"教场"混用。清代、民国时期曾经为"保"，清镇解放后为"村"，在 20 世纪 90 年代固定使用"教场"。2013 年 9 月，因为清镇市调整行政区划规模，原教场村、王寨村和牛坡村合并，新村名王寨村。自然而然，教场由"村"变为村民组，簸箕陇就属于王寨村了。其实，不管是簸箕陇还是教场，与清代产生的地名"王寨"和以形取名的"牛坡"比起来，历史更为厚重、文化内涵更为丰富，应当成为新的行政村名称的首选。遗憾的是，历史没有假如，这就是教场、簸箕陇及其簸箕陇城的遗憾。

孟夏时节，绿树满坡，蔬菜满园，我与清镇市作协主席管利明，新店中学教师罗元海、康勇一起到簸箕陇考察。追溯簸箕陇名称的来历，实地考察簸箕田，看到一个篮球场面积大小的圆形簸箕田，在我眼中，了不起能算一个"筛子田"罢了。以形取名，是清镇市地名的特点。而以"陇"命名，却是清镇市地名的又一个特征。如今，清镇以"陇"命名的地名仍然很多，如马陇、盖陇、燕陇等，都无法解释其意义。我以为，会不会就像历史上的"校场"成为"教场"一样，这些地名中的"陇"是"茏"的误写呢？因为这些地方都是土地肥沃，是"草木茂盛的地方"。当然，仅仅是推测而已。

簸箕陇城建于何处？有的当地人已经说不清楚了，告诉我的，就出现三个结果：一是"教场"就是簸箕陇城，不仅有军人练兵，随军的家属还在此地生活；二是营盘坡是簸箕陇城，军人在山上驻防，在山下的校场练兵；三是簸箕陇城很大，由几个山头组成。在采访中，我们面对三种答案，只得去寨子中寻找熟悉历史的老人给我们求证。我们找到了祖祖辈辈居住这里、出生于1937年的沈林龙先生。他得知我们的目的，陪我们考察簸箕陇城遗址，了解簸箕陇城曾经的辉煌。

教场坝是一个典型的山间土坝。地势平坦，呈椭圆形自东向西倾斜，面积两三平方公里，已经种满玉米等农作物，看不到曾经的练兵场留下的痕迹。虽然不属于簸箕陇城，却与簸箕陇城的驻军密不可分，既是军人的练兵场，又是随军家属生活的地方。四周群山环抱，错落有致，形状各异，树木茂密，由青楠坡、母青龙、猫坡、背后坡、公青龙、小坡、尖坡、大坡、营盘坡等山头环绕排列。似乎教场坝与四周山头的组合更像一个"大簸箕"穿过教场坝南行，走到营盘坡左侧的山垭口，就进入曾经的簸箕陇城。

簸箕陇城依山而建，城墙为"三里三分"。城墙环绕，使簸箕陇城成为名副其实的山城。簸箕陇城主要由三个山坡组成：地处北部，地势最高的是营盘坡，坡顶建有营盘、哨所；中部是水塘坡，南部是"空背箩包包"（方言，意为土丘）。有城门三个：在大坡和营盘坡之间修建的是大城门，也是今天的城门垭口，是军人进出簸箕陇城的主要通道；在营盘坡西面建有小城门，依靠鸭甸河天险防守；南端空背箩包包的西面，建有后城门，防守白猫河渡口。有三条路：除城内上山坡的小道外，主要有从大城门、小城门进入城内两条路。会合于营盘坡后，再经水塘坡和空背箩包包西侧出后城门可直达白猫河渡口。

至此，簸箕陇城的具体位置确定：簸箕陇城位于新店镇南部的西南角，北与教场坝相连，东隔袁家沟与流长苗族乡马陇村相望，南接流长苗族乡马陇村白猫河渡口，西临落圈岩隔鸭甸河与织金县相望。

在今天来说，簸箕陇城遗址仍然处于交通不便的状况。那么，明代为何在簸箕陇建城呢？其起因要追溯到明代今清镇市的特殊位置以及发生在明代影响贵州的"安邦彦反明"事件：

今清镇市境在明代主要分属两部分：南部属明洪武二十三年（1390年）建立的

威清卫（今清镇城区），以猫跳河流域为主，西至犁倭镇，中间有插花地。北部大部分属于土司水西亲辖地——六慕则溪地盘。可以说，南部的威清卫是贵阳的前哨阵地，是当时水西至贵阳的主要通道之一。北部的六慕则溪则是水西的前哨阵地，水西土司安邦彦曾经在今犁倭镇玉冠山等地安营扎寨，屯兵助攻贵阳。占有威清卫，就可兵临贵阳。位于新店镇西面的三岔河、北面的鸭池河，则是水西军和明军双方进攻和防御都必须占有的天堑。一句话，今清镇市境是"安邦彦反明"事件的主战场。

据《清镇县志》记载：安邦彦是水西土司贵州宣慰使安位的叔父，任贵州宣慰同知，因安位年幼，掌握实权。明天启二年（1622 年）正月，安邦彦挟持安位兴兵反明，自称罗甸王。水西 48 目以及乌撒（威宁）土目安效良等群起响应。安邦彦首取毕节，于六慕则溪分兵取普定（今安顺）、平坝，于二月攻占威清卫，杀死指挥邱述尧，贵阳以西千里，尽为安邦彦占有。同月，围攻贵阳。此后，双方多次交战，安邦彦向明军发起进攻 6 次，明军向水西发起进攻 4 次。崇祯二年（1629 年）八月，安邦彦死后，安位于崇祯三年（1630 年）三月"遣使乞降"，总督朱燮元约"四事"，其中有"献水外六目地于朝廷"。"水外六目"地即是水西亲辖地的六慕、于的两则溪所领的阿戈（今平坝区境内）、龙尔（今修文县境内）、龙夜（今清镇市洛阳小蛇场）、底区（今修文县境内）、化那（今清镇市大、小化那）、引易遮勒（今清镇市卫城）六目地。朱燮元以"水外四目"地置镇西卫（今卫城），北领赫声守御千户所（今新店镇茶店），东领威武守御千户所（今站街镇老城），南领柔远守御千户所（今平坝区齐伯），西领定南守御千户所（今普定县城）。从天启二年（1622 年）至崇祯三年（1630 年），历时 8 年的"安邦彦反明"事件以水西安氏家族失败、彝族退出在水外六目的历史舞台而告终。这也是今天清镇市这片土地地处水东而不属于水东势力范围的历史根源。

明军为巩固战斗成果，朱燮元于沿河要害，"筑城三十六所，近控苗蛮，远联滇蜀"，"大渡要隘，俱筑新城，列兵据守"。因为鸭池河是"各酋会聚出入之大隘"，便在镇西卫屯兵处筑城 6 座：镇西卫城、赫声所城、威武所城、柔远所城、定南所城及簸箕陇城。"威清、鸭池之间，水西无复有塘可饮马者"。

簸箕陇古城由谁修建？现居卫城、新店镇大兴寨等地的任姓族人和现居教场坝的沈姓人说，"簸箕陇城是任家的入黔始祖英武公与沈家的始祖所建"。但是，史料中没有任英武及其事迹记载，却记载了任先觉。任先觉是陕西三原县人，明万历年间随军入黔。崇祯元年（1628 年）六月，朝廷叙剿斩水外巨憝老虫添功，守备任先觉以战功升任都司职衔。崇祯三年（1630 年）四月，修筑簸箕陇城。据朱燮元《列城善后建卫世守疏》记载："都司金书任先觉率里民于七百房沿河筑一石堡，离乐平又四十里，由思腊而北为簸箕陇……都司金书任先觉，亦于簸箕陇建城一座，皆上据高原而下瞰长流，即一苇片刀，无不了然。"至于任先觉是不是任英武，任先觉与任英武是何关系，不在此讨论。可以肯定的是，筑城队伍中有任、沈等姓氏的军人。"鸭池、安庄傍河可屯之土，不下千顷……诸将士身经数百战，咸愿得尺寸地长子孙。请割新疆以授之，使知所激劝。"从此，明军在鸭池河一线屯兵。同时，从居住历史看，在明代灭亡后，守城军人能够得以生存，就近而居，是非常幸运的。

簸箕陇城是镇西卫的一个特例：一是城内人员单一，仅为军人；二是少有平地，以山坡为主，易守难攻，固若金汤。有一首《簸箕陇城》的诗说明其险峻："前面屯军后面坡，侧面绝壁似刀削。一将防守营盘顶，万兵想过无奈何。"簸箕陇城北面的营盘坡，一夫当关，万夫莫开。东面的袁家沟，万丈深渊，是自然天险；对面的上袁家沟可望而不可即。西临落圈岩，作为地名，虚指鸭甸河的一段，意为沿河的清镇、织金两地的岩壁扩展，形似一个天上落下的圆圈摆在鸭甸河边上；实指小地名原大箐岩，曾在此修建过化龙水电站，后被东风湖水淹没；不要说过去谷深水急，就是今天水流平缓，也是天险。南面的马陇村有通道，笔直的陡坡，驻军仅凭借地理优势，就可保万无一失。

在我看来，就是这样的天险之地，只需要在三个城门处使用石条修建城门即可，其他的地段，就是不修建城墙也是安全的。其实，从我们在城门垭口看到枯树枝拦路口就是天然放牛场开始，我就明白此地的优势！

就区位而言，簸箕陇城战略地位突出。在明代依靠驿道的交通状态下，簸箕陇城的交通便利。南控白猫河渡——控制织金县进出清镇的要道，是明廷布防的防范水西的36城之一，也是簸箕陇城建城的目的和主要任务。因为安邦彦为今织金人，也有专在此修城以防安邦彦势力反弹的因素。也可沿马陇苗寨古驿道通过至威清卫城。出北面，可驰援赫声所城以及镇西卫城。由此可见，簸箕陇城是威清卫、镇西卫的屏障，也可作为攻击水西的前沿阵地，还有弥补防守赫声所城与柔远所城之间空当的作用。同时，从镇西卫"镇守水西"的意义看，簸箕陇城既是镇西卫除卫所城之外的防守阵地，是名副其实的"边防前哨"，其驻防、防守的目的非常明显。虽然《清镇县地名志》中有"水西时曾在山顶设牛尾所"的记载，但从簸箕陇城的规格看，屯守队伍至少应当是百户所。

访历史古迹，看成败兴衰。时代变化、朝代变迁，硝烟散尽的簸箕陇城防住了水西，却在清兵的铁蹄下退出了历史舞台。从1630年簸箕陇建城到1644年明王朝统治结束，明镇西卫历史是14年。到清顺治十六年（1659年）一月，革明代卫、所的指挥、千户，分别设守备、千总，明代的统治才真正结束，镇西卫实际统治了29年。清康熙二十六年六月二十二日（1687年7月30日）吏部议复，裁去威清卫、镇西卫及其所属的赫声、威武二千户所，设清镇县，设治于威清卫城（今清镇城区），隶安顺府，镇西卫的命运才真正结束，其建制存在了57年。当然，不管怎样计算，经历风雨的簸箕陇城已经光荣地完成了它的历史使命，完成了镇西卫"镇守水西"的使命。

明代离我们渐行渐远，簸箕陇也渐渐被人们遗忘。"高一丈五尺，内外用石条包砌"的簸箕陇城，在沈林龙先生口中的变化情况是：从民国时期到20世纪70年代初，簸箕陇城还有多段城墙。在20世纪70年代农村开展的土改田、坡改梯、瘦改肥等"三改"中，石条大多被村民拆来修建堡坎。现在，从大城门、水塘坡和空背箩包包等几处遗存的城墙来看，石条少见，多是就地取材的毛石。看来，应该是村民取走石条后，留下了毛石，也留下了还可供人踏访的古城。

簸箕陇城，威武雄壮不在。只有在晴朗夜空里，营盘坡上偶尔还会有点点磷火闪烁。光滑如玉的古城石梯路上，金戈铁马留下的痕迹也在岁月的时光中磨灭。今天，沿河两岸的人民，恩仇泯灭，和谐共生，各民族紧密团结，在新时代建成小康社会的潮流中，正在按照党中央的部署，向振兴乡村的目标前进。

城脚寨的由来

王　刚

从茶店赫声古城的西门坡沿着陡峭的古驿道往下行走约 500 米，就到了马鞍山村城脚寨村民组，现有 50 多户住户。再往下就是周家田坝，贵毕公路由此穿过，城脚寨就处于周家田坝和赫声古城之间的半坡上。这里层层梯田，阡陌纵横，绿竹掩映，泉水淙淙流淌。这里盛产稻谷和酥李，优质煤块储量丰富，原国营保田煤厂就在附近。城脚寨夏天没鸭池河边热，冬天没茶店街上冷。真是冬无严寒，夏无酷暑，材煤水土俱全，是适合人类居住的好地方。

城脚寨建于何时，现已无法查考。据老人们说始建于"吴王剿水西"年间，以后逐渐扩大。翻阅古籍，此说有误。应该是赫声古城建成后修建的，也就是说城脚寨是赫声古城的卫星寨。关于赫声古城，还得从贵州历史上的"奢安之乱"说起。

话说明朝天启年间，由于宦官擅权，朝廷腐败，以至于天下大乱，刀兵四起。东北方向和后金战争连年不断，胜少输多。山东爆发白莲教起义，天降大旱，多省饥荒，民变蜂起。朱元璋创立的明帝国已经风雨飘摇，日薄西山。墙倒众人推，在这种背景下，明天启元年（1621 年）在西南爆发"奢安之乱"。四川永宁（今叙永）宣抚司奢崇明联合水西宣慰使安位的叔父安邦彦发动叛乱，战争前后持续了 17 年，波及川、黔、云、桂四省，死伤百余万人。省会贵阳被叛军围困达 10 个月之久，城内军民奋起抵御，战死饿死者过半，曾出现人吃人的惨状。天启六年（1626 年），明朝的"战将之花"鲁钦兵败自刎，全国震惊。崇祯元年（1628 年），朝廷任命朱燮元总督云、贵、川、粤、湖广五省兵马，历经 7 年的时间，才剿灭安邦彦、奢崇明的叛乱。但是，明朝的国力受到极大的削弱。崇祯十年（1637 年），水西宣慰使安位投降，并划"水外六目"归朝廷。朱燮元为防水西反叛，沿鸭池河筑城 36 座，构建"水西防线"，赫声古城即在此时修建。

据史料记载，赫声古城"长七里三分，高一丈八尺"，且有 5 个城门，分别为东、西、南、北门和耳门，本文所说的城脚寨即在西门坡下约 1 里的山坡脚。据老辈人说，小山坡上原有沙土夯筑的堡垒，现已不存。由此看来，城脚寨是在赫声古城筑城之后才修建的，应该是赫声古城的前哨阵地或者是前出基地。其功能是观察敌情、防备敌人偷袭、侦察的战术支撑点，与主城垣形成掎角之势而互相通报，互相支援，互相策应。敌人来攻，前哨阵地先行接敌，为主城防备争得时间。守方攻敌，则前哨阵地前行出击。当时应该有少量军队在营垒里面驻守。战争结束之后，铸剑为犁，军人家属陆续搬来此地居住。外来移民也逐渐迁入落籍，遂成为寨子、村落。因其地理位置在赫声古城下面，顺理成章地呼为"城脚寨"，住户的子孙后代繁衍至今。这就是城脚寨的由来。

综上所述，"奢安之乱"发生在 1621 年，"吴王剿水西"则发生在 1664 年，且主战场在织金，两者前后相差 40 多年。乡间传说不知就里，以讹传讹，往往把两者混为一谈。

揩去了历史的尘埃，消失了刀光剑影。今天，城脚寨的村民和全国人民一样已经脱贫致富，实现小康。在党中央乡村振兴战略的宏伟规划中定会大有作为，城脚寨的明天会更美好！

作者简介

王刚，新店镇马鞍村城脚寨组人，现就职于马鞍村村委会。

仙人搭桥印象

兰道宇

位于清镇市新店镇鸭池河村老街渡口下游约一公里的地方，属新店镇岩湾村的地盘，有一个美丽的名字——花滩。花滩是鸭池河上的急流险滩之一，也是鸭池河上比较狭窄的地方。在鸭池河洪水季节，花滩两岸许多巨石被淹没，没有什么独特之处。在枯水期，花滩就是一道美丽的风景线。只见河水流到突然变窄，河面宽仅三四十米的花滩时，水流成股，像绳索般缠绕着快速前行的水柱，越过河岸巨石，突然下冲，经过巨大的河面落差后，冲击产生数米高的水花，似纯洁高贵的白荷花。"鸭水千年淌，荷花一滩开。"以形定名，故名花滩。也有人说，花滩取自鸭池河四季鲜花灿烂，花果飘香。一句话，花滩让人产生美的联想。

花滩之美，彩虹增辉。花滩虹（"虹"，方言，音同"杠"）是花滩可遇而不可求的景观。有时候，在鸭池老街可以看到花滩虹。在儿时，因不知彩虹产生的原理，曾与友人多次相约到花滩看花滩虹。有一次，居然碰巧看见了花滩虹，大家高兴地在河边拍巴掌，大声欢呼。

花滩之怒，咆哮生威。花滩在生出水花之时，发出了振聋发聩的咆哮之声，在鸭池河谷回荡。人近滩边，声声刺耳，让人生畏，令人胆寒。一个在当地流传的"仙人搭桥"的故事，冲抵了花滩之怒带来的不适，把人带入了美好故事的追忆之中。

据说，自鸭池河古渡成为交通要冲以来，两岸来往客商过河，均靠船渡。因为水急，木船摆渡困难，每遇洪水暴发，河水暴涨，木船摆渡就非常危险。每年的洪水季节，最容易发生翻船事故。如果在渡口至花滩大约一公里的河面不被救起，一经花滩，少有人生还，因此，花滩是名副其实的"绝命滩"。花滩下面的沙坝，因经常发现落水者尸体，被人形象地称为"晒尸坝"。从古至今，不知有多少人葬身滩中。在年复一年的时间里，人们期盼着菩萨显灵，期盼能够搭建一座桥，减少人员伤亡，方便两岸人民群众。

传说，不知是人民的祈祷，还是两岸民众的疾苦感动了玉皇大帝，他派出天上一个仙人下到凡间修桥。仙人来到鸭池河南岸茶店，准备居高临下选址。他刚到观音庙中，得知消息后的妹妹急速赶来，想让哥哥见识自己的能力，代兄修桥。因他们在茶店观音庙相聚，故又得名会仙寺。神仙兄答应了神仙妹的要求，放手让神仙妹独自一人建桥，自己留在茶店会仙寺中等候，相约公鸡大叫时返回天庭。神仙妹在茶店一看，鸭池河形似一个池子，岩湾横岩下河尾巴之上不远处，河床较窄，决定在此处选址建桥。她取出万能的"赶山鞭"，一鞭斩击而下，从对岸方家大岩削下巨石，有的滚入河中，阻塞河口，石坝成桥，连通两岸。可是，河水不畅，水位上升，淹没河岸庄稼；河水漫过石坝，出现垮塌。神仙妹立即用"赶山鞭"对石坝一赶，石坝出现缺口，河道畅通，形成花滩。神仙妹经过思考，准备架设一座石拱桥。她用"捆仙绳"运巨石至河边，再用"赶山鞭"将巨石削成规整的方块石料。因为工程量大，任务重，神仙妹一直干到半夜，架桥任务仍然没有完成。神仙哥在会仙寺等了良久，决定催妹妹快一点。他就在会仙寺中学了一声公鸡叫，给妹妹报警，时间紧迫。谁知妹妹一听，误认为时辰已到，担心三更前回不了天庭，白天就会变为凡人留在凡间。于是决定停止修桥，返回会仙寺中与哥哥相聚，准备一起赶回天庭。哥哥见妹妹就问："桥修建完了吗？"妹妹愧疚地说："没有完成。公鸡叫，时辰到。无法完成，我们回去吧。"哥哥懊悔地说："不是真的公鸡叫，是我学公鸡叫。公鸡叫一声，又不是大叫，意思是催你快修桥。现在看，时间真不够了，只能在凡间留下遗憾了。"于是，神仙兄妹带着遗憾，从会仙寺直接返回天宫。从此，在鸭池河的花滩处，留下千古传说——仙人搭桥，因为神仙妹是仙女，也称仙女搭桥。

神话传说，并非真实事件，只是邑民寄托美好愿望，反映邑民对鸭池河建桥的期盼。进入清朝，黔西县梅姓富商计划投资在花滩处修桥，未能成功。1936年2月，红军进军黔西县，在鸭池河老街渡口搭浮桥过河。1949年11月，解放军解放黔西县，在鸭池河老街羊子岩搭浮桥过河。1958年7月，鸭池老街渡口上游约两公里处修建的鸭池河吊桥通车，几千年来两岸人民的愿望终于实现。鸭池河修桥的事实证明，神仙和富商都不能办成的事，在中国共产党领导下办成了。

进入20世纪90年代，东风湖蓄水发电。2005年，索风营湖蓄水发电。一条鸭池河，变成了一河连两湖的风景区，桀骜不驯的鸭池河，已经成为造福人民的母亲河。进入21世纪，新店镇修建了鸭池河沿河大道，推进红色村庄建设，人居环境大为改善。

昔日的花滩，在两湖蓄水发电的影响下，记忆中的花滩虹、荷花一滩开、花滩之怒等印象，实景再现更是难得一见。故事长存，乡愁仍在。

大寨村 "水外六目" 遗痕

吴道兴

清镇市新店镇大寨村（原名石板大寨）位于新店镇新店街北面，地处新（店）归（宗）公路右侧，南距新店街上约3千米，北距鸭池河下游的归宗大渡口约9千米。辖大寨（分为寨上、寨脚、湾湾头）、马槽井、岩脚、马路等4个村民组，2013年村级行政区划调整后，将北面小寨村所辖的小寨、土木槽（应为"土目场"，分为彭家寨、赵家寨、周家寨3个自然村落）、滴水岩3个村民组，东南部王家坝村所辖的王家坝、新寨、龙滩、韩家屋基4个村民组合并组建新的行政村，村名仍为大寨，总面积为11.8平方千米，居住着汉、苗、布依、彝、仡佬、白等10多个民族，2021年年末人口为3340人。

20世纪50年代末，清镇县实行一区一社的人民公社建制布局时，新店公社境内设置了归宗管理区，当年在新店公社农具厂打铁的父亲奉公社所调，到管理区办公室驻地大寨继续从事打铁职业，我家便从新店公社茶店大队的茶店街上迁至大寨大队大寨生产队居住至今。

今大寨村民组，坐落在坐西向东、一名叫后龙山东麓的龙颔处。称为龙山，名副其实。山之西右侧被寨人称为"环岩"的长长山岭东连龙山之首，左侧的几座小山头连成一线亦东连龙山之首，左右连山与龙山之首合为观之，形如倒立的龙之两角，呈游龙腾飞之状，妙趣横生，也许这就是300多年前大寨先人选择在龙山东麓建寨居住的缘故。

根据大寨村在明崇祯三年（1630年）前也属水西（黔西、大方、毕节）安氏土司"水外六目"辖境的史实，如今大寨村的大寨、马槽井、小寨、土目场等村民组境内，仍存当年具有军事驻防作用的建筑遗痕、土司头目居住地沿袭的地名，以及彝族先民古代用火焚烧逝者遗体时留下的坛装骨骸的遗痕。

在大寨组西面与马槽井村民组交界处的环岩与青峰山之间的一处山垭口，古人用大如柜子的石块垒砌的圆形营垒，直径为 10 多米，周长为 30 多米，高约 2 米，顶部呈乱石铺砌状，其间灌木、杂草丛生。据《大定府志》《黔西县志》《水西简史》，民国《清镇县志稿》《清镇县志》等地方志书对"水外六目"范围的记载推测，这一圆形营垒，应是元、明时期水西安氏土司派驻今小寨组、土目场组一带土司小头目，为防外部势力自南而北通过今归宗村鸭池河下游大渡口进犯水西地区而修造的驻防营盘，相当于军事瞭望台。而土坛装人骨是"水外六目"时期居住大寨的彝族先民安葬已故老人时所留。

位于大寨村民组北面的小寨村民组，原名石板小寨，是一个有近 150 年历史的布依族村寨。寨子东北侧山梁之上，现存一道长 60 米，高有 2 米余，用长方形大石块垒砌而成的寨墙。寨墙内地势平坦，无人居住，据传为元、明时期居住土目场土司头目练兵操练的场所。寨墙西侧一排四栋瓦木结构的高架房，为寨中主要居民的马家古屋。《马氏族谱》手稿记载：明洪武十六年（1383 年），"马氏入黔始祖马万等三个祖公从江西省吉安府同时来到贵州，先入住毕节市织金县与黔西县交界处的马安屯。祖公门分支后，马万领起繁衍的后代，入住与清镇县与黔西县交界处清镇境内的周家田坝，后迁住归宗村的鱼寨、苗寨，最后定居于石板小寨。历代祖辈至今，都以温和善良为佳，以耕读为本，至今已繁衍子孙十五代"。

四排房屋皆为长五间，居中一间为堂屋，是供奉天地君亲师及列祖列宗的地方，左右两间一分为二变为四间，是房主人的饮食起居之所。房屋的石院坝前都砌有一道石腰墙，均为方形石块或长条石砌成，造型别致。四栋高架瓦房均为四合院类型。古屋院坝左侧，还有一道朝门。各个院落气势恢宏，十分气派，彰显出当年住房主人的身份不俗。

四排高架瓦房中第一排正房，为马氏族人马明贤的住房。中间的堂屋，层高 3 米有余，堂屋的后壁前置放一座大神柜，长约 2 米、高约 1.5 米。神柜中空，隔有上下两层木板，用作置放祭祀祖宗的香蜡纸烛等。神柜外壁为一块雕刻花草鸟兽图案的优质镂空木板，做工精巧，外形美观。后壁的神龛上，供奉着天地君亲师及房主列祖列宗的牌位。堂屋左右两壁各挂一块长为 3 米、宽为 0.3 米的祝寿联牌，为行书体阴刻文字，左联为"竹苞松茂赖人培福如东海"，右联为"日升月恒满天赐寿比南山"。正房堂屋大门上端，悬挂一块长为 2 米、宽为 1.5 米的木质牌匾，从右至左阴刻"为善最乐"4 个繁体行书字。牌匾右侧竖刻一行楷体小字"光绪辛丑年六月四日"，同时在右侧阴刻众亲友某某等贺小字。此外，房主还收藏了一块阴刻"自天申之"的长约 2 米、宽约 1 米的木质牌匾，牌匾制作时间为"光绪辛丑年六月四日"。据已故马明贤老人介绍，两块牌匾和一副寿联联匾，皆是清朝时期光绪辛丑年（1901年）农历六月初四，马氏祖公马诩80岁寿诞时，众亲友所赠，均用猪肝色土漆漆制。两块大牌匾的阴刻文字，均为镏金字。年代久远，当年所镏之金早已脱落。

2003年，通过清镇市文物管理所组织专家实地考察论证，清镇市人民政府已将小寨马家古屋列为县级文物保护单位加以保护。

位于小寨东北侧的土目场，距离小寨不到1里，据赵彬老支书说，东南侧寨子边有一座厢楼坡，坡下平地建有土司头目家的办公楼房，楼房左侧不远处的土里，有一条长约1里，用石板铺砌的街道，据说明朝土目家管理的时期，附近村寨的人都到土目场赶集，人数逾千，比较热闹。街道已被村民们辟为耕地，原先兴盛一时的街道场地荡然无存。

风土人情

千年夙愿今梦圆，乡村振兴谱新篇。清镇市新店镇鸭池河村在大力推进红色美丽村庄试点建设工作中，着力抢抓发展机遇，奋力开启乡村振兴。如今，新店镇自然风貌越发秀美，新店人民越发可爱，村集体经济越发强大，一切都朝着美好前进。

本篇共收录26篇诗文，围绕鸭池河上的桥、山水美景、乡土气息等进行"描绘勾勒"，既有古朴厚重的历史记忆，又有在环保推进中不断散发自然气息的"生态美"，不断把清镇市新店镇美好的一面通过文字、图片传输至每一个读者。在现有基础上，新店镇将不断加大乡村振兴和环境保护的力度，不断实现"农业强、农村美、农民富"的终极目标。

鸭池河的桥

无 名

鸭池河大桥于 2017 年 7 月建成通车。全长 1450 米，主跨径 800 米，为目前已建成最大跨径的钢桁梁斜拉桥，创世界山区斜拉桥之最，获第 35 届国际桥梁大会古斯塔夫·林德撒尔金奖。

我终于明白
世间有一种美
无法用言语形容
巍峨而高昂

回声的千结百绕
而守候的是
执着

一如月光下的鸭池河
一抹淡淡轻轻的笑

笑那浮华落尽月色如洗
笑那悄然而逝飞花万盏

谁是那轻轻颤动的百合
在你的清辉下亘古不变

谁有那灼灼热烈的双眸
在你的额首中攀缘而上

遥远的呼唤
穿过千山万水

纵使高原上的风
吹不散
执着的背影

纵使清晨前的霜
融不化
心头的温热

你静守在月下
悄悄地来
悄悄地走

"桥" 见鸭池河

刘 兴

鸭池河是一条英雄的河，源远流长。它养育了无数的英雄儿女，流传着许多的历史传说和革命事迹。自古有河便有桥，在鸭池河的故事中，桥的故事无疑是最引人入胜的。在这里，我们就来说一说鸭池河八座桥的故事。

鸭池河地处黔中腹地，地理位置险要，史称"清镇为省会之藩蔽、鸭池河为滇路之咽喉"。它既是黔中西行的天然障碍，也是通往滇、川的必经交通要塞。唐代至元末明初，鸭池河流域保持相对安宁，水西、水东两地各族人民的相互往来越发频繁，特别是明代贵州宣慰司摄政奢香夫人实施水西地区的对外开放，在组织人力物力打通龙场九驿的过程中，修通了水西地区过鸭池河经威清卫至普定卫的古驿道，这条古驿道也就是我们今天常说的古盐道，川盐就是从这里运往贵阳的。至此，鸭池河一带越发繁荣，成为商旅必经之所，兵家必争之地。

新店镇是鸭池河畔的一个建制镇，境内的鸭池河老街见证了鸭池河一带的兴衰更替。鸭池河沿岸原人烟稀少，老百姓刀耕火种，过着平静而普通的生活。自古驿道建成以后，来往的商旅逐渐造成了鸭池河沿岸的繁荣，鸭池老街也逐渐成为商业繁荣之地，素有"小荆州"之美誉。至清朝末年，老街成为清镇 10 个最热闹的农村集镇市场之一。它的繁荣一是体现在税收方面，据历史记载，清康熙五十年（1711 年），鸭池河课税，年征盐税银 712 两。至乾隆年间，鸭池河年课税银 1366 两。二是在行业及经营户方面，道光二十年（1840 年），鸭池河始设盐号、布号、花行。道光、咸丰年间，鸭池河而有花行 2 家、盐行 3 家、布匹行 5 家，成为川盐在清镇的集散地，沿街经商户不下百户，商业繁荣到了极致。三是在不足一公里长的鸭池街上，建有文昌阁、北极殿、万寿宫、观音庙、关岳庙、川主庙、财神庙 7 大庙及规模不大的山王庙，常年香火鼎盛、人声鼎沸，这时的老街，俨然成为鸭池河这个地方的经济、政治和文化中心。商业的繁荣渐渐增加了对道路运输的需要，但这时鸭池河并没有桥，两岸人民和商旅过河，均需从鸭池河老渡口用船运送，既不安全又耗钱财，急需有一座桥来解决这个问题。于是，便有了"仙人搭桥"这样一个在鸭池河流传千年的古老传说。相传"八仙过海"的那八位仙人曾云游此地，从四川进入毕节，再由黔西通往贵阳，路过这里，感念这里的百姓出行疾苦，作法在鸭池河上建了一座桥，由此，这条河上便有了第一座"桥"，现还留有"八仙过海"的景观在鸭池河上。当然这只是一个传说，但是它充分反映了当时老百姓对桥的渴望，迫于技术、资金的原因，无法完成这个梦想，把当时人力无法完成的事情寄希望于仙人，可以说，这也是老百姓梦中的桥。多少年来，修桥成了鸭池河人民最大的愿望。

盐　桥

　　盐桥建桥始于清代，当初为解决大规模战争和商贸往来及运送川盐的交通需要，渡河工具在藤（竹）索渡的基础上发展到架设铁索桥。在鸭池河下游沙田，距现存沙田竹索桥 500 米处。据民国《清镇县志稿》引《安顺府志》资料"河在清镇西一百里，水深岸狭，难以舟渡，冶铁为緪（粗绳索），长数十丈，两岸凿石成窍，贯其中，上覆木板緪，行旅便之"。今当地老人说，河水下落时，还可以看见河底有几段铁链。据民国《清镇县志稿》记载："邑人周极与黔西人张文伯捐银三千两并募捐倡修，嘉庆九年（1804 年）五月兴工，至十一年三月告成。……长一十九丈，宽一丈二尺，旁有扶手。桥成为运盐要道。"这座桥在当时极大地方便了两岸的商贾往来和川盐运送，被当地老百姓称为"盐桥"。当时的鸭池河，水深滩险，河流湍急，用木船运输，容易翻船，风险极大，运盐的艰辛不是三言两语就能阐述的。后该桥损毁于 1858 年。据 1991 年版《贵州省志·交通志》记载，此桥"毁于咸丰八年（1858 年），此后无力修复，改为滑索吊渡。民国时期，改用船渡"。1934 年，清毕公路开通，鸭池河的汽车、物资、行人全靠船舶摆渡（今清镇市鸭池河老街渡口），当年贵州军阀周西成买的第一辆汽车开往毕节，就是从这里用船渡到对岸去的。

残　桥

　　残桥其实是在清道光年间建的，据《黔西县志》记载：当时黔西县一梅姓富商，为了扩大川盐的经营规模，畅通黔西北地区到省会贵阳和黔中腹地安顺的销售渠道，投入巨资耗时多年制成巨型桥石若干，拟在今鸭池河老街渡口下游花滩处修建鸭池河石拱桥，至今尚遗留大石数百于花滩两岸、水中，后人称这些石块为"神仙打石"。这座桥，在当时由于技术缺乏未建成，但也让两岸人民看到了希望，所以，老百姓戏称这座未建成的桥为"残桥"。

红军桥

红军桥是红二、红六军团搭建的浮桥，过后拆除，目前已不可见，只能见到当时架桥的昌茂石和羊舔石。1936 年 2 月，中国共产党领导的中国工农红二、红六军团在任弼时、贺龙、关向应、萧克、王震等率领下长征过清镇。红二、红六军团深知夺取鸭池河关隘的重要性，当部队进驻镇西卫的当晚，先遣部队连夜兼程进入新店子，并在当地了解国民党军的驻防兵力。侦察获悉，当时国民党在鸭池河南岸清镇境内的新店子驻有保警队兵力 80 余人，北岸黔西县滥泥沟驻有盐防军及团防军 1 个营 300 余人，主要依仗鸭池河天险固守鸭池河防线，以一个分队兵力专门守护鸭池河渡口，其防守较为严密。此前，国民党贵州军阀得知红二、红六军团入黔的情报，并按照蒋介石的命令对黔各要隘渡口严加守护，必要时烧毁船只，阻止红军过河。

1936 年 2 月 2 日，红军侦察大队根据获悉的敌军情报，连夜作出强渡鸭池河的战役部署。当即兵分两路：左路沿清毕公路线直下鸭池河渡口，凌晨 4 时前控制南岸；右路部队自新店子走小路经韩家坝过铁索屯，在陇上渡口乘木船渡鸭池河，绕道插入大、小关背后，实施夹攻。2 月 2 日午后，红六师赶到，很快架起小钢炮、机关枪，一齐开火，火力全部射向大、小关，压住守敌不能下山救援。南岸红军向对面喊话，船工万正洪等看见守船的敌人已经逃跑，将船划到南岸，渡红军过河。侦察队员控制北岸渡口，立即进攻大、小关。就在这时，从陇上渡口过鸭池河的侦察分队员已赶到大、小关背后，发起冲锋。守敌遭到腹背夹击，一时溃不成军，防堵鸭池河的守敌被击溃。红军完全控制天堑鸭池河。

红军立即组织渡河。仅有大小船 4 只，大船一次可载 100 多人，小船一次可载 20 多人，4 只船一齐起渡，接六师过河。之后，大部队陆续赶到渡口，一时难以及时过河。红军决定就地取材，在渡口架设浮桥，以保证部队快速过河。老街百姓积极帮助红军搭浮桥。在对河两岸的生根石昌茂石、羊舔石拴好铁丝，拉住 4 只船衔接一体的"桥墩",放原木,铺门板,用抓钉钉固。不到3小时,快速架通了长近百米、宽约2米的浮桥。该浮桥被人们称为"红军桥"。

至2月4日,历时3天,红军17000多人,平安地渡过鸭池河,进入黔西县,打开了黔西北的大门,为红二、红六军团创建黔西、大定、毕节革命根据地奠定了基础。

解放桥

解放桥是中国人民解放军1949年11月强渡鸭池河时搭建的浮桥,该桥同样在后来被拆除,目前已无痕迹,只留下关于解放军解放鸭池河的英勇传说。

那是在1949年11月15日凌晨4时,中国人民解放军第二野战军五兵团第十六军一三八团解放清镇城区,又以一部北击卫城,同时抢占鸭池河渡口,与敌人形成对峙。根据兵团要求,十六军在清镇至鸭池河一带集结待命。11月20日凌晨,十六军各师分三路开始行动。军直工兵分队天亮前就做成83副木筏,当天在鸭池河南岸冒着敌人炮火射击架设浮桥。天黑前,已完成全桥的1/3。21日拂晓,已经架好一半的浮桥被激流冲斜,几十个战士也拉不直。十六军军长尹先炳和参谋长杨俊生一早来到鸭池河,看到这种情况,当机立断:多用些木筏顺势斜着修下去。杨参谋长指挥战士将舟、筏斜着拼靠连接,再用钢索将浮桥向两岸固定,中午时分,终于战胜激流,一座特殊的斜式浮桥在鸭池河上落成。11月21日,十六军四十七师又抵达鸭池河渡口处集结待命。面对国民党军在黔西县的布防,人民解放军发起进攻,至23日,国民党军败退。24日,一三六团从浮桥上通过鸭池河,过河后紧追逃敌,在滥泥沟击溃妄图增援大关的国民党军八二三团、八二五团残部。同时,一三七团由青杠坝渡口也渡过鸭池河。

解放军在解放鸭池河,强渡鸭池河的过程中,同样得到了鸭池河老百姓的无私帮助,与鸭池河人民结下了深厚的军民鱼水情。在鸭池河码头下的羊子岩搭浮桥,需要搭浮桥的物资,老街老百姓仍像13年前帮助红军搭浮桥一样,家家户户行动起来,积极捐献,他们有什么,出什么,扛来了木板、门板、木方等,军民团结,是浮桥能够顺利搭建的重要助力。解放军为感谢老百姓的帮助,之后还给予老百姓补偿,现在很多老百姓家都还留有当时解放军赠予的物品。这座桥被老百姓称为"解放桥"。

希望桥

如果说指望仙人都没有实现在鸭池河建桥的梦想，清王朝同样未能完成，但在新中国成立之后，共产党带领下的贵州人把它实现了。在这里我们就要说一说鸭池河上的希望桥了。该桥建成于1958年，就是位于今天211省道鸭池河大桥旁的吊桥。该桥设计修建时正是1956年，时值新中国成立之初，百废待兴，在国家积贫积弱的条件下，为解决汽车、物资、行人全靠船舶摆渡（今老街渡口）引发翻车、翻船的问题，时任贵州省建委主任秦天真于当年多次率贵州省交通厅领导到现场视察，并请来苏联专家帮助设计。动工于1957年1月，桥体为钢桁构加劲柔性单孔悬索吊桥，桥面用木板铺成，净跨120米，设计货载汽车10吨、拖车30吨，桥面净宽4米，人行道两边各0.7米，有"贵州第一大吊桥"之称。

鸭池河吊桥于1958年7月1日时值建党37周年之际建成通车，被视为给建党37周年的献礼。它的建成通车结束了鸭池河天险自古无桥、往来人马车辆只能靠摆渡过河的历史。连通了清毕、川滇公路，被视为省道211的要塞。因该桥修建得益于苏联专家米丘林在技术和材料上的大力援助，后为纪念米丘林，当地人将大关镇的"鸭池村"改名为现在的"丘林村"。建成之初，因考虑到该桥的使用寿命及承重量，禁止双车同时过桥，车辆只能排队单边放行，并规定车辆在桥上通行时间不得低于1分钟。当时的吊桥建好以后，原321国道得以畅通，成为贵阳到四川、云南的主要运输通道，鸭池河两岸车水马龙，长途客车、货车随处可见，各种商店、餐馆应运而生，一派繁荣昌盛的景象，鸭池河鲢鱼在这时悄然兴起，走上了餐桌，远近驰名。鸭池河两岸的经济，因为这座桥的建成而开始复苏，所以这座桥又被老百姓称为"希望桥"。这座桥曾一度被列入军队重点防守目标，实行军事管理，由一个班专人持枪看守，后改由民兵守护。历时40年，鸭池河铁索桥至今仍比较完好，虽已退役，但仍作战备桥加以保护。

工程桥

工程桥位于今东风电厂大坝前方，吊桥左面约100米处，是一座索道桥。该桥建于1985年，承载重量80吨，跨度174米、宽6米，是水电九局的施工专用桥。

1994 年大坝建成后，逐步停用并拆除，今遗迹已不可见。这座桥前后历时 9 年，虽时间短暂，但为东风电厂的建设立下了汗马功劳做出了巨大贡献，故老百姓称这座桥为"工程桥"。

繁荣桥

随着经济社会的发展，吊桥不能适应发展要求，鸭池河上的繁荣桥应运而生。它是一座钢筋混凝土箱型独拱大桥，位于鸭池河吊桥下游 30 米处，始建于 1996 年，1997 年 12 月 31 日建成通车，全长 176 米，宽 7 米×2 米×1.5 米，设计货载汽车 20 吨，挂车 100 吨，车辆可以直接穿行。这时，铁索桥正式退役。这座大桥的建成通车，结束了黔西至贵阳单车过桥的历史，桥面车速也提高到了 40 码。"此后从黔西到贵阳，一天就可以赶一个来回"。这时的鸭池河，是水电九局的职工所在地，整个区域包含家属区、各处办公地点、东风电厂大坝、电厂厂房、周边的 7 个行政村，整个区域共有人口 4 万余人，夜晚看去，灯火辉煌、人声鼎沸，呈现出一派热闹繁荣景象，素有"小香港"之称，所以这座桥又被称为"繁荣桥"。

腾飞桥

腾飞桥是位于贵黔高速东风湖上空的高速公路大桥。贵黔高速是贵州省境内连接毕节市与贵阳市的高速通道，该桥是贵阳—黔西高速公路（贵黔高速 S82）上的重要节点工程，全长 1450 米，主跨跨径 800 米，为世界上目前建成的最大跨径的钢桁梁斜拉桥，创世界山区斜拉桥之最。其主塔采用 H 形索塔，贵阳岸塔高 243.2 米、黔西岸塔高 258.2 米，桥面距水面 434 米，高度排世界第五。大桥雄伟挺拔，桥下风光旖旎，桥梁通体红色，与周围青山绿水相得益彰。为确保将该桥建成优质工程，工程承建团队全力开展科技攻关，在"索塔节段钢筋整体吊装施工技术""冬季高塔蒸养成套技术""350 吨大跨径缆索吊工程应用技术""钢桁梁组装与整体吊装联合施工技术""连体挂篮悬臂与落地大钢管支架施工工艺"5 个方面取得重大突破，实现了重大创新。该桥采用缆索吊机整节段吊装钢桁梁，是世界上首座将缆索吊机用于斜拉桥主梁安装建成的桥梁。全桥共有 192 根斜拉索，索长 103 ~

425 米，最大索重 43 吨。桥面为双向四车道高速公路，设计速度 80 千米/小时，项目总投资 7.8 亿元。该桥在第 35 届国际桥梁大会上荣获古斯塔夫·林德撒尔金奖。该桥于 2012 年 12 月开始建造，2016 年 5 月 20 日顺利合龙，2017 年 7 月 16 日建成通车。至此，贵阳至黔西行车时间仅需 50 分钟。

如今的鸭池河，作为新店镇政府驻地，已成为新店镇的政治、经济和文化中心，虽说因水电九局家属区搬至贵阳和尚坡导致减员近 3 万人而失去了往日的喧嚣，虽说因贵黔高速的通车、211 省道的车流大量减少，已不复往日的车水马龙之态，但鸭池河人民没有放弃努力，在新店镇的领导下，按照习近平总书记"绿水青山就是金山银山"的重要指示，特别是 2021 年 2 月习近平总书记在贵州考察调研时的"在新时代西部大开发上闯新路，在乡村振兴上开新局，在实施数字经济战略上抢新机，在生态文明建设上出新绩"讲话精神，新店镇致力于生态环境保护，坚持"旅游兴镇、农业稳镇、工业活镇、文化强镇"的定位，发挥红色资源、气候资源、水文资源的优势，谋划推动鸭池河大桥"天空驿站"交旅融合项目、以鸭池河村红色美丽村庄试点建设为契机，把乡村旅游与美丽乡村建设有机结合起来，大力发展红色旅游，推动红色资源、红色文化与生态资源优势等相结合，助推乡村振兴。今天的鸭池河，已重新走向腾飞，所以这座桥也被称为"腾飞桥"。

惟其艰难，方显勇毅；惟其磨砺，始得玉成。鸭池河上的桥梁发展历史，也是鸭池河的经济社会发展历史，它凝聚了鸭池河两岸人民的汗水和智慧，也体现了社会主义制度的优越性，正是有中国共产党的正确领导，有无数英雄儿女的前仆后继，才会有这些大山里的"奇迹"，它镌刻成宝贵的精神财富，伴随着改革开放的持续深入推进，必将书写出鸭池河更动人的篇章。

鸭池河桥梁的发展史，是鸭池河人民对美好生活期待的心路史，是鸭池河交通的发展史，同时也是近代中国的发展史，是跨域，是征服，是挑战极限，是飞跃山川峡谷和江河的历史。可以说，一部鸭池河桥梁发展史，就是一部鸭池河崛起，走出清镇，迈向全国乃至世界的发展史。逝者如斯，从盐桥、残桥、红军桥、解放桥、希望桥、工程桥、繁荣桥到腾飞桥，八座桥的发展经历了数百年岁月的洗礼，见证了黔中腹地乃至全贵州的交通巨变，谱写了一首鸭池河人拼搏创新，不断走出大山的"时空史诗"。

华丽转向美佳佳

中元初

菜花的剪影与跳舞的蜜蜂

天气很好。如果你想用"阳光明媚"这样的词，这就很合适了。

的确，阳光普照，即使你站在全无遮拦的旷野里，你也不会觉得燥热，这就是初春的太阳，如体贴的恋人，热烈却温柔。从冬天里缓过劲来的植物，新发的绿叶，犹如青春少女，格外的清纯可爱。

我们行在王寨的道路上，向前……

王寨是清镇市新店镇的一个下辖村。

王寨，和无数个行政村一样，默默无闻地存在着，但正是这些默默无闻的一个又一个平凡村庄，把自己微小的血脉注入祖国壮阔的脉络中，从而支撑起伟大的民族血脉。这些村庄共同的特点是平凡而美丽，只要你走到这些村村寨寨，你总会发现它们的动人之处。

3月的王寨，最美丽的油菜花，快告别她最勾魂的盛装华年，即将去孕育丰收，但华丽转身之际，仍给人留下她动人的剪影：豆荚未生，黄花犹在，清香满溢，艳美犹存。

临近长坡的地方，一个宽而不阔的圆形盆地，从浅浅的谷底到缓缓的坡面，一层层的梯田，菜花依然开满，虽不如最盛时的浓烈，但仍然如油画一般在艳阳之下，闪出浅浅的金色光芒。

油菜之黄，丛林之绿。就是这么一个盆地，这么一湾长满油菜花的梯田，它的风姿，足够引动你抑制不住的审美欲望。如果说云南的哈尼梯田、兴义的万峰大坝，是万人瞩目的模特明星，那么，这一湾不大不小的梯田油菜，就是藏之深闺的小家碧玉，虽然不如前者的仪态万千，却也自有她的清新绝色。

长坡，王寨村的一个村民组。所谓村民组，是行政术语的叫法，实际就是"村"所辖的一个个自然的寨子，从自然形态的角度，其实也是一个个"村"。

长坡村民组，也是一个美丽的村寨，坡长而不陡，坝缓而不平，正如它的名字，给人亲切的美感。

寨子的房屋顺坡而建。坡不大，房屋与房屋之间，自然形成的巷道，缓缓地有些斜。我们去的这一家，院坝建在一个高坎上，高坎的左边有一个小门，两边的石壁夹着一道斜斜的石梯，当你冒出头去，就站到了院坝的左头，而高坎前有一道微斜的石板路，你顺着这条路往右前方走去，走到尽头，脚下却是院坝的右角，很有意思。

站在院坝的右角，往前看去，房屋的当头，是一片油菜地，菜秆挺立，菜花留黄。

十分有意思的是，高坎的头上，也就是院坝的边上，立着几个蜂桶。这是农村的传统养蜂。"蜂房"的外形是一个长长的横桶，仔细一看，它们不是现代的"蜂箱"，而是老式的"蜂桶"。蜂桶的两边是蜜蜂进出的小门，你可以看见，一群群的蜜蜂，在那里忙忙碌碌，飞进飞出，很多蜜蜂在小门外飞而不去，舞着不规则的图形，有学者说，那是蜜蜂的语言，我完全外行，看不出奥妙，但它们嘤嘤嗡嗡地，如轻轻的微小的飞机轰鸣的声音，却可以慰藉你躁动的心灵。

这样的蜂桶，在房屋的山墙上，也挂着几桶，你在这些蜂房的旁边走动或停留，不去触碰它们，它们与你相安无事，只会给你带来春天强烈的信息。看着这些飞进飞出的蜜蜂，看着旁边仍然开着的油菜花，我想到，今年的菜花蜜，即将摆上餐桌。蜂蜜涂烤面包片，是我最爱的食物之一。

当主人笑眯眯地给我们端来开水，我猛然想起，这里及相邻的好几个村镇，原来都是喝"望天水"，每天跑到远处的水井，担那浑黄的井水，是他们生活中一件繁重的负担事。而在脱贫攻坚的泽佑下，如今家家喝上自来水，这是一件不亚于村村通公路的开天辟地的伟业。不在乡村生活过的城里人，很难体会这件事的伟大之处。

麦田中的点兵场与蜿蜒的机耕道

当地干部介绍，这里是校场村民组。

校场村民组，地如其名。

校场村民组，村外有很大一片田坝。这田坝中间略低而宽阔，逐渐向两边往高处推出，好像一个巨大的演艺场。寨子里的老人说，这个地方就是过去屯兵时的点兵场。这话不虚，这地方确实一看就是个点兵场的地形。我站在这田坝的边上，默默地感受了一下，心底自然冒出来辛弃疾的"八百里分麾下炙，五十弦翻塞外声，沙场秋点兵"，也想起杜甫的"落日照大旗，马鸣风萧萧。平沙列万幕，部伍各见招"。也许你会觉得我这感觉有些夸张，但这地方一看，毫无疑问，很适合阅兵。

这个坝子，现在是一层层的梯田梯土，因地形四周略高，中间低而平，又像一个巨大的簸箕，又因这个地方已是一块块的梯土田垄，故而当地百姓又把这坝子称为"簸箕陇"。

"昔日校场坝，今日簸箕陇，刀枪成记忆，犁铧笑春风"，这几行"四言八句"（农村对古诗或顺口溜的说法），虽是我信口胡诌，却是有感而发，不为写诗，只为抒情，诗一定不高明，而感受却一定是真的。

从校场坝到簸箕陇，从战事走向农事，从驻兵变为种粮，这是不是可以说，这个小小的乡村，竟然无意中隐含着如此深刻的历史发展内涵呢！

在这簸箕陇的坝子中间，有一条碎石道路，比单车道略宽，比双车道略窄，拖拉机和三轮摩托车可以自由地行驶。我不由对这条道路有些好奇，它的两边砌有堡坎，辟得有排水沟，绝不是随意刨出来的道路，但却又只铺了碎石，而没有硬化，显然又够不上乡村公路的等级。我不由得问村干部："这是什么道路？"

"机耕道！"

回答无疑让我吃了一惊，莫非这样的山地，竟然能够实行机械化耕作？

我有些疑惑，村干部的回答消除了我的疑问，却让我感动不已，现在各级政府关心农民生活和生产，一心帮助百姓排忧解难。一个干部告诉我："贵州山区，坡多坝少，土地不成片，地里石头多，不可能实现机械化耕作。所谓机耕道，是提供给村民们运肥运谷运苞谷开车用的，这样也可以大大减轻劳动的负担，提高劳动效率。"

啊！原来如此！

莫要小瞧了这所谓的"机耕道"！

我在乡下当了5年的知青，深知乡下农活十分辛苦，而最辛苦的不外乎两样：一是运肥，二是收粮。春播夏耘，要一挑挑、一背背把肥料运到地里，秋收时节，又得一担担、一篓篓把稻谷玉米运回家里，肩挑背扛，全凭人力，不但累死累活，而且效率低下。有了这机耕道，肥料可以装车送到地头，收粮时可以到地头装车，大大地减轻劳动强度，提高劳动效率。试想，现在一车就装走肥料粮食，过去得肩挑背扛跑多少次，即使你没有做过农活，也可以想象这里的天差地别。

风土人情

碎石铺就的机耕道穿过这昔日的校场，翻过一道山垭口，通到山背后。我沿着机耕道也翻过山垭口，只见这条碎石路，蜿蜒曲折，一直通向山脚，隐没在青杠树丛间。我没有再走下去，站在山垭口，询问村干部这条机耕道的长度。

村干部回答说，这条路有 1.2 公里长，但他们这里不止有这一条机耕道。

这个情况我倒是知道，因为我一路走来，看见土地成片集中的地方，都有这样一条长长的机耕道，延伸在田垄地头间。

"机耕道"，真不是作秀工程。

沧桑的木屋与广州知府

雕花的木窗，中心的图雕已不知去向，齐膝的大门槛上，两扇木门，一扇的外框有些松动，一扇已经垮掉，勉强地靠在门框后面。而大门槛下的一对灰色门当，却是一对方形石磴，与这老屋主人的知府身份不合（文官圆当，武官方当），一看即知是现在的人搬来凑合的；大门上的那一对雕花户对，倒是原来的装饰。

堂屋大门外的小小"门厅"当地把它叫作"吞口"或"燕窝"。"吞口"是一种形象的叫法，因为堂屋大门前的这块地方，比两边的房屋要退进去半间屋，形成一个"吞口"形的小厅，可以在这个地方摆上几张矮脚长凳，做做手工，嗑嗑瓜子，抽抽叶子烟，摆摆龙门阵；称"燕窝"，是因为燕子常常在这个地方的屋檐下做窝，农村人，惜爱益鸟，往往在檐梁下钉上两三块竹笆，方便燕子筑窝。两边的柱子，虽已略有脱落，但其粗壮挺拔的身姿仍可看出当年的气派。尤其是柱子下那两个垫柱脚的雕花石鼓，显出这老屋与一般民房的差别。

走近这残破而尚未完全败朽的百年老屋，便能感觉到那股沧桑的气息在这破败的小院中弥漫。

没有人会想到，在这个小小的偏僻村落，竟有着不凡的历史故事。

这个村寨，是新店镇又一个下辖村风字岩村所辖的一个村民组，与行政村同名，叫风字岩村民组。这个名字很有些奇怪，村干部指着后面一座大山说，因为村和组都在这座大山下，仔细看，这座大山的形状，就像一个"风"字，中间略平，两边缓缓地斜下去。

一个乡野村寨，以后面的大山形状像一个汉字而命名，初听，觉得有些不可思议，这村干部在解释的时候，神色间似乎也缺乏点自信底气。在一栋老旧的村办公楼的屋檐下，有几个金色的大字："蜂子岩村综合楼"，似乎也在诠释着这村组名的不确定性。

但我想想，既然老屋与那位名叫郭超凡的历史人物关联在一起，以一个汉字作村名，似乎也不是很稀奇了！我问了当地干部，是不是当地养蜜蜂（土名称"蜂子"）比较有名，干部说，也没有听到过这个说法。这样，取其依山形而来的"风字"之名，感觉上，这个解释更符合文化情境一些吧。

老屋主人郭超凡，道光年间进士。

当然，一个乡间小村寨，出了一个进士，本身已是一个了不起的奇迹，放在现在，就算一个乡下孩子考上 985 高校，比起来也要逊色一些，哪个"985"高校的学生一毕业，就会放官！

但了不起的点还不在这里。这个郭超凡，曾任兴义府"教授"，古时的"教授"是学官名，不仅授业，主要还行使管理职能。任教授，其实也不稀奇，关键是他的门下学子，出了一个张之洞。张之洞是清代名臣，洋务派代表人物，但这也还不是重点，也还不能说就与郭超凡教授有什么直接关系，关键是张之洞 11 岁时，为安龙半山亭写了一篇《半山亭记》，写得文采飞扬，遂成名篇。11 岁的学童，写出如此高明的作文，说是与他的授业先生郭超凡有着必然的联系，应该是说得过去了吧。

后来，这个郭超凡调任广东，从多地知县一直做到广州知府，其任上"不畏强暴、不惧洋人，平息地方械斗，擒杀海盗'天公大王'，矫正考场弊端。多次率领广州军民抗击英国侵略者的欺凌和攻打，战斗持续一个多月，英军不得已退兵，使当地社会秩序得以安宁"，端的是个好官！

郭超凡去世后，朝廷赠"太仆卿"。

百度百科把郭超凡获朝廷赠"太仆卿"一事，标为"主要成就"，大概因"太仆卿"为从三品级别。

其实，像郭超凡这样的人，虽官至广州知府，在历史上并无太大名气，后赠"太仆卿"职谥，不过一个从三品从事管理牧场等事务的级别象征而已，这算不上什么成就。而即便是一品二品大员，从历史文化角度看，也不一定就是什么成就吧！

而他为官清正严明，敢于抵抗外侮，清除内恶，造福一方，才是他值得我们永记的真正成就。

清镇市纪委监察委网站"史海钩沉"撰文称他"以清廉慎权为官箴，无论走到哪里，都一直坚持为民廉洁的为官之道，深受百姓爱戴，百姓称他为'郭青天'，他精忠爱国的民族气节，也成为清镇人民的精神支柱"。

正如这篇网文所说，如郭超凡这样的历史人物，正是我们值得敬仰追忆的历史文化名人。有郭超凡，清镇幸甚，新店幸甚，风字岩幸甚！

风土人情

百年乡村小学与土木寻踪

这个村令人称奇，我们的车转了很久，还没出街。我不禁在心里吐了一个槽，这是什么村啊，这简直就是一个镇嘛！

果然，我在网上查到一个叫"坪日表"的网站，查到一条与化龙有关的信息，信息提示为："安顺市清镇县化龙乡什么时候是坪日（赶集日、赶闹子、赶场）"。这条信息的发布日期并不早，但看得出网站信息来源依据已是老得不能再老，清镇市 1992 年撤县设市，属于安顺市管辖，但早在 1996 年就已经划归贵阳市代管，可见这条信息的来源之老旧得一塌糊涂。但正因为它的信息来源老旧，倒可以看出过去的"化龙"，是"乡"而不是"村"。

后来，经化龙本地朋友确认，化龙原来是公社所在地，后来公社改乡，化龙公社便改为了化龙乡。改革开放，撤乡并镇，于是，化龙乡便成为新店镇的一个行政村。不过，行政级别上，化龙虽变成了村，但它的底蕴和规模却犹存，它的街道长，人口多，街道行人不少，不是一般村所能展示出的景象。

单是一个化龙小学，就远不是一个村所能拥有的文化品级。我不是说它的校园设施和教学楼房，所展示出来的一所完小的规模和气派，单说国家对教育的重视，就展示得很充分生动了。若你到一个不起眼的偏僻乡村去，人们一定会告诉你，那建设得最漂亮、最具规模的建筑，一定是学校。

化龙小学校舍漂亮，环境优越。更让人吃惊的是，化龙小学竟是一所百年老校！试想，在一个村里面，你能找出几所具有百年历史的学校？就是乡镇，百年以上的学校，也是不多见的。因此，化龙小学的大门上，除了"清镇市新店镇化龙小学"的牌子外，还挂着"新店镇化龙、蜂糖、蜂子岩、龙洞、王寨、大兴（村）农民文化技术学校"的牌子，就是十分自然的了。2020 年 4 月 4 日的《贵州都市报》就以《清镇有所山村学校，如今已有百年历史，人才辈出》为题，对化龙小学进行了报道，文中写道："一所山村学校，却有百年历史，是清镇市现存的唯一一所百年老校。"可见化龙小学的历史文化底蕴之深，当然，由此也可见化龙村的历史文化底蕴之深。这里，曾走出过贵州辛亥革命新军起义军官、北伐黔军副团长马登瀛；走出过黄埔军校军官、抗战阵亡烈士、国民党军副团长陈新民等风云人物。

远望化龙小学，红旗飘扬，绿树成荫，围墙内歌声嘹亮。

村干部告诉我们，化龙小学是化龙场的文化象征，唯一的遗憾是从场上通往学校的通道，是一个不宽的巷口，而通往学校的水泥路，也只能容纳一辆汽车通行。现正在勘察，准备给学校修一条合适的通道，既能够方便通车，也能展示学校面貌。

听了村干部的话，我回望百年老校化龙小学，我相信村干部说的话，也在心里默默祝愿化龙小学能够保持历史辉煌，继续腾飞！

于此，我们仅仅走访了3个行政村，就看到了校场村民组的古阅兵场，探访了抗英名儒郭超凡旧居，参观了百年乡村老校化龙小学……新店，这个名不见经传的乡镇，竟给了我们这么多惊喜。

然而，当来到大寨村土木槽村民组时，我才领略了什么叫"惊喜连连"。这里为什么叫"土木槽"，几个考究历史的老先生给了我们一个解释。"土"为"土司"，"木"是"目"的转音，"目"是土司下辖的一个管辖单位。而"土木槽"这个地方，正是原来"土目"治所所在。当地老人说，这个地方，过去是很热闹的，赶场的人不少。

当我们的车从土木槽开去考察老城墙所在地时，车胎被一块路界石扎破，老村民组组长的儿子拿来他的修车工具，给我们换上备用胎，旁边卖橘子的老乡热情地捧了橘子给我们吃。虽然土目治所原址已不复存留，而这"换胎"一幕，却让我们领略了土木百姓的善良、热情与豪爽。

说起豪爽，我立马就想起刚才在老村民组组长家，他儿子请我们嗑瓜子，竟然是拖出一个大麻袋来，直接在麻袋里撮出来一大盆炒瓜子放在桌子上。

我哈哈地笑了说："幸好今天来不及吃饭，你这个样子，可以想象，这一定是让我们大块吃肉，大碗喝酒，怕是得趴着出门了！"

小伙子也是哈哈一笑说："趴着倒是不会，你老若喝醉了，小辈背您上车，倒是没有问题。"

满屋人都大笑，这笑声传出窗外，似乎当顶的春日，那亮而不烈的阳光，更加灿烂！

作者简介

申元初，中文教授，贵州警官职业学院原副院长、副巡视员。贵州省作协理事、贵州省纪实文学学会会员、贵州省写作学会顾问。出版散文集、诗集、学术专著、个人著作7部，在各级报刊发表论文和文学作品300余篇。

风土人情

清镇市仡佬族吃新节

　　清镇市仡佬族分散在清镇市辖区内的各个乡（镇），他们虽散居各方，但是心却紧紧凝聚在一起。他们通过微信、QQ等方式吐露着心声，交流着思想，延续着文化，凝聚着民族，那是一种民族的力量。在贵州省清镇市新店镇桃子坝村居住着纯正的仡佬族人民闵氏家族。

　　桃子坝村仡佬族村民闵举平，向我述说着他们的文化与习俗。仡佬族最为隆重的传统节日是"吃新节"，该节日也是仡佬族文化的一个重要组成部分。吃新节是由古代祭祀庆典演变而来，现为一种农业祭祀活动。吃新节，顾名思义为吃新谷的节日，以祭祀祖先和自然神为主要特征，祈求庇佑来年风调雨顺、五谷丰登。

　　在贵州流传着这样一则神话，在很久很久以前，世间是没有谷物的，人们靠着采摘野花野菜、猎取野兽充饥。只有天上的耄嚆（雷公）的谷子国才有谷子。天上的仙狗得知此事，随仡佬族祖先到天上去取谷种，但是偷仙稻下凡是触犯天条的，仡佬族祖先被天神扣押。仙狗见事已至此，只能单独行动。于是仙狗像往常一样，在晒仙稻的地方守着，待耄嚆离开之后，仙狗就在仙稻里打滚，让自己身上沾满仙稻，连尾巴都沾满了，生怕带少了。趁天黑之时，仙狗绕过南天门，偷偷逃出天门，腾云驾雾，奔向凡间，谁知耄嚆早知此事，特意派遣99个彪悍的武士把守在桥头。仙狗被打落在天河里，武士们都以为天河河宽水急，深不见底，仙狗只有死路一条，于是乐呵呵地回去请功领赏了。意想不到的是，仙狗会泅水，虽然它身上的谷粒已被天河水冲刷殆尽，但是它毅然把尾巴高高地翘在水面上，泅过天河，将尾巴上恰恰还沾有的9颗谷粒带回了人间。自此，人间才有了谷种种植。

　　每年的农历七月初十，是清镇市仡佬族的吃新节，当天，四海朋友、八方贵宾都会集聚一堂，载歌载舞。节日当天一早，仡佬族人民从田里采收一些新熟的颗粒饱满壮硕的稻谷，将其蒸熟，蒸饭时还需观察甑子里冒出蒸汽的方向：从东方冒出预示子孙兴旺，从南方冒出预示五谷丰登，从西方冒出象征狩猎顺利，从北方冒出则是不祥的征兆。将煮熟的新米饭和新摘的蔬菜（豇豆、黄豆角、茄子、南瓜），以及鸡、鸭、鱼、肉等食材，摆放在门口，用意祭祀开荒辟草的"地盘业主，古老前人"。

吃新节祭祀后才是狂欢的开始。热爱生活的仡佬族人们，每人都是盛装打扮：仡佬族姑娘们会穿上绣好的美丽的衣裙、腰带，戴上银花首饰；小伙们则穿上短衣，用长帕包头，以迎接吃新节的到来。仡佬族人们在百米长桌宴上展现民族美食，在田野山坡上开展激烈的斗鸡、护蛋、背背站、高台舞狮大赛。那边的姑娘们尽情歌唱着《吃新祭祖》《五方采新歌》《哈仡敬酒歌》等仡佬族歌谣，这边的小伙们吹着唢呐、拍着铜鼓，余音绕耳。音乐让人陶醉其中，舞蹈让人沉醉其间。而游方则是青年男女谈情说爱的天堂。整个寨子沉浸在一片欢乐、祥和、幸福的氛围之中。

民族之所以成为民族，最根本的就在于具有自己独特的文化、独特的风格和习俗。仡佬族是一个拥有悠久历史和灿烂文化的古老民族，而仡佬族的吃新节所承载的丰富的民族文化，不仅充分展现了仡佬族独特的传统民族文化，更为进一步增进民族团结、振奋民族精神、增强文化软实力和展示地域风采添上了浓墨重彩的一笔。

鸭池河村印象

兰道宇

　　鸭池河位于乌江中游，是清镇市与黔西市的分界河，是清镇市进入黔西市的一道天然屏障，曲折于陡壁之下，回旋于峻岭之间，急流滚滚，处处惊险。新中国成立以前，河面宽不足百米，谷狭水急，无桥梁，往来人马车辆均靠船渡，悬崖与奔腾的鸭池河一起，成为天然屏障，构成鸭池河天险，易守难攻。自古以来，为兵家必争之地。清代诗人赵翼《鸭池河》曰：

> 鸭池两岸陡如山，
> 千仞悬崖斧劈痕。
> 绝似巨灵高掌力，
> 分开太华放河奔。

　　鸭池一名，据《大定府志》记载："鸭池河一名鸭齿，亦曰甲池，元史地理志之鸭水……南岸土山，层迤而上，高可五六里，颇有竹林，或曰即旧时之竹子岭。夷语不正，竹易为甲，子易为池，故呼甲池。甲池递化为甲水也。"在民间，甲池还有乌江第一池的说法。以河为名，于是，与鸭池河或鸭池有关的名称相继产生，有鸭池河渡口、鸭池汛、鸭池村、鸭池河村、鸭池老街等。

　　位于鸭池河畔的鸭池河村，在清代属清镇县镇里五甲，民国 32 年（1943 年）属鸭池乡第四保，1951 年为鸭池乡第三村，1958 年为新店公社鸭池管理区鸭池大队，1960 年为新店区鸭池公社鸭池大队，1984 年为新店区鸭池乡鸭池村，1991 年为新店镇鸭池村。2013 年后，与徐家沟村合并，并以鸭池河为名，全村有鸭池老街、田上、戴家沟、徐家沟、曾家寨、李家湾等自然村寨。新店镇人民政府、鸭池河村村委会均驻曾家寨，距离清镇城市中心区 60 公里。在清镇市的历史中，新店镇鸭池河村曾经辉煌一时。

交　通

鸭池河村的交通历史悠久，自古以来就非常方便。古驿道从鸭池河村经过，至今，在鸭池街至茶店至新店之间，仍然可见遗迹。明代建设驿塘路，直达鸭池。明代设置鸭池汛，与威清汛、镇西汛齐名。民国《清镇县志稿》曰："自县城经甘沟塘、摆堕塘、镇西塘、王家庄塘、歹书田塘而达鸭池汛。""凡驿塘所经，路皆以石铺砌，中以东达贵筑、西达安平、西北达鸭池汛之路尤宽坦。""设有鸭池河渡，有官舟，渡夫8人。""民国18年（1929年）修清毕段，起县城经康济、甘沟、凤凰、卫城、王庄、鸭池各乡镇达黔西县界。"民国35年（1946年），鸭池河渡口新造10吨木质渡船1艘。1958年7月1日，清毕公路线上的大桥——鸭池河铁索吊桥建成通车，从此，鸭池河渡口弃用，不再渡船，失去交通优势。

战　争

在明清两朝的许多资料中，都有关于鸭池河战事的记载。鸭池河的辉煌，最先始于战争，使其成为自古以来名副其实的兵家必争之地。从明代开始，鸭池河战事频发。据《读史方舆纪要》记载："天启初，王三善解会城之围，乘胜而前。一军屯陆广向大方，一军屯鸭池向安邦彦巢穴。贼纠其党攻陷陆广，乘胜赴鸭池。我军退屯威清。既而官军复振，贼堑鸭池以自守是也。"

至清代清镇撤卫建县之后，鸭池多为驻军之地。据民国《清镇县志稿》记载："驻防鸭池河兵，为鸭池河汛。""咸丰四年（1854年）八月，桐梓县九坝乡杨隆喜、舒裁缝领导黔北农民起义，占桐梓，围遵义，攻新场，进攻黔西，在鸭池河阻击清军副将徐治华达一月之久。同治六年（1867年）一月，许大八出击鸭池河，安平义军乘机而起。"

民国25年（1936年）2月2日至4日，红二、红六军团在任弼时、贺龙、关向应、萧克、王震的带领下，从鸭池渡口成功渡河，顺利进入黔、大、毕。

在红军长征史上，鸭池河袭击战斗，是红军长征期间师以上部队主要战斗之一，是红二、红六军团侦察大队与黔军一部的战斗。战斗的过程是：是年2月2日，红

风土人情

223

二、红六军团侦察大队消灭新店守敌后，兵分两路：一路从清毕公路右侧经韩家坝，过铁索屯，取垄上渡口过鸭池河，迂回至鸭池河北岸黔西县大、小关垭口后面，夹攻防守鸭池河渡口的守敌；另一路沿清毕公路直下鸭池河老街，控制鸭池河渡口。

按照队长王绍南的安排，利用俘虏以送情报为由夺取北岸渡船。小船从北岸撑来，靠近岸边时，从岸上钻出一人，登船离岸。那人登上北岸后，河边小屋中冲出十几个人，往渡口后山上跑。王绍南便命令机枪手："开火，打死这些家伙！"战斗正式打响。这时，红军的小炮、机枪一齐开火，射向大、小关垭口，压住守敌，使其不能下山。

隔河射击，不能彻底消灭敌人。北岸的船工听到红军喊话，自动把船撑到南岸，渡侦察队队员过河。过河的侦察队队员迅速向大、小关垭口守敌发起进攻。这时，从垄上渡口过鸭池河的侦察队队员已赶到守敌背后，前后夹击。敌人见势不妙，逃离大、小关垭口，鸭池河战斗结束。此次战斗红军击溃敌守军一个营，渡过鸭池河，占领黔西城。

红军渡过鸭池河，主要利用四种方式：一是渡船过河。以侦察队队员为主。在守敌溃逃，船工便把几只船撑到南岸，用渡船把侦察队队员渡过鸭池河。二是搭浮桥过河。侦察队队员过河追击敌人后，就以船作为桥墩搭建浮桥，大部队从浮桥上经过。因是冬季枯水季节，水急但不太深。在两岸码头上游不到10米的地方，各有一块突出的岩石，屹立在河的两岸，是拴绳索固定船只的好地方。从岩石上伸出的几条绳索，紧紧连接着4条规格不同的渡船，防止渡船被激流冲走。船与船之间，用木板、床板和门板相连。用于渡车的被称为车船的是最大的船，几乎是停在河中央浅滩的急流上，稳稳当当。而稍小的两只盐船和最小的木船，紧紧与车船连在一起，分排两边，都是浮桥的"桥墩"。船上连接的木板，就是鸭池老街的人民群众主动捐献出来的木板、床板和门板，稳当安全。大部队井然有序地走上浮桥，平安渡过鸭池河。三是蹚水过河。在浮桥下游不远处，是一处"索桥"。因为大部队过浮桥速度慢，有的战士拿出布匹，连接起来，拧成一条绳索，往河面一绷，拴住两头，横跨鸭池河上。轻装行军的一部分战士，手拉着"索桥"，在沿着齐胸深的浅滩处的寒冷刺骨的激流中，一个接着一个依次蹚水过河。四是泅渡过河。看着部队过河太慢，会游泳的战士下河尝试泅渡。由于水急浪猛，寒冷刺骨，下河泅渡的红军战士牺牲了，泅渡鸭池河没有成功。

陈靖的一首《过乌江》鼓动诗，生动地记录了红军过鸭池河的情景：

远看一条索，

近看鸭池河。

敌人拼命堵，

老子硬要过。

要过要过这就过，

李觉送行蛮不错。

你在对岸站岗哨，

我在这里洗个脚。

1949 年 11 月 15 日凌晨 4 时，中国人民解放军第二野战军五兵团第十六军一三八团解放清镇城区，又以一部北击卫城，抢占鸭池河渡口，与敌人形成对峙。根据兵团要求，十六军在清镇至鸭池河一带集结待命，准备参加成都会战。

11 月 20 日凌晨，十六军各师分三路开始行动。军直工兵分队天亮前就做成 83 只木筏，当天在鸭池河南岸冒着敌人炮火射击架设浮桥。天黑前，已完成全桥的 1/3。21 日拂晓，已经架好一半的浮桥被激流冲斜，几十个战士也拉不直。十六军军长尹先炳和参谋长杨俊生一早来到鸭池河，看到这种情况，当机立断：多用些木筏顺势斜着修下去。杨参谋长指挥舟、筏斜着拼靠连接，再用钢索将浮桥向两岸固定，中午时分，终于战胜激流，一座特殊的斜式浮桥在鸭池河上落成。11 月 21 日，十六军四十七师抵达鸭池河渡口处集结待命。面对国民党军在黔西县的布防，人民解放军发起进攻，至 23 日，国民党军败退。至 24 日，一三六团从浮桥上通过鸭池河，过河后紧追逃敌，在滥泥沟击溃妄图增援大关的国民党军八二三团、八二五团残部。同时，一三七团由青杠坝渡口渡过鸭池河。

之后，四十七师一四〇团二营六连在鸭池街驻防。位于鸭池街口处的许纪武烈士墓，则是人民解放军驻守鸭池的证明。1950 年，为了抵御土匪的猖狂反攻，六连在鸭池老街后修筑一座可供 100 多人据守的土碉堡。3 月下旬，鸭池河两岸大关、二岩、茶店、大山等地的股匪千余人，围攻鸭池老街。六连 100 多人，面对强于自己 10 倍匪众的围攻，坚守阵地七天七夜，等到援军到来，保护了人民的生命财产。4 月，六连一排排长许纪武执行"送帮"任务。他带领 5 名战士，护送 3 名女大学生从鸭池街出发，经过跳蹬河石桥后，沿山间小路向山垭口处行进。当他们爬到半山腰时，山垭口处响起枪声。许纪武见状，一边指挥战士们还击，一边掩护 3 名女大学生撤退。在与众匪拼杀中，不幸壮烈牺牲，年仅 21 岁。人们将许纪武烈士安葬在老街街口处。2010 年 8 月，由新店镇组织，社会爱心人士及清镇市档案局等单位捐款 2 万多元，市公安局张泽华及鸭池河村部分村民投工，对烈士墓进行全面修缮。2011 年清明节，举行隆重的立碑仪式，碑铭曰："热河许纪武，随军进黔疆。保卫鸭池街，忠贞又顽强；护送女学生，热血洒战场。英名传千古，人民永不忘！"

经 济

鸭池街因为曾经是商业繁荣之地，历史悠久，故名老街，有"小荆州"之美誉。

鸭池河村的辉煌，首先在于商业。清康熙五十年（1711年），鸭池河课税，年征盐税银712两。至乾隆年间，鸭池河年课税银1366两。道光二十年（1840年），鸭池河始设盐号，布号、花行增多，商业繁荣。至清道光、咸丰年间，鸭池河有花行2家、盐行3家、布匹行5家，成为川盐在清镇的集散地。

鸭池街的繁荣鼎盛，从其庙坛建设可窥一斑。在不足一公里长的鸭池街上，建有文昌阁、北极殿、万寿宫、观音庙、关岳庙、川主庙、财神庙七大庙及规模不大的山王庙，其庙宇之多仅次于县城与镇西卫。街上的杨姓人家还建有杨氏宗祠。这里可谓香火缭绕，人丁兴旺。由于房屋建筑紧紧相连，茅草房与砖瓦房居多，极易发生火灾，人们没有较好的消防措施，只好寄希望于方士的法术，"石堆坎卦"应运而生。"石堆坎卦"在鸭池街南的坡梁子上，据民国《清镇县志稿》记载，"相传为大方和尚由黔西新场来，道经此地，适卫城火警迭告，众苦之，询以压火之术，和尚随手以石堆一坎卦后离去，后遂少回禄灾"。

直到20世纪50年代中期，鸭池街仍是清镇的一个农村市场，逢子、午赶场，热闹非凡。就在平时，那些在鸭池街停靠、等待船渡的缸炭车和马帮、行商走卒，也给鸭池街带来了商机。小商小贩兜售的商品有瓜子、水果、食品，就连不太成熟的被当地人称为"蛆柑"的柑橘也可以出售，其他食品更是畅销，旅店、马店、饭店林立，经济繁荣。

煤矿开采给鸭池带来的辉煌虽是昙花一现，也显一时繁荣。鸭池河村矿产资源富集，在民国时期就开始用土法开采煤矿，是清镇境内较早开采煤矿的地区之一。至20世纪80年代，开采煤矿进入巅峰时期，据1985年统计，全村有煤井24口，可谓是矿井密布，一派繁荣。

鸭池河谷的气候优势，使鸭池河村成为今天鸭池河次早熟蔬菜基地的重要组成部分，一年四季，花果飘香，尤以酥李为佳。

鸭池街的兴衰，有一个神秘的传说。过去，鸭池河两岸的两个街道贫富差距大。长期以来，北岸的滥泥沟穷，南岸的鸭池街富，滥泥沟人一直在寻找原因。很多年后，风水先生发现，在鸭池街与滥泥沟之间，位于小关垭口之下，有一个形似蛤蟆石山，当地人称"金蛤蟆"，头向滥泥沟，尾向鸭池街，有"吃滥泥沟，屙鸭池街"之嫌，于是，风水先生采用镇压之法，使"金蛤蟆"失去应有作用，使滥泥沟变富，鸭池街变穷。不管这一传说是真是假，滥泥沟与鸭池街之间确实发生了两次穷富转变。一是民国10年（1921年）之后，鸭池河各号早已移居黔西县属之滥泥沟；二是1958年清毕公路改道，鸭池河渡口废弃，鸭池街经济真正衰落。今天，随着贵黔高速公路开通，从贵阳市人民政府驻地金阳到达鸭池河村，仅为一小时车程。正在建设的滨水小镇，开发了温泉等项目。我们坚信，鸭池河村必将迎来新一轮的经济腾飞！

鸭池街，扁担长，

街道干净净，

住房亮堂堂。

男人好侠义，

女子尚善良。

父母善经商，

子女进学堂。

果蔬遍山野，

地下埋宝藏。

冬暖无雪雨，

人间小天堂。

这是一首反映鸭池街写照的顺口溜，真实地反映了鸭池街曾经的辉煌。

老街人崇侠尚义，从用实际行动帮助红军渡鸭池河可见一斑。在鸭池街，红军过鸭池河的故事是妇孺皆知的。像张海清、陈孝尧、潘光禄等热血青年，看到红军要搭浮桥过河，有指点选择搭浮桥地点的，有提供搭桥材料的，有生火为红军打铁钉的，有从家中找来棕索、床板、木板和原木的，还有把家中的门板卸下后扛到河边的。在人们的帮助下，红军采用木船作为"桥墩"，用从地主家收缴来的电线和居民送来的棕索扭成拉索，连接和固定木船，用木板、门板作为桥板，迅速在鸭池河上搭起了浮桥。红军大部队井然有序地走上浮桥，平安渡过了鸭池河。

陈靖《山歌唱长征》中的"架起浮桥红军过"，生动地记录了鸭池河村的人民群众帮助红军搭浮桥的情景：

长征要过鸭池河，

两岸清野难得过，

忽然遍山来干人，

运到木板和棕索，

架起浮桥红军过。

自古以来，老街人讲究卫生，有义务扫街的优良习惯。每天清晨，每家除打扫房前屋后卫生外，打扫自家门前的马路也成了一个传统习惯，不用安排，不用专人，不用报酬，从不间断。在打扫过程中，互相比较谁家门前干净成为人们的自觉行为，也形成了不分名次、家家尽责的良好氛围。直到今天，人们还谈起旧时那些因为马屎污染街面而导致马夫受惩罚的故事。

鸭池地灵人杰，完全得益于兴办教育。民国17年（1928年），创办鸭池河初级小学校。民国21年（1932年），全县共有小学校24所，鸭池河小学为清镇县立第五两级小学，后更名为县立鸭池河小学。男校设立鸭池河文昌宫，有初级、高级各一班。兴办教育，培养了各种类型人才。至今，朱九林校长惩罚不送适龄子女读书的家长游街的故事仍在传颂。新中国成立后，在今天已知的从鸭池河村走出来的人物中，有画家、博士、作家、教师、医师以及厅局长、师长、处长、科局长等各类人才几十人，可谓人才辈出。

崇尚篮球运动是鸭池街的一大特色。篮球运动的兴起得益于学校和驻军，尤其是民国时期在鸭池街的驻军中，有许多篮球健将，经常开展比赛，带动街上人参与。在比赛中，对篮球术语使用英语，让鸭池人印象深刻。篮球运动影响了鸭池的几代人，爱好篮球的人物众多，人才济济，在清镇独树一帜。街上除鸭池小学有篮球场外，中街有一个篮球场，是全街人民群众劳动之余的活动场所，为培养篮球人才立下汗马功劳。

鸭池河村的振兴，寄希望于旅游。今日的鸭池河上，已修建东风湖和索风营湖。介于两湖间的鸭池河村，又增添了旅游资源。明天的鸭池河村，一定能再创辉煌！

"圣旨旌表" 节孝牌坊

吴道兴

　　2013 年 11 月上旬，应新店镇之邀，与清镇市文联作协和摄协的同事一道，前往新店镇大兴村（现已合并至新店镇蜂糖村），考察采访村境内任氏家族"圣旨旌表""节孝"牌坊。该石牌坊矗立大兴寨寨前通村公路旁，正面观之呈门形，左右两块石牌呈纵状，并排而立。整座石牌坊呈正方形，高和宽都约 5 米。牌坊正中，为一道进出之门，门高近 2.5 米，宽约 1.5 米。门之左右各立一堵宽约 1 米的石牌墙。牌坊下端，为高约尺许刻纹基石支撑，左右两端用很规则的石质挑檐作装饰。坊门上方三道石横梁平搭在左右两块石牌上，三道横梁之间夹两块石牌匾。其旌表内容镌刻在石门上方上下两块牌匾之上。上层牌匾正中横排浮雕"圣旨旌表"4 个繁体字，次牌左面石牌刻着一幅精美的莲花图案，右面一块牌匾上，横排阴刻"康熙十四年表"等表明立坊时间的小楷字，所有文字均呈朱红色。此牌匾立于寨中村民罗发祥住房左侧。牌坊之左，是一个面积约 500 平方米的水塘，塘后长满嫩绿青翠的菖蒲；牌坊之右，是当年获旌表者嫡裔建造的长为五间的木质高架瓦房，房前有石院坝及残存的围墙。房屋大门前石梯，左右各立一块人耳形雕刻花纹的石夹板。大门头上左右，各凸出一个圆柱形装饰图案，其左图为"八卦"中表示"乾（天、阳）"的三条连横线；其右图案为"八卦"中表示"坤（地、阴）"的三条横线。任氏房主已另择居地，将此房请寨中一对老年夫妇居住看守。风格独特的房屋建造格局，显示出任氏家族当年的文化素养与家产富有。至今保存完好的清代石质"节孝"牌坊，造型讲究，形制美观，似向人们诉说 300 多年前，女主人恪守封建礼教获得"节孝""殊荣"的往事。

　　回到清镇家中，为了完成宣传新店镇历史文化底蕴的文章，对所见"节孝"牌坊如何撰稿，翻阅了民国《清镇县志稿》，查找与大兴寨任张氏节孝牌坊的史实资料。民国《清镇县志稿》中记述了被立坊之人——任张氏及儿子任衡的简要事迹："任张氏，湖广夷陵总兵张忠孝之女，适庠生任国佐。氏年十八，夫亡，遗孤在襁褓。时值兵荒，立志守节。不茹荤饮酒，并不食盐。其姑强食之，曰：'五味亦足乱性，吾忍吾性耳。'其父欲携之归，氏曰：'吾既为任门妇，夫亡归父家，于礼不合，且姑谁为奉养耶？'辞不往。抚子衡，中己卯举人，除（拜官授职）乐昌令，遣人迎养，氏曰：'姑存，吾日待其侧，姑殁，吾日奉其主，今舍姑主而就子养，于心不安。'亦不往。衡因乞归终养。有孙六人，元淳戊子举人，元颢庚戌进士，余俱庠生，人以为节孝之报。康熙三十九年（1700 年），巡抚王燕题旌，建石坊于镇西卫城。"

从民国《清镇县志稿》记述内容来看，任张氏出生于湖广夷陵（今湖北省宜昌市）总兵之家，自幼受到良好的礼仪教育。其夫任国佐的"学历"为庠生（秀才），是书香人家的子弟，为知书达理之人。张忠孝之女任张氏，18 岁时，丈夫任国佐溘然长逝，留下年幼的儿子和公婆。适逢兵荒马乱年月，任张氏暗下决心立志守节不再改嫁。她以不吃荤食，不饮酒，甚至不吃盐等形式表明自己的贞节。她的姑母（应是任张氏的婆婆），强迫她可吃肉饮酒时，她婉言谢绝姑母的好意，决意修身养性。其父张忠孝心疼女儿的不幸遭遇，打算接她回家居住，她对父亲晓之以理，说既然做了任家的媳妇，丈夫去世后回到父母家居住，不合礼数。如果离开任家，姑母靠谁奉养？便推辞了父亲的好意，全身心抚养和教育儿子任衡长大读书。后来，儿子任衡在康熙年间考中了己卯科举人，官拜广东省乐亭县令之后，派人接她到任职之所尽奉养之责。任张氏说："姑母还在世，我每天都要陪伴在她身边，如果姑母哪天去世了，我还要侍奉家住公公。今天舍掉姑母和公公而去接受你的奉养，我心里实在不安。"便没有到儿子任衡为官的地方去住。任衡在其母教育和影响下，成为一个孝顺之人。看到家境凄凉，本想留在家里替母分忧，在母亲的逼迫之下，他才赴广东省乐昌县上任。三年之后，政成心归，乞求上司允许，回归故里为母亲任张氏养老送终。民国《清镇县志稿》载任衡《秋晚》诗一首："绕石坐秋林，秋气自颢颢。风急叫声乾，莫禁心如持。流年已日午，立身何草草。解嘲诵南华，彭殇齐寿大。百年一转瞬，陈迹顿如归。翘首向高天，露下寒光皓。"表明其对人生短暂、似水流年的慨叹。任张氏有六个孙辈，在她的孝行影响和儿子任衡的教育培养下，任氏家族出现"六子登科"的局面：任元颢于戊子年考中举人，官至知县；任元蒿于雍正庚戌年考中进士，官至平远（今织金县）知县；其余四子均考取庠生（秀才）。当地政府官员得知任张氏的贞节善举，将她恪守贞操孝敬公婆的事迹逐级报至朝廷，康熙皇帝亲自颁发圣旨予以褒奖。从所见石牌坊上书写的修建年代来看，"节孝"牌坊建成于清朝康熙十四年（1675年）。

任张氏在其夫任国佐英年早逝后，担负起既要赡养年迈公婆，又要抚育年幼子女成长的重任。含辛茹苦几十年，其精神确实令人钦佩，就是在当今社会来说，都是值得倡导的。但是她一生恪守封建礼教，循规蹈矩，无私地牺牲了人生应有的幸福，足见害人的封建礼教是多么需要新思想、新文化、新礼制的批判。为写好此文，还与任张氏嫡裔取得联系，据其嫡裔介绍，其后人至今也发展到800多户人家，其裔孙任亮卿，民国时期曾当选为清镇县政府参议员。对于任氏祖母张氏"节孝"善举的故事，我认为应从两个方面加以评价。一方面，当时夫死未改嫁，是出于对封建礼教制度下恪守妇道规矩的无奈，可以说她是封建礼教的牺牲品；另一方面，她把毕生心血和精力全用在为公婆养老送终和抚育幼子长大成人之上，体现的是中华民族孝老敬亲的传统美德。不要说封建皇帝为她的"节孝"行为所感动，而颁发"圣旨旌表"，就是在当今社会，国家倡导孝老敬亲，创建和谐社会的背景下，出现这种至孝善举的人也是值得称颂的。

春色撩人

刘爱珍

"到习近平总书记走过的地方去走几步！"刚到六冲河，"叮咚"，爱人通过微信发来信息。人间四月天，春色正撩人，一抹会心的笑意自嘴角蔓延，至眼底、眉梢……

六冲河，属乌江干流，是流经大方、纳雍两县之间的一段伏流位置的喀斯特熔岩综合地带，地处黔西、织金、清镇三县（市）交界的三岔河。南岸属清镇市新店镇，小小村落逐水而居，房屋白墙黛瓦，绿树掩映中点缀错落有致。北岸黔西县新仁苗族乡化屋村遥遥可望。这里水域宽阔、山势雄奇、悬崖陡壁、水墨丹青一般，与沿岸古朴的苗寨，形成了壮美的乌江源百里画廊。六冲河穿越壁立千仞的"百里画廊"，不舍昼夜，奔赴鸭池河。

辛丑年，立春，习近平总书记来到黔贵大地，来到六冲河、化屋基，随后，这方热土就掀起了全面贯彻落实习近平总书记到贵州考察的指示精神和"跟随主席足迹践行初心使命"的干事创业、旅游体验热潮。

跟随总书记足迹，我亦走进六冲河，来到化屋基，怀揣爱意，满溢崇敬，沿着河岸总书记走过的地方走了一遍，严格按旅游程序，拍了照，发了个朋友圈。举目四望，只见江面上十几艘游艇，在"轰隆隆"的轰鸣声中，一趟又一趟满载着游客在河里来往穿梭，我眼里映着景，心里揣着甜，内心充盈着一名小女子的简单幸福。站在总书记带领盛装的少数民族兄弟姊妹敲鼓祈福的民族文化广场，那清脆的鼓声，伴随他们发自内心的欢笑声，仿佛依然回荡在蓝天白云映衬下的河畔、山间、村庄，依然激励着两岸百姓踏着鼓点，铿锵前行。

一队又一队扛着党旗、拉着横幅的企业、机关、学校、民间团队，各占一隅，在这里学习党的历史、重温入党誓词，高唱红色赞歌、朗诵毛主席那些大气磅礴的诗词……车来人往，川流不息，昔日积贫积弱、寂静无声的小村庄，如今每天万人来朝。我告诉自己，这就是中华民族伟大复兴新征程中幸福的模样，这就是有着5000年文化认同的14亿华夏儿女，团结凝聚、守望相助之精神图腾的力量！

离开六冲河，驱车沿着曲曲弯弯的盘山等级公路一路攀爬，前往清镇市新店镇政府所在地。车行至山顶，站在乌蒙山脉的峰岭上，举目眺望，鸭池河遥遥在望。弯曲的鸭池河像一条绿丝绸顺着山势蜿蜒流淌，清秀的新店镇依偎在鸭池河畔，21个村（居委会）、210个村民组，宛如绿色丝绸上苗家女儿巧手刺绣的花边上一朵朵盛开的杜鹃花，温婉宁静、端庄秀丽。

这一方被绿水青山润泽和滋养着的汉族、苗族、布依族、仡佬族、水族、白族、土家族、壮族、藏族、回族等多民族的百姓，在镇村干部、驻村书记的带领下，在这里自力更生、繁衍生息、发展产业、发家致富，从脱贫攻坚成果巩固转入乡村振兴的有效衔接，迈出的每一步都那么坚实、沉稳又笃定。

"新店镇是东进和西出贵阳的必经之地，又称贵阳市西大门。距离成贵高铁卫城匝道口约10公里，林织铁路、贵黔高速穿境而过，新店镇融入了省会贵阳'半小时经济圈'，依托鸭池河发展小运输量的水运交通，形成了便捷的水陆交通网。河畔'水东第一镇'项目正快速推进……为全域旅游业发展打下了坚实基础。"驱车从新店镇赶来的郭支书这样介绍。

"新店镇海拔在850～1400米，属亚热带季风湿润气候，全年最高气温35℃，最低气温5℃，年平均气温约14℃，无霜期275天，年降雨量1360毫米，气候温和，冬无严寒，夏无酷暑，无霜期长，雨水充沛，雨热同季，光照时间相对较长，适宜人居。同时，空气清新且质量高，空气中负氧离子平均含量高达每立方厘米7000个以上，在鸭池河河谷地带更是高达每立方厘米12000个以上，超过可增强人体免疫力的最低值每立方厘米5000个的地方达2000～7000个以上，可以有效地增强人体免疫力……"

年轻的郭支书"数据＋成语"，解说精准、专业，又不失文艺和婉约，从新店镇的地理区位优势，到气候特点、产业优势，滔滔不绝，他的表情、手势、语气，无处不彰显一名新时代乡村干部带领村民干在基层的那份文化素养、能力担当和底气自信。

党的十八大以来，为了消除绝对贫困，全国共派出驻村工作队25.5万个、第一书记或驻村干部290多万名到村组，开展精准帮扶和脱贫攻坚，郭支书就是他们中的一员。8年多的持续奋斗，千万个"郭支书"所做的努力不容忽视，他们奋斗在社会的最基层，助力乡村振兴，他们在实践锻炼中不断成长，使中国实现了新时代脱贫目标任务，近1亿贫困人口实现脱贫，创造了世界"减贫奇迹"。其中，在实践锻炼中，一批年轻干部成长起来，并继续奋战在新店镇的最基层，进一步助力乡村振兴。

聆听着郭支书的讲解，站在山之高端，头顶金色的阳光穿透涌动的云海，照得身上暖烘烘的，山风温润地抚摸着脸庞、扬起秀发，一种"山高我为峰"的豪迈之情油然而生。

回望鸭池河上游，清毕路（原321国道）鸭池河大桥恍若一座天桥，跨越"天堑"，连通两岸，桥下山谷纵深、水流湍急。窥一斑，而知全豹，世界"基建狂魔"的盛誉名副其实。

据史料记载，1936年2月2日，任弼时、贺龙、关向应、萧克、王震等革命领导人，率领中国工农红军红二、红六军团17000余人来到这里，准备进入黔西。在后有追兵，前有守敌的危急时刻，当地群众受中国工农红军"不拿群众一针一线"的严格军纪和"北上抗日"革命英雄主义的感召，深明大义，配合中国工农红军搭浮桥、摆轮渡，声东击西，出奇制胜，从鸭池河古渡口消灭当时的国民党守军，跨越天堑，强渡成功，进占黔西。底蕴丰厚的红色文化，不仅为鸭池河两岸百姓留下了一笔宝贵的精神财富，还赋予了鸭池河一河两岸绿水青山更多文化底色。

鸭池河"十四五"规划，其全域红色文化旅游、绿色农旅康养一体旅游规划正在实施中……

既要"金山银山"，又要"绿水青山"。贯彻落实习近平总书记守住发展和生态"两条底线"，新店镇毫不含糊，鸭池河边多年的执着坚守，丰厚的回馈正如鸭池河的流水一般，静水深流，润泽千家万户。

下到山脚，弃车，顺着鸭池河岸徒步而行，一边欣赏风景，一边在郭支书的带领下听他谈老百姓的致富经，一边不时与田间地头忙于春耕春种的村民攀谈，解读他们的"幸福密码"。他们每个人心中都有一个小小的目标，每一户都在这个春意盎然的播种季节抢抓时节，种下了他们希望的种子和梦想……

他们果断关闭了年产逾800万吨的煤矿，依靠得天独厚的"天然温室"小气候的禀赋，大力发展绿色生态果蔬产业，酥李种植面积达8000余亩，年产量5000吨，产值2000万余元。先后获得国家地理标志保护，农业农村部农产品质量安全中心无公害农产品认证证书，成为名副其实的地标性产品、无公害农产品。

他们坚持"一村一品"发展生态农业。2020年，归宗村种植金银花1万余亩，年产干花10吨，村级收入16万元。颛麟和渔樵耕读两个茶场，面积约2000亩，其有机绿色生态茶产值约3000万元。马鞍山面条，选用国家优质小麦生产的高筋面粉，以当地清冽泉水调和，传统手工精细加工，麦香浓郁，年产300吨，产值180

万元，供不应求，享誉省内外。他们成立合作社组织抱团发展，大寨村清镇市盛丰胜和新店村竹清新、鸭甸河村康家源等多个种养农民专业合作社，大力发展辣椒种植业，种植辣椒 3100 余亩，每季产量 6100 吨，种、产、销一条龙，年年辣椒销售一空；种植 SG8916 系列紫桑葚 1200 余亩，年产桑葚 1440 吨，并投资建设桑葚加工厂，延长产业链，提高产品附加值，现有桑果干、桑果醋、桑葚粉、桑葚酒、桑葚浓缩液、桑葚茶等上市，受到注重康养人士的喜爱……

凭借良好的生态和营商环境，新店镇坚持把好资金和企业引进质量和可持续发展的关口，新引资 3 亿元，新引进签约项目 4 个，域内规模以上工业投资 7.58 亿元……

我想，一个忠于自己梦想，信奉俭以养德、天道酬勤的朴素思想，秉持"绿水青山就是金山银山"理念，坚持晴耕雨织、不等不靠，并愿意与全世界各民族建立命运共同体的民族，一定会如愿过上和谐安稳、无惧风雨，越来越幸福美好的新生活。

4 月的鸭池河，春意正浓！

作者简介

刘爱珍，侗族，"70 后"。贵州省纪实文学学会会员、贵州省散文学会会员、贵阳市作协会员、开阳县作协秘书长。发表散文、散文诗、诗歌数十篇，合著有散文集《高原的春天》。有作品获奖。

风土人情

天堑通途只因桥

田景红

鸭池河是乌江中游的一条翡翠项链，将黔山秀水轻轻提起，一边挂着清镇，一边挂着黔西。它更是一把锋利的大刀，将高原大地一劈为二，一边是贵阳，一边是毕节。

鸭池河的两岸，山峰雄奇壮观。他们说"鸭池河古渡口"自古以来就是贵阳通往黔西北的唯一渡口。山岩险峻是鸭池河的英姿，水流湍急是鸭池河的耿直，易守难攻是鸭池河的勇猛。"天堑"，我想一定是鸭池河的另一个名字。

我的爷爷1950年参加解放军，他们的部队当年从贵阳前往毕节、六盘水等方向追歼国民党残余部队，开展相关剿匪工作。鸭池河是解放军的必经之地。爷爷时常给我述说鸭池河边的故事，述说红军强渡鸭池河事迹。

20世纪80年代末90年代初，我的父亲借助改革开放的春风，开始做起了磷矿生意，经常组织车辆从开阳县拉磷矿经清镇鸭池河到邻近黔西县与大方县的一些磷肥厂。一去一来就是两三天，经常在鸭池河边住宿。之所以选择鸭池河为落脚点，因为在父亲的记忆里，鸭池河、鸭池河大桥就是他磷矿生意中途的一个关键卡点。鸭池河边的故事成了父亲给我们摆说的故事。父亲说鸭池河很热闹，父亲说鸭池河大桥很雄伟，父亲说……

爷爷的故事枪炮声声，父亲的故事春风阵阵，它们都令小时候的我心神向往。

根据记载，鸭池河是水东宋氏吐司与水西安氏吐司的统治分界线。毫无疑问，鸭池河历来都是交通要道与军事要地，是兵家的必争之地。

2021年3月27日，有幸参加了贵州省纪实文学学会清镇市新店镇采风活动，终于见到了魂牵梦萦的鸭池河与鸭池河大桥。

摆在我面前的是两座桥，一座是斑驳的铁索桥，另一座是半新半旧的钢筋混凝土大桥。两座桥紧紧地依偎在一起，像一对老少至交，但更像一对担负历史责任，继往开来的父子。

鸭池河是清镇至毕节的重要交通要道，据史料记载，这里曾有一座简陋的铁索吊桥，建于清代，毁于1858年，其后无力再建，由于水流湍急，一直都是用绳索拉住渡船，滑索纤渡。

此后，据传道光年间黔西那方有位贩卖川盐的梅姓富商捐钱建桥，清镇这方也有位方姓大财主花钱若干建桥，很遗憾，均都因为各种原因搁置或是舍弃了。现在鸭池河方家大岩河段的河边上还残留着当初建桥留下的修整过的若干大石磴。

1936年2月1日，红二、红六军团在任弼时、贺龙、关向应、萧克、王震等率领下，强渡鸭池河，挺进黔大毕。红军侦察部队率先消灭了扼守在鸭池河两岸的国民党部队，并在当地群众的帮助下，在鸭池河上搭建起了一座浮桥，红二、红六军团17000余人经过3天的紧急强渡，赶在国民党军队赶到之前顺利渡过鸭池河，将国民党追军甩在了鸭池河南岸。

新中国成立后，鸭池河更是成为贵州省连接云南省的交通要道。1957年，动工修建了鸭池河吊桥，就是现在废弃的这座吊桥。桥是桁构加劲柔性单孔悬索吊桥，桥面是木质长方板，经过岁月的洗礼，现在的桥面已经破烂不堪，但是立于两面的水泥墩支柱与横拉的钢丝铁索还是坚固依然。

鸭池河吊桥是一座单行桥，当年有部队驻守，1958年7月建成通车后，车辆排队单边放行，而且车辆在上面通行还有严格的时间限定。隔河两岸的每两个桥墩之间上端的连接牌匾上，都书写着"汽车过桥不少于一分钟，不准机动车双车过桥"的告诫语。当时从黔西到贵阳或是贵阳到黔西，路上经常堵车，即使是早上出门，也只有晚上才能到。

现在想来，父亲那时口中的鸭池河大桥，应该就是现在废弃的这座吊桥了。

而我们现在所说的鸭池河大桥，就是吊桥旁边的钢混结构大桥。它于1996年建成，全长176米。这座桥曾经是321国道的重要津梁。

2001年10月，贵毕公路建成通车，贵阳到毕节的时间从一天缩短到3小时以内。曾经的321国道也变成了004县道，后来004县道又提级改造为211省道。鸭池河，不再是贵阳至黔大毕的唯一之路。鸭池河大桥，它迅速脱掉了往日高贵华丽的外衣，变成了最普通的桥，在人潮汹涌里热度渐减。

按照2008年贵州交通大会战，"县县通高速公路"的战略部署，2012年，贵黔高速公路开工了，一同开工的还有贵黔高速公路控制性工程——鸭池河特大桥。

2016年7月，世界上最大跨径的钢桁梁斜拉桥，世界山区斜拉桥之最的鸭池河特大桥建成通车。它高高地横躺在鸭池河上，主跨800米、全长1450米。贵阳至黔西行车从 2 小时迅速缩短为 50 分钟，成为贵阳通往毕节的首选快速通道。

其实，在鸭池河上，还有一座桥，那就是东风水电站的便桥。这座便桥 1986 年建成，也随着 1994 年东风水电发电厂的建成而被逐渐废弃拆除，鸭池河便桥使用历时十来年，是鸭池河上面一段光辉岁月的见证者。

东风水电站的建成，鸭池河的上段河流也瞬时变成了东风湖。清镇与黔西联系更紧密了，贵阳与毕节关系更亲密了。

可是鸭池河，你还是一样的美丽，一样的热闹。东风湖的水亮起来了，东风电站的发电机转起来了；红军的枪声远了，听说鸭池河红色美丽村庄项目要来了；新店镇政府搬下来了，是否改称鸭池河镇就会变得更加高大，更加完美了？

作者简介

田景红，1980 年出生，研究生，现就职于开阳县自然资源局。贵州省纪实文学学会会员、开阳县作协会员，曾在"中国党刊网"、《中国国土资源报》《中国土地》《中国散文诗研究中心》《劳动时报》《湛江科技报》《贵州作家网》等报刊、微刊发表作品。有作品入选《中国散文诗年选》《2018 中国散文诗精粹》《中国 21 世纪民间诗歌年选》等。

流连忘返生态美

赵宽宏

这条河里的水，青碧得让人心颤，流经这块土地的时候，叫鸭甸河，往下不远，就汇入三岔河，成为鸭池河了。

在汇入三岔河的那地方，叫化屋基，彝语意为"悬崖前面的寨子"，这段峡谷被通称为"乌江源百里画廊"，这个名字就足可以让人心驰神往。

鸭甸河村村支书范后金为自己生活在"百里画廊"而兴奋不已："我们鸭甸河之美，美在独特的地质地貌，美在优异的气候条件，美在至今尚保存完好的原生态自然环境。"

一入鸭甸河谷，一面巨型崖壁迎面扑来，大气磅礴，给人以雄奇的压迫之感。崖壁上面，有一凹形马蹄印痕十分醒目，因此这崖壁被当地人称为马蹄崖。

我感叹："马蹄崖？什么样的马能有如此巨大的蹄？！"

旁边一老汉接口道："天马。"他说，相传远古时，一天马飞跃鸭甸河时，被湖光山色所迷，一不小心失蹄，惊慌之中以右足蹬踏于山壁之上，留下此痕。

"你看，这叫马蹄田，是天马的左足踏出来的。"他指着不远处一个不太大的环形半岛说。

老汉怕我不相信，还特意指指山那边说："那边还有个马尾寨呢！"

我"哦哦"两声，随口应着"相信相信"，心中硬是为大自然的鬼斧神工而赞叹不已。

鸭甸河谷，靓丽的村容村貌与山清水秀的自然风光相映成趣。在一河湾处，道路弯弯，田畦处处，有不少人家临水而居。出门望山，开窗观水，真是令人心旷神怡。如此景致，可以洗涤浮躁，适合安放乡愁。于是心中不禁感慨，这一溜随意撒在山间河岸的民居，在城里可就是天价的"山景房"和"水景房"了，其实城里那些所谓"山景房""水景房"，又哪有如此打动人心的原生态之美？

鸭甸河谷湾有一二十个自然、人文景观随意地次第排列，峰峦、洞穴、沟壑，珍珠般撒落，而又无峰不雄，无洞不奇，无壑不幽，从而形成长、陡、险、峻的迷人风光。

在鸭甸河码头处，水面较阔，平静如镜，水质清澈。上得船来，但见蓝天白云映在碧绿的水中，不禁让人产生错觉：云在水底游，船在天上行。无人机从高处传来画面：几只小船漂在水面之上，那色彩当浓处浓艳，该淡时轻淡，大有诗情画意。

鸭甸河距贵州清镇市新店镇近 20 公里，于"三县（市）"交界处，与织金、黔西隔河相望，聚居有布依、苗、水等少数民族。受地理条件影响，这里远离交通要道，信息比较封闭，多年来这里的人们一直靠山吃山、靠水吃水，种养产业单一，经济发展滞后，过着并不富裕的生活。但总体来说，这里生态环境保护得较好，在"绿水青山就是金山银山"理念引领下，人们放弃了发展多年的水产养殖，从而使环境得到了进一步的修复。

这里海拔在 1000 米左右，冬无严寒，夏无酷暑，气候既宜人，又适宜各种果蔬的生长。鸭甸河村借助农业产业结构调整，大力发展无污染的绿植产业，种植 2000 余亩桑葚树，取得了显著的成效，村民因此脱贫致富。

此外，这个村还在开展其他的经济果蔬种植，同样取得了可观的经济效益。荒山荒坡的整治，产业结构的调整，进一步优化了环境，成为村民心中和游客眼里的"桃花源"。

"未来我们将持续开展人居环境整治工作，建好精品果园基地，做大做优桑葚等产业，依靠得天独厚的自然风光和旅游基础，积极发展乡村旅游，实现农文旅一体化发展。"范后金信心满满地告诉我。

范后金是鸭甸河村的村支书，他的信心是靠实的，是有基础的，他一心带领村民致富奔小康，宁愿舍弃小家，也不会不要鸭甸河村这个"大家"。他说，他是一个纯农民出身的村支书，个人财产有限，但要启动和发展村里的产业，没钱自然是一事无成，唯一的途径只能借贷。三年多来，他以个人名义借贷达 300 余万元。他的家人对他的举动很难理解，经过无数次的争吵后，妻子离他而去。这对他的打击太大，经常夜不能寐，他后来想通了："谁叫我是共产党员呢，我不上谁上。我必须咬着牙挺下去。"

因为范后金"上"的举动，"挺"的精神，鸭甸河村的桑葚 2021 年又丰收了。因为产能原因，现在他们还进行桑葚果的深加工，目前已开发出桑果醋、桑果酒、桑果干、桑果粉、桑叶茶等系列产品。

新面貌带来新机遇、新气象。一条大河，清澈碧绿，风景优美，是旅游、休闲、居住的理想之地。自春光明媚的春季开始，或组团或自驾来这里观光、露营、休闲的游客络绎不绝。自然资源，得天独厚，为鸭甸河聚集了人气、商气和财气。

鸭甸河畔，有山、有水、有歌，有欢乐、有故事、有乡愁，绝美风景怡悦人心；马蹄崖前，有汉族、有布依族、有白族、有哈尼族、有仡佬族、有彝族等多民族聚居，民族文化底蕴丰厚。

在鸭甸河领略自然生态之美，让人流连忘返。

作者简介

赵宽宏，贵州省作家协会会员、贵州省纪实文学学会副会长、《贵州纪实文学》执行主编。《读者》《特别关注》签约作家。有各类文学作品100余万字，散见全国各地报刊。

河畔乡村美如画

黄德才

　　辛丑阳春三月，承蒙黔山秀水这方俯身接地文墨之客阿兄们的厚爱相邀，得以参加新店镇采风文学笔会。我与仕安、陈松二位仁兄乘车前往，一路风驰，还是与预定时间晚了差不多两个小时。车到新店山垭口，风趣的松哥讲了一副对联"山高路陡，七弯八拐从阜起；树大林密，三朋四友远道来"逗趣。鸭池河畔树虽不大，林虽不密，确有些山高路陡，七弯八拐的神韵。但见山清水秀，高朋相聚，三朋四友远道来的韵味十足，一路困意顿消。依乌江上游鸭池河之幽水傍山而建的新店镇，把我们拥入怀抱，让人欣喜蔚然。

　　镇政府大院里的食堂门间，参加笔会的师兄师姐们喜笑颜开，三三两两陆续从镇食堂餐厅走出来，亲热地迎着我们打招呼，宛如久别重逢的家人一般，让人倍感亲切。

　　食堂的厨哥特意给我们准备了特色菜，瘦肉炒豌豆、瘦肉炒蚕豆、土鸡蛋煎椿芽、素豆腐。客气邀请："也没什么好招待的，将就整两个家乡特色菜，不要见怪！"我们诺诺回道："不好意思，晚来一步，给你们添麻烦了。"

　　几个菜真是时鲜，孟春三月，我们家乡兴义的豌豆、蚕豆正鲜花招展，蜂蝶正忙着在这花那朵间穿行忙碌授粉的时候，鸭池河岸清甜爽口的豌豆蚕豆成菜上桌，清香四溢的椿芽炒鸡蛋让人馋虫纷乱，新店镇独显峡谷地理气候的优越，怎不让人倍增眷恋。于是，新店这神秘之镇让一个初次相见的人迅速产生了解她、爱她、恋她的心灵感怀！

　　镇里的书记以简短而概括的线条般的话语介绍了镇情。其镇自然条件、红色历史、风物人文、脱贫攻坚、乡村振兴这些比比皆赞的镇情亮点，让人很快产生驻足观瞻、追寻一番的意愿。只在无头绪的两个工作日不到 10 小时的时间去领略，连猜带估间感受到了一二。

通村道路一一硬化，蜿蜒在喀斯特山坡与丘陵间的平坦与不时起伏的原野间，车行路上，虽七弯八拐，但路面平顺好走。想当年没硬化之时，左颠右跛，上蹦下跳，凹凸前行的拖拉机、三轮蹦蹦车牛爬的景象，可见身居这片土地勤劳而朴实的人们历经战天斗地而奋进前行的过往经年。

停车遥望，层叠的梯田里绿油油的麦子、金黄的油菜花织锦似丘陵山腰间飘逸的彩带，再过两月便有了麦粒、油菜籽收获的愉悦。山峦丘凸上松柏吐露新叶，雄姿矗立。缓坡草丛牛哞羊咩，恰似诗人雷震《春晚》"牧童归来横牛背，短笛无腔信口吹"的诗情画意，如是天时地利人和的自然生态，让人流连。

踏访晚清名人郭超凡故居，但见典型的立柱穿斗式青瓦木结构房屋立于山脚边，柱础鼓形石雕，浮刻兰草、树竹、云彩之纹；屋檐抱厦雕刻花瓣木瓜；木墙板壁配雕花窗棂，可见当年之气派。屋后松青竹翠，郁郁葱葱。两侧山丘环抱，松柏青翠，地形恰似"风"字，郭超凡故居的寨子起名风字岩，所在村名风字岩村，风水宝地之意可见一斑。古人说"山管人丁水管财"，出郭超凡这样的名人，实属自然。听寨中一位老者讲，现在门牌上的风字岩村蜂子岩组的"蜂"字是后人写字时的谬误，让人感觉定然。

出村后坐车回镇途中，赶紧百度搜查，郭超凡这位名人果真名不虚传：郭超凡字希文，号小袁，贵州清镇人。幼时聪明好学，十七岁时有文名，学者徐广文给他起名"超凡"。清道光十五年（1835 年）中进士。先在贵州兴义府任教授六年，兴修试院，擢拔人才，张之洞皆出其门下。鸦片战争后，于道光二十三年（1843 年）调广东做官，历任饶平、东莞、香山知县和广州知府。他不畏强暴、不惧洋人，平息地方械斗，擒杀海盗"天公大王"，矫正考场弊端，多次抗击英国侵略者的欺凌和攻打，从而使当地的社会秩序得以安定。刘周誉其为"名儒""名将"。咸丰八年（1858 年）五月三十日，终因积劳成疾，抑郁早逝。死后，朝廷赠"太仆卿"衔，心中顿生崇敬而深深缅怀，这位大名人还和我的家乡兴义有六年之缘。

晚饭时分，来自全省各地州市的采风人应邀到镇南面鸭池河桥边餐馆吃鱼。餐馆门前的两大个玻璃充氧水箱里，10 多斤重的大鲤鱼、胡须鱼、中华鲟在水箱里欢快地游来游去。问及鱼馆老板，才知这些都是鸭池河的本土鱼，于是猜想将要品尝到的美味，味蕾涌动渗出口水。药膳鱼肉火锅上桌，手中毫杆（竹筷）张合有度，鱼肉柔软质嫩，且有弹性，喝一口汤汁，鲜而不腻，爽口浸心。品完鱼宴，太阳还挂在鸭池河西面的山顶间，在温馨橘黄的阳光里，信步下到鸭池河边，但见河面波光粼粼，岸边都能见到河水清澈见底，白条小鱼成群结队翔游浅底，一派生机盎然，如此上乘的水质，难怪刚才入口的鱼肴那么爽口，那么鲜美。

翌日驱车寻访化龙村。地处水西古驿道上化龙古村，古称水外六目之地的化那条子场（蛇场），是四周乡村 10 余里范围内的大型集贸市场，周边村寨的物资集散地。文化沉淀深厚，贵州辛亥革命新军起义军官、北伐黔军副团长马登瀛，黄埔军校学生、抗战阵亡烈士国军副团长陈新民等人就生于化龙。单就化龙这个地名就有其深厚的地理国学韵味。

人才辈出的化龙，除此方热土实为人杰地灵的风水宝地外，重视教育实为该地先贤后杰们的执着追求与率先垂范。民国 2 年（1913 年），乡绅陈銮、刘廷芳等人募捐创办的化龙学校，1908 年前，选址于化那条子场东北方向背靠山丘，古树参天，绿竹掩映的东岳庙内。庙宇依山而建，由下殿、两边厢房和上殿为主体结构，中间为天井，次第抬升的清代小青瓦木结构穿斗式建筑，雕梁画栋的四合院。下殿有巨大的木门，二楼是戏楼，两边有木梯上下。上殿、下殿的两边都有副殿，整座庙宇气势恢宏，结构紧凑，雕栏画廊，飞阁流丹。如今钢筋混凝土的现代教学楼、宿舍、大小操场，12 级台阶上教学楼，樱花、桂花、冬青树绿化其间的现代化学校，向我们诉说百年沧桑巨变。翻阅校史，教师"敬业爱生、教书育人、精益求精、治学严谨、作风扎实"的办学传统已历时五代。学生"尊师爱校、勤奋好学、艰苦奋斗、力争上游"的学风传承百年。出类拔萃的莘莘学子走出化龙，遍及各行各业，单从事行政工作科级以上的干部就有几十人。鸭池河岸的这所乡村名校，实为贵州乡村百年教育史的光辉典范。

从化龙古村回镇政府，顺便绕道寻访了"衙院"遗址。村里老人介绍的宏大"衙院"建筑群早已不见踪影，只见得断续、偶尔残存的残基地础，关于"衙院"的故事一时难以厘清头绪。山坳间水泥硬化的通村路蜿蜒蛇行，山野间桃李芬芳正艳。春光明媚，风和日丽。松哥驾车沐浴在春风里，满骨子的愉悦劲，嘴里哼起诸葛亮《空城计》京剧唱段："我正在城楼上观山景，却听得城外乱纷纷……"突然，"砰！砰！"一声巨响，车子偏了两下，停车观看，车右前轮撞上了拐弯路边的一块生根石爆了胎，横生枝节真没趣！当我们笨手笨脚换备胎的时候，临近寨子的人们听说后，一个村民兄弟带了换胎专用工具前来帮忙。三下两下拆装完成，那熟练的技能，一看就是个专业的修车师傅。换好车轮，我们付钱给他，说什么也不收钱，还说："正好赶上，帮一下忙是应该的。"后来听寨邻一位老人说，他在镇边开了汽车维修店，为人耿直、热情，是个助人为乐的大好人。

一天半的时间确实够短，匆忙而过。走马观花般的参观，只言片语的访问。

新店镇看不够的鸭池河，寻不完的历史、人文、风物、自然生态让人不舍。神秘依旧萦绕于心，拙笔难以描绘其之一二。

何时再访新店镇，已然成为一丝挥之不去的情愫。

作者简介

黄德才，1965年1月出生，布依族。贵州省纪实文学学会会员、黔西南州诗词楹联学会理事、黔西南州作协会员、《万峰林》文学期刊执行编辑。

风土人情

乡村振兴田园美

廖　璐

一

从贵州省会贵阳西行74公里，即来到这片神奇的土地——新店镇鸭池河村。鸭池河村位于清镇市西北面，因濒临鸭池河河畔而得名。走在这里，令人印象最深刻的是各民族群众的笑脸，几乎每个接受采访的人脸上都露出幸福而自信的笑容。一路下来的所见所闻，所触所感，足以窥探鸭池河村实践乡村振兴战略构想的扎实步伐。

一条三四米宽的硬化水泥路把我们带进鸭池河村，无数条硬化的分支小道通往各家各户，迎头便能看见路边的标语——脱贫攻坚发展产业，精准到户引领小康。我仿佛觉得来到了一个古朴与现代自然结合的"花园式"村寨。村寨周边绿树成荫，河边葱绿的杨柳，房前屋后水塘里的鹅鸭，静谧整洁的农家小院，木栅栏圈住的菜园……无不给人古朴的田园之美；而一栋栋白瓷砖贴墙的楼房，一条条水泥通道，式样新颖的凉亭和游园……又让人感受到浓郁的现代气息。

我们随意进入一周姓农户家中，进大门便是一个漂亮的院坝，院坝中摆放着各种盆栽，左右分别是厨房和厕所，顺手推开厕所的门，只见厕所的墙上、地上都是用瓷砖铺就，显得干净、整洁。房主告诉我们，村里大部分人家的厕所都是水冲式，基本上解决了农村厕所脏臭的问题。好客热情的女主人为我们端来茶水，我们走进客厅，让人眼亮的地瓷砖，墙上的骏马图，洗衣机、彩电、电视柜，坐的是造型典雅大方的欧式沙发，挂的是款款落地的翡翠色窗帘，摆放的是适当有度的花草，使人感觉仿佛走进城市人家，群众的生活真是走进了新时代。我绕到房后，呈现在眼前的是一个20平方米的水池，五彩缤纷的金鱼穿梭其间，让人赏心悦目。

非常难能可贵的是，二楼上有个农家书屋，里面分门别类藏满了各种图书，我翻着书有些流连忘返。村民富裕的同时并没有忘记文化素质和思想修养的提高，让人看到社会主义精神文明之花扎根在农村的沃土。

"这样的居住环境，比起大城市的住宅小区来也毫不逊色。"我不由感慨道。这只是鸭池河村一个小小的缩影，这里勤劳的人民群众奔小康的信心和决心，与他们脸上露出的灿烂笑容一样，令人感动。

鸭池河村是一个以农业为主的村寨，在当地政府的大力支持下以及村委会的带领下，基本实现了家家奔小康的良好局面。2020 年，全村人均可支配收入已达13500 元。经济收入增多了，致富的路子也走上良性循环，越走越宽广。过上好日子的村民，积极争当"科技示范户""党员示范户"，社会风气得以净化，村民思想素质不断提高。

我们从周家大院出来，没走多久就看见村民在宽广的水东广场搭建舞台。经打听，才知道，村民生活好转了，也希望像城里人那样享受精神生活，正在紧锣密鼓地排练庆祝建党 100 周年活动演出的节目。旁边几个蒙古包，那是常于双休日来此旅游的游客野营的基地。乡村振兴不仅活跃了农村经济，也活跃了广大农民的文化娱乐生活，村里还组织了舞蹈队……闲暇时节，大家聚在一起，打打球、看看书、跳跳舞。在一户新落成的房舍大门前，我欣喜地看到一副对联，横联：民泰国安。上下联：民安国泰逢盛世；风调雨顺颂华年。主人家自豪地告诉我们，在村委会的带动下，他种了 200 多亩的酥李，并邀请我们六七月份来尝鲜。

展望未来，村民们满怀信心。新店镇是这样憧憬未来的："鸭池河花园式新村已见雏形，下一步我们将在农业产业结构调整上大做文章，持续巩固刺梨、桑葚产业，推进鸭池河酥李品种进行更新换代。充分开发红色文化、军屯文化、美食文化，打好城郊度假旅游牌，让绿水青山释放'生态红利'，依托全省打造最美高速契机，结合丰富的山水资源，打造滨河国际旅游度假区、全国首个驾旅综合体，让鸭池河从'网红打卡地'变成'旅游热门地'，让乡村振兴更上一个台阶。"

我深信不疑，越来越靓丽的"花园式村寨"鸭池河村，在不久的将来，一定会以更加美丽动人的姿态展现在世人面前。

二

风土人情

在森林覆盖率近 50% 的鸭池河村采风，可称为一次绿色之旅。与此同时，因红军长征曾经过这里，寻着历史的足迹走，也堪称是一次红色之旅。

步行在曾经的红军驿道上，逼近眼帘的那一脉脉青山，还有与视线相对的数堵巨大的悬崖，刀切似的直插江边。青山悬崖涂改不了江水的颜色，它依然宁适幽静深绿。树叶沥沥作响，回应着对岸悬崖的呼声。

多年过去了，鸭池河畔还流传着很多红军的故事。在鸭池河村有一户人家，主人名叫郭贤敬，老人坐在一张简单的单人床上，看见我们进来，他略微欠起身，露出浅浅的微笑。

老人边说边用手比画着方向，"鸭池河位于贵州西部清镇和黔西两县交界处，系乌江中游。鸭池河水底暗流湍急，两岸山高林密，山岩陡峭，地势十分险要。1936 年，红二、红六军团由湘入黔，奇袭鸭池河，并在当地群众的帮助下，利用木船找来木板搭起浮桥，胜利渡过鸭池河天险，向黔西挺进……"

我很诧异，当年，老人也不过是一个小孩子呀，从他这样滔滔不绝的讲解中，我知道他对这段历史有多么的记忆犹新。

当老人讲起贺龙长征过乌蒙的故事时，简直眉飞色舞。"1936 年新春时节，任弼时、贺龙、关向应、萧克、王震等领导的红二、红六军团在农历正月初十犹如天兵降临，浩浩荡荡，渡过波涛滚滚的乌江中游鸭池河后，地处乌蒙山脉千里冰雪的黔西北大地，春意融融，一派生机盎然景象。红军在这片古老边远、高寒贫瘠的土地上，新开辟黔（西）大（定）毕（节）革命根据地，成立了以贺龙为主席的中华苏维埃人民共和国川滇黔省革命委员会。这里破天荒地出现了许多激动人心的稀奇事：近百个由劳苦大众当家做主的苏维埃政权，如雨后春笋般建立于黔西北广大城乡；苦大仇深的挑水夫朱绍清任毕节县苏维埃革命委员会主席；花甲老人周素园挺身出任贵州抗日救国军司令员；穷苦人争先恐后加入红军，跟着贺龙踏上万里征途……80 多年过去了，贺龙在黔西北创建根据地的丰功伟绩和许多神奇佳话，一代接一代地往下传……"

听完老人的讲解后，我仍然无法想象，当年红军部队是如何渡过脚下这深幽的江水？如何突破这艰难险阻的？就是这湾迷人的江水，书写了当年红军最为艰苦、最为悲壮的诗篇。我仿佛看见当年那金戈铁马、气壮山河的动人画面……

离开郭老家的时候，我问他对党还有什么要求，对现在的年轻人，特别是我们，还有什么要说的，老人不假思索地说："我对党和政府没有什么要求，希望你们年轻人勤奋学习，认真工作，努力做一个对党和国家有用的人才……"那一刻，一阵暖流和酸楚涌上我的心头。

弹指一挥间，经历过长征那段历史的老人已经不多了，他们不仅是我们宝贵的精神财富，更是艰苦奋斗、爱国主义，特别是现在党史教育难得的活教材。

此刻，我置身在这红军走过的驿道上，远远地看山，远远地看水，心中涌起一片祥云……

三

提到鸭池河村，水电九局是个绕不开的话题。

这天，我们来到乌江干流鸭池河段的国家重点工程——东风电站建设工地附近的一户人家。

语速快、说话时脸上全是表情包的姚顺友，曾是新店镇岩湾村一名村干部。说起水电九局，他一口气说了40多分钟，全凭脑海里的记忆，和盘托出，令人动容。

"当年，第一批到达鸭池河的九局人，就是在一片荒芜的大地上安营扎寨，埋锅造饭，搭起简易工棚，翻开了东风电站建设的第一页。而后，大队人马来了，机械设备运了进来，从办公施工到衣食住行、文化教育等设施，跟着紧锣密鼓地建立起来，落成了一处热热闹闹的小镇……"

"东风电站工程之难，难就难在所有的建筑物都集中在又紧又窄的峡谷之中，都挤在不见天日的大山肚子里，九局人在艰辛的道路上，走过了风风雨雨而又辉煌灿烂的一程又一程……"当讲到水电九局老局长俞崇尚的时候，我分明看见姚老眼睛里的泪光闪闪。"似乎就在俞崇尚牺牲那一瞬间，他的精神就把九局人的意志凝聚在一起了……激流勇进，重振雄风。九局人对历史、时代和他们敬重的俞崇尚同志，做出了无愧的回答。"

顺着老人家手指的方向，在一面迎风坡前的交通要道旁，我看到九局人曾经居住的房屋旧址仍屹立在路旁。一排排规划有序的住宅。红色砖砌的墙面，虽然略失光泽却仍整洁无比。一切是那样的安静，红房子散发出来的荣光长久地震撼着我的内心。从老人滔滔不绝讲述这样一直流传下来的故事中，足以看出这里的人民群众待九局人的情分。

如果说，古老的乌江是一条桀骜不驯的蛟龙，那么九局的水电建设者们就是踏险降龙的巨人。这样说，或许显得太轻松了一点。是的，九局人建造的东风水电站，在贵州水电开发的历程上，它犹如一座引人注目的里程碑，宣告了九局人对天险乌江的又一次征服。

也许，行外人不太愿意浏览下边这些枯燥的数字。然而，它却是九局人攻克一

风土人情

道道难关最鲜明的写照。

——东风水电站的拦河大坝，是我国目前电站工程中第一座大型不对称抛物线双曲率拱坝，是我国乃至亚太地区最高最薄的拱坝。

——东风水电站革新成果 791 项。其中有 9 项达到国内先进水平，成功地解决了岩溶地区建设水电站的水库防渗、大坝基础稳定、泄洪及施工后期导流等重大技术难题。

——东风水电站，是乌江干流上第二座大型梯级电站，也是我国岩溶发育地区第二座大型水电站。拦河大坝抬高的 140 多米水头，蓄水 10.25 亿立方米，形成一座壮美的高峡平湖，不仅可以滋润下游两岸的田土，还为贵州高原增添了一大景观。

……

当一座水电站建成，为人间洒下光明，九局人又得对着自己的成果道声"再见"，然后跋涉迁徙，去开创新的辉煌。

"现在我们都易地搬迁住进新房子啦，感到非常高兴，享受到国家的政策，现在的生活更是一年比一年好！"姚老笑逐颜开。走出姚老家，迎面围上来一大群活泼可爱的孩子，他们正在九局人曾经建造的校园里茁壮成长，水电九局子弟学校早已改名为清镇九中，孩子们天真烂漫的笑声和老人慈祥的面容，在我心中定格成了一幅动人的图画，久久挥之不去……

如今，东风水电站的拱坝已经锁住蛟龙，深邃的峡谷已嵌上一块狭长的翡翠。江水依旧，电站依旧，九局人早已告别，他们早已走向未来，继续向峡谷深处的绝壁和激流挺进，去拥抱新的辉煌，向自己定下的新坐标不停地奋进和追求。

四

我们终归依依不舍地踏上了返程的路，在从酒店返程的途中，我们来到 211 省道鸭池河独拱桥上，身边驶过的一辆辆车子，从毕节的黔西县驶入贵阳的清镇市，抑或来回往返。在路旁有一座被封堵的单孔悬索吊桥已成为旧迹，桥墩上清晰可见多年前刻着的"汽车过桥不少于一分钟，不准机动车双车过桥"的标语。这是当时通车后，为保护桥梁，贵州省交通厅养路处制定的"鸭池河桥养护工作注意事项"，提醒过往的车辆。

为了从大桥的对比中寻找贵州修路搭桥的发展历程，我们随后又驾车从贵黔高速公路向鸭池河大桥驰骋而去，只为领略这世界最大跨径的钢桁梁斜拉桥，也是世界山区斜拉桥之最的魅力。鸭池河大桥的壮观，尽情地呈现了贵州省"十三五"以来交通运输大发展、大跨越中取得的成绩。

开着车离开的时候，我在心里默默感叹，弯道取直，高路入云，经济发展需要交通基础设施的高速驱动，"地无三尺平"的山地贵州正变成一个"人畅其行，物畅其流"的高速公路"平原"。我无法写出我对鸭池河的全部感受，因为它的冲击感太强烈了。回首此次采风，不仅使我大开眼界，看到了鸭池河的美丽和富饶，更使我从中领略了勤劳的鸭池河人民的智慧和力量。于是，这里的山、树、村庄、城镇，甚至那一碗米香……都成了朦胧诗篇里的一个个逗点，在挑逗我手中的笔，把这些美丽的记忆编织成篇。

作者简介

廖璐，女，"80后"，贵州开阳人。贵州省纪实文学学会会员、开阳县作家协会会员。曾在《贵州纪实文学》《贵州政协报》《湛江科技报》《劳动时报》《茉莉文学》《紫江》、中国散文诗研究中心、《豫苑文风》《齐鲁文学》《作家导刊》《江南作家》《巴蜀风文学》等20余家报刊及微刊，发表各类文学作品10万余字。

往事如昔话永和

曾家伟

永和村是原天生村和原田坎村合并而来，在原天生村有一个地方叫伍家田（现天生组）。相传天生组在很多很多年前不叫天生组，原来的名字叫什么可能历史记载中已查不出来。

传说中后龙山比较高，龙脉和地形、风水都比较好，站在现在的大关坡上远看，龙头活灵活现，仿佛一条活生生的巨龙盘延在这块土地上。有一户伍姓人家看中了这块风水宝地，在风水先生的指点下，选中后龙山脚下的一块地作为阳宅。房屋建好后，除了建房外的地，伍姓人家全部开挖出来做了农田，大概有三十七八亩。那几年风调雨顺，伍家就不得了了，人丁兴旺，百般顺利，日进斗银，可以说是吃不完，用不尽，家里的每个角落都放不下所有的银两，导致最后银两发霉。银子发霉也不是好事啊，那可是白花花的银两，在一个万里无云、风和日丽的一天，伍姓人家就在想，银两发霉了，何不如趁天气这么好，把家里所有银子搬出来晒一下。于是伍姓人家商量一番，便开始动了起来。一家老少抬了半天，始终只抬了一小个角落，于是又开始想怎么样快一点，后面想到了用滚槽，那速度比之前的要快很多，大家七手八脚，银两很快就被抬完了。明朗的天空突然火光雷电，雷雨交加，后龙山因受到雷电的多次雷击，雨势越来越大，后龙山瞬间崩塌，掩埋了整个伍家，伍家在这场天灾中无人生还。原有的三十七八亩田只剩下了十五六亩，伍姓人家从此销声匿迹，只给后人留下了"伍家田"。所以后人曾有一句话教育孩子"财不露白"，随着历史演变改为"五甲田"，再然后改成天生组。伍家的银子在伍家田下，究竟有没有，无从查实。

天生桥

天生村原名天生桥，是因天生水库的水流至水库前 500 米处洞口从地下伏流

100 米后才从另一出口流出，形成一座天然桥，人们叫这个地方为天生桥，后改村名天生村。

话说在很早年间，该处两洞口都很邪门，那时人口稀少，人们都说那里阴气重，早晚过路行人都会听到洞内有人说话，所以早些年间，有小孩的人家早晨、下午是不敢从这里经过的。外乡人不知道这个问题，回去以后小孩都会生一场大病，最后都要带上香、蜡、纸、烛前来祭拜后才得以安康。据年长的老人们讲，洞内有日常生活用品，如锅、碗、瓢、盆，每家若有需要，都会带上香、蜡、纸、烛到洞口祭拜后借出生活用品，前提是不能装牛马肉，祭拜就这样年复一年地被世人遵循着，每次都能从洞内借到锅、碗、瓢、盆。

话说有一次，当地的一地主老财家办喜事，因财大气粗，当时地主老财生活就比较好，鸡鸭鱼肉，瓜果点心，只要有好吃的，都全部拿出来显摆，那是一个相当牛气的场面。不是地主老财家忘记了借的锅、碗、瓢、盆不能装牛马肉，而是根本就不相信这种鬼话，早就把它抛到九霄云外，不该放的放，不该装的装。酒足饭饱、开怀放饮，大干了三天三夜，亲戚朋友相继离开，也是该还餐具的时候了。地主老财家洗都不洗就把借来的餐具如数奉还到洞内，就在转身回家的那一刻起，只听到洞内啪啦啪啦的声音，过了一会儿，洞口边出现了被水涌出的碎碗片。从那以后人们就不能再从洞内借到任何生活用品了，因为洞内什么都没有了，从此也不再那么邪门。本故事讲到这里，不是要告诉我们去信神信鬼，而是告诫我们要诚信做人。

说到这里，大家都很好奇，先辈们把这个洞讲得出神入化，多么神奇，那么洞内如何？

听八九十岁的老人说，他们父辈进去过，里面有几个岔道口，分别从各个岔道口进去，都走不到尽头，因为当时带着火把走了 20 多分钟就自然熄灭，所以就不敢再继续往前走了，洞内岔道口到底有多长，他们也不知道。后来，我们年轻人也进去过，只是隐隐约约看到那几个岔道口，不像老人家说的那样，为什么呢？随时间的推移，水土流失量较大，每年的雨季从山上带来了许多淤泥掩埋了各个岔道口，就连现在唯一的出水口都变得小了。

谁不想知道洞内的事实真相，谁不想用数据说话，谁都想天生桥下的洞内奇观展现在我们眼前。

库 "缘"

古有"五鼠闹东京"，今有"四库在永和"。话说到这里，或许你会问到，是哪四库？天生水库、瑶山水库、和尚田水库、回龙水库。

1957年冬季，全国掀起以大兴水利、积肥为中心的农业生产高潮，拉开了"大跃进"的序幕。

从上而下，各个部门为了解决农业生产的后续之基本，兴修水利，解决农田灌溉。

永和的这块土地上是当时鸭池公社水资源最为丰富的一个生产队，在当时的历史背景下没有任何机械设备，全靠鸭池公社组织管辖内各个生产队、民兵连的那一双双手、那一把把锄头、那一个个背篼和撮箕，那时候人们对美好新生活的向往是多么的期望和激励。前人栽树，后人乘凉。

他们不计分工，不计报酬，不计艰辛，日复一日、年复一年，天天热火朝天，他们不泄气，由此让我想到了郑板桥的《竹石》。仅凭那么一点点工分可以看得出他们对新生活的追求，累了，就唱革命歌曲，来两句当地的山歌；累，他们累中找乐，苦，其乐融融。

功夫不负有心人，几年的时间，四个水库修建完成，从而解决了当时整个鸭池公社所有农田的灌溉问题。在这几年时间里，有艰辛、有苦辣，他们在辛酸苦辣背后也有乐。在四个水库修建期间，有人牺牲，无数人受伤且部分人落下残疾。辛酸苦辣，应有尽有，细细品味，其乐无穷。

20世纪70年代后，天生水库再一次提升改造修建，水库储水量也随之变大，不仅保证农田灌溉，而且经过水厂机器设备改造，解决了新店镇1/3的人口饮水问题。

今天的新店镇，在清镇市实施供水系统全网管理，实现城乡供水一体化目标后，各村都安装了自来水，天生水库从此隐去了饮水功能。天生水库给永和这片土地上留下了一道美丽的风景线，给我们年轻人展现了一幅活生生的"长征路"。

作者简介

曾家伟，男，汉族，生于1986年，永和村天生组人，现任永和村支部书记。

甜蜜的蜂糖寨

黄南华

　　新店镇蜂糖寨，位于新店至流长的公路线上，是一个以布依族为主体的自然村寨。据民国《清镇县志稿》记载，清朝期间，蜂糖寨属安里五甲；民国时期隶化龙乡六保。现为新店镇蜂糖寨村所在地。

　　"蜂糖""蜂蜜"的本地方言，"甜"的象征。每当说到食品、糖果、水果很甜时，往往会说"甜"得像蜜一样；日子过得好，可以用"甜蜜""甜美"来形容。"蜂糖"也好，"蜂蜜"也罢，都意味"甜"。"甜""甜美"也是人们对美好生活的向往。

　　"蜂糖寨"寨名来历确实与"蜂糖"有关。蜂糖寨原名"枫塘寨"，据说寨脚有一水塘，塘边有枫香树，故而得名，此名沿用至清朝中后期。清光绪年间，黄登庸养蜂百余桶，年产蜂蜜数十坛，远近闻名。于是，人们渐渐用"蜂糖寨"替代了"枫塘寨"。黄姓祖墓碑文也印证了寨名的变迁。黄姓祖墓碑记中，清末以前竖的石碑，碑文鎏刻"枫塘寨"一名；民国及以后竖的石碑，碑文均用"蜂糖寨"这个名字。

　　改革开放以前，能够有蜂糖蘸粑粑，那是让人羡慕的。有儿歌云："姨妈，姨妈，蜂糖蘸粑粑，打破蜂糖罐，姨妈不走姨妈家。"蘸粑粑无意打破蜂糖罐子，以致姨妈之间撕破脸皮。"蜂糖"有"甜""甜蜜"之意，也是"甜美""美好"的象征，故"蜂糖"二字取地名受到青睐。贵州境内叫蜂糖寨的有三个寨子，即清镇市新店镇蜂糖寨、麻江县杏山镇蜂糖寨、镇宁县本寨乡蜂糖寨。三个地方均是布依族寨子。用"蜂糖"二字取寨名，这或许是边远山村布依族同胞对美好未来的一种期盼吧！

　　新店蜂糖寨坐西向东，地形似椅。寨后海拔1400余米的营盘山似靠背；营盘山与寨子之间一小山，曰"后龙山"，似靠垫；寨左"转山坡"，寨右"乡议坡"，如椅子扶手。寨子海拔较高，正面十数里无高山遮挡，万里无云的晴朗天，站在营盘山上能看到30里开外的卫城。所谓"乡议坡"，即族人协商、落实乡规民约之地。

有些乡规民约条款执行有难度，需要族人发誓承诺，也就是用诅咒来保证自己能够履行诺言。诅咒的话语是不能在家里讲的，更不能在家神面前说，故只能在山上议定和兑现承诺，于是，寨子旁边有了"乡议坡"。转山坡"转山"二字，源于布依族"三月三""端午节""六月六"等传统节日有上山"转游"的习俗，如小孩"六月六"带上粽子到山上吃，青年男女到草坪上、树荫下对歌等。转山坡顶是两亩左右草坪，中央有百余平方米石板，大人、小孩都愿意到这里玩耍，由此便有"转山坡"这个名称。

蜂糖寨是一个有数百年历史的寨子，具体什么时候建寨，无考。从寨后"神树"以及世居此寨的黄姓祖墓碑记可大致推算出建寨时间在明末清初。寨后杉棠树树围一丈一尺一（3.37 米），树高十余丈（30 余米）。据寨中百岁老人黄宴良讲，他儿时所见"神树"就是今天这个样子。数百年来，这棵"神树"被视为寨子的"守护神"，同样，族人对"神树"也爱护有加。历经 20 世纪 50 年代的"大炼钢铁"、20 世纪 80 年代的"分树到户"，"神树"能保存下来，寨人费了许多周折。据寨内世居黄姓最早碑记，黄姓四世祖母汪氏生于清朝康熙二十年（1681 年），黄姓家族今繁衍至第 15 代，由此可见，黄姓家族定居蜂糖寨在 350 年以上。

数百年的岁月沧桑，蜂糖寨留下诸多历史印记。清嘉庆年间，蜂糖寨住户达百户，分布于上寨、中寨、下寨、老磨房、小新寨 5 个板块。由于人烟稠密，加之圈椅地形，嘈杂回声远及数里，于是有将蜂糖寨叫"蜂王寨"的。当时，寨内大事小情均由德高望重的"寨老"牵头，统一办理。如清明节扫墓挂纸由家族统一安排，于寨东划地 10 余亩，作为家族办清明集会的专用地，故曰"清明地"，今仍用此名。从清咸丰年间到民国时期，黄姓家族陆续外迁。新中国成立前夕，蜂糖寨仅有中寨、小新寨 50 余户。如今，在下寨叫吊脚楼的地方，寨墙仍高高而立，细锤细錾的石板院坝以及石阶古道依稀可见；上寨、老磨房两处，基石残存，瓦砾遍布。营盘山顶二三亩平台，周边用块石砌筑的围墙仍断断续续。"营盘"是冷兵器时代许多村寨专门修来防御土匪袭扰的设施，"营盘山"因此得名。新中国成立前，蜂糖寨多为"干栏式"木架结构瓦房。如今，寨内除两幢清中后期建造的三合院、一幢民国中期建造的木架房外，其余均为 20 世纪 80 年代后建造的砖混平房、楼房。民国 25 年（1936 年），寨子中央建四层碉楼一座，名曰"席珍别墅"。碉楼第一层为三到六尺"六面六"条石砌成，二至四层用泥土垒筑；墙体厚度 3 尺（1 米），楼高约 15 米。站在碉楼 4 层平台上，寨子及周边一览无余。碉楼四周分布枪眼，土匪难以靠近。碉楼进门两侧石门枋上阴刻对联一副："近知近勇近仁达则兼善，有猷有为有守乐以忘忧"。正如对联所云，黄姓先辈践行"达则兼善"之举，每逢土匪袭扰，全寨妇女和老人皆进入碉楼躲避。

蜂糖寨受汉文化影响较早。清朝中晚期，寨内设私塾学堂，进行启蒙教育。"躬耕农本"的同时，"尚武习文"，注重读书识字、强身健体。黄姓用于练习腰、臂力量的"石锁"今仍保存，寨北里余有跑马场，寨南里余有私塾专用地，"跑马""学校地"地名今仍沿用。清朝晚期，黄开基科"岁贡"。民国初期，黄宴林（字华翰）在贵阳、昆明等地求学 10 余年，熟读"四书""五经"等，诗词文章有一定造诣，擅长书法，被当地誉为"秀才"。民国 12 年（1923 年），27 岁的黄宴林用文言叙族谱，将 2000 余字的族谱小楷书写刻于碑石。1926 年，其为 80 岁高龄的祖母写下"八十年教增断杼早承瑶光映婺愉观玉树以参天，三万日福享温席兹宴琼筵称觞更听云璈而奏德"寿联；应寿宴热闹场景，写下"珠履客三千香风满座，玉笛春八十介寿称觥"对联。两副对联均刻制于漆制木枋上。如今，木制对联和族谱石碑仍完好保存。民国 24 年（1935 年）前后，黄宴林与王、杨、林、朱、赵姓等人在流长腰岩纳界河岸高洞躲避匪患时，写诗 10 余首。洞内似卧牛的钟乳石刻诗一首："怪石巍巍恰似牛，不知饥饿几千秋。风吹四体毛不动，牧童敲角不回头。"至今，诗句墨迹仍留存洞壁上。

在黄宴林的影响下，耕读传家的家风不断延续，成就了百年书香人家。其子黄肇柏 1954 年参加工作，曾参加省教育厅《贵州省乡土教材》编写。2011 年，年逾八旬的黄肇柏，连续绣制十字绣九年，绣制了《富春山居图》《百骏图》《清明上河图》等 10 幅。其中，2017—2018 年绣制的九尺版《清明上河图》，经世界纪录协会认定，黄肇柏是"世界上绣制九尺版《清明上河图》十字绣的最年长男性"，并颁发了世界纪录证书。1977 年恢复高考，长孙黄南华考入贵州农学院；次孙黄静 1984 年考入四川建筑建材工业学院时年仅 15 岁。曾孙黄咏峰、黄昌宇于 2004 年、2017 年分别考入北京理工大学和天津大学。2020 年，玄孙黄芷熙参与了北京电视台少儿春晚节目表演。恢复高考以来，蜂糖寨黄姓家族有 20 余人进入高等学校学习。

作者简介

黄南华，男，中共党员，布依族，1958 年 5 月生于新店镇蜂糖寨村。现任贵阳布依学研究会副会长、清镇市布依学会会长。曾主编过《清镇布依寨》《清镇布依族民俗文化》《布依骄子陈永康》；2018 年撰写的《居者有其屋》获贵州省举办的"我与贵州改革开放四十年"网络主题征文活动二等奖。

风土人情

探寻 "衙院" 由来

周光俊

东风湖村是 2013 年新建制村，由原椒园、大坝、衙院 3 个行政村合并组成。现东风湖村有 3223 人，汉族居多，有苗族、水族、仡佬族等多个少数民族。全村耕地面积 2000 多亩，旱地多、水田少。水电路三通，村委会驻大水井组。我听说一些关于衙院扑朔迷离的传说，内心不免产生强烈的好奇心，于是便驱车前往新店镇东风湖村衙院一探究竟。

乡间路在山脊起伏间绕来绕去，盘旋登高。路两边树木成荫，满目美景，春草的气息扑面而来。到了一个坡顶，回首望去，山路足有十八盘。又往纵深处行进，只见梯土中早玉米已破土露芽，黄豆芽弯着脑袋。有些石旮旯中种了庄稼和果树。土里收拾得干净利落，一阵春风拂过，整齐有序的农作物在田间地头翩翩起舞，似乎在向辛勤的农户致敬。

上了山垭口，有两条岔路，一端往南去是大坝组，另一端往西前行便是衙院。前行 1 里左右，就到了一个寨子，从这里可以清楚地看到贵黔高速鸭池河大桥的斜拉塔，它像一根轴心，更像一面红旗，我们绕了一个半圆，到达它的东南面。从东风湖大坝算起，海拔又升高 400 多米。不远处青山的褶皱里，稀稀落落有人家屋脊展露，传来牛叫马昂和鸡犬之声。

终于到了此行的目的地——衙院，东风湖村支书朱洪洪的父亲朱康志向我们讲述了"衙院"这个名字的由来。

朱老伯指了指周围的两座石山和我们脚下的这片土地说："衙院就在这两山之间。你看，那一片土，是过去衙院的教（场）坝。听祖辈老人讲，几百年前，这上边是个大寨子，人烟（人口）也不少，山大了出杂木，人多了有是非。人上一百，形形色色，有品行好的，也有品行不好的。一些品行不好的干起了偷鸡摸狗的行当，后来气焰越发嚣张，竟发展到辗转寨子打家劫舍，弄得周边几个寨子鸡犬不宁，村民怨声载道。"那时，当地一些有钱人也常被恶人骚扰，心中的怒火不断堆积。几家大户便在一块商量，组建一支民团去围剿这些盗贼。并私下规定：当场杀死的，属于罪有应得；捉住的，要建一个场所羁押送官治罪。大户人家对这些盗贼恨之入骨，巴不得肃清乡里，就各户集资，修建一所牢固的院落关押所谓罪犯，称之为押院，后来叫成了衙院。

据上寨组老人郑士富回忆到，上辈老人们说的是当地有钱人很有势力，占了很宽的田土，把土地租给农民耕种，租税很重，多次催税无果，他们便私设衙门，关押毒打交不起租税的农民。同时，一些被捉住的蛊贼和偷盗者，也被关在衙院里拷打审问。当然，这也仅是郑士富老人所听说的版本，至于真假，现已无从考证。

关于衙院的由来还有另一说，"可能是水西统治时期，彝族土司在此设的衙门。此处又叫安家屋基，还可以找到一些遗迹。"诸如用石材制作的干檐坎、碓窝、磨子、屋后的堡坎，屋前石院坝，院墙基石等，看得出是很具规模的院落。可惜碑迹已被岁月磨蚀，有些被人为损毁，不可找寻了。

衙院历史悠久，它的扑朔迷离、传说掌故也是引人入胜。我们在行车途中，朱洪洪边开车边向我们讲述衙院白龙会祭龙的故事。

白龙会，又叫白龙坡，据说衙院过去每年小麦即将成熟之际，时常遭受白雨（冰雹）的袭击。有时顺槽子打一条线，老人们说是蛇神带队。如东一块，西一块被打，说的是癞疙宝（"蟾蜍"）带队。一旦大小季都遭灾的话，老百姓一年生活就无望了，只有背井离乡去乞讨。交不起租税的农户，还被地主关在衙院拷打。

在朱洪洪老祖公朱玉美那辈，一天午间，他去收割油菜籽，天气闷热，汗流浃背的他，眼睛都睁不开，只好提了镰刀，背靠一棵老皮香樟树休息，不知不觉就睡着了。恍惚间，见一个白胡子老者对他说："你们衙院时常遭灾，源于不敬神道。"朱玉美问："要敬何神道？"白胡子老者说："你们白龙坡有个白龙洞，洞里有条白龙正在修炼道行，你们二月初二祭祀它，或者在龙月龙日祭祀它，就能保你们庄稼免遭白雨之灾。"老者说完，就往白龙坡方向去了。朱玉美忽然惊醒，原来是一个梦。

朱玉美对自己的父亲讲了午梦的事，他的父亲说："宁可信其有，不可信其无。"

来年的二月初二，朱玉美一家，带上香烛、纸钱和一只公鸡作祭品，来到白龙坡，举行祭龙仪式。白龙坡山上有块巨石，现出一个仙人脚板印，长2米左右，宽2尺（0.67米）多，深1尺（0.33米）多。里面能装五六挑水，长年不断，清凉可口。祭龙时，人们舀着天然池子中水敬神祇。

后来，祭龙形成了这一方的风俗。届时寨人凑份子，主祭者事先写好文书（祭龙文）。到规定的时间，全寨老老少少一起到白龙坡去祭龙。祭龙的掌坛师，第一代朱玉美，第二代朱安盈，第三代朱康志。自从祭龙过后，衙院再没发生冰雹灾害。每年祭龙仪式结束，全体寨人都在白龙坡山上打牙祭，特别是小娃儿最开心。

作为一名共产党员，对于这些故事自然是当作茶余饭后的闲谈，如同听取神话故事一般，但从这些故事可以看出，彼时的人交通闭塞，知识文化水平普遍偏低，而且生活较为贫困，尚属于靠天吃饭的处境，将生活的不顺，对美好生活的期盼，寄托在神话故事之中。而今，身处新时代中国特色社会主义的我们，对于这些祭龙故事肯定会一笑置之，因为这是封建的、迷信的活动，不值得提倡也是不可取的，你我都不会参与这样的活动。但我想说的是，为何我们会有这样的共识、这样的觉悟？因为我们的国家更加富强，社会制度更加民主，社会群体更加文明，社会氛围更加和谐，自然环境更加美丽。正因如此，我们对美好生活需要的期盼才会越发浓烈，因为我们每个人都清楚地知道，我们的期盼会如约而至，不是天方夜谭。中国共产党有能力、有决心、有信心带领全国人民走向幸福之路！而我们每一个人都不能掉队，更不能跑偏，需要"感党恩、听党话、跟党走"，记住我们在中国共产党这艘巨轮上并非看客，也非游客，而是一名被赋予新时代中国特色社会主义烙印的"水手"，我们要主动拿起手中的"船桨"，为远航的祖国巨轮助力。

永远的根

罗仕军

"喂，您好！请问您是安顺市教育局王天富老局长吗？我是小罗。"

"是啊，小罗，你是哪里人呀？"

"我是贵定人。"

"贵定呀？贵定好啊，我都是在你们贵定那里的师范毕业的！贵定是我的第二故乡。"电话那头一下兴奋起来。

和我通话的老人叫王天富，他出生在清镇市新店镇化龙村老班寨，年逾80岁，是安顺市教育局原党组书记、局长。

为庆祝中国共产党成立100周年，贵州省纪实文学学会与清镇市文联、新店镇政府共同举办"庆祝建党100周年·清镇新店诗意纪实·乡村振兴"文学采风活动。按照分工，王天富成了我走访的对象。由于他一直在安顺工作和居住，无法进行现场走访，新店镇的领导就把我们带到化龙村王天富的表弟冉二红家，通过与冉二红的交谈，得知王天富早年为化龙争取到了一个饮水工程项目，近年又争取到一个幼儿园建设项目，化龙群众对他的认可度很高。只可惜，说到比较具体的事，他也不是很清楚了。

为找到王天富的材料，我试着从网上寻找一点线索，但也不抱太大的希望，毕竟他退休的时候还没有网络出现。没想到居然还有一篇关于他的报道，文章说他是安顺市教育系统关工委的"一号老头"，1999年退休后在市教育局关工委常务副主任的岗位上继续投身于教育事业中，不遗余力"献余热"，20年做了很多实事。2013年设立"快乐童鞋"项目，为紫云县山区1万多名小学生捐赠并发放全新运动鞋；2014年，在他的努力推动下，中国关工委"春苗营养计划"在安顺市顺利实施，全市成功申报项目学校111所，所辖9个区县全覆盖；2019年，王天富还参与市教育局同步小康帮扶村关岭自治县岗乌镇纳磨村开展关爱行动，主动率领主题教

风土人情

育宣讲团，参与市关工委"五老"队伍奔赴各县区中小学、中职学校开展党史、国史，雷锋精神、长征精神、党的十九大精神等主题宣讲活动等。

看来这个老人还真是闲不住啊！带着几分崇敬，我拨通了王天富表弟留给我的联系电话。

电话里，王天富得知我是贵定人，显得很高兴，话匣子一下打开了，他告诉我，他1939年生于新店镇老班寨村（现已合并至新店镇桃子坝村），家在清朝时期抗英名将郭超凡家的祠堂边，家有弟妹共三人，他的外婆家住化龙街上，后来他家才搬到化龙村居住。1952年小学毕业后考入贵定师范初师班，当时的清镇县还属于贵定专区，读完三年初师后，又继续读中师班。1956年贵定专区撤销，贵定和清镇都划归安顺专区，1958年3月安顺师专成立，由于生源太少，便从贵定师范和兴义师范各抽了3名学生凑满100名开班（当时兴义也属于安顺专区），王天富便是其中一名。1958年省内区划再次调整，贵定划归黔南州，清镇划回贵阳市，王天富在1959年师专毕业，便分配到安顺工作，王天富把弟妹都带到安顺生活，从此便在那里扎下了根。

王天富从1959年起在安顺一中教书育人，1964年任校团支部书记，1971年任校教导主任，1979年任副校长，在安顺一中辛勤耕耘25年后，于1984年调到安顺二中任校长。1992年已经53岁的他被任命为安顺地区教育局党组书记、局长，一直到1999年退休。

王天富身在安顺，但心一直牵挂着家乡的发展。

化龙村以前是化龙乡，属新店区管辖，是典型的喀斯特地貌，有一百多户人家，是一个相当缺水的地方，水井离村寨有两公里远，没有自来水的时候，家家都是挑水吃，一个钟头才能跑一个来回。丰水季节还好，一到枯水季节，井水几乎流不出来，村民们只能排队守水，水冒出来一点就用瓢舀一点，有时排队能排一整宿。吃水问题一直是群众千百年来亟待解决的头等大事，也是压在王天富心头的一块沉甸甸的石头。

为了解决村民的饮水问题，王天富四处奔波，找熟人、找领导、找专区水利局，最终要来了资金和项目，在1984年向地区申请到一个8万元的人畜饮水项目，工程交由清镇县水电局承办，8万元在当时可算是天文数字。通水那天村民兴奋激动的场景，王天富至今仍历历在目。

只可惜，好景不长，因为自来水需要用电抽水，电费、管理费也是一笔不小的开支，当这些费用作为水费进行收取时，一些村民就不热心了，宁愿又去守水，再加上管理不善，正常用水不能得到保证，最终这个项目没几年就停下了。"其实也不是不愿交，是真的没钱交，那时的人太穷了"。党的十八大以来，中央把脱贫攻坚作为全面建成小康社会的底线目标和标志性指标，农村水电路等基础设施的改善是重点，化龙的群众饮水困难才能真正得到解决。说到这些，王天富还十分遗憾自己没尽早让群众享受到自来水到家的幸福，让群众在饮水的艰辛中熬过这么多年。

王天富在安顺一中当校长的时候，学校有校办工厂，能够印刷纸张和生产线路板、弹簧等教学仪器，还被国家教委（现在的教育部）指定为教学仪器生产厂。那时王天富和省教委教学仪器供应站的人比较熟，当时化龙小学有三个戴帽初中班（每个年级一个），就请他们优先为化龙小学配置教学仪器。

当时省教学仪器公司不仅同意配置，而且直接送到学校，配置的标准也相对较高，这批仪器的到来如久旱逢甘露，让化龙小学的师生欢欣鼓舞，对改善学校教学质量起到了明显的效果。

在东风电站未建设前，化龙乡集资修了个电站，需要解决电线、电杆等材料，王天富利用一些个人资源向相关部门申请，力所能及地为家乡争取资金和材料，1971 年电站终于建成通电，当时，新店区除区政府驻地外，只有化龙乡能够通电。

王天富说，平时家乡的群众到安顺需要帮忙的，比如购买农机、找工作、读书等，只要不违规，凡能帮忙的都尽力而为。因为都是从农村出来的，能够体会到出门和生活的艰辛，"我是家乡人民培养出来的，对家乡唯有感恩回报"。

退休后的王天富闲不住，又兼起地区关工委主任的职务继续发挥余热。近年来，农村幼儿教育也逐渐普及，但化龙还一直没有幼儿园，王天富心里很急，自己搞了一辈子的教育工作，家乡这方面还在落后，这怎么行？在王天富还任教育局局长时，与贵阳市教委主任张朝湘熟识，退休后也同样在关工委工作。2016 年王天富找到张朝湘，请他与贵阳市教育局联系，为化龙村安排一个幼儿园建设项目。这个项目最终得以批准实施，并于 2018 年投入使用，有一定的规模，现在在园学生有 300 人左右。

这一干又是 20 年，直到 2019 年已经 80 岁了才申请辞职，真正回归家庭，享受天伦之乐。

作者简介

罗仕军，布依族，44 岁，贵州省贵定县人。贵州省纪实文学学会会员，黔南州作协理事，贵定县作协副主席、秘书长。《麦溪文艺》执行主编，作品散见《青海湖》《贵州诗联》《武汉诗词》《贵阳诗词》《星耀》《西秀文艺》《云雾山》《黔南日报》等文学刊物。

桑梓情怀

刘 毅

没想到，年逾古稀的熊兴隆说起老邻居杨定全，居然思路清晰，滔滔不绝。

杨定全是我准备采写的主人公，遗憾的是，耄耋之年的杨老先生早已离开故土，定居安顺，一是联系不上，二是年事已高。于是，退而求其次，根据新店镇安排，赴杨老先生老家化龙村，间接采访其乡邻故旧、儿时伙伴，以期于漫长久远的岁月长河中，竭力探求其在故乡的人生轨迹，采撷一两朵掩藏于时光深处的生活浪花。

坦率地说，在我并不算短的采写生涯中，这种隔河看病、隔山狩猎的事儿，并不多见。但事出无奈，也只好勉为其难，尽力而为了。

于是乎，熊兴隆老人谈兴甚高，我有点儿悬着的心，慢慢放了下来。

"定全老哥是我们化龙村大井组人。"稍事寒暄，脸庞红润、精神饱满的熊兴隆老人，端起面前的茶杯，轻轻地抿了一口，打开了话匣子：

"他比我大10多岁，虽然年龄差距有点儿大，在一起玩耍的时间不算多，但我们两家是房前屋后，坎上坎下的老邻居，他在家里咳嗽一声，我在屋里都听得清清楚楚，早上不见晚上见的。我记得，他母亲做粑粑，做豆腐卖，粑粑很香，豆腐鲜嫩，有劲道，好吃。做粑粑做豆腐，起早贪黑，累人辛苦不说，还要烧大量柴火。所以，杨老哥10来岁的样子，就帮着家里做事，主要是上山砍柴，将柴一捆一捆地扛回家，天热的时候，背上常常汗涔涔的一大片。柴砍多了，家里烧不完，他就扛到街上去卖，赚点儿辛苦钱，补贴家用，懂事得很。

"常言说，天干饿不倒生意人。杨老哥母亲有一手做粑粑煮豆腐的'绝活'，薄利多销，和蔼热情，生意相当好，利润虽然不高，但细水长流、源源不断，就厉害了。在我们化龙村，算得上殷实人家，日子过得比一般人家滋润，正因为家境较好，定全老哥一口气读了6年私塾，相当于小学毕业。解放前，能够读6年书的娃娃，别说我们村，就是四邻八寨，也是很金贵、很稀少的。当时，许多人，包括他自己在内，都没想到，读这 6 年书，日后能派上大用场。因为，山里人读书的想法，很简单，也很实际，那就是，认得个倒正，不做'睁眼瞎'就可以了。谁也没想到，这 6 年私塾，却为定全老哥日后冲出化龙，飞出大山，插上了翅膀。

"当然，这是新中国成立以后，大概是 20 世纪 50 年代初期的事儿。具体是哪一年，哪一月，哪一天，日子太长，我真的记不得了。但我清楚地记得，定全老哥是骑着一匹枣红色高头大马，去县里参加工作的，马头上，系着个红色的结，他胸前，戴了朵纸扎的大红花，喜庆得很，送行的乡亲们，乌压压一片。为哪样记得这样清楚？那时候，我们这里不通公路，除了走路，骑马是最体面的出行方式。而且，能端上公家的饭碗，还直接到县里去公干，在当时，是山沟里飞出金凤凰，名声不小啊！

"定全老哥去哪个单位上班？具体干什么？大伙不太了解，好像也不大在意，只知道他在县里越来越出息，步步高升，官越做越大，直至当上清镇县委副书记。后来，又到外县当县委书记，成了正儿八经的'县太爷'。再后来，到了安顺地区，说是当上了地区人民银行行长……

"说实话，定全老哥干得怎样？有哪些政绩？我不了解，也不懂，村里人知道的是，定全老哥虽然官做大了，但总惦记着村里人，还是在家时的样子，和乡亲们不生分，合得来，不甩架子。回村时，一下村街，一个哈哈两个笑，主动跟村里人打招呼，碰见会抽烟的，就装支烟，遇到妇女小孩，要么大娘，要么嫂子，叫得甜甜的，小孩子爱稀罕，凑热闹，屁颠屁颠地迎上去，他也不嫌烦，随手从兜里摸出三两颗水果糖，直往小娃儿手里塞，娃儿们围着定全老哥，一路跑，一路笑，高兴得跟过节似的。如果说有人觉得，这是做给别人看，面子货，那我给你讲个实打实的事儿，你就明白了。

"有一次，村里有两人去县城，找到定全老哥家里，求他帮忙。事办好了不说，他还在家里请他们吃饭，更留他们在家里住宿。那些年，城里住房紧张，加上个人条件等原因，许多从农村出去的人，你到他家里去，吃顿饭，问题不大，但很少有留宿的。还有，就算男人有这心思，家里那口子，也会垮脸，鼻子不是鼻子，眼睛不是眼睛。这也说明，定全老哥不仅在外面是个人物，在家里，也说一不二，不是'气管炎（妻管严）'，哈哈！当然，应该是定全老嫂子，原本就贤惠好客。更感人的是，定全老哥虽身不在化龙，心却挂着村里的事。

"我们化龙村由于地理条件限制，人畜饮水相当困难，尤其枯水季节，更是恼火得很，要走七八里路去挑水。"

熊兴隆老人喝了口茶，继续说：

"而且，路很难走，坎坷崎岖不说，还很狭窄，是那种几十公分的'毛狗路'。有时候，还要半夜三更地去'守水'，才能挑到一担水。见此情景，村里在省城工作的熊堂莹帮忙搞来个人饮项目，但国家补助的资金不够，需要村里人集资。定全老哥知道后，大力支持，带头捐资 500 元。这个数目，眼下看起不算多，但那是 20 多年前，就是定全老哥这样的县级干部，每月也才千把块的工资，相当于他半个月的工资啊。定全老哥自己带头捐资不说，还号召在外面工作的村里人，踊跃捐资。一时间，外出工作的，留在村里的，纷纷解囊相助，掀起了集资捐款改水的热潮，凡是在外上班领工资的村里人，没有落下的。一句话，定全老哥这人，穷苦出身，为人好，心好，爱帮人，村里人提起他，没有不跷大拇指的……"

熊兴隆老人生动形象的描述，让我未能一睹杨定全老先生风采的遗憾，顿时少了几分，并对老人有了大致印象，不虚此行。

告别熊兴隆老人，我们一行数人来到化龙村街上。镇里陪同采访的靳华先生，说带我们去当年改水捐资后竖立的"功德碑"看看。

这时，不远处一个背着一背篓青草，年近七旬的老人迎面走来，靳华说，那是村里的老支书徐兴培，当年的人畜饮水工程，就是他在任时建的。

到了跟前，靳华首先跟老支书打招呼，并作了介绍。老支书听说我们采访当年改水的事儿，快人快语地说："知道，知道，那时候，我是化龙村支部书记，带着大伙一起干呢。当时，村里的水源点在冒谷井，地势低洼，由冒谷井到乡政府的小山坡上，高程 100 多米。工程方案是自流式自来水，具体方法是，在老乡政府门口的小山坡上，建一个高位蓄水池，用大功率的提灌泵，将冒谷井的水，提到蓄水池里，形成高差水压，再用主水管和很多分水管，将蓄水池里的水引出来，直接流进各家各户的水缸里。"

事实证明，这个自流式饮水工程，是很成功的。老支书说起当年亲力亲为的工作，记忆犹新。由于经费紧张，基本上都是村里人投工投劳，很多村民背水泥、背石料，背上都打起了"脓包"，那个苦啊，没得说的。不过，前人栽树，后人乘凉。虽然现在村里安装了自来水，但还有二三十户人家用自流式自来水。为什么？简单又实惠。

……

"功德碑"在老乡政府门口不远处，掩映在一片齐腰高的油菜花中，顶端镌刻"饮水思源"四个阴刻隶书大字，接下来是树碑缘由，再就是一排排捐款人姓名和金额，因年成久远，字上的红漆早已脱落，不甚清晰，仔细辨认，杨定全老人赫然其间，除了单位，个人捐款中，500 元捐款，果然名列前茅。

颇值一提的是，捐款人中，不少是"飞"出大山，"根"在化龙的有识之士。

"露从今夜白，月是故乡明。"

爱国爱乡，是中华民族传统美德，源远流长，蔚然成风。

古往今来，无论高贵，还是卑微；无论为官，还是庶民；无论远走天涯，还是留守桑梓。乡愁，总是人们心中难以割舍的美好情愫。

走在化龙平坦整洁的街面上，清风拂面，春和景明，氤氤氲氲的光影中，仿佛情系桑梓，梦萦魂牵，乡愁悠悠的杨定全老先生，迎面而来……

作者简介

刘毅，贵州六枝人，中国作家协会会员。贵州省纪实文学学会会长，六枝特区文联主席，《六枝文艺》《桃花诗萃》《贵州纪实文学》主编，《山花》编辑。出版报告文学集《石头上的梦》、中篇小说集《都市鸟》、长篇小说《欲壑》、散文集《少年游》等。贵州文学院《中国作家·纪实》签约作家；《贵州民族报》专栏作家。六盘水文学院客座教授。

黔中奇谷筲箕湾

吴道兴

　　乌江上游的鸭池河畔，大自然的鬼斧神工，铸就了一个独特的河谷奇湾——筲箕湾。其独特地形状貌所蕴含的绮丽风光，将馈赠给人们原始、古朴、清幽、神秘、奇异、险峻、独特等富于天然异趣的美妙享受。

　　筲箕湾位于清镇市新店镇归宗村北侧鸭池河岸，距原321国道线上新店街8公里左右，总面积约4平方公里。千仞之高的悬崖峭壁萦绕谷湾四周，湾内丛生的灌木林，掩映着无数座嶙峋怪石。湾东北紧邻河面的崖壁之上，其左一幅天然岩画，犹如一位身着教服自北南来的西方传教士，雍容华贵，体态安详；其右另一幅天然岩画，更像一座层楼叠砌、金碧辉煌的拜占庭式教堂。巍峨挺拔的铁盔山麓，绵延数公里，矗立谷湾东北，俨然筲箕湾的一道天然屏障。谷湾左右两侧都是幽深奇险的大峡谷，谷湾之前滔滔东去的鸭池河，因国家修建索风营水电站而变成的索风湖，碧蓝深邃，与谷湾里四季常青、翠绿欲滴的灌木丛交相辉映，宛如一根祖母绿玉带挑着一块大翡翠。

　　筲箕湾的原始，在于四周的悬崖峭壁间那一丛丛、一株株状如盆景、硬如铁杆、千姿百态的无名小树。它们历经风吹雨打而不摧折，受尽烈日暴晒而不枯萎。许多地方至今仍保持着原始的风貌，诚可谓天然盆景博物馆。

　　筲箕湾的古朴，在于当地很少有人知其形成年代及原因，其名还是因状如家用器具筲箕而得。此处地势低洼而冬无严寒。当谷湾对岸铁盔山麓已是冰封雪冻之时，湾境内依然芳草萋萋，绿树满湾，鸟语花香。谷湾形成以来一直保持着这种状态，是人们理想的越冬场所；谷湾濒临大河而空气湿润，充足水汽的调节与阵阵河风的吹拂，整个谷湾绿树成荫而夏无酷暑，是人们避暑休闲的理想胜地。

　　筲箕湾的清幽，在于形成以来从未有过一户人家居住。究其原因，一是四周地势绝险，入湾水陆两路极难行走；二是整个谷湾没有成块儿可供人们耕作和赖以生存的土地，有的只是湾四周陡峭的山崖，以及湾内无数座嶙峋怪石上永无声息的灌木林和杂草丛。各种动物如鹭鸶、白鹤、岩鹰、铁罩子、云雀、黄豆儿、黄瓜雀、阳雀、小白蛇、脆蛇、蟒蛇、獐子、野山羊、穿山甲等成了河谷奇湾的主人。春夏之际，游人深入其境，穿行灌木林间，吸纳草木之气，聆听蝉鸟和鸣，唐代诗人王维的"蝉噪林逾静，鸟鸣山更幽"的意境，在此可得到真正的体现。雨后天晴的清晨，浓浓白雾弥漫整个山湾，雾海云山，云蒸霞蔚，白雾茫茫。山岚映入眼帘，雾气扑入鼻际，令人清新惬意，飘然欲仙。月白风清之夜，谷湾里时有夜莺或猫头鹰的悲鸣，抑或猿猴的哀啼。游人此时若至此湾，会感到谷湾环境的悄怆幽邃与凄神寒骨。"野旷天低树，江清月近人"的意境，又会体味得更加深切。迷恋山湾夜景不归的游客，在河畔崖下燃起一堆堆篝火，品尝着烧烤的乌江鲜鱼，想象着瑶池仙境的情趣。观流星而叹生命之短暂，置佳境而忘人生之烦忧。

筲箕湾的神秘，在于千百年来流传着的美丽动人的神话故事。相传很久以前，筲箕湾原本是一座巍峨雄伟的大山，名叫玉龙山，与对面高大挺拔的铁盔山比肩齐名。两山之间的深洞中有一名叫玉龙的深潭，潭里住着玉龙王族一家。玉龙公主貌胜天仙，与上游白龙潭里正直善良的小白龙结下了深深情缘。就在小白龙与玉龙公主举行婚礼那天，下游黑龙潭里为非作歹的小黑龙欲抢玉龙公主为妻，便与小白龙激战于玉龙山下的龙宫里。小黑龙败逃之际，冲毁了龙宫，冲塌了玉龙山，形成了如今的筲箕湾。小黑龙潜逃东海之时，把灌溉万顷良田的鸭池河滚成了深深河谷。玉帝闻奏，派二郎神擒住小黑龙，把它变成如今筲箕湾南部附近的一座鱼坡。让其尾伸进河里，头朝西喝西北风。虽是神话，此坡却生得出奇。许多游人到鱼坡对面山上观看，可见鱼的头、翅、尾、背皆全，都会情不自禁地拍手叫绝。神话传说中小黑龙腾身冲破玉龙山时，刮破龙身流淌的鲜血染红了四周岩石。如今游人只要站在崖沿举目环顾大湾四壁，呈丹霞地貌的绝壁仍显大块的红斑，令人神思与遐想。小白龙因造福与民有功，玉帝亲自为他与玉龙公主主持婚礼，并派他们永做筲箕湾的守护神施云、施雾、施雨，把被小黑龙损坏玉龙山而形成的筲箕湾，变成一个绿色的世界。筲箕湾千百年来一直保持着四季常青的本色。

筲箕湾的神秘，还在于右侧紧贴河面的绝壁中央，有一天然溶洞，人称桃源洞。洞之上为一堵悬崖，洞口处今存前人用石磴垒砌的月拱形石门，石门左面厚石墙上留一炮口，斜对着洞右侧唯一进洞之路，一夫当关，万夫莫开。洞分两层，上层洞近百平方米，作防御之用；下层洞距上层洞 10 余米，须搭木梯或系吊绳才可抵达。下层洞亦有一濒临河上绝壁的洞口，进洞口处数百平方米洞内大厅，空高而宽敞。平行洞深约 2000 米，洞高 15 米或 3 米不等，洞宽 5 米或 1 米不等。

洞之尽头有一不知其面积的深潭，据传言，新中国成立前潭边沙滩每隔一两米有一尺多长的巨型人脚印。如今，随着沙滩被潭水挤压，早已变得形小而距窄。洞内若干处有千奇百怪、姿态万千的钟乳石花、钟乳石柱和钟乳石幔，鬼斧神工、妙不可言。我陪同贵州电视台《发现贵州》栏目组记者，曾于 2005 年夏组织贵州洞穴探察专家进洞探察报道。此洞为 5 公里外新店镇大寨村姚姓大户，于清末民初为藏匿金银财宝所开发利用。沿洞口右侧羊肠小道，穿越上下悬崖峭壁的丛林之间，可达湖畔天然"码头"。

筲箕湾的奇异，在于嶙峋怪石之间并无半点泥土，却顽强地生长着郁郁葱葱、四季常青的灌木丛，名目繁多的中草药和许多不知名的奇花异草。整个谷湾简直是一座天然的药物园。低洼的地势，潮湿的空气，很适宜多种中草药生长，如岩川芎、果上叶、小血藤、大血藤、野人参、野天麻、野杜仲、刺五加、十大功劳等。筲箕湾的奇异，还在于湾南部悬崖之下，生长着一种稀有植物——藤竹。这种状如藤蔓、细如筷子、伏地而长的竹子，其长可达 10 米许，且能节外生枝，怡然成趣。它们一丛丛、一片片，枝枝蔓蔓散布林间。其竹心之实在竹科植物中实属罕见。一般竹子是中通而外直，外实而内虚，而藤竹则是内实而外坚，表硬而内韧，诚可谓竹中之奇品。此外，还有棕竹和箬竹等。筲箕湾的奇异，还在于湾内的峭壁之间，产一种人称脆蛇的异蛇。当地人说它会从崖间蹦到空中，落地折成几截后又会自然收拢。引得许多行医之人不时到万崖处冒险寻觅。据说此蛇是治疗骨折的绝品。筲箕湾的奇异，还在于谷湾南部千仞绝壁的半崖中，依壁挺立着一根高大石笋。笋身绿如茵，状如笔。你看它众石皆坠独傲立，历经风雨仍崔嵬，具有坚韧不拔的气节。筲箕湾的奇异，还在于谷湾东侧湖畔，碧树萦绕、藤蔓网络的巨石之下，涌出一股桶口般大的清洌山泉，流入瑶池似的石窠之中。水质明澈而清丽，其味幽香而甘醇。春夏之际，泉水透骨而冰寒。秋冬之时，泉水暖热而宜人。再沿桃源洞右侧湖岸而下，花河一带的一处崖坪之上，又有一个从悬崖之间涌出洪流的出水洞，亦称凉风洞，亦是冬暖夏凉。夏天，洞内既流出冰水，又吹出凉风，堪称消暑纳凉的好地方。

筲箕湾的险峻，在于湾四周的绝壁和幽深的谷湾令人心惊胆寒。置身崖顶，俯瞰湾底欲断魂；身入崖底，仰视崖沿必落帽。游人无论是伫立崖顶还是深入湖湾观景，都会产生一次灵魂的震颤与心理的惊惧，是探险者和冒险家的理想乐园。长期工作和生活在城市里的人，当你感到工作疲倦、生活乏味时，不妨驱车到筲箕湾来一次探险旅游，寻求一下刺激，调节一下情绪，找回丢失的激情。

筲箕湾的独特，在于它既有河谷的奇险，又有山湾的幽邃；既有满湾的草药，又有野兽的出没；既有悬崖的陡峭，又有碧水的长流；既有绿树满山湾，又有百鸟齐和鸣；既有溶洞的奇趣，又有冰泉的甘醇……集幽、深、奇、险、绿与飞禽走兽于一体。绝壁、峡谷、谷湾、碧水、神话传说，加上荡漾湖面的叶叶轻舟，其景致美不胜收，妙不可言。

千年流淌的鸭池河，流出了多少动人的神话，淌出了多少奇妙的传说。是美丽的河，希望的河！随着新一轮西部大开发的实施与清镇市旅游业开发的推进，它将向世人展示出蓬勃发展的无限生机；万载沉睡的篙箕湾，沉出了独特的地貌，睡出了奇妙的绿湾。是神奇的湾，迷人的湾！随着旅游开发，它将吸引更多的游人为之沉醉入迷，为之高唱赞歌。

"犀牛望月" 蕴诗情

吴道兴

　　风水先生认为，大江大河的一些流域，会蕴藏风水宝地。在乌江中游鸭池河畔苗岭山脉北坡的清镇市新店、王庄两乡镇一带，至今流传着不知何年何月哪位风水先生观风水、撵龙脉、寻宝地而编出的四句谶语："犀牛望月是归宗，九牛困塘是落烘，洛阳本是莲花地，好地落在打磨冲。"四句谶语算得上是一首比较押韵的七言绝句。此诗不仅点出各个风水宝地所在区位，还归纳了新店、王庄境内具有一定观赏价值的四个风景点。"犀牛望月"和"九牛困塘"，分别在今新店镇境内下归宗和老鹰山（亦称落烘），"洛阳"和"打磨冲"，分别在王庄境内洛阳村和打磨冲村。

　　"犀牛望月"处，既是一处独具神韵的壮美景观，又是一处比较理想的宜居环境。流经下归宗的鸭池河，水深流急，两岸地形奇特，气势磅礴。河北岸黔西县境内群峰，经地表径流侵蚀，被分割成10多座不规则三角形塔峰，马蹄形展开。其中一道悬崖，形如半轮月亮。河南岸清镇市新店镇下归宗山寨之后，是一片波澜壮阔、高耸入云的曲面石壁，峰峦边缘，密密缀满万古长青的油柞树，翠绿可人。崖顶矗立的一尊突兀巨石，犹如一头威武雄壮的犀牛端坐峰巅，当地人称"犀牛山"，与黔西县境内形如半月的悬崖遥相呼应，简直就是一幅铺展在鸭池河畔，形神兼备的"犀牛望月"的山水画卷。"犀牛山"被归宗人奉作守护神，他们祈祷"犀牛"能镇住"天狗"，守护全寨人畜兴旺、五谷丰登、万事吉利。旧时，每月逢朔日，寨人就行祭祀大典。是时，一钩新月悬挂乌蓝天际，全寨男女老幼簇拥族长，浩浩荡荡爬上犀牛山，燃起熊熊篝火，一时鼓角长鸣，铙钹齐响，在悠扬的唢呐和爆竹声中，"犀牛"披红挂绿，人们擎着火把载歌载舞，度过狂欢之夜。不知起于何时，归宗人就流传一个说法：凡是在归宗出生的人，无论离乡多远，年老时都要回寨居住，在出生地去世。多年后形成一种规律，便取地名为归宗。其实归宗一带，元明时期属水西土司辖地水外地带，"归宗"之名系彝语发音。当地人作上述解读，实属望文生义。

千年流淌的鸭池河，犹如盘踞在磅礴乌蒙与巍巍苗岭之间的一条巨龙，滋润着沿河两岸的山川大地，养育着居住两岸的各族人民。河水以其平静与灵动的变化，孕育归宗人形成了一种平和处事、善于思考、崇尚文明的品格；万载耸立的犀牛山，恰似一头矗立在鸭池河畔苗岭山脉之巅的雄壮犀牛，护佑归宗一带李姓、周姓、彭姓等家族，形成了世代耕读为本、重视文化教育、注重和睦相处、讲究礼义廉耻、不断追求进步的优良传统。归宗分为上下两个大寨，以犀牛山为界，山之西为下归宗，山之东为上归宗。下归宗的李姓、周姓，上归宗的彭姓等人家，千百年来坚持耕读为本，重视子女教育的结果：一些人读书成名，在省、市、县、乡等政府及有关部门奉行公务；一些人则爱好文学、勤于笔耕，创作出一批虽未发表却具有一定艺术价值的文学作品。其中的李长久先生，就是在文学创作上有所建树的一位代表。

李长久，1920年10月生于清镇县鸭池乡六保归宗村下归宗（现清镇市新店镇归宗村，下同），14岁时在鸭池小学就读四年级仅为一月，学校遭火灾，随即辍学。虽然如此，从旧社会到新中国成立后，长久先生用3年多时间攻读《三字经》《千家诗》《百家姓》《增广贤文》等启蒙读物，以一些孔孟之书为基础，自学"四书""五经"、中国古代文言小说、中国现代白话文小说，以及一些外国文学作品等，在浩瀚书海中领悟修身、治国、齐家、平天下的道理，研究诗歌、散文、小说等文学作品的写作方法与表现技巧，以其从大量读物中吸取的文学营养、新旧社会生活的丰富阅历及人生感悟，进行诗歌、散文、小说、故事、对联等体裁的文学创作，形成了一批思想内容健康、独具艺术特色的古体诗、词、对联及现代散文等。仅其二女儿家收藏他的诗词及抄录他人作品的笔记，就有10多本，内容以自撰作品为主。

新中国成立后，长久先生走过了一段人生坎坷之路。据其子李连春讲述："父亲正值青春年华的20世纪50年代初，因家庭出身被评为地主，而在长顺县农场劳改数年，又遭遇妻子的离去，真是雪上加霜。在农场的蹉跎岁月，要说人不消沉那是假话。"对社会和人生命运的一番审视之后，长久先生把自己在农场的劳动改造，看作是另一种特殊方式的人生历练。于是，他以自己的聪明才智及古文功底，休闲时刻，勤奋钻研文学创作，练习写诗填词、书法绘画；劳作之间，向能人学习果树栽培与嫁接、油漆工艺及绘画等技术，数年的农场生涯，使他学习和掌握了果树栽培与嫁接技术，油漆绘画并题诗的技法。长久先生离开农场，便以果树栽培与嫁接以及油漆家具，作为自己一辈子的谋生手段。迁居织金，安家生子数年，仍感觉"梁园虽好，不是久留之地"，又搬回新店下归宗老家居住。后长久先生一家从下归宗搬往大寨。来到大寨，就传授寨人栽种与嫁接梨子树并建成大寨梨园，在寨前驮子土与蚕桑林一带，栽种并嫁接苹果和桃子树并建成果园。以其精湛的漆工艺术，在新店镇境内甚至清镇各地、织金县城及凤凰山地区，用土漆或油漆常年为人们漆结婚喜床、衣柜、柜子、箱子、梳妆架、写字台等家具。所漆家具，都在其上绘出花、鸟、虫、鱼、山水人物、苍松翠柏等精美图案及与绘景贴切的即兴赋诗。尤其在设置帐架的结婚喜床数块装饰板上油漆、绘画与题诗，蕴含与透析出来的诗情画意，不仅令人顿生赏心悦目的美妙感觉，而且还能瞬间激发出相互爱慕的温情。

长久先生不仅多才多艺，而且乐于助人。人民公社时期，我在大寨偶尔参加生产队的一些劳动时，与寨人一边聆听长久先生讲故事，一边干农活。他讲的民间故事《蟒蛇记》《前龙马再兴》，农夫巧答县令的"三句半"，以及《一千零一夜》等，有趣对联"弯腰桃树倒开花，蜜蜂仰采；歪嘴石榴斜崩口，喜鹊横开"等，既给寨人传播文化知识，又助人们消除耕作疲劳。及至晚年，长久先生将自己一生创作散存于10余个大小笔记本，且比较凌乱的诗、词、对联、散文、故事、俗言对偶、趣文集萃等，通过精选，集中编录在一个笔记本上。

在这本笔记本中，长久先生作了一段编者自述："这本小册子，是我混过七十七个春秋的今天而写成的。取材于日常生活，也无非是些鸡毛蒜皮淡漠无奇的琐屑东西，也是依据我碌碌庸庸的一隅之见而来。小册子里的所记不拘形式，亦未作规划。大致分作两个部分：自作部分和古人部分，但仍以自作部分为主，其他部分不过是偶抄少许。自撰部分，除五、七言绝句，律句外，尚有古风，包括故事传奇之类。此外撰编二十八段俗言对偶。为了使部分适龄人有兴趣感，故写几首《无题》爱情诗列入其中，也是为美化作品起见。希望读者莫见怪、莫误解。除七言体诗之外，尚编有数十个谜语，这些谜语是字谜而不是灯谜。这类作品的主要意义，是为了给好学的青少年看后产生启迪智慧、增长知识的作用。除谜语之外，还撰有部分联语。联语内容不拘形式，相当复杂，也是各具其情。从诗来说，本人以古体为主。虽云古体，不过是五字句或七字句的结构形式而已，从格律正韵来讲是谈不上的。因本人自幼喜诗词对联等文艺作品，遗憾的是从未受教于名师，故格律等的讲究便成'门外汉'。可以说是知其然而不知其所以然。只是拼凑得拢句子，求读起来不别不拗，感觉顺口就行。故特请求阅者谅解为好。俗言对偶，是依据古之《声律启蒙》的结构组合而仿撰，只是仿它那种句法形式，而不是亦步亦趋地生搬硬套和刻板模仿。对于对偶式的句联，则是本着打破常规的原则而作，只要想得到的词语就可收入；至于词句，也多半是古今世人的口边谚语，故此嵌上'俗言'二字。其目的是给中青年爱好对联者，提供词学方面的粗浅知识。因为上下句不管是多还是少，必然也是一副对联。根据当今社会的一些不良风气，部分青少年有如下不良表现：有不务正业的，有在读学生在学习方面或怠惰、或不勤学、或不讲文明礼貌的，有的青少年不走正道，有专干偷盗抢劫的、吹鸦片和吸白粉的、聚众赌博的。他们以其不良行为形成犯法侵身、残害自己，最终葬送了自己的光明前景。为此，附带编写数句名为《青少年必读》小读物，指出他们应走的正道及利害关系，克制自己，提高警惕，悬崖勒马！至于这篇小读物，为了使部分年幼者易读、易懂，纯以四字句组合，语言浅显，意义深刻。人们只要践行其中的精诚义理，就可成为一个正人君子，成为一个受人尊敬的人，成为一个跟得上时代潮流的人。本人幼时虽读过诸如《三字经》《百家姓》等几本启蒙书，还念过一些孔孟之书，可当时既属幼龄，只求识字而已。至于理解书中意味，则从未受过教训。14 岁失学后，犹展卷弄笔、揣摩其理、钻研琢磨、勤学苦练、虚心好学、不耻下问，识得几行书，写得几个字，诚为惶恐。兹有姚君光和不嫌浅陋，求余写几首诗，题几个字，不惜以巨金购此册以作录载。出于至诚，特于此献丑，所闻者斧正为感！一九九七年丁丑年七十八岁老叟李长久书。"

此篇自述，既是一位民间文人以文学艺术的水准对自编作品的简要介绍，更是一位民间凡人以高度的社会责任感，对世界观、人生观和价值观取向与选择的自白。下面，我先选录长久先生以《鸭池河有景》为题撰写的八首七言律诗，以供读者品味：

七律·桥影横江

溶溶粼水慢行程，峡岸高峰嵌水滨。

桥悬碧落雅星泻，影随苍波逐浪倾。

妙女红裙化彩蝶，游子春衫映锦云。

桥悬飞虹吸逝水，唬倒江边打鱼人。

七律·八仙过海

莽莽云山任嵯峨，浩浩前驱势蓬勃。

游仙跨海跃恶水，苍龙吐雾逐飞波。

坝筑江心添玉锁，桥西山头系铁索。

本画八仙留步待，方有妙句费吟哦。

七律·双虹飞挂

银涛滚滚浪拍天，双桥飞挂彩云间。
金丝缠成千条纽，玉板嵌就万道栏。
游客忘形飞仙过，狂车掠影入云川。
千古神传话已往，而今俗子变神仙。

七律·吴王滩险

断岸千尺非偶然，历历五彩印斑斑。
乱石触波飞云汉，狂沫喷雾洒江天。
恶声震跌天空鸟，险涛惊跃水中蟾。
人心惶惶神魂乱，胡敢驾舟觊瀑泉？

七律·万年庄留

独树雄立小江滨，遥遥自乐万万春。
古桑昂昂高千仞，仙枝蓬勃显精神。
吴王滇征思渡水，三军伐树做船行。
奇言神话人难信，万年桩留在江滨。

七律·八仙洞府

八仙飞后留仙居，遗下洞府是奇迹。
鸾飞凤翔舒壮翼，虎跃龙盘显珍稀。
亭亭玉柱光生焰，层层楼台湛珠玑。
水晶帘卷碧空镜，巧夺天工造神奇。

七律·亭塔夜观

静夜人寂天更苍，东风灯火万家煌。
雾映晚空形五彩，辉射苍波焕七芒。
晃似玉盘珠吐艳，正比金球巧生煌。
大珠小珠齐眨眼，美目送情到天光。

七律·仙人搭桥

磅礴乌蒙西矗立，巍巍苗岭东悬壁。

莽莽群山峡谷贯，滔滔延江流水急。

人民两岸难越渡，神仙一夜施奇迹。

清黔境内巨石垒，神仙造桥传神奇。

2002 年 8 月 28 日，李长久先生因病辞世，享年 82 岁。

览胜就在南湖区

吴道兴

赏尽东风湖三岔河景区的景致，乘船沿三岔河右侧南行，经过三岔河的南大门，便进入反"B"形湖区——南湖，位于清镇市新店镇鸭甸河村。这一带水域长而开阔，山光叠翠，波光潋滟。南湖东岸是近 10 平方千米的大山湾，呈斜坡状，层层梯田坡土沿湖畔而上至大湾尽头，一道天然屏障的陡峭山崖将大湾围住，山崖东头形如猴面，有鼻有眼，栩栩如生，人称"猴面山"。再南行，一道绝壁顺湖西部倾斜而至湖边。绝壁上犹如一幅泼墨画形成的巨型画屏，其上山、水、人、树等图案清晰可辨，天然和谐。画屏中央似有一美貌女子双手上举握住她长而黑亮的秀发，在对镜梳妆，人称"美女梳妆"。画屏四周呈墨青色，如青松，像翠柏，似高山，又好像大河的一幅幅画面，把画屏的神奇意蕴映衬到极致。画屏左端大块形如方印之状的石纹图案，恰似画仙完成其杰作后加盖上去的印鉴。

湖湾西岸，一道长约 1500 米、高约 400 米的悬崖峭壁顺湖而下，崖顶长长的山岭蜿蜒曲折，跌宕起伏，呈长蛇之状。长岭中部近崖顶中央的崖壁上，有一数十平方米凹进崖壁之中的马蹄形印迹，当地人称之为"马蹄岩"。传说是仙马登天留下的痕迹。

相传在很久以前，南湖两岸都无水田，全是旱地。千百年来，河水从鸭甸河村寨前深深的河谷中白白流淌。这里的人们祖祖辈辈都渴望旱地变水田而吃上大米，便学着湾外的人们，在河畔处平整土地，筑起田埂，人背马驮地从河里搬水到土里造田。有一天，天庭神仙二郎神杨戬骑着仙马带着哮天犬云游至鸭甸河上空，看到人们在烈日下造田非常辛苦，顿生怜悯之心，降仙马下界至鸭甸河，意欲施新仙术点化水田。仙马见河水清澈，便头朝西、尾朝东立于河上饮水，马尾伸到如今的马尾寨。

饮水时不慎马失前蹄，一脚踏进人们修造的水田里，留下深深的马蹄之印。这块田后来被人们称作"马脚田"（"马脚田"后被东风湖所淹没）。正当仙马失蹄踏进田里时，顷刻间出现了奇迹：整个人造梯田半坡的悬崖下，多处喷出了清洌的泉水，源源不断。原来，仙马的神力无比，一脚竟踏通了地下的龙脉，引发出山崖下多处喷泉，无意中竟帮了二郎神君的大忙。后来，近10平方千米大湾里的坡土，被勤劳的人们改造成土质肥沃的层层梯田。忽然，南天门内的钟声敲响，仙马吃惊，慌忙夺路登天，不慎把二郎神君甩至九霄云外。仙马的金鞍被甩到鸭池河畔的马鞍山一带，留下了至今仍用的马鞍山地名。仙马登天时一脚踩在南湖西岸织金县境内的崖壁上，留下了如今形如马蹄的悬崖，给两岸人民留下了一个神奇美妙的传说。正在河面戏水的哮天犬，见仙马登天，慌乱中顺河上蹿，跌倒在上游西岸的崖壁上吊起，哮天犬脖颈上的乾坤圈弹了出去，变成了南湖上游的罗圈岩。如今悬吊哮天犬的那段悬崖，随着湖水的升降而时隐时现，水位下降时，乘船过此，能触手可及。

从南湖由东折南继续前行，经过一道峡谷口，便进入罗圈岩湖湾。乘船停立湖面中心，前不见入口，后不见出处，崖似圆圈，湖面如镜。置身其中，给人以身临盆地之感。月明风清之夜，星月倒映在湖面上，似乎把整个天宇都装进了湖湾之中。仰面星汉灿烂，俯首静影沉璧。星星点点的渔火点缀其间，让人分不清是天上人间还是人间天上。夜莺和猿猴不时在湖湾四周的山崖间鸣叫，整个湖湾显得更加静谧而幽邃。湖畔两岸地势宽阔，东岸村寨居于悬崖之下，西岸村寨沿坡散居，两岸碧树满湾，绿茵遍地。天朗气清时刻，置身罗圈岩湖湾，令人神清气爽，飘然欲仙。

经过罗圈岩湖湾，就进入了狭长的河谷地带，一直通到清镇市与织金县交界处的凹河大桥东风湖尾水部分，人们称之为"十里三峡"。这段湖域，地图上原名"拿界河"，河谷狭窄，河床幽深，两岸连山，略有缺处，绝壁耸峙的深山河谷，其势雄奇，其境静谧，人若置身于此，定会产生返璞归真、回归大自然之感，纯山纯水纯自然的感觉于此可得到真正的体会。罗圈岩湖湾前约3千米处的河谷西岸，有一处水洞相连的双口洞，一洞较短，称为旱洞，洞内人工垒砌的遗迹和残留的炉灶表明，旱洞是本地先民当年炼硝的场所；一洞较长，称为水洞，水洞之长约为百米，可乘船进入观赏。倒挂在洞顶部的钟乳石参差错落，千姿百态。一根根钟乳石上垂下的滴滴岩浆水，很有节奏地落入洞内水面，犹如大珠小珠落玉盘，发出一阵阵悦耳动听的音乐，不禁感慨此曲只应天上有，人间难有几回闻。当地人说，双口洞外，时有成百只鸳鸯出没。游客若交上好运，还可领略一番成对鸳鸯戏水的情趣。这个双口洞又被人们称为"鸳鸯洞"。

"鸳鸯洞"右侧100米处，有一处呈凸状的水上石壁，壁上岩浆水凝结着成千上万朵钟乳石花，崖隙间杂生着状如盆景树的千百株无名小树，因岩上常年栖息着成千上万只岩燕，当地人称之为"燕子岩"。成群的岩燕不时在翩翩起舞，给寂静的河谷带来了无限生机。不要小看崖壁上那些不到 1 米高的小树，其树龄在千年以上也说不定，称其为"天然盆景博物馆"也不过分。

"鸳鸯洞"左侧百米左右，有一涌如湖水的大坡，形如"猛虎啸川"，坡顶两侧有两座凸起的小山峰，活像猛虎竖立的两只耳朵。前额左右各有一个山洞，深不可测，恰似猛虎的两只眼睛。在虎眼中间那道顺坡而下至于湖滨的石梁，更像猛虎的鼻梁。近湖面处那微昂的小石丘，如同猛虎之口。湖未形成时，这一带河谷深切，水流湍急，澎湃的激流冲击着河中乱礁，随时发出巨大的轰鸣声，仿佛阵阵虎啸。游人过此，会毛骨悚然、不寒而栗。

继续前行，两岸山势越来越险峻，狭窄的河谷，幽深的河床，整个湖面犹如一根长长的碧练。碧练上那两道青山的倒影，又馈赠给人一大奇观。身临其境，会使人产生一种船在水中走，人在天上行的奇妙幻觉。朵朵白云不时从脚下飘过，偶尔一两只山鹰在脚下的天空振翅翱翔，翩然欲仙之感油然而生。清代诗人袁枚乘船游漓江时写下的"分明看见青山顶，船在青山顶上行"，正好是对此情此景的生动写照。船行山移，南湖湖区白猫河段西岸不远处的山湾尽头，呈现出两座正三角形的山峰，大小略等，毗邻相连，双峰拥立，好似古埃及的两座金字塔，给游客平添了几分游趣和神思。

两座"金字塔"前近湖滨处，自下而上罗列着若干个小丘，看上去是由无数个鹅卵石和泥沙混合凝固而成。如茵的绿草覆盖在一座座小山丘上，其势如向湖面奔涌之态，又似"百万雄师过大江"。

小山丘对岸，有一道耸立于湖面的千仞绝壁，约千米之长，崔嵬挺拔，奇险无比。若是泊舟崖底，仰视崖顶必落帽；如是置身崖顶，俯瞰湖面欲断魂。这道绝壁顶上有坪，坪上有岩。崖坪上的山岩下有一天然溶洞，如同一只俯视崖底湖面的大眼。据说是流长苗族乡腰岩村苗族人民民国时期躲避匪患的藏身之处，当地人因其地处高高的悬崖之中，故称其为"高洞"。21 世纪初，贵州电视台《发现贵州》栏目记者陈大会，率贵州洞穴探查俱乐部探险专家，从崖顶处用绳索自上而下进入洞内勘查洞中秘境，据陈大会出洞介绍，当年藏匿洞内的文人墨客，在一形如黄牛的钟乳石上用毛笔写诗一首："怪石巍巍恰似牛，不知饥饿几千秋。风吹遍地毛不动，牧童敲角不回头。"在船上仰视此洞，洞下崖坪绿草如茵，四周绿树掩映。令人心驰神往，却又可望而不可即。

在白猫河段两岸的悬崖峭壁上，生长着百万株叫不出树名的无名小树，依附于崖壁缝隙之间，奇形怪状、千姿百态，有的如"嫦娥奔月"，有的似"仙女散花"，有的像"悟空巡山""观音打坐""八戒托扇""虬龙过江""烟霞满天"……一种树状给人一种神思，一种姿态给人一种遐想。1985 年贵州省第十二次城市市长会议在清镇召开时，我随贵宾们乘船考察东风湖，进入此湖段，个个都对这"天然盆景博物馆"赞不绝口。有关专家说，崖壁这些状如盆景的无名小树，真有巧夺天工之妙。树高哪怕只有一两尺，树龄可能都在千年以上。折下一两枝，你会觉得树枝如钢铁般坚硬。在绝壁上的一些湿润处，偶尔垂于湖面的一丛丛像藤一样的竹子，细如筷子，长有丈许，且能节外生枝，枝枝蔓蔓，妙然生趣。

继续南行，宁静的河谷中传来了不绝于耳的淙淙流水声，循声前去，湖东岸山崖间的洞穴中冲出一股山泉，直泻湖面，回响山谷，人们誉称为"飞瀑流峡"。瀑面虽然只有一线，但终年不息，给平静的河谷平添了几分动态感。"飞瀑流峡"前去不远，东岸兀立着一根高约 10 丈的石笋，翻翘弯曲，状如手指，人们趣称为"仙人指路"。看上去确实在给进入迷途的人们指点迷津。看上去石笋又像长江边巫山之上的"神女峰"，因此人们又把这一湖段称之为"巫峡"。此段河流过去，清镇人称其为朱雀河（织金人说应为"猪桥河"。说过去织金人到清镇境内的流长街上赶场，为撵猪过河到流长去卖，就在河中礁石间搭上木质坚硬的青冈树当作桥梁过河，久而久之，便称为"猪桥河"，是清镇人认为河名不雅，才改称为"朱雀河"的）。

在与"仙人指路"紧邻的左下侧处，湖东岸崖壁间出现一大裂缝。湖水还未上升时，其下有一名叫"鲁纳"的大石洞。传说吴王剿水西时，曾在这一带激战过。当地的苗族人民因为吴三桂大兵压境，便聚众躲避在鲁纳大洞内，以为能幸免于难。殊不知吴三桂率兵围攻数日不克，便命部属堵截洞右侧下游狭窄处河流，引水淹洞，结果一万多生灵竟被涨进洞内的河水活活淹死。因此"鲁纳大洞"又被后人称为"万人殉葬洞"。

泛舟到清镇市与织金县交界处的东风湖凹河尾水部分，东岸地形继续保持陡峭之势，西岸地形一道绝壁在凹河山寨之前戛然而止后便呈开阔之势。西岸崔嵬耸立的悬崖之下，兀立着一根石笋，高约 10 丈，形如一根巨型蜡烛，其上部边缘似有旁溢"烛液"在流淌。"烛芯"呈偏斜状，像被大风所吹歪。顺凹河而上东风湖，"蜡烛石笋"在左，"仙人指路"在右，如同一位神仙左手持烛，右手指点人们顺河而下，通往山外去领略五彩缤纷的大千世界。

凹河一带的地形地貌充满神奇迷幻，取名凹河，确也名副其实。东风湖尾水部分的凹河大桥上游峭壁对峙的两座山峰隔河耸立，与其身侧的山崖合为一体，看上去像一个大大的"凹"字，形状十分逼真。

在凹河一带，当地人流传着一则美妙的神话故事。相传鲁班大师携妹云游至此，见凹河和下游的鸭池河一带都无桥梁，不忍看见人们因冒险泅渡而丧失性命，便决定在凹河和鸭池河处分别建造一座桥梁。兄妹俩相互打赌，决定在一夜之间，鲁班在鸭池河河尾，其妹在凹河各造一座石桥。鲁班大师为人耿直、朴实，且心灵手巧，经他之手建造的各种建筑物，堪称精美绝伦。决定做出之后，鲁班便挥舞神斧，在鸭池河河尾处崖壁上劈下一块块巨石，用神钻凿得平平整整、方方正正，并凿出道道花纹，眼看桥石已经备齐，正要施行仙术架搭石桥，只听得天鸡报晓，鲁班大师只好腾云而去。原来报晓时辰并未到点，而是其妹从中作怪所致。其妹为人刁钻古怪，且爱投机取巧。她因为偷懒，便把如今两座山峰拉扯在一起，毛毛糙糙地搭了一座桥，便溜到织金打鸡洞与其他仙人饮酒对弈，又怕兄长鲁班搭出精雕细刻的石桥而抢了头功，便命仙鸡飞到鸭池河上空啼鸣，致使鲁班上当受骗而未修成石桥。鲁班妹妹的作弊行为，被寨一旁观弈的南极仙翁发现，极为不平，趁下弈的人们不注意，便驾祥云到凹河上空扯开了搭成石桥的两座山峰。如今对峙的两座山峰都呈勾头之状。鲁班大师回到织金打鸡洞，天并未明，方知上当受骗，抓住天鸡猛打一顿，又狠狠教训妹妹的奸诈行为。仙鸡助纣为虐，仙人们命它永驻织金洞内为人间报晓执勤，永远不得返回天庭。织金县打鸡洞的名称因此而得。如今的鸭池河河尾处，那一块块重约百吨的巨型条石，钻纹犹在，传说是当年鲁班大师建桥所遗留。其实是清朝道光年间黔西县一梅姓盐商为畅通黔西北地区到黔中地区的运盐通道，耗资银两无数修造鸭池河大桥，不知何故桥未建成所遗留。当地人不知造桥过程，看到悬崖下堆起的无数坨大石磴而编出了仙人搭桥的故事。游客若感兴趣，可到黔西市大关镇丘林村的悬崖之下一睹成堆的大石磴，去分析桥未建成的原因。

仙人们的理想虽未实现，而人民的理想却变成了现实。而今的凹河大桥和鸭池河大桥早已建成，人民誉称为"姊妹桥"。凹河大桥原是一座石拱桥，因担心洪水浸渍而垮塌，又在下游不远处新建一座雄伟壮观的钢筋混凝结构的双曲拱桥。桥面两侧栏杆设计有规则的几何花纹图案，与老石桥毗邻相望，交相辉映。传统文化与现代文明竟如此巧妙地结合在一起，再辅之以桥后"凹"字形的对峙山峰，给东风湖尾水部分平添了一幅"凹字千年气势雄，古河万载遇东风。山水桥路联一体，柳暗花明景无穷"的别致风光图。

地灵人杰风字岩

苟朝忠

新店镇风字岩村，因地形状如"风"字而得名。"风"字顶部是一座高山，山下是住有数十户人家的寨子。寨子两边两座山，如"风"字两边形状向远处延伸。这里是清代广州知府、抗英民族英雄郭超凡的出生地。如今郭超凡的故居保存完好，还有残存的寨子石砌围墙、石朝门、斗杆石夹耳、郭氏宗祠遗址。

清乾隆年间，郭家寨（今新店镇桃子坝村）郭氏族人丁兴旺，部分族人需要外迁。郭子斑令其子郭震远（宏声）选址建房。郭震远遵父之命，选址于离郭家寨两里外的风字岩。郭子斑以风字岩不如其旁边的石家寨好为由，欲寻选址石家寨。父子各执己见，几经占卜问卦，亲友劝解，郭震远托亲戚向父请罪，恳求其父前往视察。其父终于亲赴风字岩，一看之后不觉大惊，高兴地说："震远这孩子大有眼力，我当初认为这地方是一片僻壤。获此佳址，发祥必矣。"遂同意选址风字岩。郭震远在风字岩筑基建房。建了一座木柱高架青瓦房，有正房、左右厢房、石院墙、石朝门、石院坝的四合院。正房为传统的五柱二爪、七头、二层，大块镶嵌的杉木或梓木板墙体，青瓦顶。青石条垒砌地基。正门口三级条石阶梯至屋檐，堂屋门前有石面厅口。厅口两边的两根木柱是边长尺许的正方形柱子，柱下垫雕龙刻凤的圆形石礅。

举家迁居风字岩不久，郭震远便周游四方，从事贸易，数年后归乡。他尊师重学，教育子孙以读书为务。郭震远生有五子二女，次子郭延琏幼时聪颖，喜读书，尤喜涉猎古今纪传。嘉庆四年（1799年）八月二十日，延琏喜得贵子，长子郭永焜（郭超凡）在风字岩新宅出生。永焜聪明过人，15岁时，已通读《十三经》兼及子史诸书。他无书不读，目观双行。睡时假寐，默读诗书。写文章时，虽有鼓乐喧闹，却置若罔闻。后在中四（今犁倭中四）学者徐广文门下求学。徐广文门下英才甚盛，每当检试，永焜常列第一。塾规很严，不许私读他书，他偶获金批《三国志》，高兴地藏匿在粮仓里读，不久便能传诵。17 岁时，徐广文屡批他的诗文，十分赞赏，认为不同凡响，为他命名"超凡"。道光五年（1825 年），超凡中举，十五年成进士。十六年春选任兴义府教授。任兴义府教授六年，与士林交友甚广，礼部侍郎、内阁学士景其浚，两广总督张之洞，均为超凡门下士。超凡科举中功名后，族人按规矩在郭氏宗祠前竖立斗杆。现寨中还留存几块形状如耳的石条，当地人称为"夹耳"，其用途是斗杆的夹石。斗杆，是封建社会科举功名的象征。斗杆的基本形式是在地面竖立高杆，在高杆上套一斗。斗杆一般由杆础座、斗杆夹石、杆柱、斗顶等部件构成。斗杆的顶部雕成笔峰。斗杆尖头，表明主人是读书的文进士。斗杆选用十几米高的木，下半部开凿有两个孔，与斗杆夹石的孔相一致，用硬质杂木做成的销将斗杆与斗杆夹石连接起来。科举考试中，考上可以入国子监深造的贡生或副贡，官方资助的秀才都可以立旗杆，但旗杆上不得安装斗。乡试中，考中举人者可以立斗杆，杆上有一个斗。殿试中，考中进士者可以立两个斗的斗杆。斗下夹耳下部埋入地下，露出地面部分各开两个通孔，两条斗杆夹石相距尺许，以使斗在杆上更加稳固。立斗杆，先请石匠做斗杆夹耳，木匠做斗杆。撑斗杆时，吹奏唢呐、鞭炮齐响，宴请官员、嘉宾、族老、亲友，十分庄重和热闹。斗杆不仅是功名和社会地位的象征，更是后人学习的榜样，激励后人积极进取。

郭超凡先后任广东大埔县、饶平县、东莞县、香山县知县，广州知府等职，被百姓称为"青天"，饶平民众为其建立思德政等碑。在香山任上，发生亚玛勒事件，他率军驰入前山，对来犯的葡萄牙军予以痛击。一旬之中，打了七仗，杀伤大批葡萄牙军，令葡萄牙军胆寒，解了前山之围，扬了国威。任广州知府时，英军借"亚罗号"事件发动第二次鸦片战争，英军直通广州城。郭超凡面对强敌进攻，毫无惧色，亲率军民奋起反击，战斗持续一个多月。咸丰八年（1858 年）五月三十日，超凡辞世，享年 59 岁。超凡死后，清廷赐予"太仆卿"衔。

如今，风字岩村还保存有一幢清代建筑老宅，它就是郭超凡的出生之地。郭震远眼力的确不错，当年选择的风字岩确实是地灵人杰的发祥佳址，孕育了郭超凡这个文武双全的民族英雄。

郭家祠堂边的故事

苟朝忠

清镇市新店镇桃子坝村有一个地名叫祠堂边，因明末镇西卫指挥使郭维垣后人于民国5年（1916年）创修"郭氏祠堂"而得名。

明崇祯三年（1630年），贵州宣慰同知安邦彦（水西土司贵州宣慰使安位的叔父）被斩后，安位献出水外六目。贵州巡抚朱燮元以"水外六目"地之六慕则溪置镇西卫，镇西卫北领赫声（今茶店）、东领威武（今甘沟老城）、南领柔远（今平坝区齐伯房）、西领定南（今普定）守御千户所。并在沿河（今鸭池河）要隘筑城，列兵据守。朱燮元将平越卫（今福泉）指挥使郭维垣调任镇西卫指挥使。后郭维垣调征乌江，奋勇尽职阵亡，遗骸葬于今卫城南门外三台山。其长子郭镇疆、次子郭镇靖均年幼，未获世袭镇西卫指挥使职。后由镇西卫移居至郭维垣所受酬功地洛阳（现清镇市王庄乡潘阳村）岩脚寨居住。郭姓后嗣愈繁，分迁各处，郭镇靖迁居郭家寨（今祠堂边）。郭氏后裔繁衍到百户，似一个小集市，每天可卖两案（头）猪肉，十分繁荣，热闹非凡。于是，人们便把这个地方叫作"郭家寨"。

随着郭家寨郭姓人家的繁荣，人口增多，部分人家迁居到二里外的风字岩居住。因地形如"风"字，故名风字岩。第二次鸦片战争时期，广州知府、民族英雄郭超凡就出生于风字岩。民国5年（1916年），经郭超凡长子郭中义等倡议，郭氏后裔在郭家寨创修郭氏宗祠，人们便把郭家寨改称"祠堂边"，这个地名一直延续至今。郭氏宗祠现已荡然无存，在祠堂的地基上立有创修祠堂碑，至今保存完好。抄录于后：

创修郭氏宗祠及祭产序

祠堂者，敬宗者也。祭祀者，迢远者也。无以安先灵，无与则无以，并悠久二者交相，维系不偏废。郭氏自明代维垣公从征入野，因受酬功田土爰世于兹已十二世，历年三百有余。前清，同治苗逆扰乱，合族逃亡，所存者十之一二。承平后，族人渐次来归，心伤先灵之把。幸赖中义公并中俊公与轩等倡建宗祠，合族乐从。中义公乃首捐园地作祠基，修正房五间，左右房各一间，至己卯年落成，费公款百余金。于是昭穆考妣始得其所。春季秋尝始有专归，然祠地有着而祠祭无资。终于礼有关，轩乃建议将族中捐入田土变价另置，合滥木桥争田道业，共收花作烝尝之用。从明裡百代，俎豆千秋，愿后世代有达人保存无替，以仰体创建之苦心，而率循宗族之典礼，即光荣不朽矣。是为序。

中华民国五年岁次丙辰春上浣合族公立

九世孙（郭）世轩谨撰

十世孙（郭）惠观敬书

祠堂边轿子山上，有郭镇靖墓，其五世孙、时任香山知县郭超凡于道光二十九年（1849 年）十二月重新修理，有碑志、联额、华表，保存完好。墓对："三卫传宗流芳百世，一家共祖繁衍千秋。"郭镇靖墓旁不远处葬有郭维垣第七世孙、台湾作家郭冠英祖父郭智观。郭冠英父亲郭海之曾回乡探亲祭祖。郭冠英，台湾作家，笔名"范兰钦"，人称"郭才子"。曾经任职过台湾中视新闻部编译、制作人与联合报专栏组记者。长期研究撰写张学良历史文学，1984 年，郭冠英进入行政院新闻局，担任电视纪录片《世纪行过——张学良传》的制作人。新闻局驻多伦多新闻组组长。长期以化名"范兰钦"在网络上发表"台湾不是国家""台湾是叛逆的一省""我们是高级的外省人"等言词。台湾当局认为郭冠英言辞过于"偏激"，予以革职。

老班寨石碉

苟朝忠

老班寨是原清镇市新店镇的一个行政村，现合并至桃子坝村。寨子坐北朝南，依坡而建，从坡脚建到坡顶。大多数房屋原来都是木架板壁瓦房，石条地基、石板院坝、石墙朝门。顺坡而上是石梯路，路两侧是屋基石保坎或院坝石围墙。从下往上，在离坡顶不远处，有一座至今保存完好的石碉。这座石碉有许多鲜为人知的故事。

这是当地大户人家、武秀才郭礼观（仪臣）为了保管金银财宝，防范土匪抢掠而修建的，民国37年（1948年）竣工。石碉高10多米，三层楼，每层四面有窗、有枪眼，枪眼内大外小。一楼修有一暗道通往屋外，作紧急情况躲、逃之用。一楼仅留门一道，用5寸厚的梓木方做成。门两边条石上阴刻的隶书对联"绵世泽莫如积德，振家声还是读书"是卫城的文秀才郭熙桥撰书。郭仪臣与郭熙桥是族中弟兄，一个是文秀才，一个是武秀才，文武相轻。因此，有人说这副对联是郭熙桥为调侃武秀才郭仪臣而撰。

在建造石碉的那个年代，没有载重汽车，没有起重吊车，重达数吨的长条巨石究竟是如何开采、运输，怎样安装上去的呢？

在石碉后面坡顶上，是一片青石山，每层石块厚一两尺，是建造石碉的上等石材，工匠们便在这里开山采石。为了使开采出来的石材成块，工匠们便在石板上画条线，用钻子在线上打若干个石眼，然后加入铁销子，同时用铁锤猛打铁销，石头沿线崩裂，形成条形毛石礅，经过工匠角尺钻纹，于是建碉石条便打制成了。若遇石层厚，打石眼，加铁销开采不了的怎么办？工匠们想了一个办法，在石板上画一长直线，沿直线用钻子打石槽，石槽的深度根据石板的厚度而定，将干透的木方打入石槽中，用水将干木方泡涨，泡涨后的木方产生扩张力，把巨石崩裂，便可打制石条了。

采石场到建碉处是顺坡而下，不足一里远，工匠们采用滑板运送石料。在采石场至建碉场地之间开条弧形的沟，在沟里放上黄泥土，拍紧压实，在沟里洒上水。用一块弧形木板，前后两端和中间各钉一木桩或铁钉，系上绳索。将巨石放在木板上，多人站在木板的两边，拉住绳索，使滑板滑动。这是运用惯性、减小摩擦原理短途运输巨石。石料运来后，要将石条一块一块地砌成一座拔地而起的石碉，在低矮处还好施工，到了高处，要想把数吨重的石条安装上去，难度可想而知。于是工匠们又想了一个办法，在碉的四周堆土，每砌一层石条，就堆一层泥土，碉有多高，四周的泥土就堆多高，碉的石墙砌完时，整座碉被埋在状如小山的土山中。石碉的后面是一高坎，左右两边与地基水平，可前面是一个斜坡，堆填泥土工程量之大，可想而知。每天挖运泥土的数百人，吃饭时要摆数十桌。工地上人挖、马驮、牛运，一派繁忙。

每堆填一层泥土，碉的主人就在泥土里撒些碎银。当时人们只认为主人家有钱，却不明白是什么意思。石碉竣工时，主人宣布，我撒在泥土里的白银，大家去挖，谁挖到是谁的。于是人们争抢着挖，不几天工夫，一座小土山被夷为平地，一座壮观的石碉耸立在老班寨半坡上。

石碉修好时，清镇即将解放。解放后，石碉收归集体所有，曾用作办公室，后来又用作老班寨小学的教室，我童年时还在碉里读过书。后来，这座石碉被当地村民郭英鹏买了下来，保存完整。

鸭池古渡老街①

苟朝忠

鸭池一名，历史悠久。《大定府志》记载："鸭池河，名鸭齿，亦曰甲池，元史地理志之鸭水也。北岸石壁若城，东西数里旷色皆类赭。南岸土山，层叠而上，高可五六里，颇有竹林，即旧时之竹子岭。夷语不正竹易为'甲，子'易为'池'，故呼'甲池'。甲池递化为'鸭水'，后演变为鸭池。"沿河一些地方，因鸭池河而得名，皆以鸭池冠名，其渡口名为鸭池河渡口、其汛名为鸭池汛、其村名为鸭池河村、其街名为鸭池老街。

鸭池河位于乌江中游，是清镇市与黔西县的分界河，是进入黔西县东南面的一道天然屏障。鸭池河渡口，是黔西北数县通往贵阳的唯一渡口，沿河两岸山高林密，山崖峥嵘陡峭，高处达数十丈，低处亦有数丈之多。河流曲折于陡壁之下，回旋于峻岭之间，急流滚滚，处处惊险，堪称天堑，插翅难飞。清乾隆年间诗人赵翼《鸭池河》曰："鸭池两岸陡如山，千仞悬崖斧劈痕。绝似巨灵高掌力，分开太华放河奔。"旧时来往车辆行人，全靠木船摆渡。从渡口到北面的山顶上有大关、小关两个隘口，上山小路如登天梯，大路曲折盘旋，可谓一夫当关，万夫莫开。据《黔西县志》记载：清道光年间，一贩卖川盐的梅姓富商耗白银若干，雇人花了数年时间，打造数百块大石磴，想在鸭池河上架桥，但是，终未成功。现在，鸭池河渡口下游河尾处的悬崖下仍留有若干块大石磴。其实，鸭池河上曾修建过一座铁索桥，是清镇至毕节驿道上的重要桥梁，但在咸丰八年（1858 年）就毁坏了，其后无力再建，便改用滑索迁渡。1934 年，清毕路通车，鸭池河改为公路渡口，以木船维持交通，这也成为贵州最早的汽车渡。

鸭池渡口老街兴衰随着鸭池河交通条件变化而变化。经历了滑索迁渡、木船摆

---

① 红军长征过清镇的另一种说法。

渡、古渡遗址的巨变。

鸭池街曾经是商业繁荣之地，历史悠久，故名鸭池老街，有"小荆州"之称。康熙五十年（1711年），鸭池河课税，年征盐税银712两。至乾隆年间，鸭池河年课税银1366两。道光二十年（1840年），鸭池河始设盐号，布号、花行增多，商业繁荣。至清道光、咸丰年间，鸭池河有花行2家、盐行3家、布匹行5家，成为川盐在清镇的集散地。民国时期，近1里长的老街上，居住100多户人家全部经商做生意，无一户耕田种地。林万和家开的马店还附设旅馆和饭馆，规模大。还有董家、柯家、张家、冉家都开马店，只是规模不等。1934年，清毕路通车，鸭池河改为公路渡口，以木船维持交通，这也成为贵州最早的汽车渡。但每至夏秋时节，常因洪水为患，时阻交通。1958年鸭池河吊桥建成通车前，鸭池河两岸有多户人家以划船为生，凡汽车、马车过河，船工们就用大木船装载车辆，将其渡到河对岸。一只大船可载一辆大货车和两辆小汽车。速度很慢，有时河这边的车辆要堵到老街后面的方家寨，河对岸的车辆要堵到韦家寨。白天不能渡的，晚上还得在老街住下来。这就给开马店、饭馆和旅店的人家带来了生意。老街分上街和下街。上半街的李姓等人家主要经营食盐和布匹，张姓等人家主要开酒坊做酒生意。下半街兰姓、林姓、董姓、张姓、冉姓、龚姓等人家，主要开马店、旅馆和饭馆，有的人家还经营摆渡生意。老街集市，赶甲子场，每隔6天赶一场。最热闹时，四乡八里的人们聚集街上进行物资交换，鼎沸的人声响彻河谷。

在鸭池街流传一首顺口溜："鸭池街，扁担长，街道干净净，住房亮堂堂。男人好侠义，女子尚善良。父母善经商，子女进学堂。果蔬遍山野，地下埋宝藏。冬暖无雪雨，人间小天堂。"真实地反映了鸭池老街曾经的辉煌。1936年2月1日，红二、红六军团派遣六师为先导，从修文奔袭镇西卫，抢占鸭池河渡口，并抽调120名侦察员，组成精锐的侦察队，担任先锋。侦察队到达镇西卫后，冒着毛毛细雨，连夜向鸭池河兼程挺进。侦察队由王绍南队长率领，一人一支手枪、一把电筒，一路急行军，到茶店时刚刚清晨。侦察队冲进关帝庙内，俘虏了还在睡大觉的敌保安团六七十人，令敌头目带路，速奔鸭池河老街渡口，途中发现敌人碉堡内无一兵守护，便放火将敌碉烧毁，碉内着火，浓烟顿起。侦察队到达河边渡口，时值上午10时许，河对岸的守敌早已逃得无影无踪，只剩船泊在岸边。于是红军向对岸喊话。贫家人，把船划过来，我们红军是干人的队伍。当时的鸭池河渡口仅有大小木船4只，大船系车船和盐船，一次能渡二三十人。待小船划到南岸后，侦察队员即上船渡河，控制了渡口。这时紧随侦察队的六师到达鸭池河边，4只船便一起轮番摆渡。午后，五师十七团相继赶到，仅靠4只船部队不能及时渡河。于是红军找当地熟悉河道水性的船工张海清、郭忠华、王成栋等商量后，决定在渡口两岸的昌茂石、羊舔石之间架浮桥。部队首先将董醒吾家的备用电话线缴来，拧成缆绳，拴在河北岸的昌茂石和南岸的羊舔石上，用现有的 4 只船一字儿摆开，彼此扣稳，并固定在横跨两岸的铁索上，然后拆来董醒吾、杨冰儒两家楼房的木料和向群众借的门板、木方等，突击搭浮桥。军民合作，不到 3 个小时，就在鸭池河渡口搭好了一座长 100 多米，宽近 2 米的浮桥。

2 月 2 日中午，贺龙率红二军团进驻卫城，下午，萧克率红六军团到达。2 月 3 日中午，贺龙、萧克率军到达鸭池河渡口，按先红二军团，后红六军团的顺序渡河。当红六军团还有两个师准备过河时，国民党五十九师三十五团追到，接着，九十九师和二十三师的先头部队也赶到。这时，过河的红军借北岸有利地形，组织火力，掩护两个师渡河后，将浮桥拆毁，封锁河面，阻击敌人。红二、红六军团主力顺利通过鸭池河后，留下十六师五十三团二营，在老街挨家挨户查问，还清借用物资，赔偿损失，付给参加搭桥民工的报酬，给老百姓打扫庭院，挑水装满水缸。敌五十九师三十五团、九十九师、二十三师因不了解情况，不敢贸然下坡，只在坡上开枪。二营营长赖春风带领最后一批红军战士划船离开鸭池河南岸。

1958 年 7 月 1 日，鸭池河吊桥建成通车后，鸭池渡口老街开始衰落，鸭池渡口便成了古渡遗址。

自从鸭池河上修起了大桥，车辆行人不再船渡，渡口停用，虽然老街萧条，但船夫不再摇船渡人，行人也不再有落水危险；自从水库大坝建好，鸭池河告别了洪灾，村民和往来行人得了平安，鸭池一带百姓富裕起来了。

老街旧闻

董体坤

民国时期，在我很小的时候，听老人们摆龙门阵，说鸭池河从前闹热得很，住家户多，寺庙多，来往行人多，有客栈、餐馆、酒馆、茶馆、烟馆、绸缎铺，还有唱戏的。公路从街中间修通后，清镇到黔西的汽车都需要经过鸭池河渡口，来往的行人更多，加上办有学校，更加热闹。

鸭池河水码头早已名声在外，随着岁月的流逝已经成为历史。经过很多年后，今天成为古渡口。

鸭池河古渡口，地处清镇市新店镇茶店村至黔西市大关镇丘林村滥泥沟古驿道上。所有来往人员，需要过河，都必须在此乘船。

鸭池河的所有渡船由清毕公路船渡管理所管理，停靠在黔西一侧，夜间禁渡。邮差夜间必须过河时，用船接送。

公路通车后，冬季水面较窄，水流不太急，如遇车辆多的时候，将渡船上舵杆从后中部移到边部，一次可载两辆汽车过河。涨水季节，渡船占用的时间较多，两岸集结人员只好耐心等待。

抗日战争时期，流动人员较多，等船过渡的人多，为了疏散人员，在渡口下边搭一座木桥应急，让滞留人员快速过河。

生意人各有特点，下街占地利条件，公路两侧较宽一些，司乘人员就近停车吃饭也方便，所以下街的生意较好。另有两种情况是生意人共有的：一种吃出进的，就是住宿一夜，早晚各吃一餐；另一种是歇干号的，只住宿一夜不吃饭。除此之外，还有卖冒儿头的。就是用一个小碗装好饭，用一个马蹄碗扣在装饭的小碗上面后，翻过来将马蹄碗平放在桌面上，将小碗揭开，装在马蹄碗中的饭高出碗沿，看起来有点像小儿的光头。吃泡菜和炒熟的豆类下饭。按每一碗计价。

不同的行业住宿成了规律：卖鹅、鸭、蛋的习惯住在上街；赶牲畜卖的住下街；

赶马车的住下街或中街。

长期经营的有米、苞谷、油、盐、酒、香烟、叶子烟、纸张、蜡烛、鞭炮、豆制品等。

鸭池河老街有赶场的习惯，六天赶一场。有粮食、布匹、油、盐、酱、醋、茶、酒、肉、鸡、鸭、糕点、小吃等交易，各取所需，交易有付现或赊账。场期是茶店、条子场之后，赶滥泥沟的前一天。

鸭池河盛产水果，品种有：樱桃、枇杷、李子、桃子、花红、梨子、柑子、柚子等。李子中的酥李最有名，很受住户和过路人的喜爱。吃酥李时，会发现内部顶上是空的，还有像油脂一样的东西，听老人说那是养人的，未做化验，难以证实。

鸭池河有中医、西医、木匠、石匠、铁匠、裁缝，还有理发的、做道场的、吹唢呐的、抬滑竿的，下力人基本上都有。

鸭池河的青少年喜欢下河游泳，从几岁时就开始在河里学习，初学狗刨式，熟练后再自由式、仰泳。老人们常说，欺山不要欺水。对面小关坡虽高，爬坡时爬累了可以歇气，总会爬到上面的；在河里游水没有气力时，也许就会被淹死。有一个被淹死的外地人，是因为一段小插曲：贵阳到黔西客车上的乘客等船过渡时，乘客中有一人说："谁能游得过去？"有一个人说："游得过去你赌啥子？"前者说："谁游得过去，到黔西我请吃饭。"后者立即下河，游到河的弯道时靠不了边，最终死于河中。据说鸭池河有一位游泳高手叫易志远，涨大水时可以从河南岸游到河北岸去。

鸭池河小学开始建校时我还没有出生。校址是下街文昌阁前面，左右各建一栋房子。两栋房子的中间有一个土坝，靠河一边的房子两头各有一间用来教师休息，靠公路边的一栋，挡头是进出学校的通道，另一头是办公室。

后来在文昌阁对面建一栋两层楼的木结构房子，有三间，上面是教师休息和办公的地方，下面三间中间是礼堂，两头各一间分别为五年级和六年级。至此，"鸭池河小学"改成"鸭池乡中心小学"。

我开始读书的时候，校长是谢宗彝。老师给我们上游戏课时，唱歌的时候，身子必须跟着游戏舞动配合。歌词大概是：排排坐，吃果果，大家听着我，天一亮，起身早，学体操，身体好……另外一首歌词是：向前走，别退后，生死已到最后关头，拿我们的血和肉，去拼掉敌人的头。

赖才澄任校长时，将文昌阁右边一间空房打扫干净，让毕业班的夜间住宿，以便辅导，提高毕业班的升学率。对学习成绩突出的学生，有的破格连升两级。

朱九龄任督导组长兼鸭池乡中心小学校长时，他没有任课，但学校内的大事小事他要管。有一天，他知道有一个学生睡懒觉没有到学校上课，让学生带他找到这个学生家中，用鞭子将这个学生打起来后，带到学校上课，警告其他学生不要迟到、早退。他在任期间，学生较多。学校开展过话剧演出。在此期间，鸭池乡公所曾经由茶店搬到鸭池河街口关帝庙办公，后迁回茶店。

伍叔春任校长时，是抗日战争最紧急的时期，到校学生不多。那是1944年，小学毕业班的学生只有6个人，他们是柯益发、巫明全、董体坤、方永胜、杨秀林、金汝恒。

鸭池河小学的生源，街上的学生占主要部分，其次是来自各个地方。离校两公里左右有田上、半坡、方家寨、周家田坝、李家湾、戴家沟、曾家寨等，较远的有上归宗、下归宗、滴水岩、二岩、茶店、大麻窝、田坎寨、椒园、滥田冲、朱家岩等地。

在鸭池河小学教过书的老师们，把知识无私地传递给学生，我是受益人之一，我感谢他们，怀念他们，永远记住他们！

国民党中央防空学校第三连驻鸭池河小学，时间是1943—1945年。有连长、排长、学员。驻地是禁区，任何人不准进入。在学校楼房后面修一栋房子作后勤之用，在学校球场边修有沙坑，安装木马，作锻炼身体之用。在河对面沙坝的一块石头上方，用石灰画一个靶心，进行射击训练。1945年8月，日本宣告无条件投降，中国取得抗日战争的伟大胜利。9月3日，鸭池乡在鸭池河街口关帝庙的操场上，举行抗日胜利大会时，第三连也参加庆祝活动。鸣炮时，第三连人员用高射机枪向河北岸方家大岩射击，庆祝大会胜利结束。

作者简介

　　董体坤，新店镇鸭池河村人，现居遵义。

穿越时光的鸭池河码头文化

莫之贵

大自然形成的河流山川，以荡漾的丽水，刀砍斧削的山峰，无声无息地表达着时光的流逝，鸭池河就是黔中的典型代表。

鸭池河，彝语为"欧茨液"，寓意"乌江干流之一段"。它从远古一路走来，大地之子在它的庇护下，繁衍生息，它的乳汁哺育了一代又一代鸭池河人。

鸭池河老街呈缓坡状，顺山脚延伸至鸭池河南岸，是历代兵家必争之地，南面隶属清镇市，北面为黔西市。

古代，这里的先人们制造木船，在河流上摆渡，迎来送往四川、云南、黔大毕的马帮、背夫、行人。久而久之成为名副其实的水码头。

古朴的农舍在这里的码头边依山而建，外地富商大贾也重金在这里置业，一条街道在这里逐日呈现。马厩、旅馆、学社、饮食、香火、针筒麻线、绸缎、盐巴等一应俱全，江湖浪子、贩夫走卒、士农工商往返于此，坐商行商，门庭若市。

据《清镇县志》记载："康熙三十年（1691 年），鸭池河年增盐税银 712 两"，"乾隆二十七年（1762 年），鸭池河年得税银 1366 两"，"道光二十年（1840 年），鸭池河始创盐号、布号，花行增多，商业繁荣"。鸭池河老街，在黔中地区名噪一时，有"小荆州"之称。

鸭池河的地理环境造就文化特色，在这相对封闭的地域内，产生了独特的码头文化。

码头文化带动了产业兴旺，从晚清、民国到新中国成立，形成了集市。新中国成立后，国家对工商业者进行社会主义改造。新的人民政权成立，政治、经济、文化随之转移，昔时的市场一步步趋向凋零。

穷则思变，失去收入的人们，总要想办法弥补，鸭池河大面积盛产煤炭，人们开洞竖窑，挖煤卖给周边村寨做烧火煤。随着时间的推移，进入 20 世纪 60 年代，国家一大批工矿企业进驻清镇境内，鸭池河煤炭俏起来了。清镇县内外到鸭池河运煤的车辆川流不息。

煤炭开采也给社会带来了一定负面影响，安全隐患、破坏生态、农田农房被毁坏等，引起政府重视，至 20 世纪 90 年代，政府采取整改、关闭措施，甚至取消。

党的十八大以后，国家实施了脱贫攻坚战略，农村调整产业结构，鸭池河人民在党和政府领导下，找准发展路子，种植精品水果，早熟蔬菜达 2500 余亩，截至 2020 年年底，集体经济收入达 40000 元，人家收入达 12000 余元。

具有厚重红色文化的鸭池河，历史上发生过几次有记载的兵家之战，《清镇县志》记载："嘉庆二年（1797 年），鸭池河一带布依人民响应南笼府（现安龙县）南乡洞洒布依族女子王囊仙领导的布依人民起义"，推动了历史的前进。

1936 年 1 月 30 日，红军从北面绕过贵阳，进占新场百宜，为了迷惑敌人，兵分三路朝贵阳、息烽、修文方向前进，在贵阳附近的新堡，贺龙传令："后卫变前卫，目标镇西卫"，兵锋直指鸭池河。

2 月 1 日，红二、红六军团进入镇西卫前夕，总参谋处在修文抽调精兵 120 人组成一支精锐的侦察队，在王绍南的率领下，兵分两路，一路沿清毕公路直下鸭池河，于 2 月 2 日凌晨 4 时控制了鸭池河；另外一路从新店右翼直插韩家坝，经过铁索屯，取道陇上渡口，迂回滥泥沟敌后方，配合南岸夹击敌人。鸭池河北岸的滥泥沟，驻有守敌盐防军和团防军 300 多人，主要兵力分别把守大关、小关要隘，10 多人驻守鸭池河控制渡口。

2 月 2 日，红军主力在侦察队配合下，击溃守军，顺利控制渡口，取得战斗胜利，次日顺利渡过鸭池河。鸭池河战役胜利为红二、红六军团挺进黔大毕，创建革命根据地，实施战略转移，奠定了基础。

1949 年 11 月 15 日，清镇县解放。16 日，解放军大部队奉命奔赴鸭池河及老街渡口，拟围剿盘踞在鸭池河两岸的国民党残余部队，并渡过鸭池河，解放黔西。敌军把船只集中北岸，计划放火烧掉，烧老街，不给解放军留下栖身之地。敌军留下一个班，蹲守纵火燃烧物。解放军趁夜赶到鸭池河老街，在当地群众的配合下，活捉了敌军放火班。由于解放军兵贵神速，拯救了老街的古建民宅。

鸭池河码头历经沧桑岁月，今天的鸭池河人民，在党和政府的领导下，如火如荼地推进乡村振兴建设。

据介绍："依据鸭池河村红色文化为主线，致力于打造古渡口开发，以红军强渡鸭池河天险为核心，讲好鸭池河边的故事，创建红色教育培训基地，建设沿河景观带，设置旅游配套设施，形成红色旅游、红色文创文化体验、休闲观光、民俗餐饮一体、码头文化、红色文化主题村。"

鸭池河在以红色文化、码头文化为载体，传统文化、民俗文化、商贸文化为内涵，以"只争朝夕"的精神，撸起袖子加油干，一个富美、祥和、幸福的新鸭池河将展示在世人面前。

作者简介

莫之贵，男，汉族，中专文化，中共党员，1953 年 9 月出生，清镇市卫城镇退休干部。曾参与续修清镇市志，政区大典清镇卷卫城篇，卫城镇志撰稿。现任清镇市红色文化研究会会长、清镇市作家协会会员。

风土人情

"三学"铸就求学梦

韦忠琪

1940年，我出生于清镇县新店镇岩湾村韦家寨一个普通的农民家庭。至今，我已80多岁了，但那些读书求学的岁月却记忆犹新，令人难忘。

私学发蒙，开启人生学习之路。1946年春天，父母送我进入韦家寨私塾学堂读书。那一年，我6岁。因家庭经济原因，兄妹6人中，只有大哥和我能进学堂，我是幸运儿。但好景不长，到1947年年初，我父亲因伤寒病去世，母亲无可奈何，只好让大哥停学，保证我能继续就读。1949年11月，鸭池河解放战斗打响，学堂停办，学生停学。至此，我已读了4年私学，读完"四书"，并开始学习《诗经》。1950年年初，社会秩序稍稳定，杨顺昌先生邀约部分学生在我家里办私学，我又复读。后因土匪猖獗，杨先生只好将学堂搬到鸭池河老街他自家房内，在解放军的保护下，相对安全。杨先生是鸭池河有名的秀才，书法水平高。他手把手教我书法，倍感荣幸。但是，他却要求我从头开始，一笔一画操练，扎实练好基本功。当时，自己认为，本人具有4年的书法基础，书法水平超过许多同学，有些不以为然。不久，书法长进，就佩服杨先生了。尤其是他的告诫，终生难忘：写字要正，读书要明；写字正者，为人正也；读书明者，做事明也。从此，我学习书法，做人做事都按照"正"的标准，严格要求自己，终身不忘杨老先生的教诲。5年私学，为此后的学习奠定了坚实基础。

如果把县学、义学、私塾称为老学、私学的话，相对来说，学校教育被人们习惯称为"新学"。我的新学，多次停学，艰难曲折。1951年，农会聘请一位李老师在韦家寨举办村级小学，我又再次复学。李老师教的是语文、算术之类的新学，还要求学生上操、跳秧歌舞等。不到一个学期，停学了，这是进入新学后我第一次停学。

1953年秋，在一些同学的邀约下，征得我母亲的同意，我进入鸭池小学插班读四年级。此时，家庭冒出新的问题：两位姐姐相继结婚离家，大哥于1951年外出参加土改工作，大嫂于1953年秋病逝，家中经济负担过重。我无法专心读书，只好在课余时间尽力帮助家里干活，农忙时更是停课参与劳动。庆幸的是，我有5年的私学功底，加上自学能力强，没有影响自己的学业。1955年夏季，我小学毕业考试，语文、数学均获全班前三名。

小学毕业后，因家庭经济状况，我没有理由继续外出求学了。同学们报考中学，我只能停学，在家参与劳动。这是我在新学阶段的第二次停学。

在农村，我也有用处。当时各地相继成立农业生产合作社，缺乏会计人员。我懂得珠算，有用武之地，于是我成为一名农业生产合作社的会计。当我日思夜想继续读中学的时候，中央来了新规定，农村农户自种土地可以交农业生产合作社集体统一管理，土地入股，凭工计分，按人七劳三分红。依靠集体，我甩掉了土地包袱，轻松了，为我外出求学创造了条件。此时，母亲为我外出求学想尽了办法，决定在我的婚事上打主意，尽快找到一个帮手。1955年9月，母亲仓促为我办理了婚事。妻子进门，解除了母亲的担忧，我出门也放心了。

1956年夏，我征得校长及老师的同意，重回鸭池小学复读，准备报考中学。终于，我如愿被录取，再次踏上求学之路，进入清镇中学学习。

考取中学，又喜又忧。学校离家62公里，单边步行要花17个小时。当时路上几乎看不到客车，没有车坐，也无钱坐车，步行两头黑，路上忍饥挨饿难免。行路时，还要背着沉重的背包、书包以及零食等。为了我求学，母亲吃过万般苦，把家里的一点积蓄都花在我读书上。每年冬天，给弟妹添置衣服的钱总是省了又省，首先考虑的是我在外边的费用。每次返乡，家里总要为我编织几双米草鞋。在学校里，我添置衣服少，没有棉衣穿，御寒能力差；当寒风刺骨时，只有自己清楚其中滋味。学生宿舍内，每张床放一床单薄的旧被，稻草上铺着草席。当时学生生活极为艰苦，尤其是三年困难时期，外面什么食品都贵，还要凭票供应；学生、老师粮食定量少，肉食供应更少，多数学生吃不饱饭，身体虚弱甚至出现浮肿。学校领导为了让学生吃饱饭，提倡吃"掺杂"。在学生饭内适当添加青冈籽、叶蛋白、土豆、红薯等。每年秋天，老师都要带领学生，以班为单位，背上书包，上山采摘青冈籽，名曰"小秋收"。食堂加工后，将青冈籽与大米、玉米等混合成饭，供学生食用，味苦涩极为难吃。学生老师为了充饥，只好咽下。有相当部分学生因吃不了苦，纷纷离校返家，失去了宝贵的求学机会。我所在的高中年级，原有两班学生约100人，到毕业时只剩下43人，其中只有3人考取大学。

当时，清镇县政府及学校领导为了解决学校学生流失问题，相应采取了一些措施，如向省、地申请设立人民助学金，凭乡镇证明，对贫困的农民家庭入学子女及贫困的少数民族子女，每月给予一定的经费补助，分别为甲、乙、丙三等，甲等为6元，乙等为5元，丙等为4元。当时每个学生每月伙食费6元，根据学生本人家庭经济情况，评上甲等，每月可以不用交伙食费。自从设立人民助学金制度后，解决了部分学生交不起伙食费的大问题，流失学生减少。为了解决部分学生冬季穿衣单薄问题，政府实行寒衣补助，由学校统一购买御寒衣服，如棉衣、棉毛衫、卫生衣等，分别由学生民主评议，发给添置衣服有困难的同学。

为了度过三年困难时期，党中央提出教育与生产劳动相结合，学校采取的组织学生勤工俭学、校办工厂、申请土地校办农场、学校食堂养猪等措施得到积极响应。学生星期天可以自行挑煤上街卖、做小工等，增加收入。学校开展的活动，让学生受益匪浅。清镇中学也成为全国勤工俭学的典范，班主任吴兆雄老师光荣地出席了全国教育群英会。6年中学生活，我几乎年年享受人民助学金待遇，冬季还评上寒衣补助，连续3年评上三好学生，担任过4年学生会主席，一届团县委委员。我成了老师及同学们眼中的"名人"。

1962年夏季，我参加高考，未录取。至此，新学岁月结束。

成人自考，成就人生大学梦。1962年9月，接清镇县粮食局通知，参加当年粮食助征工作，至次年2月结束。之后，县里通知我到清镇财干校学习，学员大部分是与我同届的高中毕业同学。我选学专业是商业会计，分理论与实践两大类。3个月结业后，分配我到县供销社财会股工作，算是进了机关大门。

1963年9月，我被选送到贵州财经学院会计专业学习，学制一年，实现了我进大学的梦想。学校环境好，又是带薪读书，很有奔头。我认真学，拼命赶，每逢节假日，争取留下值班，赢得更多的学习机会。我还担任了学院会统学部的团支部书记，经常参加学院组织的活动，被评为学院的优秀团支部书记。学习期满，我获得大学文凭，仍回原单位工作。

1986年5月，国家推行人才规划，号召部分有条件的中、青年干部补文凭，提高文化层次。当时，我已担任清镇县政府办公室主任，身兼多职，每天工作十分繁忙。为了提升自己，我不放弃每一个学习机会。我决定报名参加自学高考，选学党政（行政）专业，贵州师范学院为我们的学籍管理单位。规定读13科，考生考试全部合格后，发给大专文凭。中国的自学高考管理严格，每年全国分春秋两季考试，一次一科，考前一周为放假复习时间。由于县政府办工作忙，复习考试时极少享受放假待遇，只好白天工作，晚上读书。坚持 6 年，1990 年夏论文答辩合格，我最终取得了贵州师范学院大专文凭，真正实现了我的大学梦。

"三学"虽曲折，人生多精彩。学习，让我增长知识；学习，成就我的事业；学习，也成为我人生的一大趣事。

作者简介

韦忠琪，清镇新店人，曾任清镇县人民政府办公室主任、县人民检察院检察长、清镇市人大常委会副主任等职。书法作品入选《清镇市志》。

特产美食

　　向着美好生活奔跑，我们都是追梦人。对美好生活的向往和憧憬，是每个时代人民不变的主题，如今，随着中国的快速崛起，人民物质生活水平显著提高，从原来对吃饱的渴望到如今能吃饱吃好，改变的背后是国家的繁荣强大。"一粥一饭，当思来之不易"，作为个人，不仅要懂得节约，更要懂得感恩，因时代发展生活变得美好，也应为美好生活而为之奋斗。

　　本篇共收录《"药食同源"桑葚果》《爽嫩腴美鲜蚕豆》等9篇文章，主要介绍清镇市新店镇在大力实施乡村振兴发展和红色美丽村庄试点建设的背景下，所"孕育"出来的一批特产美食。从舌尖上的美食作为切入点，一方面让外界了解新店镇的美食文化；另一方面以期能带动地方特产美食，扩展销路和销量，让地方群众实实在在获益。

"药食同源" 桑葚果

易永德

新店镇鸭甸河村，给人一种"世外桃源"的感触，奇峻的高山、触手可及的白云包裹着这个优美的村庄。在路的两旁，便是鸭甸河村桑葚种植基地，平日里挺立着傲娇的绿色连帽，到了春夏交接之际，桑葚便争相冒头，穿上火红的外衣，楚楚动人地向人们展示着其药用价值和营养价值：用低调的黑色包裹住饱满的红色果汁，用黑色的外表掩饰吹弹可破的肌肤，用硕大的个头锁住丰富的营养。这，就是独一无二、"药食同源"的鸭甸河桑葚。

新店镇鸭甸河村采取"支部＋公司＋农户"的运行模式，通过示范带动、保底回收、产品赋能、旅游带动等多种方式引导村民发展桑葚产业，在时间和市场的检验中，村民逐渐认可并积极参与桑葚产业。围绕着桑葚的产业链条逐渐清晰，村庄美了、农民富了，桑葚也开始从"幕后"走向"台前"，形成品味不同形态的桑果。

原汁原味桑果。鸭甸河的美景配上美味可口的桑果，绝对是一种奇妙的体验：携一家几口在鸭甸河游玩，看看美景、拍拍靓照，享受桑果采摘乐趣，品尝桑果最原始的味道，如此简单的幸福，是天然而特别的美感。

天然桑葚果干。饱满的桑葚从农户手中送到合作社，桑葚家族第一次集聚一堂，等待着高温的"洗礼"，蒸发掉多余的水分，由果皮包裹住内在精华，便形成了爽口的桑葚果干。可直接食用，也可泡酒泡水、熬粥煮汤，每一种吃法都十分美味，最为关键的是可长期保存不变味。

鲜榨桑葚果汁。桑葚洗完澡后，来到了榨汁机器旁，虽有所"畏惧"，仍纵身跳入其中，因为其深知只有历经磨难才能涅槃重生，桑葚的精华完美融入每个水分子中，形成酸甜可口的桑葚果汁，用心品尝，每一口都能感觉到桑葚在舌尖的舞动。

桑葚原浆酵素。桑葚家族在进行内部比拼之后，挑选出了一支身强体壮、形象美观的桑葚小队，这支小队将历经洗涤、破碎、消毒以及漫长的自然发酵，最终

"化茧成蝶"形成桑葚酵素。它除了甘甜爽口，其功效更加显著，可调节内分泌系统、消炎抗病毒、生发乌发、抗衰美容、清肝明目、降血脂，可促进血液循环、调节肠胃、瘦身纤体。

在炎热的夏天，品尝一杯冰镇的桑葚果汁，冰凉的液体缓缓从舌尖滑过，在一丝清凉抚慰口腔过后，味蕾开始跳动，尽情吮吸着桑葚的酸甜，舒适感迅速触动每个神经细胞，这大概就是生活最初的样子——食为天性。

若到新店，沿着鸭池河畔浏览自然风光，不觉就到鸭甸河，让人馋涎欲滴的桑葚果汁就任你品尝了！

爽嫩腴美鲜蚕豆

赵宽宏

新店蚕豆皮薄如缯、爽嫩、无渣、鲜甜，口感软细腴美。蚕豆鲜得忘肉味，如若不信，就到新店来品尝吧！

当然，在此说的是应季的嫩蚕豆。于蚕豆，对这片土地情有独钟，长得的确热闹，还比其他地方早熟，因为这里是河谷低凹地带。每至农历三四月间，蚕豆就鲜亮登场，就会用勾引的目光在菜市上寻寻觅觅。耳畔还会无端地响起当地一首民歌："甲：什么花开黑心肠，什么鸟儿怕太阳，什么虫子吃人的血，什么人心毒如豺狼啊依呀嗨。乙：蚕豆花开黑心肠……"蚕豆在当地生活的地方叫胡豆，据说还有的地方叫佛豆、倭豆什么的，反正别名不少。

大棚的蚕豆品质没有农家应季的好，而农家应季的也至少有两个品种，即剥开后的青皮和白皮。要买的话，只买白皮的，青皮的不要。青皮的皮厚，难煮，煮好了品相也难看，口感不好。新店的蚕豆就是白皮的，但似乎比其他地方白皮蚕豆还更胜一筹。新店一直栽种味道地道的老品种，产量低，所以这里的蚕豆要比其他地方的贵。

至于蚕豆的做法，当地是那种最初级的做法：拍两瓣大蒜，在油锅里炒香，将茴香苗和蚕豆一同下锅略煸一下，加少许水煨几分钟，放适量的盐即可起锅。茴香苗是可以食用的，用它与猪肉做馅包包子，别有风味，用它与蚕豆同炒，却另有风味。没有茴香苗用莴笋叶也可以，没有莴笋叶，什么也不放同样可以。只不过伴有茴香苗或莴笋叶，口感层次会丰富一些。还有就是用雪里蕻来与蚕豆同炒，那味道真有"忘肉味"的功效。

蚕豆的吃法很多，将蚕豆与土豆、四季豆、腊肉、五花肉一同箜饭，也会让人胃口大开。具体做法是：洗净的腊肉、五花肉切丁，土豆切块，四季豆寸断；热锅下油，将腊肉、五花肉翻炒出油，下适量的葱姜蒜及盐糖等佐料，然后将蚕豆、土豆、四季豆下锅，再将浸泡20分钟左右的大米均匀地铺上，加适量的水后盖上锅盖焖煮至饭熟。这锅筶饭，各种食材搭配，各自味道又相互充分融合，混合的滋味足以击中食客的味觉神经。

时光挡不住，再往春季的更深处，蚕豆稍老后就不适合炒食了，但还可以煮五香豆，有的地方也叫茴香豆，可佐酒，能下粥。再稍老些又可以剥豆瓣来烧菜：鸡蛋现成的，豆瓣炒鸡蛋，金黄的，引人涎水；苋菜应市了，豆瓣炒苋菜，血红的，勾人食欲；豆瓣还可与雪菜、虾米烧汤，能把人的眉毛鲜掉。

嫩蚕豆不仅鲜美，还能使人"忘肉味"。有资料表明，它还是抗癌食品之一，常食用可降低胆固醇，延缓动脉硬化。蚕豆中含有大量的蛋白质，氨基酸种类齐全，特别是赖氨酸十分丰富，是人体所必需的营养素。

还等什么？来新店瞻仰当年红军强渡鸭池河遗址，传承红色血脉，游览鸭池河风光，品尝新店特色美食。在餐桌上，不要忘记点盘嫩蚕豆。相信离开时，你一定会从新店买两袋带走。

特产美食

地标酥李上国榜

李东华

鸭池河酥李，酥脆爽口，吃过难忘。鸭池河酥李，清镇地标水果，上榜国家质检总局。

记得还是前些年，我到毕节市大方县参加全省的民族宗教干部培训班。培训结束时，与我同住一室的清镇市民、宗局干部江君，盛情邀请我返程时，不直走高速，走211国道，过鸭池河，顺便尝尝鸭池河酥李。江君向我介绍，说鸭池河酥李味道特别好，一点不输镇宁六马的蜂糖李。他还煞有介事地说："鸭池河酥李，淡淡黄，口口脆，一样甜的似初恋……"

禁不住劝说和诱惑，我返程时跟着江君，在贵黔高速黔西县新仁站出站后，一路沿着盘山公路下行，弯弯绕绕，大约20分钟车程，来到谷底的鸭池河。

鸭池河为黔西县与清镇市界河。过鸭池河大桥就进入清镇市的新店镇。新店镇为贵阳市的西大门，鸭池河是清镇市至毕节驿道上的重要津梁，车水马龙，十分繁华。正是七月流火的时节，也是酥李大量上市的季节。只见漫山遍野，全是挂满酥李的果树，微风一吹，点头摇曳，似美少女在频频招手，惹人心驰神往、垂涎欲滴。特别是小街上，从桥头至街心的马路市场上，人头攒动，拥挤的人流中，挨个摆满了大筐小箩的酥李筐，看那阵势，是要压断这小小的乡场似的！我们好不容易才找到一个地方把车停下来，一问酥李的价格，才6元一斤，而且是先尝后买。

我在乡场上逡巡，发现一位苗族妇女面前的两筐酥李尤为新鲜，看上去像色泽湿润的水晶一般，个头都像乒乓球一般，大小匀称，颜色淡黄，丰润圆满，果子间偶尔还带着几片青葱的叶子，料想是刚从树上采下就送来集市的，使人一见就有一种捡一颗就送进嘴里尝尝的冲动。身穿绣花衣裤的苗族妇女见我紧盯着她的李子看，便抿嘴一笑，躬身抓上几个李子，送到我手里说："大哥，你先尝尝，先尝尝，买不买没关系，我们自家种的。"

我也正想先尝尝味道，再做买不买的决定。于是接过苗族妇女递过来的李子，用纸巾擦了擦李子身上的白色果蜡，便送到嘴里。哇！果然名不虚传，这酥李皮薄酥脆，汁多味甜，清香爽口，吃完一个，满口都是甜滋滋的感觉，使人回味，让人难忘……

于是毫不犹豫，将苗族妇女的两筐酥李全部买下，带回给家人和同事、朋友们一起分享。大家品尝之后，都说好吃，都是一百个的赞。

时间一转眼，好几年就这样过去了。鸭池河酥李好吃的印记也在我脑中开始淡化。不想今年暮春时节，贵州省纪实文学学会、清镇市文联联合举办庆祝建党百年"乡村振兴·诗意新店"采风活动，又勾起了我对鸭池河酥李的记忆，并让我近距离地走进鸭池河畔，去感受鸭池河酥李的庞大阵容，去了解鸭池河酥李的前世今生……

鸭池河酥李种植历史悠久，始于康熙年间，至今已有300多年历史。据传经由商贾从云南带入新店鸭池河畔种植。文字记载最早出自《黔南丛书·贵阳府风物》，书中记载："贵州李子，唯数清镇。"这表明，清镇李子，不光种植时间长，而且味道冠压群芳。

鸭池河为乌江干流之一段。乌江有两源，南源三岔河，北源六冲河，两源自化屋基汇流，二水合而为鸭池河。鸭池河是彝语"欧茨液"的谐音，"欧茨"是彝族家支名，"液"在彝语意为水。河以人名，后传为今名。鸭池河在大山里左冲右突，奔流不息，惊涛拍岸。河两岸夹岸高山，峭壁林立。在陡峭的山岩下，形成大片狭长肥沃的缓坡地和平地。河畔海拔900余米，阳光、雨量、水分充足，形成了鸭池河种植酥李的独特小气候。

鸭池河酥李大部分种植在河岸的缓坡地带。过去，这里大部分是水田，不过现在看不到一块稻田了，全部种成了酥李。这里多为黄壤土、黄沙壤土，土层深厚肥沃，通透性好，避免了梅雨期到来时因排水不畅导致酥李树根群死亡，诱发树脂病等的可能性，为酥李果树的生长特别是果实的生长发育创造了良好的土壤条件。据介绍，近年来，沿鸭池河畔种植的酥李有1.8万多亩，涵盖了鸭池河村、岩湾村、方家岩村、东风湖村等沿河村寨。这些村寨濒临河谷，气候适宜，村民们抓住这一得天独厚的自然条件，大力发展酥李。酥李已成为村民们最来钱的"摇钱树"，种植酥李已成为鸭池河畔村民的一种自觉，一种通向脱贫致富的快捷通道……

鸭池河酥李个大、味甜，品质优良，富含维生素C、蛋白质、钙、铁和多种氨基酸，是降血压、增食欲、抗衰老的绿色食品。果品不仅在当地销售，还远销贵阳、毕节、重庆、昆明等地。2010年被国家质检总局批准，对"清镇酥李"实施地理标志产品保护。

正是万物勃发，阳光明媚，绿意葱茏的三月。我们采风组一行沿着鸭池河畔五公里长的旅游绿道漫行，收集素材。微风拂面，阳光铺洒，鸟语花香，绿道随河岸起伏绵延，鸭池河在此缓缓流淌，给人一种平淡祥和、生机无限的感觉。沿河岸看去，满眼都是郁郁葱葱、摇曳生姿、青翠欲滴的酥李树。这些迎风招展的酥李树，使人想象：那一定是春来李花迎春绽放，灿烂如雪；夏来硕果累累，果实飘香。来采摘果子的人络绎不绝，一派繁忙。那一派丰收景象，肯定是鸭池河一道亮丽迷人的风景线……

于是在我心中，陡然升起一种对鸭池河酥李的敬意与崇拜。它已不仅是大山里的一团青绿，一种树木和水果的概念，更是护佑乡亲们走向幸福生活的神灵……

作者简介

李东华，1962 年 6 月出生。中国散文诗研究会常务理事、中外散文诗学会理事、贵州省作家协会会员、贵州省纪实文学学会理事、开阳县作家协会常务副主席。出版文学作品集《情感的河流》《诗路心语》《刻在时光里的故事》《心灵风景线》《那片美丽的地方》5 部。

归宗金银花香浓

舒　彬

在清镇乃至贵阳一带，新店镇归宗村的金银花小有名气。

金银花又名忍冬、银花、双花等，气味芳香。

金银花性寒、味苦，入肺、心、胃经，金银花的主要用途就是作为治疗疾病的药物，属于常用的中药材，可消肿解毒、发散风热、解毒止痢、抗菌、增强免疫力、降脂、抗痰、利胆保肝等。金银花泡水具有清热解毒、通经活络、抗菌和抗病毒、清火美容、降血压、保健养生等功效。金银花可药用也可用作泡茶、饮用，是生活中必需品。

归宗村金银花生长于大渡口老林子和筲箕湾原始林里，在20世纪70年代，大渡口这一带属下归宗村（现已合并至新店镇归宗村）大新田生产队（现村民组，下同）管辖，当时供销社做药材收购，新田生产队就采卖过。由于金银花是经济作物，可卖钱，农户们就把灌木杂草砍掉，留下金银花进行管护。在当时，可卖2~3元一斤，也是很高的经济效益。它不占良田好土，在石旮旯处即可，人们很重视。后来，在产业结构调整和脱贫攻坚工作中，当地党委政府大力支持，退耕还林种植了400亩，新田组发展起来了。其他组农户也纷纷行动起来，进行迁播移植，因归宗村土地大多是石旮旯和25度以上的斜坡，水土流失严重，至此，人们就在闲置的石旮旯和斜坡都种上。它既保持了水土流失，又增加了收入。

2002年，得到党委政府的大力支持，在党支部的带领下成立了银丰金银花农生农民专业合作社和鸭池河生态画廊农业农民专业合作社，由镇领导牵头、农业中心负责，组织归宗村"两委"和金银花种植能手，前往凯里、麻江、安龙、大方等地实地考察，引进优良品种栽种；为解决金银花烘干等实际问题，给银丰金银花农民专业合作社调配资金，修建烘干机房2间，购烘干机2台，价值25万余元，解决了农户下雨采摘金银花烘干的问题；市农业局的大力支持，出资购买水泥、沙修建金银花便道 3 公里，解决农户上坡采花行走难的问题；合作社对农户进行培训，技术指导，寻找销售渠道。农户吃了定心丸，种植面积猛增，达到 6000 余亩，金银花遍布归宗村每个角落，有的农户发展接近百亩。如新田组舒建军户，每年金银花收入 4 万余元；和平组周昌松每年金银花收入 3 万余元。农户经济收入大大提高，带动周边小寨、大寨、岩湾等村共同发展，形成了新店镇的万亩金银花基地。当时金银花的发展，既改变了土地石漠化较为突出的被动，又使土地水土流失得到有效遏制，既得到金山银山，又得到绿水青山。曾流传着"一个石头一窝花，一窝银花养一家，光石头上夺高产"的歌谣。

现在归宗村金银花已发展到 8000 亩左右，每年能收干花 300 余吨，成为归宗村一项支柱产业，也是新店镇的一大产业，产品远销安徽、湖南、山东等省份，为归宗村每年增加 300 余万元的收入。将金银花制作成金银花饮料、金银花香皂、金银花茶、药品等，让归宗金银花散发出日益灿烂的光芒。

作者简介

舒彬，男，汉族，新店镇归宗村人，现年 53 岁。曾任新店镇归宗村村委会主任、支部书记，现为新店居委会工作人员。

马鞍山面条有风味

张红义

马鞍山，因地形酷似马鞍而得名。

以前，马鞍山主要生产的粮食是大米和玉米，但由于地少人多，多数人家在一年中有些月份是吃不饱饭的。为了弥补大米、玉米的不足，大多数村民便种上了小麦，秋种春收。小麦在多数年头是丰收的，产量很高。

当地盛产小麦，制作面条就应运而生了。最初，马鞍山加工面条的仅有两家，沈家和赵家。沈家后来改行了，赵家却坚持至今。

马鞍山面条擀面工序稍显复杂，先是和面，将面粉、水和食用碱按一定比例调和，使劲搅拌揉搓至均匀；再将和好的面倒入面机，反复碾压成一筒筒的面皮；然后再根据个人喜好，选择不同的面刀，将面皮切割成宽面、中面及细面。

当初，擀面都是手工，面是手工和，面机也是人工摇，效率不高。但也正因为是纯手工，所生产的面条特别筋道爽滑、麦香四溢、口感极佳，而能将这一优点发挥到极致的首推赵家。赵家到今天还保持着 20 世纪七八十年代的着装，洗得干干净净，穿得整整齐齐。一家人从为乡邻加工面条做起，到购进外地面粉加工面条出售，硬是将这一行做得风生水起，红红火火。20 世纪 90 年代至今，数十年的时间，在赵家的影响带动下，马鞍山先后出现了杨记、吴记、廖记、王记、邓记、胡记、韩记等几十家面业小作坊，马鞍山面条驰名省内外，成为知名品牌。

马鞍山的公路边常有本地、外地各色车辆停留购面，或三五把，或一大袋子。人们慕马鞍面条美名，匆匆而来，匆匆而去，甚至"一面难求"。马鞍山面条走进了大街小巷，走进了小摊小贩，也走进了各大超市。在清镇、贵阳的超市，不经意间就与马鞍面条不期而遇了。

马鞍山面条堪为面中翘楚。煮起来面水不稠不黏、澄清如初，吃起来筋道爽滑、回味无穷，煮好的面条久置不糊。马鞍山面条可汤可燃，可热可凉，任君选择。曾有人做了研究，认为马鞍山面条之所以品质好是水的缘故，但这种说法很快被证实是错误的。随着生活条件的改善，马鞍山用上了"远道而来"的自来水，擀面的水自然也换了，但品质未变分毫。马鞍面好，关键在于人而不在于水。马鞍山人勤劳纯朴，骨子里有一股"用心做好面"的纯粹和韧劲，这种纯粹和韧劲，赋予马鞍山面条优秀的品质，盛扬不衰。

也曾有人劝说赵家扩大生产经营规模，做大做强，但都被赵大娘婉拒了："大了味道就不在了！"离开了小作坊的马鞍山面条还能再冠以"马鞍山"之名吗？

农村人请人做活，架上一口大锅，烧了一锅滚沸的水。蒜切碎成粒，姜切碎成丝，酸菜切碎成末，辣椒泼了热油。姜蒜一大勺，酸菜一大把，辣椒任意加，所有这些佐料放入一大碗面汤，再加一大勺猪油。面在一大锅滚沸的水里煮好了，捞入一个个大碗，撒上绿莹莹的"灵魂"葱花，一群人蹲在一起，耳中只闻呼啦哧溜，哧溜呼啦，大口吃面，吃得好不畅快淋漓。这样吃面，没有肉，但却很有味道，这种味道，就是马鞍山面条的味道！

作者简介

张红义，男，汉族，现年44岁，生于清镇市新店镇马鞍村，现任教于清镇市王庄民族中学。

高山之巅出好茶

刘 兴

　　说起茶，不得不说新店的"尘外仙芽"和"岂青茶"。"尘外仙芽"和"岂青茶"产于新店镇中坝村，中坝村也因这两种茶而出名。

　　中坝村是新店镇的一个行政村，地处鸭池河北面，与三合、鸭甸河、永和村毗邻。自古以来，中坝村和永和村的老百姓就有种植茶叶的习惯，两村的手工茶远近闻名。而中坝村的牛坡组，常年云雾缭绕、烟雨蒙蒙，是全镇海拔最高的地方，茶叶生产环境得天独厚。就是这种低纬度、高海拔、寡日照、多云雾、无污染的自然地理环境，造就了新店镇的茶产业。

　　中坝村出名的茶园有两家，分别为渔樵耕读生态农业发展有限公司和清镇市颢麟茶叶有限公司。渔樵耕读生态农业发展有限公司拥有有机茶基地1050亩，茶叶年产量约10吨。其品牌"尘外仙芽"取意为"凡尘之外，仙境之芽"，其系列产品有翠芽、紫玉叶、毛尖、金丝红茶、百年古树红茶等，清香细腻、口感宜人、唇齿留香。清镇市颢麟茶叶有限公司有茶园种植面积200亩，高品质茶叶年产量约2吨。其品牌"岂青茶"汤色清澈明亮，滋味醇厚鲜爽，回味甘爽持久，叶底鲜活明亮，内含有效成分丰富。

　　正所谓"高山之巅出好茶"，中坝村的茶叶品质除独特的加工工艺外，主要取决于该村独特的地理环境和气候。该村总面积约10.8平方公里，属高原河谷地区，海拔高度850~1400米。气候属北亚热带季风湿润气候，季节交替分明，气候温和，冬无严寒，夏无酷暑，年平均气温14℃，无霜期达275天，年降雨量达1360毫米，且雨热同季，云雾多、日照少，相对湿度在80%以上。土壤多为砂页岩发育而成的酸性黄壤，pH值为4.5~5.5。生态环境良好，四周林木繁茂，与千亩鸭池河次早熟果蔬菜基地毗邻，森林覆盖率达35%。茶叶产于树林茂盛、云雾缭绕的东风湖畔之巅牛坡组，这里全年雨水充沛，平均海拔在1380米左右，土壤为酸性黄棕壤，有机物质含量丰富，为茶树的生长提供良好的条件，保证茶叶的高品质，非常适宜发展茶叶生产。

地道烙锅很巴适

刘　兴

　　说起鸭池河，不得不说鸭池河的一种名小吃——鸭池河烙锅。作为一名吃货，一个地地道道的鸭池河人，鸭池河烙锅，在我的记忆深处，是充斥脑海的一种回忆，更是一种乡愁。

　　还记得是在 1983 年，那时我在马鞍小学读书，寄居在当老师的幺叔家。当时的马鞍山作为鸭池乡政府的所在地，形成了一个热闹非凡的街市，每逢星期五都要赶场。在赶场天，街上除了琳琅满目的各种商品外，还有各种土特产在叫卖，整个街上呈现出一派热闹非凡的景象。在原鸭池乡信用社门口，十几个土烙锅摊旁更是坐满了人，这些人或是在吃着热气腾腾的臭豆腐或洋芋，或是在举杯畅饮，摊旁偶见个别人已经喝醉，东倒西歪、踉踉跄跄，整个烙锅摊一派喧嚣。那时我才几岁，懵懵懂懂地问我幺叔："幺叔，他们在干什么呀？"幺叔说："他们在吃烙锅。"我说我也要吃，幺叔回到家后，就找了一口平底铁锅，放了一些菜油，烙了一些白菜和洋芋给我吃，当时感觉那味道香极了，那是我第一次吃到烙锅。从此，烙锅两个字，就深深扎根在了我的脑海。

　　1984 年，东风电站启动建设，电站的建设带来了大量的人流，迅速在鸭池河形成了一个更加热闹的街市，街上到处都是餐馆和烙锅摊，烙锅到这时逐步在鸭池河得到发扬光大。据一些年龄较大的人回忆，当时的鸭池河从九局的三处到二处、基础处、机关处和东风大道，大大小小的烙锅摊不少于百家，可见当时烙锅在鸭池河的受欢迎程度。那时一些家住鸭池河的高年级学长在鸭池河吃了烙锅后，经常到学校给我们炫耀，我们一群低年级同学都省吃俭用，梦想着有一天能到鸭池河吃一顿烙锅解解馋。在 1987 年，我上了初中，虽然还是在马鞍小学，但在一群要好的同学相互怂恿着，终于跑到鸭池河吃了一顿烙锅。说是烙锅，其实就吃了几片臭豆腐、几块洋芋和一些蔬菜而已，但还是花了每人半个月的生活费，回家还被老爸揍了一顿。虽然挨了打，但当时的臭豆腐味道萦绕在喉间，用现在的话来说就是"味道真是爽极了"。那是我第二次吃烙锅。

随着岁月流逝，我们渐渐长大，烙锅，也不再是生活中的稀缺物，随时都可以吃上，这时的鸭池河烙锅已退去了当年的青涩，驻进了店面，升级了形象，以全新的姿态迎接着四方宾朋的品尝。它集贵州各地烙锅之长，包含水城烙锅、织金烙锅、大方烙锅等形成多家独具特色的烙锅店，其中最出名的如杨红家烙锅、长头发烙锅、老地方烙锅、杨林林家烙锅等，都曾风靡一时、宾朋满座。这时的鸭池河烙锅也不再像当年一样只烙臭豆腐和洋芋了，而是无所不烙，只要是吃的食材，荤的素的，水里游的鱼虾，天上飞的鸟，地上跑的猪、牛、羊，山上种的韭菜、花菜、蘑菇、洋芋等都能一锅烙掉。而且在蘸料方面，由一开始的五香辣椒面增加了蒜香辣椒面、折耳根蘸水、青辣椒蘸水、活油蘸水等各种香味的蘸料都出来了，让食客一饱口福。

特别值得一提的是烙活虾和洋葱烙鸡蛋，让四方食客赞不绝口。将鸭池河里打捞起来的新鲜虾用碗倒扣在盘子里，烧得发烫的烙锅刷上本地土菜油，将扣着虾的碗迅速从盘子滑到烙锅上，马上你会听到虾儿在碗里跳得乒乒乓乓的声音（这个可是一个技术活，手脚慢的人会把虾儿撒出来，然后跳得到处都是），烙上一两分钟，揭开碗的那一刻，客人们看着金黄发亮散发着鲜味的虾子，都会"喂哟！喂哟"地赞叹两声，蘸上秘制的蘸水或辣椒面，让人口水直流，欲罢不能。杨林林家烙锅店也因此名声大噪、声名远扬，将分店都开到了清镇。洋葱烙鸡蛋用大个的洋葱，切成环状放在砂锅上，敷点土菜油打底，把土鸡蛋打在洋葱圈里，一个圈圈打一个鸡蛋，一般还要找个帮手压到洋葱圈，免得鸡蛋渗出来，烙好后洋葱的味道全部渗进鸡蛋里面，鸡蛋鲜嫩可口、诱人至极，让人馋虫大动、食欲大开。

至今，我在新店政府上班已逾10年，每每会约上三五同事或朋友，到烙锅店小聚一番。在这里，点上几盘最爱吃的食物，再要点啤酒，成为工作之余最放松的时候。多年不见的老友可以一起倾诉这些年的辛酸往事；同事之间可以互说工作中的成败得失；年轻男女可以很放开地袒露自己对对方的爱慕之情；做生意的可以尽情地和合作对象聊着彼此的生意经；就是街上的几个老头，也边吃边咂着杯中的小烧酒，悠闲地聊着彼此之间的过往；偶尔，还见一些外出返乡的游子，在诉说着对家乡的思念和乡愁。这，就是充满人间烟火气，最抚凡人心的鸭池河烙锅，巴适得很的烙锅！

味美鲢鱼在鸭池

刘　兴

　　鸭池河鲢鱼是鸭池河的一个历史悠久、独具特色的饮食品牌，四季皆宜。鸭池河鲢鱼是用鲢鱼精心配料，以火锅方式烹制而成，鲜辣味美，令人食欲大开。

　　鸭池河为乌江干流之一，乌江有两源，南源三岔河，北源六冲河，两源自化屋基汇流，二水合而为鸭池河。河水穿山东行，劈出峡谷天险。河上建有东风电站大坝，将河水一分两段，高峡出平湖。紧靠东风电站下面便是鸭池河老街，也是1936年任弼时、贺龙、关向应、萧克、王震率红二军团强渡鸭池河的地方。然而，这条发源于贵州，经重庆流入长江的大河，盛产的水产品，莫过于各类鱼了。自古以来，两岸的人们捕食，渐渐形成了鸭池河鱼独特的食用方法：将鱼切块（鱼是当着顾客的面宰杀），以食油、辣椒、姜蒜等多种佐料炮制，使之具有鲜、香、嫩、滑等特点，一时间食者甚众。现有泡椒、酸汤、清汤、微辣、中辣、麻辣等味道，味道纯正、地道，很受顾客的欢迎。

　　鸭池河鲢鱼最出名的有两家：一是位于鸭池河大桥旁的"仁合小鲢鱼泡椒鲢鱼馆"独创的泡椒鲢鱼，经过十几年的精心研究，该店用鸭池河的鲢鱼，加以本地泡椒、本地小西红柿，烹饪出来的泡椒鲢鱼口味独特，非常开胃，颇受欢迎；二是鸭池河"张德平鲢鱼王"，该店将鸭池河河鱼制作成干锅、鸳鸯、酸辣、麻辣、药膳食等火锅，配以独特的辣椒水即可食用。配方独特，烹饪工艺精妙。其味鲜美、营养丰富，老少皆宜，有益智、益寿、养颜之功效。

柔婉饱满甜豌豆

李 艳

　　初来乍到，鸭池河的这条街正从熟睡中醒来，街上的人们已褪去了冬天的慵懒，全是春天的神采。

　　走出单位略有年代的大门，右边一整条街道的两旁，是挨个坐着小板凳的当地村民，他们面前摆着各式各样的物件，有的是竹篮、有的是背篓、有的是水果筐，简陋点的直接就是麻袋，不过装的都是新鲜上市的豌豆荚。也许正因为有各式各样的盛装工具，总是给人一种种类繁多的错觉，仿佛每个摊位的豌豆都长得不一样，让我每次都舍不得中途折返，总要走完这长长的"豌豆街"，假装要买豌豆东看看西瞧瞧的。

　　"看哈嘛，早上刚摘的豌豆。"坐在小板凳上的阿姨用淳朴的贵州话随意推销着。

　　"孃孃，你这豌豆怎么卖呀？"一个俊俏的姑娘停在摊前问道。

　　"10块钱3斤嘞，买得多的话可以算3块钱1斤，要不要带点回家呀？"她赶紧起身招呼着。

　　"便宜点嘛，10块钱4斤，我多买点回家。"年轻女孩捡起几个豌豆随意掂量着。

　　"没喊你价呢，我这豌豆嫩得很，早上才去地里摘来的，你看这叶子都还是新鲜的，买豌豆这种才是最甜的。"在年轻女孩讨价还价之间，她赶紧扯来了塑料袋。

　　听着这最平常不过的对话，我却看得好生有趣，年轻女孩一看就没经验，讲价不成也会乐呵呵地买豌豆。我猜她一定是从她母亲那里学来的买菜经验，仿佛买菜讨价还价，是学着应付生活柴米油盐的入门法宝。殊不知，她又哪里能从天天卖豌豆的阿姨那讨价呢，一看就晓得是要来买豌豆带回家的。

每到星期五，在镇上上班的年轻人，回家时都会给家里带些鸭池河刚上市的豌豆，大袋大袋往家里买。此时的我到这里两个多月了，听说每年春天，鸭池河豌豆、胡豆是在这条街上最早登场的，随后就是樱桃、枇杷、酥李、桃子、糯玉米等，能一直热闹到夏天去。要是在星期三，这条街还是村民们赶场的固定场所，流动商贩运来外面更多的商品，会更加热闹呢。

鸭池河两边是陡峭的山岩，沿河岸到石壁之间有大片的肥沃缓坡地，得益于河谷"天然温室"的气候优势，鸭池河沿岸的豌豆每年可提早上市 20~30 天，吃起来更加细嫩鲜甜，皮薄无渣，随便就着点肉末，用猪油炒和糟辣椒炒一下，伴着米饭，一口嚼下去能感受到豌豆瓣爆皮即化，口感绝佳。

熬过漫长的冷冬，大家都迫不及待想去看看春天的样子，晚饭后约上三两朋友，我们总是沿着河岸道路（沿河大道）散步，总有一股力量驱使着我们一次次走得更远，仿佛在喊我们去看看河的尽头，但每次都抵不过小腿的疲劳。

而这沿途，是一片接一片的酥李果园，趁着冬季李树休眠，勤劳的村民把这遍地都种满了豌豆，纤细柔弱的茎蔓底部挂满了肥厚的豌豆荚，而尖端却开着紫色的、白色的花，春风拂过，左右摇曳，像是热情围着你跳舞的精灵一般。待你走近蹲下想给这精灵拍张特写照片时，咦，怎么又变成长着弯胡子的小老头了，原来这弯胡子是豌豆特有的"变态叶"，左右相互缠绕以支撑茎蔓生长，和南瓜、葡萄的弯须须是一样的功能，只不过后两者的是由茎变态而成。正当你失望起身时，抬头却又迎上了满树盛开的李子花，它带着鸭池河春天最真诚的热情，在河边与你相遇。

鸭池河的豌豆，似乎能博得所有人的喜爱。不只是来这里上班的年轻人会大袋大袋地买回家，过往的车辆，也会塞两麻袋在后备箱带回去与亲戚朋友分享。如今当新鲜嫩豌豆成熟上市后，在桥边、在路口，仍会有很多村民摆摊兜售新鲜豌豆，很多车主都会停下来买些新鲜豌豆带走。他们，可能是赶路时路过的行人、可能是仰慕鸭池河风姿前来游玩的游客、可能是回娘家的外嫁女儿。随手带鸭池河豌豆回家，让家人尝一口最早上市的嫩甜豌豆，似乎是一种不约而同的习惯，好像大家都想要证明自己曾到过鸭池河，或是从鸭池河而来。我便是如此，也曾将一麻袋的豌豆往家里运。我想，如果你到鸭池河，也有缘遇到新鲜豌豆摆满桥头、路口，离开时也一定会带一袋回家的。

还有一种鸭池河的豌豆，是父母对孩子的无尽思念。在从鸭池河开往县城的班车上，总是能看到大小不一的塑料袋，装满新鲜的豌豆荚，大多都没有人守着，原来有很多优秀的年轻人选在城市成家立业了，但他们的父母依然生活在鸭池河畔，这些豌豆荚，是父母给孩子带去的无尽思念，是家乡的味道，是儿时遥远的珍贵记忆。曾看到过一句话："父母在，我们尚有归处，父母不在，我们便只剩来处。"我在班车上看着这些豌豆，心想，这一定是世间最珍贵的豌豆了。

作者简介

李艳，女，1994年4月出生于贵州省清镇市，大学毕业于华南农业大学，现为清镇市新店镇人民政府农业综合服务中心工作人员。

资料选录

采访资料

陈美才 （69 岁， 新店区化龙乡王寨）

我的三哥陈美育，高小文化，民国 25 年（1936 年）正月初九那天，他从老家化龙跑到鸭池河参加了红军。他的左耳有一个包，右脸有一个铜钱印。听说新中国成立后，当了大连银行的行长。

蔡进武 （73 岁， 新店区新店乡茶店）

民国 25 年（1936 年）正月初十日，天刚亮红军就到了我们茶店街上，后来，到鸭池河边，同河对岸的守敌阴一枪阳一枪地打。中午过后枪声停了，红军才过河，随即就把浮桥搭起，天快黑时，大部队才过河。

红军打开地主吴华堂、郑世佩、王德安家的粮仓，叫穷人去背粮食。

我们这里杨洪成的儿子叫杨老长（小名）跟着红军走了。

朱怀银 （73 岁， 新店区新店乡大坝）

红军抓走保长王教宽，大地主汪登云，杀在大关。周围数十里的人，都说红军为穷人除了一害。

王教成 （78 岁， 新店区新店街上）

当时我们新店街上只有十几户人家。我家侧面驻有一个国民党保警队，共有十多个人，十多支枪，队长周清和，队副王南斌。

红军在来新店前，就掌握了保警队的情况，他们就请老百姓带路，到保警队门口，门是关着的，便由带路人向里面喊话。不多一会，里面就出来一个兵开门，红军就一拥而进，直插他们的老窝，一个也没有漏掉，全部提了起来，把枪给他们提了。然后，红军把缴得的枪的机柄卸下来了，把空枪壳交给俘虏背走，连人带枪一起押住鸭池河去了。保长王教宽也是那天晚上被抓去的。

左树云 （72 岁， 新店区新店乡花滩）

当时从卫城到新店，乡保长修了 17 个碉堡，九头坡、西牛坡、陆家坡上的碉堡，红军一到就烧掉了。

新店镇参加红军人员名单

据走访收集，1936年2月2日至4日，今新店镇参加红军人员有10多人，实际收录12人，名单如下：

陈美育（新店镇化龙人）　　　　　邵洪远（新店镇人）

王怀清（新店镇人）　　　　　　　王启文（新店镇人）

王启华（新店镇人）　　　　　　　王龙华（新店镇人）

杨老长（新店镇茶店人）　　　　　梁福安（新店镇人）

张　某（新店镇人）　　　　　　　邱　某（新店镇人）

王树清（新店镇水井湾人）　　　　朱玉顺（新店镇邵家院人）

敌部署追堵红二、 红六军团资料

驻黔绥署代电肖贺已入黔西境

1936 年 2 月 3 日

特急。贵阳郭指挥官、傅师长、甘师长、李师长、杨旅长：密。命令：（1）肖贺股匪江日已由鸭池河、六广河窜入黔西境。（2）我郝纵队之第四十七师，应即集结在第十三师之后，向打鼓新场推进。第五十四师仍分由大渡、沙土向安底以西前进。第六十师仍守备遵、桐，并保持黔北公路线之安全。（3）郭纵队之第二十三师着于支日向清镇镇西卫一带地区推进，以一部监视鸭池河渡口，并侦察匪情，并兼顾平远哨飞机场警备。第九十九师及暂编第五旅着集结贵阳待命。（4）第九十三师仍守备贵阳。（5）第一二一师之常团俟李师到清镇接防后，即开回安顺。薛岳。汪成筑参印。（《红军长征在清镇》第 84 页）

驻黔绥靖公署参谋处第一科军情日报 （节录）

民国 25 年（1936 年）2 月 5 日（第四一四号）

地区：黔西

来电机关：甘师长报告 9 件，情报处报告 6 件，贵阳县政府报告 4 件，傅师长电 2 件，杨旅长 2 件，飞机报告 6 件。

情报摘要：

（1）陷（30）日匪大部向北移动，是晚其主力在董龙、新铺、水田坝一带宿营。

（2）世（31）日匪由班竹园西窜，其前卫一在沙子哨与我傅师抗战；一在扎佐将我保安团韩营包围，掩护逃窜。

（3）东（1）日午前十一钟匪陷我修文，真扎佐、沙子哨一带之匪亦纷西窜。

（4）东（1）晚有匪千余由修文窜抵镇西卫。

（5）我派飞机前往修文侦察，当在修文东门外桥边见匪麋集甚多，当投弹数枚毙匪数十。

（6）冬（2）晨匪大部分两纵队：一向镇西卫取道鸭池河向黔西；一经六广向黔西。

（7）冬（2）日我九十三师别动支队收复修文，先头在修文城外与匪尾部队激战一小时，残匪分向西逸去。

（8）江（3）日晨黔西失陷。

（9）支（4）日飞机报告：黔西县城内有匪甚多，黔西至大定道上亦发现匪群。（《红军长征在清镇》第85～86页）

郭汝栋纵队由黔入滇与肖贺两部战斗详报

1936 年 1 月 12 日至 6 月 16 日

本师自二五年一月文日抵铜仁，与蒋师会合，是时，匪已窜陷江口，其主力移向闵家场，蒋师吴团追击，寒晚击退伪十七师第六团，收复江口。一月中旬以来，与樊、李各纵队协同追剿，师经江口、闵家场、石阡、余庆，二月鱼日抵瓮安。于时匪已先后由余庆分陷黄平、瓮安，直向贵阳附近之扎佐流窜。本师又向扎佐疾进间，奉委座电令，以蒋师素质薄弱，不宜担任追剿，饬开遵义归郝纵队指挥，担任绥靖。又以匪扰乱扎佐后进陷修文，分窜六广、鸭池河西窜，已令到镇远之罗启疆旅，急行归入序列，饬师改经开阳、息烽前进。随奉委座佳成筑电令，限删日到贵阳，以寒、删两日，陆续抵贵阳。奉行营主任顾面谕，即就贵阳休整待命，而本纵队罗旅亦抵炉山。二月（筱日）罗旅到贵阳，匪已限黔西，并陷大定，经我万郝两纵队追剿，流窜瓢儿井附近徘徊，本纵队奉命先经镇西卫，限马日到达黔西待命，有日罗旅亦达黔西。是时，匪在大定、毕节道上，经我郝、万两纵队猛攻，溃匪向

毕节窜扰，郝、万两部蹑追，本队遵令于宥日集结大定，以罗旅移甘荫棠（塘）。……（《红军在黔西北》第217~218页）

清镇县县长杨化育呈文

（报告肖贺部队经过本县路线）

窃查肖贺全股流窜本县，自与修文接壤第八区之狗洞，索桥强渡过河，经麦巷入第三区镇西卫，沿清毕公路过第五区王家庄，第四区新店子、代书田、茶店至鸭池河强渡，向黔西方向窜去。服务之员及民众踪迹不明者，为数尤多，尚未查明。如此浩劫为前清咸同乱后所仅见。

清镇县长杨化育。

民国25年（1936年）2月28日

（《红军长征在清镇》第82页）

后　记

　　2021 年，是中国共产党建党 100 周年，2022 年，党的二十大在京胜利召开。值此喜事连连之际，《红流——鸭池河畔春来早》终于编撰完成，即将付梓印刷，值得为之庆贺！

　　早在 2020 年 10 月，新店镇党委就开始谋划纪念中国共产党建党 100 周年大庆事宜。根据镇党委、政府的安排，为保护弘扬优秀传统文化，传承新店镇红色基因，深入挖掘流传在鸭池河畔的民间故事和历史人文故事，向全社会宣传推荐新店镇，由镇党委书记牵头，方晓静、刘兴、易永德等具体负责，开始广泛发动全镇文化工作者、乡土文化能人挖掘整理新店镇历史人文地理故事，开始筹备该书。

　　2021 年，中共贵阳市委党史研究室根据市委的统一部署，开始定点联系帮扶鸭池河村，全程参与该村红色美丽村庄试点建设，并主动承担该书史料征集、把关、编辑、审定、出版、发行等工作。经共同努力，历时两年，共收集、编写、整理关于鸭池河边的故事 86 篇，编撰成《红流——鸭池河畔春来早》一书。本书恰逢盛世付梓，可以说是贵阳市社会主义精神文明建设的又一重要成果，为探寻乡村振兴发展之路与红色文化保护利用的契合点作了有益的尝试。

　　《红流——鸭池河畔春来早》30 余万字，共分 5 大板块。《红色足迹》为第一板块，共有 26 篇文章，详尽地记录了 1936 年红二红六军团强渡鸭池河、革命烈士许纪武捐躯赴国、解放军强渡鸭池河、老街保卫战等史实。《光辉岁月》为第二板块，收录了 12 篇文章，记载了版画怪才王华祥、劳动模范马安荣、原水电九局局长俞崇尚、清毕公路的设计者韦朝滨、百年老校化龙小学等故事，主要描绘为清镇市新店镇发展作出贡献和从新店走出的杰出人物事迹，通过朴实的文字展现不平凡的人物形象，在每个不平凡的背后是不为人知的付出和努力。《历史传闻》为第三板块，共收录《抗英名将郭超凡》《寻迹诸葛孔明》《踏访簸箕陇古城》等 12 篇文章，主要依据地方传闻、书籍记载等进行挖掘、丰富，把地方历史传闻故事加以丰富饱满，以文字的形式记载下来。《风土人情》为第四板块，共收录 26 篇文章，围绕鸭池河上的桥、山水美景、乡土气息等进行"描绘勾勒"，既有古朴厚重的历史记忆，又有不断散发自然气息的"动态美"，多视角把清镇市新店镇美好的一面通过文字、图片传输至每一位读者。《特产美食》为第五板块，共介绍了鸭池河烙锅、鲢鱼、豌豆、胡豆、归宗金银花、中坝茶叶等美食，让外界了解新店镇的美食文化，以期能带动地方特产美食扩展销路和销量。全书着重体现了新店镇在红二、红六军团强渡鸭池河以后，新店镇乘改革开放的春风，面貌发生巨变，经济日趋繁荣，人民迈步奔小康的历程，体现一个"早"字。书中所收录的人物、名人逸事，有的以大义救国闻世，有的以文采出众扬名，有的施政一方、政绩卓著，有的勤于平凡岗位、为人民默默无闻地奉献。无论是身居斗室的科教文卫工作者，还是在车间、地头辛勤劳动的工人、农民或者是分布在国内外的仁人志士，都为建设社会主义祖国立下不朽的功勋。全书文字简明通俗，真实地反映时代特点、地方特点和行业特点，是一部助力红色美丽村庄试点建设、助推乡村振兴的红色读本。

在本书的编撰过程中，始终得到中共贵阳市委、市人民政府的关心重视。省委常委、市委书记胡忠雄同志希望本书探寻乡村振兴发展之路和红色文化保护利用的契合点，为本书编写提供了重要指导和根本遵循；市委常委、市委组织部部长滕伟华，市委常委、市委秘书长刘本立多次询问本书编写情况，作出具体的指导和帮助；贵阳市政协原主席陈石无偿为本书创作了 10 幅插图，为本书增色不少……在本书的编写过程中，从制定方案、拟定篇目到组织编写，还得到贵阳市民政局、清镇市委党史研究室、清镇市文联、清镇市摄影家协会和贵州省纪实文学学会的大力支持和协助。中共贵阳市委党史研究室主任汪延

后记

皓具体参与本书的谋划、协调、审稿等工作，中国财贸工会贵州省工作委员会原主席熊堂滢、清镇市文联安昌勇、清镇市作协管利明，清镇市档案馆（地方志办）退休干部吴道兴、清镇市委党史研究室唐有武、清镇市委组织部王显等都付出了辛勤的劳动，著名画家汪晓灵为本书创作封面。此外，中共贵阳市委党史研究室徐伟、清镇市档案馆（地方志办）兰道宇、清镇市委党史研究室罗洪菊三人对此书书稿进行多次编、校、审，为此书顺利出版做了大量工作，在此一并表示真诚的谢意！由于我们水平有限、经验不足，该书中缺点和遗漏之处在所难免，恳请读者批评修正。

编　者

2022 年 12 月